5. KURBAN

Jane Casey

OLİMPOS

5. KURBAN
Jane Casey
Orijinal Adı: The Burning
© 2010 by Jane Casey

Çeviri: Selin Yurdakul
Redaksiyon: Ayşen Büyükdoğan
Bilgisayar Uygulama: Olimpos Yayınları
Kapak Tasarım: Yasin Öküz

ISBN: 978-605-9176-95-8

Bu kitabın Türkçe yayın hakları Grup Yayıncılık ve Dış Tic. Ltd. Şti'ye aittir. Yayınevinden izin alınmadan kısmen ya da tamamen alıntı yapılamaz, hiçbir şekilde kopya edilemez, çoğaltılamaz ve yayımlanamaz.

OLİMPOS YAYINLARI
Davutpaşa Cad. Yılanlı Ayazma Yolu No:8 K:1 D:2 Davutpaşa / İstanbul
Tel: (0212) 544 32 02 (pbx) Sertifika No: 13718
www.olimposyayinlari.com - info@olimposyayinlari.com

Genel Dağıtım: YELPAZE DAĞITIM YAYIN SANAT PAZARLAMA
Davutpaşa Cad. Yılanlı Ayazma Yolu No:8 K:1 D:2 Davutpaşa / İstanbul
Tel: (0212) 544 46 46 Fax: (0212) 544 87 86
info@yelpaze.com.tr

Baskı: Üç-Er Ofset Matbaa San. Ltd. Şti.
100. Yıl Mahallesi Mat-Sit 4. Cadde No: 75 Bağcılar / İstanbul
Sertifika No: 21865

Zaman, mekân ve davranışlardaki belirsizlikler her zaman ölümün kesinliğine eşlik eder.

Sir Thomas Browne, Urn Burial

Yangından ve sudan çıkartılan cesetler incelemede benzer problemler gösterirler. Her iki durumda da, olay yerinin, cesedin ve maktulün geçmişinin incelenmesi sonucunda elde edilen bilgilerin birlikte değerlendirilmesi özellikle önem taşımaktadır.

Derrick J. Pounder

Diğerleriyle birlikte eve dönmeliydi.

Kelly Staples, gördüklerine bir anlam vermeye çalışarak kırık ve lekeli aynadaki yansımasına baktı. Aynadan ona bakan bu yamuk yumuk yüz onun yüzü olamazdı. Rimeli akmış, göz altlarında içinde küçük siyah taneler olan ve ne kadar ovuştururrsa ovuştursun çıkmayan koyu renk lekeler bırakmıştı. Fondöteninden geriye kalanlar burnunun etrafında ve kupkuru alnında çizik çizik görünüyordu. Yüzü kıpkırmızıydı ve çenesinde evden çıkarken orada olmadığından emin olduğu bir leke vardı. Ağzı uyuşmuş ve ıslaktı ve göğsünün üzerinde bir şey vardı... Kelly büyük bir çaba harcayarak başını önüne eğdi ve baktı. Şarap diye düşündü sarhoş kafayla. Kırmızı şarabı üzerine dökmüştü. Hayal meyal hatırlıyordu. Deli gibi güldüğünü, sırılsıklam olmuş kumaşı şarap ziyan olmasın diye emmesi için birine -hiç tanımadığı bir adama- doğru uzattığını ve sonra Faye'in onu adamın yanından sürükleyerek uzaklaştırdığını ve kulağına sinirli bir şekilde kendine gelmekle ilgili bir şeyler fısıldadığını hayal meyal hatırlıyordu. Ama Kelly'nin de belirttiği, daha doğrusu belirtmeye çalıştığı gibi, bu gecenin amacı kendine gelmek değil tam tersine kendinden geçmekti. Richmond'da kızlarla bar bar dolaşıp içerek özgür bir gece geçirmek. Süslenip püslenip biraz eğlenmek. Sömestr neredeyse bitmek üzereydi ve hepsinin bir mola vermeye ihtiyacı vardı. Özellikle de PJ'den üç hafta önce ayrılmış olan Kelly'nin. Ya da daha açık ko-

5. KURBAN

nuşmak gerekirse, PJ'in terk ettiği Kelly'nin. İki yıl birlikte olmuşlardı ve PJ, o şişko sürtük Vanessa Cobbet için bir anda her şeyi bırakmıştı. Bir damla yaş, Kelly'nin makyajından geriye kalanların üzerinden akıp gitti.

Evde hazırlanırken beyaz şarapla başlamışlardı ve Kelly birkaç kadeh içmişti. Sinirleri bozuktu, buna ihtiyacı vardı. Gece için iyi bir başlangıç olmuştu.

Arkasındaki kabin sarsılıp sallandı. Kelly kendine gelmek için gözlerini kapadı, bütün ağırlığıyla lavaboya yaslandı ve bekledi. Zaten kusmuştu. Sorun midesindeyse bunun iyi gelmesi gerekirdi. Arkadaki kabinlerden birinin kapısı hızla kapandı. Orta yaşlı sıska bir kadın bu halde olmak için çok gençsin diyen gözlerle ona anlamlı anlamlı bakarak yanından geçip gitti. Kelly, ah demek öyle, esas sen burada olmak için çok yaşlısın, diye geçirdi içinden. Ama bunu yüksek sesle söyleyebilecek kadar cesur değildi.

Barın küçücük bir köşesine sıkıştırılmış, iki kabin ve bir lavabodan oluşan daracık tuvalet buram buram oda spreyi ve mideden yeni çıkmış tatlı-ekşi şarap kokuyordu -bu ikincisi tabii ki mekâna Kelly'nin armağanıydı. İçerideki eşyalardan, son yenilemenin en iyi ihtimalle 80'lerde yapıldığı belli oluyordu: pembe porselen klozetler ve buzlu camın üzerinde gevşek gevşek sallanan pembe-kahverengi çiçekli perdeler. Barın geri kalanının da daha iyi durumda olduğu söylenemezdi ama loş aydınlatma sorunların çoğunu örtüyordu. Jolly Boatman'in de, müşterilerin çoğu gibi daha iyi günleri olmuştu ama içerisi yine de doluydu. Nehrin kenarındaki barlar her zaman dolu olurdu. Bu gece Perşembe gecesi yani hafta sonunun gayri resmi başlangıcıydı ve şu anda Kelly dahil herkes biraz eğlenmek için dışarıdaydı. Ama Kelly için işler bir yerden sonra tamamen ters gitmişti. Hayal meyal hatırlıyordu.

Diğerleri ona eve gelmeye hazır olduğunda bir taksiye binmesini söyleyip bardan ayrılmışlardı. Tanımadığı bir adamla dans ediyordu. Faye onlarla birlikte eve dönmesi için Kelly'yi ikna etmeye çalışmıştı ama o kabul etmemişti. Bu yaptığı, Kelly'ye o sırada mantıklı gelmişti. Eğlenme sırası bu sefer ondaydı. Bunun üzerine diğerleri onu bırakıp gitmişlerdi. Kelly onlardan neden ayrıldığını bilmiyordu.

"Fena sarhoş oldum," dedi Kelly, aynadaki yorgun yüzle göz göze gelmeye çalışarak yüksek sesle. "Eve gitmeliyim."

Çantasının içindekiler lavaboya dökülmüştü. Her şeyi tekrar toplamak normalden uzun sürüyordu sanki. Elleri sarsak ve beceriksizdi ve toplanacak çok şey vardı.

Bir kalem, makyaj malzemeleri, anahtarları, bir otobüs bileti, birkaç bozukluk, paketten düşüp lavabonun içindeki suyla ıslanmış üç sigara. Dudak parlatıcısı tüpünün kapağı çıkmıştı. Kelly onu beceriksizce almaya uğraşırken tüpün içindeki yapış yapış kırmızı sıvı pembe porselene bulaştı. Bir an için, kan gibi göründü.

Kelly kapıyı çekip açınca içerideki gürültü ve sıcak birden yüzüne çarptı. Ne tarafa gitmesi gerektiğini hatırlamaya çalışırken sendeledi. Dış dünyaya açılan kapının solda olduğunu hayal meyal hatırlıyordu. Kalabalığın arasına daldı. Omuzlar arkada baş yukarıda, ayık görünmeye çalışarak dimdik yürüyordu. Ama tek kandırabildiği kendisiydi.

Kalabalık, kapının çevresinde yoğunlaşmıştı. Sigara içmek isteyenler nehre bakan verandaya gidip geliyorlardı.

5. KURBAN

"Pardon," dedi cılız bir sesle Kelly. Tıknaz bir adamı bir omuz darbesiyle geçmeye çalışmış ama adam onun ne sesini duymuş ne de sırtına vuran omzunu hissetmişti.

"Korsan taksi lazım mı, tatlım? Dur sana yardım edeyim," dedi bir ses kulağına ve birden beline bir kol dolandı. "Eve dönme zamanı, genç bayan."

Adama cevap vermemişti ama kalabalığın içinde ilerliyordu. İnsanların arasından ustalıkla ve hızla geçirildi. Dışarıdaki havanın serinliğine ulaştılar. Berrak bir geceydi. Esintisiz ve soğuk, neredeyse dondurucu bir hava vardı. Kurtarıcısına teşekkür etmek için arkasını döndü. Karşısında babası yaşında, belki daha da yaşlı yabancı bir adam duruyordu. Kelly önünde aşağı yukarı sallanıp duran yüze odaklanmaya çalıştı. Çerçevesiz gözlükler, doğal olamayacak kadar koyu renk saçlar görüyordu. Gülümseyen bir ağız, bir bıyığın altında hareket ediyor, konuşuyordu. Nerede oturuyorsun arabam hemen köşeyi dönünce benimle gelsene seni eve götüreyim benim için sorun olmaz uzak değil yapacak daha iyi bir işim yok zaten çantanı bana ver işte böyle anahtarların bunlar mı merak etme ben seninle ilgilenirim. Bu saatte dışarıda tek başına kalmak istemezsin, bu hiç güvenli değil, öyle değil mi?

Kelly kendini bir şekilde adamın peşinden giderken buldu. Çantasını geri alıp eve kendi başına gitmek istiyor ama adamı takip etmek daha kolay geliyordu. Zaten ayakları da ağrıyordu. Evden çıkmadan önce gözüne çok şık görünen platform çizmeler, parmaklarını çimdikleyip topuklarını vurmaya başlamıştı. Çizmenin sağ teki bacağını sıkıyordu. Uzun bir yürüyüş için fazla yüksekti bu çizmeler. Ayrıca adam haklıydı; bu saatte sokakta tek başına olması tehlikeli olabilirdi.

Kibar bir adam, diye düşündü Kelly sarhoş haliyle. Nazik, terbiyeli, düşünceli. Yaşlı erkekler böyle olmaz mıydı zaten? Bir beyefendinin nasıl davranması gerektiğini bilirlerdi. Pj onun elini hiç tutmamıştı. Onun için arabanın kapısını tutarak bekleyip, oturduktan sonra kapıyı kapatmamıştı. (Adam da biraz sertçe kapatmıştı gerçi ama yine de o tam bir beyefendiydi. Kelly'nin eteği yukarı sıyrıldığında başını çevirip uzaklara bakmıştı).

Taksiye bindiğinde genelde arkaya geçerdi ama adam ön kapıyı açmıştı ve Kelly kabalık etmek istememişti.

Adam arabaya bindi, motoru çalıştırdı, Kelly'nin emniyet kemerini takmasına yardım etti ve gaza bastı. Gaza bir anda gereksiz şekilde yüklenince motorun sesi yolun iki yanındaki binalara çarpıp yankılandı.

"Sigara içmemin bir sakıncası var mı?" diye sordu Kelly, şansını zorlayarak ve adam evet der gibi başını sallayınca şaşırdı. Arabanın içi nane ve çam aromalı araba kokusu kokuyordu ama bu iki güçlü koku da içerideki keskin benzin kokusunu bastırmaya yetmemişti. Adam benzin alırken ayakkabılarına dökmüştü sanki. Sigara içmiyordu ama Kelly'nin içmesini kabul etmişti; bunu da pek umursamamış olabilirdi.

Paketteki tek kuru sigara en sona kalan, Kelly'nin ne zaman yeni bir paket açsa ters çevirip kutuya geri koyduğu, diğerlerinin açık kahverengi uçları arasında küçük beyaz bir asker gibi gururla dikilen uğur sigarasıydı. Sigarayı dudaklarının arasına yerleştirdi ve var olmayan bir rüzgârdan korunmak için ellerini istemsizce çakmağın etrafına kapattı. Çakmağın ayarını çok yükseltmişti; neredeyse kâhkülleri yanıyordu.

5. KURBAN

"Lanet olsun." Gözlerini birkaç kez kırpıştırdı, açtı ve suçlu suçlu yabancıya baktı. "Üzgünüm. Küfür etmemeliydim."

Adam omuz silkti. "Benim için fark etmez. Adın ne?"

"Kelly." Tepesindeki güneş siperliğini indirdi, kâhküllerini karıştırıp bir şey olmuş mu diye baktı. "Senin adın ne?"

Adam bir an duraksadı. "Dan."

"Nerelisin, Dan? Birmingham mı?" Kelly, aksanından onun ülkenin içlerinden olduğunu düşünmüştü ama adam başını salladı.

"Buralıyım."

"Gerçekten mi?"

Adam gözlerini yoldan ayırmadan başıyla onayladı. Kelly başını kaldırıp etraftaki dükkânlara bir göz attı ve yüzünü buruşturdu.

"Bu yoldan gitmeyeceğiz." Adam cevap vermedi.

"Bu yoldan gitmeyeceğiz," dedi Kelly bir kez daha, adam ona yardımcı olmaya çalışırken mızmızlanmaktan utanarak. "Yanlış gidiyoruz. Arkada kaldı, ileride değil."

"Bu yol daha iyi."

"Hayır, değil," dedi Kelly öfkeyle. "Kendi evime nasıl gideceğimi biliyorum."

Adam ona cevap vermek yerine vitesi değiştirip hızlandı.

"Hey," dedi Kelly, üzerinde kir birikmiş gösterge paneline tek eliyle dayanırken. "Yavaş ol."

Araba yolda savrularak hızla ilerliyordu. Adamın gergin göründüğünü düşündü Kelly. Sık sık göz kırpıyor, dikkatini toplamaya çalışıyordu. Dudakları çatlamıştı ve sık sık diliyle dudaklarını ıslatıyordu. Ona bakınca Kelly'nin de dudakları kurumuştu sanki; dudaklarını yalamamak için kendini zor tutuyordu. Birden üşüdüğünü hissetti ve ayılmaya başladı. Alkolün yarattığı sis perdesi yavaş yavaş kalkıyor, sersemlik yerini korkuya bırakıyordu. Ne yapmıştı? Annesinin onu yabancılara güvenmemesi konusunda defalarca uyarmış olmasına rağmen o, daha önce hiç tanımadığı bir adamla tek başına bir arabada oturmuş, karanlık bir Perşembe gecesi kim bilir nereye gidiyordu.

Genç kadınları öldüren biri vardı, babasının gazetesinde görmüştü. Dört kız ölmüştü, yakılıp bir köşeye atılmışlardı. Onun gibi kızlar. Polisin, katilin kim olduğu ya da onu nasıl yakalayacağı konusunda en ufak bir fikri bile yoktu. Adam etrafta serbestçe dolaşıyor, sokakta tek başına gezen savunmasız kadınları avlıyordu. Haberlerle hiçbir zaman pek ilgilenmeyen Kelly'nin bile ondan haberi vardı. Saat çok geç değildi, sokakta hâlâ insanlar vardı ama Kelly, kendini daha önce hiç bu kadar yalnız hissetmemişti.

"Baksana, en iyisi ben ineyim. Bir mahzuru yoksa yürümeyi tercih ederim."

"Sakin ol."

Araba trafik ışıklarında homurdanarak durdu. Kelly kapı kolunu bulmak için eliyle kapıyı yokladı.

"Kırıldı," dedi adam başını çevirmeden. "Sadece dışarıdan açılıyor. Şimdi otur oturduğun yerde ve sorun çıkarmayı kes."

"Dışarı çıkmak istiyorum." Direksiyondaki adam, Kelly'nin yükselen sesindeki histerik tonla irkildi.

"Sakin olsana sen. Eğer istediğin buysa arabayı durdurup

5. KURBAN

seni indireceğim." Park etmiş arabaların yol boyunca sıralandığı, evlerle dolu dar bir sokağa saptı adam. "Hiç boş yer yok. Bakalım burası nasılmış."

"Burası" dediği yerin bahçelerin arasında kalmış gözden uzak bir ara yol, bir çıkmaz sokak olduğunu fark ettiğinde, Kelly'nin kalbi küt küt atmaya başladı. Kalbi sanki göğsünden fırlayıp çıkacakmış gibiydi. Araba yavaşlayıp durdu.

"Neler oluyor? Neden duruyorsun?"

"Dışarı çıkmak istediğini sanıyordum. Seni indireceğim." Adam motoru kapattı, farları söndürdü. Gece etraflarını tamamen sarmıştı; Kelly yanında sadece bir gölge görebiliyordu. Burun delikleri korkuyla genişledi, naneyi andıran kokuyla karışık benzin kokusunu tekrar içine çekti. Yerde yatan kızları, kızların yanan bedenlerini, Ateşçi'den söz eden gazete manşetlerini düşündü. Adamın hareket ettiğini duyuyor ama karanlık arabada kendisine yaklaşıp yaklaşmadığını anlayamıyordu ki birden hiç düşünmeden, hatta hareket ettiğini kendisi bile fark etmeden uzanıp küçük kardeşinin ona verdiği bıçağı kaptı. Kardeşinin, bir kavgaya karışırsa diye her ihtimale karşı okula götürdüğü ve saatlerdir bileğine batan, dar ağızlı, ucu sipsivri sustalı bıçağı sol eline aldı ve aşağı doğru, kaburgaların altında, belin üstünde kalan o yumuşak bölgeyi hedefleyerek sallamaya başladı. Arabada bıçağın keskin kenarını görecek kadar bile ışık yoktu. Adam bıçak midesine girip çıkana ve tekrar saplanana kadar karşı koymaya fırsat bulamamış, ancak Kelly bıçağı ikinci kez çıkarırken elini yakalamaya çalışabilmişti. Artık bıçak koyu renk ve ıslaktı ve adam inliyordu ve Kelly onun ve kanının kokusunu, sıcak bir günde bir kasapta duyacağınız şu iğrenç tatlımsı kokuyu alabiliyordu ve adam altına işemişti ve Kelly çığlık atıyordu. Kalbi adeta bir davul gibi güm güm atarken, hiç durmadan kendisinin bile duyamadığı bir şey söylüyordu. Tamamen içgüdüleriyle hareket ederek koltuğun üzerinden yuvarlanıp arkaya atladığında ve el yordamıyla kolu bulup kapıyı açarak kendini dışarı attığında, ellerini kaplayan kanı arabaya sıvıştırarak, ayaklarındaki ağrıyı tamamen unutmuş halde, dizleri tir tir titreyerek aptal çizmeleriyle koşmaya çalışırken de sürekli aynı şeyi söylüyordu Kelly. Ara sokaktan çıkıp, kendisine yardım edebilecek insanların olduğu evlere doğru topallayarak ilerlerken, nefesi ciğerlerini dişleri pas içinde bir testere gibi keserken de hâlâ aynı şeyi söylüyordu. Kapıya çıkan ve onu görünce bir çığlık atan kadına ve 999 aramasına cevap veren polise ve daha sonra hastanede onu muayene eden doktorlara ve hemşirelere söylediği de hep aynı şeydi. Emin olduğu tek şey, onu hayatta tutan tek şeydi söylediği.

"Ben olamam. Sıradaki ben olmak istemiyorum. Ben olamam. Ben olamam."

Birinci Bölüm

MAEVE

Telefon çaldığında nerede olduğumu da ne yaptığımı da bilmiyordum. Beni uyandıranın telefon olduğunu bile algılayamamıştım. Yerin metrelerce altından dünyaya dönüp gözlerimi araladım. Beynimin bir yarısı beni rahatsız edenin ne olduğunu anlamaya uğraşırken, diğer yarısı da bu gürültüye nasıl son vereceğini çözmeye çalışıyordu. Sonunda sesin komodinin üzerinde titreşen telefonumun alçak sesli tıngırtısı ve bir insanın seçebileceği en kötü cep telefonu melodisinin yüksek perdeden çınlamasının bir karışımı olduğu sonucuna vardım. Karanlıkta el yordamıyla telefonu itip yere düşürmeyi başardım. Halının üzerine yüzüstü düşmüştü; hâlâ çalıyordu ama ses artık daha boğuktu. Onu yaralamıştım ama öldürememiştim ve ödülüm artık ona ulaşmamın daha da zorlaşmış olmasıydı. Ters bir açıyla yataktan aşağı sarktım ve parmaklarımı halının üzerinde dolaştırarak telefona ulaşmaya çalıştım.

"Iıh!"

Kelimelerin çoğu yastığın içinde kabolup gitmişti ama Ian'ın çıkardığı sesleri "aç şu lanet olası telefonu" şeklinde

5. KURBAN

yorumlamayı başardım. Benim aklımdan geçen de tam olarak buydu. Tabii yanında iki soruyla birlikte. Saat kaç? ve ne istiyor bu gerzek?

Sonunda telefonu yerden almayı başardım. Sesini kesmek için düğmelere rastgele basarken bir yandan da ekranda yazanları okumaya çalışıyordum. LANGTON. Arayan Rob'du. Gözlerimi kısıp saati okumaya çalıştım. 03.27. Saat sabahın üç buçuğuydu ve Dedektif Langton beni arıyordu. Kendime gelmeye başlamıştım.

Beynim çalışmaya başlıyordu ama dilim planlardaki bu değişikliği henüz algılayamamıştı ve üzerinde hâlâ uykunun verdiği gevşeklik vardı. Telefona cevap verdiğimde sesim -içimden hızlıca hesapladım- son üç buçuk saattir, çok ihtiyacım olduğu halde uyumak yerine içki içiyormuşum gibi çıktı. Üç buçuk saat.

Bunu da ekleyince son kırk sekiz saatte toplam altı saat uyku ediyordu. Gözlerimi sıkıca kapayıp keşke hesaplamasaydım diye geçirdim içimden. Rakamlar bir şekilde kendimi daha da kötü hissetmeme neden olmuştu.

"Uyandırdım mı, Kerrigan?" Genizden gelen bu Manchester aksanını nerede olsa tanırdım.

"Uyandırdığını biliyorsun. Ne istiyorsun?"

Sordum ama zaten biliyordum. Rob Langton'un sabahın bu saatinde beni heyecanla aramasının sadece iki nedeni olabilirdi. Birincisi: bir ceset daha bulmuşlardı. İkincisi: katili yakalamışlardı. Nedeni ne olursa olsun kesin olan tek bir şey vardı; yakın zamanda uykuma dönemeyecektim.

"Yakaladık onu."

"İnanmıyorum." Yatağa oturup, yanımdan gelen homurtu

ve bakışlara aldırmadan ışığı yaktım. "Nerede? Nasıl?"

"Biraz yardım aldık. Yanında kesici alet taşıyan, bir şeyler içmeye çıkmış hoş bir hanım Ateşçi'nin listesindeki son isim olma fikrinden pek hoşlanmamış."

"Adam ölmedi değil mi?" Kalbim küt küt atıyordu. Adam ölmüşse her şey burada bitecekti. Merak ettiğimiz soruların cevapları yok. Mahkeme yok.

Adalet yok.

"Hayır, hayatta kalmak için uğraşıyor. Şu anda hastanede. Ameliyata almışlar. Karnında iki bıçak yarası var. Kadın bağırsaklarını paramparça etmiş."

"Ah."

"Evet, neyse ki iyi biri değil."

"Tanıdığımız biri mi?" Elimin tersiyle gözlerimi ovuştururken esnememi engellemeye çalışıyordum.

"Hiç tanımıyoruz. Sabıkası yok ve soruşturma sırasında da adı hiç geçmemiş."

Derin bir nefes aldım. Bu pek de iyi bir haber değildi. Demek ki onu yakalamaya yaklaşamamıştık bile. Sadece şanslıydık.

Tabii ki kız bizden daha şanslıydı. Etrafta üzerlerinde bıçakla dolaşan insanlardan pek hoşlanmazdım ama son birkaç haftada o kadar çok ölü kadın görmüştüm ki artık bunun pek de kötü bir fikir olmadığını düşünmeye başlamıştım.

"Adı Vic Blackstaff. Bütün belgeleri yanında. Sürücü ehliyeti, iş kimliği. Ellilerinin ortalarında, Epsom'da bir çağrı merkezinde vardiyalı olarak çalışıyor. Peckham'da oturuyor. Eve dönmek için sabahın köründe Londra'nın güney batısından geçiyor. Çok fırsatı olmuş olmalı."

5. KURBAN

"Düşündüğümüzden daha yaşlı," dedim. "Ama vardiyalı iş tahminlerimize uyuyor. Nerede olmuş?"

"Richmond."

"Orası her zamanki bölgeden çok uzak. Şimdiye kadar hep Kennington, Stockwell'de kalmıştı, Richmond kadar uzağa hiç gitmemişti." Kaşlarımı çatmıştım.

"Evet ama şu anda her zamanki bölgesi üniformalılarla dolu. Başka bir yerde avlanması gayet doğal, öyle değil mi?" Rob kendinden oldukça emin görünüyordu. Daha fazla üstelemedim. Kim oluyordum da bir seri katilin yaptıklarını sorguluyordum ki ben?

"Şu anda arabasını inceliyorlar," diye konuşmayı sürdürdü Rob. "Biz de hastanede bekliyoruz."

"Bu biz kim?"

"Ben ve patron. Ve ne yazık ki Müfettiş Judd. Doktorlar izin verir vermez genç kadınla görüşeceğiz. Kontrolleri hâlâ devam ediyor."

"Kadın nasıl? Acaba kurtulacak-"

Cümleyi tamamlamak istememiştim. Kurtulacak mı? Kötü dövülmüş mü? Yakılmış mı? Adam ne kadar ileri gitmiş?

"Gayet iyi. Biraz sarsılmış. Hiçbir sorunu yok ama görüşmemize hâlâ izin vermiyorlar. Buna hazır olmadığını söylüyormuş." Rob çok sabırsızdı ve bu beni sinir ediyordu. Kız polisle konuşmadan önce biraz zaman istemez miydi? Çok sarsıcı bir olay yaşamıştı. Onu anlayan birine ihtiyacı vardı. Ve ben bunun için ideal kişiydim. Vücudum enerjiyle doldu. Adrenalin yorgunluğu kenara itiyordu ve ona teslim olmaya zamanım olana kadar da orada tutacaktı. Üç saatlik uyku çoktu bile. Yataktan çoktan çıkmış, sanki daha dün bir maraton koşusuna katılmışım gibi ağrıyan titrek bacaklarımla kapıya doğru ilerliyordum.

"Biraz sonra oradayım. Belki benim konuşmama izin verirler." Normalde, Başkomiser Godley'nin beyin takımındaki tek kadın olmanın yararını gördüğüm söylenemezdi ama arada sırada işe yaradığı da oluyordu.

"Buna neden hiç şaşırmadım acaba? Çok hızlısın."

"Beni bu yüzden aramadın mı zaten?" Banyodaydım ve telefonda konuşurken işesem ne olur diye düşünüyordum. Duyabilirdi. Beklemeliydim.

"Burada olmak isteyeceğini biliyordum." Bu hikâyenin sadece yarısıydı; orada olmam hepsinin işine geliyordu. Rob'un yüzündeki pis gülümsemeyi telefondan bile duyabiliyordum. Bazen tam bir kendini beğenmiş aptal gibi davranırdı ama bunun için onu affedebilirdim çünkü şu anda gerçekten orada olmak istiyordum ve o beni aramamış olsa, olanları haberleri seyredene kadar öğrenemeyebilirdim.

"Hangi hastane?"

"Kingston."

"Yarım saate oradayım," dedim düşünmeden. Primrose Hill'den Kingston'a kadar önümde uzun bir yol vardı ve kesinlikle bir duş almam gerekiyordu.

Saçlarım yapış yapış olmuştu ve kirli saçla dışarı çıkmam mümkün değildi. Bir gün daha olmazdı. "Şunu kırk dakika yapalım."

"ICU'dayız. Telefonlar kapalı, eğer bize ulaşman gerekirse hastaneyi ara."

"Tamam."

5. KURBAN

Suyu tuvalete girmeden önce açtım ama kayrak taşı kaplı duş kabinine titreyerek adımımı attığımda, su hâlâ biraz bile ısınmamıştı. Su damlacıkları diken diken olmuş tenime dökülünce birden irkildim. Duş başlığı bir tabak büyüklüğündeydi ve başımdan aşağı yağmur ormanlarında göreceğiniz büyüklükte damlalar püskürtüyordu ama ne yazık ki su, benim için hiçbir zaman yeterince sıcak akmıyordu. Her zamanki gibi biçim işlevden önce gelmişti. Ama bu benim evim değildi ve şikayet etmeye hakkım yoktu. Aslında daireyi resmen paylaşıyorduk ama evde kendimi daha çok bir misafir gibi hissediyordum. Ve her zaman hoş karşılanan bir misafir olduğum da söylenemezdi.

Ellerimi çenemin altında birleştirip biraz ısınmaya çalıştım. Bir yandan da düğümlenmiş parmaklarımı açıp, hazır su biraz ılınmışken şampuana uzanmaya çalışıyordum. Şampuan kapağı aceleyle elimden düştü. Kapağın eğimli yerde kayarak su giderine doğru ilerlerken çıkardığı sesi duyunca bir küfür patlattım. Kapağı orada bıraktım ama annemin sesi kulağımda çınlıyordu, tabii tabii, alamayacağın kadar uzağa düşmüştür... İki dakika sonra kapağın üzerine bastım ve sivri ucu ayağıma battı. Fazla gürültü yapmamak için kolumun iç kısmına doğru acıyla inledim. Küfür etmek acıyı hafifletirdi. Ettim. Ben çok küfür ederim.

Gözlerim kapalı, yüzümden aşağı köpükler süzülürken, kollarımdaki kaslar ağrıyana kadar kafamı ovuşturup, saçlarımı uzun uzun duruladım. Tekrar temiz olmak büyük mutluluk, davanın sona yaklaştığını bilmek büyük keyifti. Orada sonsuza dek gözlerim kapalı öylece durmak, uyumak istiyordum. Ne kadar da uyumak istiyordum.

Ama uyuyamazdım. Gitmeliydim. Duştan çıkarken kendime gelmiştim bile.

Yatak odasına geri döndüm. Sessiz olmaya çalışıyordum ama kıyafetleri gardıroptan çıkarırken askıların tıngırdamasını engelleyemedim. Arkamda, yatağın içinde bir hareketlenme oldu, dudağımı ısırdım.

"Ne oluyor?"

Önce o benimle konuşmasa, Ian'la konuşmayacaktım; gecenin bir yarısı kalkıp gitmekle ilgili öğrendiğim bir kuraldı bu. Tabii onun böyle bir kuraldan haberi bile olmadığına emindim.

"Bir katille buluşacağım."

Dikkatini çekmeyi başarmıştım. "Yakaladın onu. Aferin."

"Bunu tek başıma benim yaptığım söylenemez ama yine de sağ ol."

Yatakta yuvarlanıp sırtüstü uzandı ve gözlerine giren ışıktan kurtulmak için kolunu yüzüne kapattı. Artık her zamanki pozisyonunu almış, yatağın ortasına kurulmuştu. Onu yatağın kendine ait kısmına itmek için içimde oluşan şiddetli isteği bastırdım ve çarşafı çekip üzerini örttüm. Bak, sana değer veriyorum. Ne kadar düşünceliyim, baksana.

"Mmm," dedi cevap olarak. Çoktan uykuya dalmıştı bile. Kıyafetlerimi kuru temizleme torbasından çıkardım, torbayı elimle yuvarlayıp çöp kutusuna fırlattım. Aslında onu çok daha önce çıkarmış olmalıydım. Kıyafetlerden kimyasal kokusu yükseliyordu, giyip giymemeye karar veremeyerek yüzümü buruşturdum. Hava durumunda soğuk ve yağışlı bir gün olacağı söylenmişti. Kot pantolonumu çizmemin içine sokmayı, salaş kazakları ve uzun örgü kaşkolları nasıl da özlemiştim. Tanrım, bir yetişkin gibi giyinmek ne büyük dertti.

5. KURBAN

Çorabımla boğuşmak için yatağın kenarına oturdum. İncecik çorabı nemli vücudumun üzerinde çekiştiriyor, kaçırmadan yukarıya çekmeye çalışıyordum.

Saçım omuzlarıma dökülmüş, saçımdan süzülen soğuk su sırtıma damlıyordu. Bunun için zamanım yoktu. Kurulanacak zamanım yoktu. Çorabı yavaşça bacaklarımda ilerlettim ve ayağa kalkıp iyice yukarı çektim. Bu giyinme işinin en zarif aşaması değildi. Arkamı dönüp yüzünde anlaşılmaz bir ifadeyle bana bakan Ian'ı gördüğüme pek de sevindiğim söylenemezdi.

"Yani bitti mi?"

"Ne demek istiyorsun?" Üzerime bir gömlek geçirdim, eteğimi giydim, fermuarını hızla çekip kalçalarıma yerleştirdim. Daha iyi olmuştu. Daha ağırbaşlı görünüyordu. Etek bollandığı için belimde değil kalçalarımda duruyordu. Boyu diz üstünden diz altına inmiş, şıktan çok rüküş görünüyordu. Daha fazla yemem gerekiyordu. Dinlenmeye ihtiyacım vardı.

"Bitti mi, demek istiyorum. Artık daha mı çok ortalarda olacaksın?"

"Muhtemelen. Kısa bir süre daha olmayacağım tabii- kâğıt işlerini halledip dosyayı savcılık için hazırlamamız gerekiyor. Ama ondan sonra, öyle olacak."

Tabii işi Ateşçi'nin bıraktığı yerden devralmayı bekleyen başka bir seri katil daha yoksa. Yılbaşına kadar her şey yolunda giderse. Londra'nın bütün suçluları yılın geri kalanında tatil yapmaya karar verirse.

Orta topuklu ayakkabılarımı arıyordum. Pek modaya uygun oldukları söylenemezdi ama hey, onları tek bir sızı bile hissetmeden bu saatten gece yarısına kadar rahatlıkla giyebiliyordum. Mecbur kalınca ayağımda onlarla koşabiliyordum bile. Biri odanın bir köşesinde ayağımdan fırlatıp attığım yerde duruyordu. Diğerini uzun aramalar sonucunda yatağın altında buldum ve geri almak için hiç de zarif olmayan bir şekilde yere yatıp uzandım.

"Böyle çağrılır çağrılmaz hemen koşup gitmenden nefret ediyorum." Ian'ın sesi tamamen uyanmış gibi geliyordu. Ve öfkeli. Yine başlıyorduk.

"Bu benim işim."

"Ah, demek bu senin işin. Özür dilerim. Hiç bilmiyordum."

"Bunu şimdi yapmasan olmaz mı?" dedim, ayakkabıları hızla ayağıma geçirip havlumu alırken. "Gitmem gerekiyor. Bu önemli ve sen de bunu biliyorsun."

Doğrulup dirseğine dayanmış, kalın kaşlarının altından düşmanca gözlerle bana bakıyordu. Saçları alışılmadık biçimde dağınık görünüyordu. "Tek bildiğim seni haftalardır görmediğim. Tek bildiğim, sonuçta Camilla'yı arayıp akşam yemeğine gelemeyeceğini söyleyecek, umarım sorun olmaz deyip oturma planı bozulduysa diye özür dileyecek olanın ben olduğum. Tek bildiğim, işinin her zaman her şeyden önce geldiği."

O söylenmeye devam ederken ben de havluyla saçımı iyice kurulayıp bir tarakla şekle sokmaya çalışıyordum. Kurutacak zaman yoktu; hastaneye giderken yolda kururdu. Birkaç tutam saç şimdiden kurumaya, yüzümün etrafında kıvrılıp toplanmaya başlamıştı.

"Camilla bir sanat galerisinde çalışıyor. Bütün gün oturup küçük yemek davetlerinin oturma planlarını yeniden düzenlemekten başka yapacak hiçbir işi yok. Canı sıkılmamış olur."

Ian tekrar yatağa devrilip gözlerini tavana çevirdi. "Hep böyle yapıyorsun."

"Ne yapıyorum?" Bunu sormamalıydım.

"Arkadaşlarımın işleri seninki kadar önemli ya da değerli olmadığı için onları küçümsüyorsun."

"Tanrı aşkına..."

"Herkes dünyayı kurtarmakla uğraşmak zorunda değil, Maeve."

"Evet, tabii, güzel görünmesini sağlamak da son derece önemli," dedim aniden ve sözcükler ağzımdan çıkar çıkmaz bunu söylediğime pişman oldum. Camilla tatlı, içten, onu tanıyan ben dahil herkesin koruma içgüdülerini derhal harekete geçiren saf ve masum bir kızdı. Sesimdeki sert çıkış biraz yorgunluktan, biraz da hissettiğim suçluluk duygusundan kaynaklanıyordu. Düzenlediği yemek davetini atlatmayı gerçekten de düşünmüştüm. Ian'ın arkadaşlarından hoşlanmadığımdan değildi bu; sadece sordukları sorulara katlanamıyordum. Son zamanlarda ilginç bir dava var mı? Ateşçi'yi neden hâlâ yakalayamadınız? Görevdeyken gördüğün en korkunç şey neydi? İdam cezasının hâlâ uygulanıyor olmasını ister miydin? Benim için şu trafik cezasını halledebilir misin? Bunların hepsi bana çok sıkıcı ve yorucu geliyordu ve Ian'ın arkadaşları için Polis Teşkilatı'nı temsil ediyor olmayı fazlasıyla utanç verici buluyordum. Ben sadece orada çalışan biriydim. Ve trafik cezaları kesinlikle benim yetki alanımın dışında kalıyordu.

"Ian..."

"Acelen yok muydu senin?"

Saatime baktım. "Evet. Bunu sonra konuşalım, olur mu?"
"Dört gözle bekliyorum."
Konuyu açanın ben olmadığımı söylemek istiyordum. Ama bunun yerine yatağın üzerinden eğilip Ian'ın çenesinin ulaşabildiğim bir yerine bir öpücük kondurdum. Cevap yoktu. İç çekip, bir muz almak için mutfağa gittim, dönüp çantamı ve ceketimi aldım ve merdivenlerden koşarak indim. Çıkarken komşuları uyandırmamak için kapıyı kilitlemedim ama zaten duşum ve ilişki sorunlarım boyunca uyanmamayı başarmışlarsa, kapının çarpmasını da duymazlardı. Tabii evdelerse ve Noel öncesi bir alışveriş gezintisine ya da yaz havası almak için Bahamalar'a gitmedilerse.

Kapıya geldiğimde bir an durup başımı önüme eğdim; kafam düşüncelerle doluydu.

"Ne yapıyorum ben? Ben ne halt ediyorum?"

Yüksek sesle söylemek istememiştim ve işten bahsetmiyordum. İşi halledebilirdim ama erkek arkadaşım ayrı bir konuydu. Sekiz aydır birlikteydik, altı aydır birlikte yaşıyorduk ve Ian'ın yanına taşındığım günden beri kavga ediyorduk. O kocaman gülümsemesinden etkilenmiştim, geniş omuzlarından ve suçla hiçbir ilgisi olmayan işinden. Bana, uzun bacaklı ve gizlediği ciddi bir beklentisi varmış gibi görünmeyen bu hareketli, meşgul dedektiften hoşlandığını söylemişti. Çocuklarımın babası olacak bir koca aramıyordum -henüz. Bankacılık sektöründe olduğunu öğrendiğimde gözümde dolar işaretleri belirmemişti. Her şey çok rahattı. Fırsat oldukça görüşüyor ya benim ya da onun evinde saatlerce yatakta zaman geçiriyor, ara sıra yemeğe çıkıyorduk. Kira kontratımın yenilenme zamanı geldiğinde, zengin olmasını sağlayan tarzda bir kumar oynayıp şansını denemiş ve bana Primrose

5. KURBAN

Hill'deki saçmalık derecesinde abartılı döşenmiş, pahalı dairesine taşınmamı teklif etmişti. İyi bir fikir değildi bu. Hatta tam bir faciaydı. Ve ben bu işten nasıl kurtulacağımı bilemiyordum. İki ayda birbirimizi yatak dışında tanımaya fırsat bulamamıştık. Ortak noktalarımız olup olmadığını ya da havanın dışarı çıkma olasılığını ortadan kaldırdığı uzun kış akşamlarını nasıl geçirebileceğimizi bilmiyorduk. Sonunda anlaşıldı ki, ya yatakta kalacak ya da kavga edecektik. Ortası yoktu. İşte daha fazla zaman geçirmeye, sabahları evden daha erken çıkıp, hafta sonlarında, görevli değilken bile karakola uğramaya başladım. Bu durumun tek iyi yanı bu sayede aldığım fazla mesai ücretleriydi.

Buz gibi gecenin sert soğuğunda aceleyle yürürken ürperdim. Saçlarım ensemde buz gibi olmuştu. Ian'ın aldığı ince yünden dokunmuş, karamel renkli ve yere kadar uzanan palto iyiydi. Olay yerlerinde koşturmak için fazla güzeldi ama Ian, onu benim için almakta ısrar etmişti. Cömertlikle ilgili hiçbir sıkıntısı yoktu, hatta aşırı derecede eli açıktı. Kazandığım fazla mesai ücretlerini hesaba katsam bile onunla rekabet edebilmem mümkün değildi. Bu konuda birbirimize denk değildik ve öyleymiş gibi de davranamazdık. Bu olacak iş değildi.

Önceki gece park yeri bulamayınca arabamı evden oldukça uzağa bırakmıştım. Sonunda arabaya ulaşmayı başardığımda, kendime gelmek için bir an durup ciğerlerimi buz gibi keskin havayla doldurdum ve bıraktım, sessizlik zihnimi ele geçirsin. Daha doğrusu bunu yapmaya çalıştım. Bir yerlerde komşunun biri arabasının motorunu öttürerek çıkıp gitti; trafik gürültüsü gecenin bu saatinde başlıyordu. Ve benim şu anda başka bir yerde olmam gerekiyordu. Bu kadar Zen felsefesi yeterdi. Arabaya binip yola koyuldum.

Ayakkabılarımın topukları seramik döşeli zeminde çok ses çıkarıyordu, Rob gelişimi çok uzaktan fark etti. Bacaklarını yoğun bakım ünitesinin önündeki koridorun neredeyse tamamını kaplayacak şekilde uzatmış, öylece oturuyordu.

"Günaydın."

"Sabah oldu mu?" diye sordu merakla, elindeki plastik kapaklı karton bardağı uzatırken. "Hâlâ Perşembe gecesindeyiz sanıyordum."

"Hayır. Cuma oldu. Kasım'ın yirmi yedisi."

Bana bakıp sırıttı. Yüzünü kaplayan koyu renk kirli sakalın resmen bir sakala dönüşmesine az kalmıştı. Galli atalarından ona simsiyah saçlar, mavi gözler, açık renk ten ve etkileyici bir çekicilik miras kalmıştı ama sakallarını kontrol altında tutabilmek için günde iki kez traş olması gerkiyordu. Rob'un bakımlı biri olduğu söylenemezdi ama bu sefer gerçekten dağılmış görünüyordu ve üzerinde hâlâ iki gün önce giydiği gömlek vardı.

"Eve gidemedin."

"Evet."

"Saatlerdir burada oturuyorsun."

"Evvet."

"Nasıl olur?"

"Hiç sorma," dedi parmağını bana doğru sallayarak.

Yanındaki sandalyeye oturdum, bardağın kapağını çıkarıp makine kahvesinin sıcak metal aromalı kokusunu içime çektim.

"Bunlardan kaç tane içtin sen?"

Cevap vermek yerine nasıl titrediğini göstermek için elini

5. KURBAN

bana doğru uzattı.

"Tanrım. Sana başka kafein yok."

"Aa ama annee..."

Rob sırtını duvara yaslayıp kocaman ağzıyla esnerken ben de gülümseyerek kahvemden bir yudum aldım.

"Çabuk geldin. Yataktan çıkıp buraya gelmen bir saat sürer diye düşünmüştüm."

Aslında daha bile uzun sürmeliydi ama yolun çoğunu hız limitinin oldukça üstünde geçmiştim ve arabamı hastanenin park yerine öylece atıp hemen içeri girmiştim.

"Beni bilirsin. Enerji doluyumdur."

"Tabii tabii. Ian nasıl?"

Cevap vermeden önce bir an duraksadım; evdeki didişmeleri gerçekten de iş arkadaşlarımla paylaşmak istemiyordum ama ortada bir şey yokmuş gibi davranmanın da anlamı yoktu. Rob, Ian'ı birkaç kez görmüştü ve onunla ilgili zaten bir fikri vardı.

"Uyandırılmak gerçekten çok hoşuna gitti."

"Bunun için üzgünüm. Eminim önemli bir konu olduğunu anlamıştır."

Ona bakıp tek kaşımı yavaşça kaldırdım ve kahvemden bir yudum daha aldım.

Rob küçük bir kahkaha attı. "O kadar kötü, ha?"

"Şu anda asıl konuşmamız gereken konu," dedim aceleyle, "davanın ne olacağı. Patron nerede?"

Başıyla arkasındaki kapıyı gösterdi. "İçeride bir yerlerde, doktorun başını ağrıtmakla meşgul."

"Kurbanla konuşmamıza hâlâ izin vermiyorlar mı?"

"Kıza kurban demek pek doğru olmaz. Ben zavallı yaşlı

Vic'in haline daha çok üzüldüm. Şu anda yoğun bakımda. Operasyon üç saat sürdü ve anladığım kadarıyla durumu oldukça ciddi."

"Kalbim onunla."

"Tabii tabii ama emin ol şu anda bir kalp o adamın çok işine yarardı. Hastaneye getirilirken neredeyse ölüyormuş. Kız adamı gerçekten perişan etmiş."

"Ve bu yüzden şu anda hayatta ve bize olanları anlatabilecek durumda," diye cevap verdim.

Rob bana bakıp sırıttı. "Doğru ruh halini mi yakalamaya çalışıyorsun, Maeve? Onunla özdeşleşmeye mi çalışıyorsun? Saat on olmadan en iyi arkadaşı olacaksın ha, planın bu mu?"

"Ne olmuş yani?" Kahvem yeterince soğumuştu, hızlıca içebilirdim. Kafein yavaş yavaş etkisini göstermeye başlıyordu. Kızla konuşmamıza izin verdiklerinde hazır olmak istiyordum. Tetikte olmak istiyordum. İhtiyacımız olan cevapları almak ve onları, sahibine sevgi dolu bir hediye olarak ölü bir kuş getiren bir kedi gibi patronum Charles Godley'ye götürmek istiyordum. Ekibinden talep ettiği sonsuz sadakatten de, uzun çalışma saatlerinden de rahatsız değildim. Beyin takımında olduğum için ne kadar şanslı olduğumun farkındaydım. Mandrake Operasyonu'nda altmış memur görev alıyordu ve çoğu Godley'yle bir kez bile yüz yüze konuşma fırsatı yakalayamayacaktı. Onun kendine göre bir sistemi vardı: emirler güvendiği polislerce, görevlerin ve bu görevlerin başarıyla yerine getirilmesi için yapılması gerekenlerin paylaştırıldığı memurlara, yukarıdan aşağıya doğru kademe kademe iletilir, bu memurların görevlerini yerine getirmeden dönmemeleri beklenirdi. Yılın, hatta son on yılın en önemli medya olayına dönüşmüş olan soruşturmanın başında o vardı

5. KURBAN

ve davaya her açıdan hakim olabilmek için zamanının büyük bir kısmını muhabirlerle uğraşarak harcıyordu. Beni kendi seçip ekibine katmıştı ve hâlâ bilmediğim bir nedenle benden, onu hayal kırıklığına uğratmamamı bekliyordu.

"Hiç." Rob benimle uğraşmaktan sıkılmıştı. Telefonunu çıkarmış mesajlarına bakıyor, bir yandan da esniyordu. Bir şey söylemedim, birkaç dakikalığına da olsa konuşmadan oturabileceğimiz için mutluydum. Davanın bir sonuca ulaşmasını beklerken çok stresli ve yorucu günler geçirmiştik ama artık sona geldiğimize göre biraz daha sabredebilirdim.

Ama yerimde duramıyordum.

Neyse ki fazla beklemem gerekmedi ve birkaç dakika sonra yoğun bakım ünitesinin büyük kapılarından biri açıldı. Arkamızı dönüp baktık. Bir hemşire başını kapıdan dışarı uzatmıştı. İçinde bal rengi ışıltılar olan saçları ve sahte bronz teniyle genç bir kadındı. Sabahın bu saatinde şık olmak için gösterdiği çaba takdire şayandı doğrusu. Islak saçlarıma ve makyajsız yüzüme hızlı bir bakış attı ve yüzünde sıcak bir gülümsemeyle Rob'a döndü. İşte kısa süre önce büyülediğin kişi...

"Patronun seni çağırıyor."

İkimiz de aynı anda ayağa kalktık. Rob'un boyu ortalamanın biraz üzerindeydi ve ben de topuklular sayesinde uzamıştım. Göz gözeydik. Rob kaşlarını çattı.

"Benimle konuşmak istiyor, seninle değil."

"Benim burada olduğumu bilmiyor," dedim tatlı bir sesle. "Bilse benimle konuşmak isterdi."

"Beklediğini ona iletirim."

"Bunu ona kendim söylerim."

İşte bu kadardı. Rob'u ne kadar seversem seveyim, onunla ne kadar iyi anlaşırsak anlaşalım, iş patronumuzun ilgisi için rekabet etmeye geldiğinde ikimiz de ancak en sevdikleri oyuncak için kavga eden iki çocuk kadar olgun ve mantıklı davranabiliyorduk.

"Sen bilirsin." Rob ceketini omzuna attı, önüme geçti ve çift kanatlı sallanan kapıdan bir vuruşla geçip gitti. Peşinden geliyor muyum diye bakmak için beklememiş, benim için kapıyı tutmamıştı. Özel muamele bekliyor değildim tabii ama bana bu kadar kaba davranmasını da beklemiyordum. Kahvemi sandalyenin üzerine bırakıp Rob'un hemen ardından kapıdan geçtim. Doğru görüyordum, oraya benden önce varabilmek için daha da hızlanmıştı. Bu "ora"nın neresi olduğunu bilsem onunla rekabet etmeye kalkışabilirdim ama bilmiyordum. Bu yüzden, o yoğun bakım ünitesinin içinde hızla ilerlerken ben de bir adım geriden onu takip etmekle yetinmek durumundaydım.

Başkomiser Godley, tam da ondan beklediğim gibi bekleme salonunu ele geçirmiş, kendi odası gibi kullanıyordu. Masanın üzerinde dosyalar ve hafifçe vınlayarak çalışan bir dizüstü bilgisayar duruyordu.

Yüzünü buruşturmuş, gözlüklü, ince ve esmer bir adam ekranın üzerine doğru eğilmişti: Müfettiş Thomas Judd. Buna hiç şaşırmamıştım: Charlie Godley nereye giderse, Tom Judd da peşinden giderdi. Ondan pek hoşlanmıyor olsam da, şimdiye kadar soruşturmayı yönetmekte sağladığı başarıyı takdir ediyordum. Godley gömleğinin kollarını sıvamış, ellerini ensesinde birleştirmiş, arkasına yaslanmış oturuyor, bitkin ama dikkatli görünüyordu.

Saçları erkenden neredeyse tamamen beyazlamıştı ama

5. KURBAN

bu durum onu yaşlı göstermiyordu. Tam tersine gümüş rengi saçları, mavi gözlerine çok yakışıyor, Godley'nin uzun boyu ve yapılı omuzları da hesaba katılınca, ortaya medyanın karşı koyamayacağı kadar fotojenik bir görüntü çıkıyordu. Bugün biraz solgundu; gözleri kızarmış, yorgun bakıyordu. Yanına gidip sevgiyle yanaklarını sıkıştırmamak için kendimi zor tuttum. Patrona tapınmak ekip içinde pek hoş karşılanmazdı ve patronun da bir tarikata önderlik etmek gibi bir merakı yoktu. Rob kapıyı tıklattı. "Beni mi çağırdınız, efendim?"

Godley birden başını kaldırdı, dikkati dağılmıştı. "Evet. Güzel. Maeve, sen de gelmişsin. Harika."

"Rob aradı," dedim arkadan başımı uzatarak. Takdir edilmenin onu sevindireceğini biliyordum. Hatta belki Godley'nin bana gülümsemiş olduğu gerçeğinin onda yarattığı acıyı bile hafifletebilirdi. Ama Rob'un benim yardımıma ihtiyacı yoktu. O kendi takdirini kendi kazanmakta oldukça başarılıydı.

Godley tekrar dikkatini toplamış görünüyordu. "Onu bilgilendirdin mi?"

Rob başıyla onayladı.

"O zaman bir şüphelimiz olduğunu biliyorsun. Ve bir de tanığımız."

Şüphelinin yanına bile yaklaşma şansım olmadığını biliyordum. Sahip olamayacağım şeyleri istememeyi öğrenmiştim. Kendine geldiğinde onunla büyükbaşlar konuşacaktı. Ama tanık kesinlikle benimdi. Yumuşak bir sesle konuştum, "Onunla görüşmek isterim. Kızla yani. Muhtemelen güvenini kazanmam daha kolay olur."

"İfade vermeyi kabul etmesini bekliyoruz ve tabii ayılmasını da. Onunla çok iyi anlaşacağına eminim." Judd ekranın üzerine eğilmiş, şiddetle tuşları tıkırdatmaya devam ediyordu ama birini küçümseme fırsatını asla kaçırmazdı. Özellikle de beni. Bu söz üzerine, patronun yanında olduğumda hissettiğim her zamanki hafif gerginlik yerini müfettişe yönelik açık bir öfkeye bıraktı. Babamın kızıl saçlarını almamış olabilirdim ama o kızıl saçlara eşlik ettiği düşünülen mizacını aldığım kesindi.

"Bu ne anlama geliyor, efendim?"

"Ne dediysem o." Ses tonu yumuşaktı ama gözleri, gözlüklerinin ardında ışıl ışıl parlıyordu; o da benim gibi -ve odadaki herkes gibi- bana az önce neredeyse açıkça ayyaş dediğinin farkındaydı. Hep aynı saçmalıktı bu: ben bir İrlandalıydım, tabii ki bir ayyaş olacaktım. "Ben bir bardak Guinnes alayım -hayır hayır, iki bardak olsun ve üstüne de cila olarak viski." Halbuki anne ve babam içkiye karşıydı, ben yirmi yaşıma kadar ağzıma içki sürmemiştim ve içki içtiğimde de kırmızı şarabı tercih ederdim.

"Halledersin," dedi Godley, küçücük, sıkıcı odada yükselen tansiyonu dikkate almadan. "Onunla konuşmaya giderken Rob'u da yanına alabilirsin. Adamı bıçakladığı ana kadar olan her şeyi bilmek istiyorum. Onu nasıl kandırdığını ve arabaya nasıl bindirdiğini bilmek istiyorum. Paniklemesine neden olan şeyin ne olduğunu. Adam, kızın arabada katilimizle başbaşa olduğundan emin olmasını sağlayan bir şey yapmış ya da söylemiş olmalı ama bunun ne olduğunu henüz bilmiyorum ve öyküyü kızın ağzından dinlemeden adamla konuşmak istemiyorum."

"Tamam." O kadar da zor değildi ya. Her şey yolunda gidecekti. Gitmeliydi. "Bu önemli bir tanık," dedi Godley.

5. KURBAN

"Kimsenin onu sinirlendirmesini istemiyorum. Saygılı davranın."

Bu son cümlenin benimle bir ilgisi olmadığından neredeyse emindim. Bana böyle bir şey söylenmesi gerekmezdi ve bunu Godley'nin de bildiğini ümit ediyordum. Judd ise zaten ayrı bir olaydı.

"Onunla ne zaman görüşebiliriz?"

"Hemen şimdi. Hastaneden gitmek istiyor. Bize ifade vermeyi kabul etti ama neredeyse çıkmak üzeredir. Oyalanmayın."

Arkamı dönmüş gidiyordum ki Rob konuşmaya başladı. Durup onu bekledim. "Arabadan bir haber var mı, efendim? Bir şey bulabilmişler mi?"

Judd ince dudaklarının arasından cevap verdi. "Henüz bir şey yok."

"Ne?" Gerçekten şaşırmıştım.

"Araba temiz. Bulacağımızı umduğumuz şeylerin hiçbirinden iz yok. Ne bıçak ne de başka bir silah. Yanmayı hızlandırıcı madde de yok."

"Atmış olabilir mi? Tutuklanacağını anlayınca Sutcliffe'in yaptığı gibi kanıtlardan kurtulmuş olabilir mi? Bulunmadan önce biraz zaman geçmiş." Yorkshire Karındeşeni'nin katilimizle ilgili olarak ilk defa adı geçmiyordu ama konuyu açanın Rob olmasına şaşırmıştım. Godley'yi hayatta en çok sinirlendiren şey, yürüttüğü soruşturmaların, Peter Sutcliffe'i yakalamak için yürütülmüş olan acemice, dağınık ve başarısız operasyonla karşılaştırılmasıydı. Sutcliffe neredeyse şans eseri yakalanmıştı ve işte artık iki dava arasında bir benzerlik daha vardı. Vic Blackstaff'ın yakalanmasını sağlayan da polisin çalışmaları olmamıştı ve medya bundan kesinlikle söz edecekti. Godley'nin burun delikleri genişledi ama Rob'a cevap vermedi. Judd onun yerine söze başladı.

"Olayın olduğu ara sokağı ve çevresini araştırdık. Ama doktorlar rahatça hareket etmeye pek fırsat bulamamış olduğunu düşünüyor. Sağlık görevlileri olay yerine vardığında bilinci kapalıymış."

"Bu durumda..." dedim yavaşça.

"Bu durumda gerçekte ne olduğunu öğrenmeniz gerekiyor," diye cümlemi tamamladı Judd. "Çünkü şu anda, olanlarla ilgili en ufak bir fikrimiz bile yok."

Güzel hemşire, bizi, daha doğrusu onunla durmaksızın flört eden Rob'u, Kelly Staples'ın odasına götürdü. Kafam düşüncelerle dolu bir halde onları takip ettim. Bu benim için büyük bir andı. Doğru soruları sor. Doğru cevapları al. Onu rahatsız etme. Güvenini kazan. Sana zaten bildiğin şeyleri anlatacağını düşünme. Söylediklerini dinle. Ve tabii söymediklerini de.

Sakin ol.

Hemşire bizi odanın kapısına getirip kırıtarak yanımızdan uzaklaştıktan sonra Rob'u kenara çektim. "Sen not alıyorsun, tamam mı? İşi kapmak yok. Konuşmayı ben yapmak istiyorum."

"Senin olsun, tatlım. Judd'un da dediği gibi, eminim çok ortak noktanız vardır."

"O böyle söylemedi." İster istemez savunmaya geçmiştim. Sen de başlama, Rob...

"Onun seninle ne derdi var?"

"Irkçı, kadın düşmanı domuzun teki o -fark etmedin mi?

5. KURBAN

Sürekli benimle ilgili çirkin göndermeler yapıyor."

"Bana fena bir adam değilmiş gibi geliyor."

Rob'a hafifçe vurdum ve sonra, sanki bu zihnimi açıp kafamda dönüp duran düşünceleri anlaşılır bir düzene sokabilirmiş gibi, bir tane de kendi kafama vurdum. "Defterin yanında mı?"

"Her zaman," dedi Rob defterini havaya kaldırıp. "Ve bir kalem. Ve diğeri biterse diye bir kalem daha."

"Aferin benim oğluma." Artık vakit gelmişti. Tehditkâr olmadığını ve sakin göründüğünü umduğum bir ifade takınıp kapıyı açtım.

Kelly Staples'la ilgili dikkatimi çeken ilk şey, biz gelmeden önce ağladığı, ikincisi ise çok genç olduğuydu. Üzerinde desenli bir hastane önlüğüyle yatağın kenarında oturuyordu. Çıplak ayakları solgun ve tombuldu, çizmelerinin vurduğu yerlerde, topukları ve parmaklarında kırmızı bereler vardı. Yüzü bembeyaz olmuş, sarı saçları yüzünün iki yanından dökülüyordu. Gözleri yorgunluktan kızarmış ve şişmişti. Şişmandı ve ince kâğıttan yapılmış önlüğün içinde rahatsız görünüyor, önlüğün boyunu biraz daha uzatmak için eteklerini dizlerinden aşağı doğru çekiştiriyordu. Dudakları sanki ısırıp koparmış gibi kıpkırmızı olmuştu.

Tehditkâr görünmemeye çalışarak yatağın kenarına oturup gülümsedim.

"Kelly? Ben Dedektif Kerrigan. Bana Maeve diyebilirsin. Ve bu da, ortağım Dedektif Langton. Kendisi benim için not alacak."

Rob kendini çoktan odanın bir köşesindeki sandalyeye atmıştı. Kız dönüp ona baktı ve sonra boş gözlerle tekrar bana döndü. "Annemin ne zaman geleceğini biliyor musunuz?"

"Hayır, Üzgünüm. Ama eminim yoldadır."

"Bana giyecek bir şeyler getirecek. Hiçbir şeyim yok. Hepsini aldılar."

"Kıyafetlerinin üstünde adli incelemeler yapılması gerekiyor," diye açıkladım. Zaten giyilecek durumda da değillerdi, her tarafları Vic Blackstaff'ın kanıyla kaplıydı.

"Eve gitmek istiyorum."

"Çok yakında gideceksin." Sesim bir çocukla konuşur gibi yumuşaktı. Ve bu pek de yersiz sayılmazdı. Kaç yaşındasın, Kelly?"

"Yirmi."

Bu iyiydi. Sorumlu bir yetişkinin gelmesini beklememiz gerekmeyecekti. "Öğrenci misin? Yoksa çalışıyor musun?"

"Öğrenciyim. Yiyecek İçecek Bölümü'nde." Biraz kendine gelmiş gibiydi. "Bu yıl son yılım."

"Bitirdiğinde bir şef aşçı mı olmak istiyorsun?"

Omuz sikti. Yüzüme boş boş bakıyordu. "Bilmem."

Bu kadar arkadaşlık yeterdi. Onunla konuşmak istememizin asıl nedenine dönme vakti gelmişti artık.

"Seninle bugün olanlar hakkında konuşmak istiyordum. Sana sormak istediğimiz birkaç soru var. Onları cevapladıktan sonra eve gidebilirsin."

Kelly cevap vermeden gözlerini bir yandan diğerine çevirdi.

"Öncelikle, herhangi bir şekilde başının dertte olmadığını tekrar belirtmek istiyorum. İfadene tanık olarak başvuruyoruz, şüpheli olarak değil, o yüzden lütfen dikkatli konuşman gerektiğini düşünme. Sadece ne olduğunu öğrenmek istiyo-

5. KURBAN

ruz, şeyden önce -ee, sen kaçmadan önce." Bir şekilde 'adamın birini midesinden defalarca bıçaklamak' yerine 'kaçmak' demenin daha doğru olacağını düşünmüştüm.

Oturduğu yerde kımıldandı. "Peki, adam ölmüş mü?"

"Hayır. Yoğun bakımda. Ama yaşıyor."

"Buna üzüldüm." Birden başını kaldırdı. Gözlerimdeki şaşkınlığı yakalayacağını ummuştu sanırım ama benden beklediği buysa hayal kırıklığına uğrayacaktı.

"Evet. O halde, olanları bana kendi cümlelerinle anlatır mısın? En baştan başla. Bara saat kaçta gittin?"

Kelly Staples'la görüşmenin kolay geçtiği söylenemezdi. Korkudan iyice aksileşmişti. İlk birkaç dakika boyunca bana karşı koyup, sorularıma neredeyse hiç cevap vermedi. Ama anlatmaya devam ettikçe kendini bir şekilde konuya kaptırdı ve sözcükler cümlelere, cümleler paragraflara dönüşmeye başladı. Kısa süre sonra içinden geldiği gibi anlatmaya başlamıştı; kelimeler ağzından oluktan akan yağmur suları gibi dökülüyordu. Rob'un onun hızına yetişebildiğini umuyordum.

"Ben de tabii bir korsan taksinin ucuz olacağını ve eve daha hızlı varacağımı düşündüm. Yani, adam yaşlıydı. Babam falan yaşındaydı. Yani işte, neredeyse. Bana... yardım etmek istiyor gibiydi. Ona kızını hatırlattığımı ve beni başıma bir şey gelmeden eve götürmek istediğini düşündüm. Ne aptalım. Tam bir geri zekâlıyım ben. Eve kadar iki kilometre koşmalıydım ama tabii o çizmelerle bunu yapmam imkânsızdı. Neredeyse yürüyemiyordum bile."

"Arabaya bindiğinizde ne oldu?"

Kelimeler ağzından dökülmeye başladı. Arabası ve arabaya biner binmez fark ettiği o şey -düşündükçe daha da aklına takılan ve onu daha da endişelendiren hafif bir benzin kokusu. Onu eve bildiği yoldan götürmeyi reddetmesi. Arabayı durdurup onu indirmek için bulduğu ara sokak. Sokağın karanlığı. Kapının içeriden açılmadığını söyleyerek onu oyalaması. Terlemesi. Her şeyin daha farklı olması gerekirken söylediği yanlış şeyler ve onun Ateşçi olduğunu bir anda anlaması ve kendisine de diğer kızlara yaptıklarını yapmadan önce harekete geçmeyi başarması.

"Bakın, bu bıçak çizmemin içindeydi. Korunma amacıyla. Küçük kardeşim bugünlerde çok dikkatli olmalısın demişti." Gerginlikten iyice tizleşmiş ufak bir kahkaha attı. "Pek de yanıldığı söylenemez, öyle değil mi? Yani, eğer bıçak yanımda olmasaydı, şimdi kim bilir nerede olacaktım? Belki de bir yol kenarında."

Belki öyleydi, belki de değil. Telaşlanmaya başlamıştım. "Bıçağı çıkarmadan hemen önceye dönelim, Kelly. Adam ne söyledi, ya da yaptı da onun katil olduğunu anladın?"

"Arabayı durdurdu ve inmeme izin vereceğini söyledi."

"Ve?"

"Ve o kadar. Arabayı durdurduğu anda bunu biliyordum." Bekledim. Odadaki tek ses, Rob'un kâğıdın üzerinde gezinen kaleminden geliyordu. O da sustuğunda yumuşak bir sesle devam ettim, "Neyi biliyordun, Kelly?"

"Onun katil olduğunu. O katil olduğunu. Biliyorsunuz işte, hani şu kadınları yakan adam."

Ona yüzümde tatlı ve anlayışlı bir ifadeyle bakmaya çalışıyordum ama zihnim bomboştu. İçeride monoton bir ses tek bir kelimeyi tekrar edip duruyordu. Kahretsin... kahretsin...

5. KURBAN

kahretsin...

Kelly, öyküsünü adam bir şey yapamadan kendisinin harekete geçtiğini ve o sırada adamın kendisini göremediğini anlatarak tamamladı ve konuşmayı sürdürdü. "Ve iki saattir bu odaya tıkıldım kaldım ve bir sigara bile içemedim, o yüzden sizin için de bir sakıncası yoksa artık gidebilir miyim lütfen?"

"Biraz daha burada kalman gerekiyor," dedim, tatlı bir sesle. "Korkarım bir ifade daha vermen gerekecek. Ve doktorlar da seni henüz taburcu etmediler."

Yüzüme ağlayacakmış gibi baktı. "Sadece eve gitmek istiyorum."

"Biliyorum." Ayağa kalktım, kendimi birden çok rahatsız hissetmiştim. Ona yalan söyleyip, yakında buradan çıkacaksın diyemezdim; yanılmıyorsam kısa süre sonra tutuklanacaktı. İfadesine bakılırsa Bölüm 18'den, kasten adam yaralamadan ceza alacağı kesin gibi görünüyordu.

Kelly gözlerini ovuşturuyor, akan yaşları ve makyajından geriye kalanları solgun yüzüne sıvıştırıyordu. Ellerinin arkasından sesi geldi. "Sadeca annemi istiyorum."

Gidip kapıyı hızla açtım ve önümde duran Rob'u dışarı doğru ittim. "Yardımın için teşekkürler, Kelly. Tekrar görüşeceğiz."

Ağlama sesi, açılır kapanır kapının arkamızdan kapanmasıyla kesilmişti.

Sinir bozucu bir şekilde çarparak kapatamayacağınız şu kapılardandı bu.

Tekmeleyecek bir şeyler bulmak için etrafa bakındım. Öfkemi boşaltacak herhangi bir şey işe yarardı. "Ne tatlı bir kız."

"Ona bu kadar acımasız davranma." Bir yandan ona kızmış da olsam, zavallı, şanssız Kelly'yi korumam gerekiyormuş gibi hissediyordum.

"Kimmiş o acımasız davranan?"

"Sensin ve bunu gayet iyi biliyorsun."

"Ben sadece onun tatlı olduğunu söyledim." Rob yüzüme masum masum bakıp gözlerini kırpıştırdı. "İyice uyarmadan hamle yapılacak kızlardan değil ama yine de çok tatlı."

"Blackstaff bir şeylerin peşindeydi. Kim bilir ona ne yapmayı planlıyordu?"

"Bunu hiçbir zaman bilemeyeceğiz. Ve bildiğimiz kadarı da kızın yaptıklarını haklı çıkarmıyor, öyle değil mi?"

Kabul etmeliydim ki haklıydı. "İfadesine göre, adam hiçbir şey yapmamış. Tamam, biraz tuhaf davranmış -eminim şüphelenmekte haklıdır. Belki de ne yaptığını hatırlamayacak kadar sarhoş olduğunu ve onun bu halinden yararlanabileceğini düşünmüştür. Ama aşırı tepki verdiği kesin. Adamı diğer cinayetlere bağlayan tek bir ipucu bile yok, onun katil olduğunu iddia ettiği ifadesini destekleyen hiçbir somut delil yok. Ve hadi dürüst olalım, anlattıkları mahkemede de işine yaramayacak, öyle değil mi?"

"Belki de haklıdır. Belki de adam biz olay yerine varmadan elindekileri sakladı."

"Ne yani, bir bidon benzinden ve en az bir küt cisimden kurtulmayı başarmış olabilir mi diyorsun? Ve şok tabancasından. Arabada bunların hiçbiri yoktu, öyle değil mi? Çevrede de yoktular. Bittik biz. Tamamen bittik."

"Evvet. Ve bunu Godley'e söyleyecek olan da sensin."

5. KURBAN

"Böyle olacağını biliyordum." Ona baktım. "Umrunda değil, öyle değil mi? Bu tam bir felaket ve senin umrunda bile değil."

Omuz silkti. "Şu anda bu konuda yapabileceğimiz hiçbir şey yok. Bay Blackstaff'ın şansı yokmuş. Ama bizim açımızdan bakarsak daha öncekinden daha kötü bir durumda olduğumuz söylenemez."

"Ah tabii, harika durumdayız. Dört kadın öldü ve elimizde tek bir ipucu bile yok. Haklısın, bu sadece ufacık bir talihsizlik. Onun dışında, harika gidiyoruz." Gözlerimi kapatıp elimi alnıma bastırdım ve derin bir nefes aldım.

"Başın mı ağrıyor?"

"Hem de nasıl."

Hemşirede birkaç aspirin var mı bir bakayım." Rob hafifçe koluma dokundu. "En azından bunu yapabilirim."

"Yapabileceklerine başlatma şimdi."

"Ah, senin asıl istediğin şeyi gayet iyi biliyorum."

"Rüyanda görürsün, Langton."

"Bunda utanılacak bir şey yok, Kerrigan. Bana tutulan ilk kadın sen değilsin. İçindeki bu duyguya karşı koymaya çalışmazsan senin için daha iyi olur bence."

"Neye karşı koymayayım diyorsun? Mide bulantısına mı?"

Koridor boyunca hiç durmadan didişerek geldiğimiz yoldan geri döndük. Bu iyi gelmişti. Böylece zihnimi bir an için de olsa Başkomiser Godley'ye söyleyeceklerimden uzaklaştırabilmiştim. Bu arada kafamın içinde dönüp duran çirkin sözler korosunun sesi biraz daha yükselmiş, kelimeler biraz daha çeşitlenmişti. Kahretsin lanet olsun battık mahvolduk lanet...

Bir köşeyi döndük. Kendimi kötü hissediyor olmama rağmen Rob'un yüzüne bakarak söylediği bir şeye gülüyordum. Yüzünde önce belirsiz ve şüpheli bir ifade belirdi, ardından tamamen ciddileşti; sırıtmayı kesip başımı çevirdim. Godley ve Judd üzerlerinde ceketleri, yüzlerinde gergin ifadelerle bizi bekliyorlardı. Kendi yüzümün de birden gerildiğini hissettim. Artık onlara kötü haberi vermeye hazırdım.

"O değil."

Şaşırmış gözlerle Judd'a baktım. "Ben de tam bunu söyleyecektim. Siz nasıl-"

"Bir ceset daha bulundu. Bir genç kadın daha. Yine yaptı." Godley'nin sesi bitkindi. "Vic Blackstaff yapmış olamaz. Tahminlere göre son üç saat içinde gerçekleşmiş. Yani Blackstaff burada, ameliyattayken."

Başımla onayladım. "Kelly Staples'ın ifadesinde onun katil olduğunu gösteren hiçbir şey yok ama anlaşılan yapmaması gereken bir şeyler yapmayı düşünüyormuş. Victor'un şansına kız dehşete kapılıp saldırmış. Yani aslında her şeyi yanlış anlamış."

"Tek yanlış anlayan o değil," dedi Godley sertçe.

Müfettiş Judd devam etti. "Ceza alması gerekecek. Biz bununla uğraşarak zaman kaybedemeyiz. İlçe cinayet masasını arayıp olayı nöbetçi dedektifin devralmasını isteyeceğim. Benim yerime sen bakacaksın, Kerrigan."

Cinayet masasına davayı haber verme işini bana bırakmadığı için ona minnettar olmalıydım ama memnuniyetimi içimde tutmayı başardım çünkü memnuniyetimi ona iletmek için öncelikle onunla konuşmam gerekirdi. Kocaman bir gülümsemeyle yüzüne baktım. "Sorun değil."

"O zaman hadi yürü," dedi Godley. "Yeni olay yerinde görüşürüz."

Kelly Staples'ı böylece bırakıp gidiyorduk. Kaderini etkileyecek olan kararı bir başkası verecekti. Onun da Ateşçi'nin kurbanlarından biri, işlediği suçların bir devamı olduğunu düşünmeden edemiyordum.

Onu yakalamalıydık ve bunu hemen yapmalıydık ama biz yeni bir ceset bulmuştuk. Onu yakalamaya yaklaşamamıştık bile.

LOUISE

"Selam. Ben Rebecca. Bana değil, telesekreterime ulaştınız. Bir mesaj bırakın ki sizi en kısa sürede arayabileyim. Hemen telefonu kapatmayın! Konuşun! Bip sesinden sonra tabii! Yani... şimdi!"

Sıcak ve hayat dolu ses ofisime yayılmıştı sanki. Sahibini zihnimde o kadar belirgin bir şekilde canlandırıyordum ki, bir an gözlerimi kapatsam, dışarıdaki hava nasıl olursa olsun havalandırmanın her zaman 20 derecede tuttuğu steril ofis havasının üzerinde, parfümünün kokusunu alabilirdim. Dışarısı ıslak ve soğuktu. Kasım ayının sonlarına doğru, bu Cuma sabahı, hava karanlık ve griydi. İçerisi, artık evim zannettiğim bu yer ise sıcak ve konforlu döşenmiş, çalıştığım iş yeri Preyhard Gunther'in Londra ofisini düzenlerken görüştüğü danışmanların önerileri doğrultusunda, renkli klasörler ve dosyalarla hareketlendirilmiş ve hafifçe aydınlatılmıştı. Eğer çalışanları tavuk, çalışma saatlerini de yumurta olarak alırsak

PG'de, tavuklardan en iyi yumurta alımı için gerekli şartların sağlanması konusunda önerilerde bulunan insanlar vardı ve ben o hiç istemediğim statü sembolüne, masamın altındaki portatif yatağa hak kazanmış şampiyon bir tavuktum. Çekmecelerimden birinde pijamalarım ve diş macunu, sabun gibi özel eşyalarım vardı. Çağrılır çağrılmaz çıkabilmem için, bir iş gününde ihtiyacım olabilecek her şey, kapımın arkasında asılı duruyordu. Koridorun sonunda, içinde çok güçlü duşlar olan kocaman tuvaletler vardı ve ister gece ister gündüz, günün herhangi bir saatinde yiyecek bir şeyler çağırmak için telefonu kaldırmanız yeterliydi. Her şey bizi mutlu, çalışır vaziyette ve en önemlisi de ofiste tutmak üzere tasarlanmıştı.

Ve ben hep benden bekledikleri gibi olmuştum. Yaşadığım bile söylenemezdi. Her hafta sonu, hafta sonlarının tamamı. Akşamlar. Sabahın erken saatleri. Son birkaç yıldır, sadece birkaç kez işlerimi ayarlayıp arkadaşlarla bir araya gelmiş ve bu düzenin dışına çıkmıştım. Elimdeki sinema ve konser biletlerini hep başkalarına veriyordum. Hepsi teşekkür etmek isteyen müşterilerin hediyeleriydi ama yine de arada bir, gösterinin son on yılın en iyisi olduğuyla ilgili coşku dolu bir teşekkür e-postası aldığımda içimde bir burukluk oluyordu.

Çalışma masamın üzerindeki büyük telefona uzun uzun baktım. Rebecca'nın cep telefonunu bir kez daha arayıp, onun sesini duymak istiyordum. Bunun yerine karşı taraftaki meslektaşıma sıkıcı zariflikte ama etkili bir e-posta yazmaya devam ederken, bir yandan da telefonu hoparlöre alıp Rebecca'nın iş numarasını çevirdim.

"Ben Rebecca Haworth. Şu anda masamda değilim. En kısa sürede sizi arayabilmem için lütfen bir mesaj bırakın. Eğer bana derhal ulaşmanız gerekiyorsa sıfırı tuşlayarak

5. KURBAN

Ventnor Chase santraline bağlanabilir ve asistanım Jess Barker'la görüşebilirsiniz."

Daha az hayat dolu, biraz daha kibar ama eşit derecede sıcak ve son derece kendinden emin. Sevgili arkadaşım Rebecca. En eski arkadaşım. Son zamanlarda, en az güvenilir arkadaşım. Ama bunun için ona nasıl kızabilirdim ki? Son birkaç aydır gönderdiği e-postaları cevapsız bırakmıştım. Yazdıkları, her saat, her dakika posta kutuma hücum eden işle ilgili yazışmaların arasında kaybolup gitmişti. E-postalar, geldikleri gün yakalamayı başaramazsam bilinmezliğin içine sürüklenir, şirketin acımasız sistemi tarafından arşivlenirdi. Her saat para demekti; kendi kendime, kişisel e-postalar için zamanım olmadığını söylüyordum. Suçluluk duyacak bir şey yoktu.

Ama işte şimdi, onunla -bir makineyle değil onun kendisiyle- konuşmak istediğimde cevap yoktu.

Rebecca'yı düşünürken bir bip sesi duyuldu ve birden kendimi, ağzımın içinde aceleyle bir şeyler geveleyerek ona mesaj bırakırken buldum. Beni araması gerektiğini, onu düşündüğümü, görüşmemiz, arayı kapatmamız gerektiğini söyledim ve uzanıp bir düğmeye bastım. Ne söylediğimi, nasıl söylediğimi bir daha gözden geçirirken yüzümün kıpkırmızı olduğunu hissediyordum. Herkes beni güçlü bir avukat olarak görürken benim telefonda konuşmaktan çekinmem çok saçmaydı.

Her çalışında kalbimin yerinden çıkacak gibi olması, açmadan önce gizli gizli avuçlarımı eteklerime silmek zorunda kalmam çok gülünçtü. Ama telefonda konuşmaktan hoşlanmıyordum işte. Telefonda dikkatsiz davranabilirdiniz. Gerçekten düşündüğünüz şeyleri söyleyebilirdiniz.

Daha önce bu şekilde, bana söylediklerini sandıklarından çok daha fazlasını telefonda ağızlarından alarak, insanları köşeye sıkıştırmıştım. Bu sayede getirdiğim tekliflerle şirketin davalar kazanmasını sağlamıştım. Bu işleri en iyi bilenlerden biriydim. Bugünlerde hepimiz ip cambazları gibiydik, herkes bir şekilde yola devam eder ve arada sırada aramızdan biri düşerdi.

Kapının kenarından dağınık bir kafa uzandı.

"Tak, tak. Bir bardak kahve ister misin? Toplantın beş dakika sonra. Önce bir şeyler iç. Yüzüne biraz renk gelsin."

"Gerek yok, Martine. Ama teşekkürler," dedim başımı önümdeki ekrandan bir an için kaldırarak.

Sekreterim, Martine. Otuz yıllık deneyim, saçlarında kırmızının sekiz ayrı tonu ve sonsuz bir dedikodu, güleryüz ve istenmeyen tavsiyeler kaynağı. Odaya girdiğinde birden gerilmem ya da meslektaşlarım arasında onu korkutucu bulan tek kişi olmam onun suçu değildi. Yıllar boyunca birçok avukatla çalışmıştı ve ben, ondan rahatlıkla bir şeyler isteyemeyecek kadar gençtim. Benden hoşlanmadığını düşünüyordum ve o da beni kesinlikle bir avukat olarak görmüyordu. Bu durum benim daha sıkı çalışmama ve ona yılbaşlarında ya da doğum günlerinde değerli hediyeler almama yol açmıştı. Kendi dosya ve fotokopi işlerimi kendim hallediyor, ona iş vermemek için elimden gelen her şeyi yapıyordum. En sonunda Martine sıkıldı ve kendini şirketin gayriresmi sosyal sekreteri ve benim istenmeyen iyilik meleğim olmaya adadı.

"İyi misin?" Odanın içine kadar ilerlemişti. "Yüzün bembeyaz olmuş. Başın ağrıyor, öyle değil mi? Bir ağrı kesici ister misin? Yanımda Nurofen var."

İlaç teklifini yüzümde bir gülümsemeyle, başımı iki yana

5. KURBAN

sallayarak geçiştirmeye çalıştım ama kararlıydı.

"Yanımda aspirin de var, çünkü kalp krizine karşı bunlardan her gün bir tane almak gerekiyor, ya da en azından şimdilik böyle yapmamızı söylüyorlar ama muhtemelen gelecek hafta da başka bir şey söylerler. Bir bakalım. Yanılmıyorsam ilk yardım kutusunda parasetamol olacaktı. Ama onu dikkatli kullanmalısın. Birisi dedi ki sadece beş tanesi seni öldürebilirmiş. Düşün artık!" Kusursuz makyajlı yüzü, bu düşünce karşısında zevkten dört köşe olmuştu sanki.

"Gerçekten, bir şeye gerek yok."

"Başkalarında da bir şeyler olabilir. Sorabilirim. Kızlardan birinde Solpadein olabilir. Ondan kullanıyor musun, tatlım? Yoksa kodein alamıyor musun?"

Martine bir şekilde, benim bir tür dini fanatik olduğum fikrine kapılmıştı. Bunun nedeni muhtemelen, ister meslektaşlarla bir öğle yemeği, ister müşterilerle dışarıda bir akşam olsun, işle ilgili hiçbir yerde içki içmememdi. Yılbaşı partileri de buna dahildi. Hepsine, sadece gitmemem hoş karşılanmayacağı için katılıyor ve eve dönmek için uygun saat gelene kadar da bir sodayla zaman geçirerek, mümkün olduğu kadar arka planda kalmaya çalışıyordum. Martine, bunu son derece anlaşılmaz bulmuş ve bu duruma kendine göre mantıklı bir açıklama getirmişti. Ve ben de ona işin doğrusunu anlatmaya çalışmamıştım. Kendi kararını kendi vermesi benim de işime geliyordu. Ama zaman zaman böyle tuhaf ve anlamsız konuşmalar yapmak zorunda kalıyorduk.

"Kodein kullanıyorum. Yani, kullanmam gerekmiyor ama gerekirse kullanabilirim."

"Ah, demek kullanıyorsun? Anlıyorum." Yüzüme sanki kodein, kokainin en yakın akrabasıymış da, fırsat bulabilsem bu tezgâhüstü ilaçlarla saatlerce mutlu olabilirmişim gibi anlamlı anlamlı baktı.

Toplantı için notlarımı toplamaya başladım. "Ben çıkayım o halde. Her şey tamam, teşekkür ederim," dedim ve devam ettim, "Eğer arkadaşım ararsa -Rebecca'yı hatırlarsın- ona ulaşabileceğim bir numara alabilir misin?"

Gözleri doğruca çalışma masamın önündeki duvarda asılı duran resme yöneldi. Yıllar önce, ben daha ufak tefek, zayıf ve daha sessiz, Rebecca ise güzelliğinin doruklarındayken çekilmiş bir fotoğraftı bu. Rebecca sınavlarını geçtiği gün, gül gibi al al olmuş yanaklarıyla zafer çığlıkları atıyordu. Ben güzel çıkmamıştım -kameraya değil Rebeca'ya bakıyordum ve yüzümde ürkek bir ifade vardı- ama Rebecca o kadar kendisi gibi, o kadar canlıydı ki, onu ilk tanıdığım zamanki halini hatırlamak için bu fotoğrafı hep saklamıştım. Yaşı ilerledikçe güzelliği azalmamıştı ama yüzü değişmiş, biraz incelmişti ve gözleri, onu son gördüğümde hüzünlü, çok çok hüzünlü bakıyordu.

"Ona ulaşamıyor musun?"

Martine'in sesi çok canayakındı; ona nasıl ulaşamadığımı bir çırpıda anlatıverdim ve bu konuda bir önerisi olup olmadığını sordum.

"Evine git," dedi hemen. "Kapısını çal. Nerede oturduğunu biliyorsun, öyle değil mi? Bugünlerde insanlar bütün zamanlarını e-postalarla, telefonlarla, mesajlarla geçiriyorlar - kimse yeteri kadar yüzyüze zaman geçirmiyor."

Modern hayatın insanı yalnızlaştırması, Martine'in en sevdiği konulardan biriydi. Aceleyle yanından kaçıp toplantıya gittim. Rahatlamıştım ve ne yapacağımı biliyordum. Martine, hayatında ilk defa bana iyi bir fikir vermişti. Rebec-

5. KURBAN

ca'nın nerede oturduğunu biliyordum ve daha da iyisi, bende evinin anahtarı vardı. Toplantıdan sonra ona gitmeye karar verdim ve masadaki yerime oturdum. Haftalar sonra ilk defa kendimi huzurlu hissediyordum.

Keyifli halim, ofisten çıkıp Rebecca'nın evine varana kadar sürdü. Yoldan ev telefonunu aramıştım ve orada olmadığını biliyordum ama anahtarı çevirip kapıyı açtığımda yüzüme çarpan buz gibi durgun hava karşısında yine de birden ürperdim. Etrafa bakmama bile gerek yoktu, içeride kimse olmadığı açıktı. Asıl konu Rebecca'nın nereye gittiğiyle ilgili bir ipucu bırakıp bırakmadığı ve eğer bırakmışsa, benim onu bulup bulamayacağımdı. Çeşitli zamanlarda bir çok kez Rebecca'yı kollamış, onun açıklarını kapatmıştım. Onun hakkında başka kimsenin bilmediği -ve öğrenmemesi gereken- birçok şey biliyordum. Ve o da benimle ilgili oldukça fazla şey biliyordu.

Kendimi toplayıp içeri girdim. Kapıyı kapattım, paltomu çıkardım ve aramaya başladım.

İkinci Bölüm

MAEVE

Basın yoğun bakımda bir şüphelimiz olduğu haberini çoktan almış olmasaydı, hastaneden çıkmamız daha kolay olurdu. Patron binanın arka kapısından burnunu çıkarır çıkarmaz bir köpek sürüsü gibi üzerimize atıldılar. Yolun karşısından, medyanın metal bariyerlerle çevrelendiği kısımdan üzerimize doğru birden bağrışmalar ve sorular yükseldi.

"Başkomiser Godley! Bu taraftayız, efendim."

"Onu yakaladınız mı?"

"Gözaltında bir şüpheli olduğu doğru mu?"

Basının oluşturduğu kalabalığın yanından fark edilmeden süzülüp arabama doğru ilerledim. Muhtemelen haberlere çıkacaktım ama beni sadece annem ve arkadaşları tanıyacaktı. Ekranda görünmeme kuralımın dışına çıkmıştım. Dağınık açık kahverengi saçlar, donuk bir ifade, kamburlaşmış bir sırt, düşük omuzlar: bunların hiçbiri kendimle ilgili sahip olduğum imaja uymuyordu ama bir kameramanın görüş açısına her girişimde televizyonda görünen sadece bunlar oluyordu. Annemin sözlerini şimdiden duyabiliyordum: Ah Maeve, dik

5. KURBAN

durmak neden hiç aklına gelmiyor? Başımı eğip yere bakarak yürümeyi sürdürdüm. Rob'un ayakkabılarının, asfalt yolda bana yetişmek için aceleyle ilerlerken çıkardığı sesleri duyabiliyordum. Bir kere daha, ilginin odağındaki kişi ben olmadığım için mutluydum. Bu durum hiç hoşuna gitmese de, gösterinin yıldızı Godley idi.

Godley üst düzey bir memur olmasına rağmen, dikkatlerin kendi üzerinde olmasından hoşlanan tiplerden değildi. Açıklamaları ciddi, basın toplantıları kısa ve öz olurdu ve söyleyecek bir şeyi olmadığında ise gerçekten hiçbir şey söylemezdi. Ama özellikle şu anda, yaptığı ve söylediği her şey haber demekti. Halkın Ateşçi'ye gösterdiği ilgi bir histeriye dönüşmüş durumdaydı. Godley zamanının büyük bir bölümünü gazetelerin yayın yönetmenleri ve televizyon patronlarıyla telefonda konuşarak, onlara davayla ilgili haber yaparken biraz daha hassas ve düşünceli davranmaları için yalvararak geçiriyordu. Çalışmak için yalnız kalmamız gerekiyor ama onlar fırsat bulur bulmaz doğrudan davanın orta yerine dalıyorlardı. Kamu çıkarlarını bahane ediyorlardı -ve eğer bununla kast ettikleri şey kamunun davayı merak ediyor oluşuysa, bu konuda haksız oldukları da söylenemezdi. Ama başarısızlığımızın nedenleriyle ilgili varsayımların kime nasıl bir yararı olabilirdi, bunu bir türlü anlayamıyordum.

Bugün Godley'nin basınla paylaşmak istediği pek bir şey olduğunu sanmıyordum. Özellikle de bütün haberler kötüyken. Halbuki daha bir saat önce, güzel haberi herkese duyuracağı basın toplantısındaki konuşmasını planlıyor olmalıydı.

Artık herkes rahat bir nefes alabilir çünkü bu iş bitti. Gönül rahatlığıyla yılbaşı sezonunun tadını çıkarmaya başlayabilirsiniz. Bizi hiç merak etmeyin çünkü çıkıp bir şeyler içeceğiz.

Bunların hepsi belirsiz bir tarihe kadar ertelenmişti. Gittiğimiz yeri ve orada bulacağımız şeyi düşündükçe ellerim buz kesiyordu. Bizi bir ceset daha bekliyordu. Tanınmayacak hale gelene kadar dövülüp yakılmış bir kadın daha. Ve adamın kim olduğu -bunları neden yaptığı- hâlâ dört ceset önce olduğu gibi, tam bir muammaydı.

"Sen iyi misin?" Rob beni park otomatının başında yakaladı. Orada durmuş, elimdeki paraları birbiri ardına makineye atıyordum. Arabamın burada o kadar uzun süre kalmış olmadığı belliydi. Son kalan birkaç bozuk paraya da ulaşmak için elimi çantamın dibine daldırdım, paraları pırtık pırtık olmuş bir kâğıt mendilden ayırıp öfkeyle deliğe içeri ittim. Makine guruldadı. Fiş almak için düğmeye sertçe bastım ve gülümsedim.

"Tabii ki iyiyim. Bu da işin bir parçası, öyle değil mi?"

"Benim Kerrigan. Rol yapmana gerek yok."

"Off evet. Tam bir saçmalık, öyle değil mi?"

"Kesinlikle aynı fikirdeyim. Artık bu işten kurtulduk sanıyordum."

İkimiz de keyfimiz yerindeymiş gibi konuşuyorduk ama onun da aynı benim gibi hissettiğini biliyordum. Tam şu anda midemde dönüp duran ve boğazıma sıkıca yapışan bu berbat gerginlik hissine verdiğimiz kısa ara, bir şekilde her şeyi daha da kötüleştirmişti. Günlerimi maratonlara çeviren, uykularımı çalan, beni işte tutan hep bu korkunç gerginlikti. Bunun bir daha tekrarlanmaması için elimden gelenin en iyisini yapmıştım. Hepimiz öyle yapmıştık. Ve başaramamıştık.

5. KURBAN

"Tan-rım. Harika park etmişsin."

Araba iki araçlık yerde enlemesine duruyordu. "Acelem vardı, tamam mı?" Kilidi açtım. "Bin hadi ve konuşmayı kes yoksa şeye kadar yürürsün. Nereye gidiyorduk?"

"Stadhampton Grove. Oval kriket sahasının arkalarında bir yerlerde. Sanayi bölgesinde."

"Buradan oraya nasıl gideceğimizi biliyor musun?"

"Navigasyon cihazı gibiyimdir ben."

"Sen ona harita de en iyisi," diye söylenerek yüzüne bakıp sırıttım ve park yerinden çıktım. Daha doğrusu park yerlerinden.

Ben hastanedeyken trafik iyice sıkışmıştı. Kingston'dan Oval'e gidişimiz tam bir işkence gibiydi. Rob yola çıkar çıkmaz telefonunu çıkarıp Kev Cox'u aradı. O bizden önce varmıştı. Kev Cox, olay yeri inceleme ekibinin başıydı ve son dört olay yeriyle de o ilgilenmişti. Eğer her şeyi kontrol altında tutacak birine ihtiyacınız varsa, Kev tam size göreydi. Onu sakin görmediğim tek bir gün bile olmamıştı. Onun moralini herhangi bir şekilde bozmanın mümkün olduğunu sanmıyordum.

"Kim bulmuş? Sadece oradan geçiyormuş, öyle mi? Memur bilgilerini almış mı? Ah hâlâ orada, öyle mi? Bu çok iyi."

Rob'un gözüne bakıp saatime vurdum. Söylemek istediğimi hemen anladı.

"Peki bu ne zaman olmuş?"

Not defterini kocaman A'dan Z'ye Londra haritasının üzerine koyup dizine yasladı. Haritada tamamen ilgisiz bir sayfa açıktı. Çok güzel yardım ediyordu doğrusu. Kâğıda büyük harflerle '3.17' yazıp, görebilmem için defteri yana eğdi. Böylece hiçbir karışıklık kalmamıştı. Zaten benim Victor Blackstaff'ın masumiyetiyle ilgili hiçbir şüphem yoktu.

"Hiçbir iz yok herhalde, öyle değil mi? Hiç mi ipucu yok? Evet, hiç hata yapmıyor. Sonuncusundan beri ne kadar oldu?"

Bunu ona ben söyleyebilirdim. Altı gün olmuştu. Ve bundan önce de yirmi gün. Ve bundan önce üç hafta. Birinciyle ikinci arasında üç haftadan biraz fazla zaman geçmişti. Hızlanıyordu ve bu hiç iyi değildi. Cinayetler arasında geçen süre kısaldıkça daha çok kadının ölme ihtimali ortaya çıkıyordu.

Diğer taraftan, daha sık öldürmesinin bir nedeni olmalıydı. Belki de kendini tedirgin hissediyordu. Huzursuzdu. Belki de yavaş yavaş kontrolü kaybediyordu ve artık hata yapmaya başlayacaktı.

Ama şimdiye kadar hiç hata yapmamıştı.

Rob, Kev'e olay yerinde başka kimlerin olduğunu sorduğu sırada onları dinlemeyi bırakıp trafiğe yoğunlaştım. Sonunda konuşması bittiğinde bana dönüp sordu. "Ne kadarını dinleyebildin?"

"Önemli kısımları. Yarışmanın nasıl geçeceğiyle ilgili bilgi aldığın yerleri değil."

Utanmış gibi baktı. "Kimlerle çalışacağımı bilmek istiyorum, o kadar."

"Saçma. Başka kimlerin patronun ilgisini çekmeye çalışacağını merak ediyorsun." Ve bunu biliyorum çünkü ben de aynı senin gibiyim...

"Belcott henüz ortalarda yokmuş." Rob, yüzündeki zafer dolu gülümsemeyi saklamayı başaramıyordu. Peter Belcott takımın en sinir bozucu üyelerinden biriydi: hırslı, acımasız ve fırsat bulursa da kaba. Fazla hevesliydi. Neredeyse her zaman göreve hazırdı. Bu sefer uykuda yakalanmış olmasının düşüncesi bile hoştu.

Parmağımla haritaya birkaç kez vurdum. "Hadi. Dikkatini topla. Nereden gidiyorum?"

Rob tabelalara ve önündeki harita sayfasına hızlıca bir göz atıp, Vauxhall'a değil Poplar'a baktığını fark edince, sayfaları aceleyle çevirmeye başladı.

"Işıklardan sola. Hayır, düz git."

"Emin misin?"

"Evet eminim," dedi ama sesinden kafasının ne kadar karıştığı belli oluyordu. Yine de söylediği yönden devam ettim ve birkaç kez aynı noktaya geri döndükten sonra gideceğimiz yere ulaşmayı başardık.

Peşimizde medya olmadığı için patrondan çok önce Stadhampton Grove'a varmayı başarıp kimlik kartlarımızı polis kordonunu bekleyen memurlara gösterdik.

"En azından bu sefer olay yeri kontrolümüz altında. Bu da bir şeydir," dedi Rob.

Başımla onayladım ve bir polis arabasının arkasına park ettim. "Charity Beddoes'ta olanlara bir kez daha dayanamazdım."

O olay gerçekten de büyük bir rezalet olmuştu. Dördüncü cinayetti, ceset Kennington'la Brixton arasındaki Mostyn Bahçeleri'ne atılmıştı. İhbarı değerlendiren memurlar Ateşçi'nin karakteristik işaretlerini hemen tanımıştı. Ne yazık ki içlerinden birinin bulvar gazetecilerine tüyo vermek gibi bir ek işi daha vardı ve gazeteci, elinde kamerasıyla olay yeri inceleme ekibinden önce cesedin yanına varmayı başarmıştı. Scotland Yard polisi, cesedi ve olay yerini gösteren kayıtların yirmi dört saat yayın yapan haber kanallarında yayınlanmasını engellemek için gerçekten çok hızlı davranmıştı ama kaydı internette aradığınızda bulabiliyordunuz. Kaldırılması için çok uğraşmış ama başarılı olamamıştık. Adli deliller geri dönüşü olmayacak şekilde açığa çıkmıştı. Bir kadın ölmüştü ve biz bu olaydan katili yakalamakta kullanabileceğimiz hiçbir şey öğrenememiştik. Bunun tek nedeni ise birilerinin fazladan para kazanmak istemiş olmasıydı.

Gitmemiz gereken yeri bulmak kolay oldu. Olay yeri inceleme ekibi çoktan cesedin bulunduğu yere varmıştı; park ettiğimiz yerin yüz metre kadar ilerisindeki boş bir alanda, kararmış bir yeşillik parçasının etrafında, perdeleri ve ışıkları yerleştiriyorlardı. Üzerinde tulum olan, sırık gibi uzun boylu biri, büyük bir dikkatle işeretledikleri alanda dolaşıyordu. Bütün dikkati cesedin durduğu tahmin edilen yere yoğunlaşmıştı.

Rob da benimle aynı yere bakıyordu. "Glen çoktan gelmiş."

"Evet gördüm. Godley buna sevinecek."

Glen Hanshaw, önceki dört kurbanın da cesetlerini inceleyen patolog ve aynı zamanda başkomiserin en iyi arkadaşlarından biriydi. İkisi aşağı yukarı aynı yaşlardaydılar ve en başından beri beraber çalışmış, Godley'nin bugün sahip olduğu itibarı kazanmasının nedeni olan çoğu davada birlikte yer almışlardı. Doktor Hanshaw'u bütün olay yerlerine çağırmamız konusunda emir almıştık. Hanshaw birkaç yıl

5. KURBAN

önce, Godley'nin ilgilendiği cinayet davalarından biri için Kıbrıs'a gitmiş ve işini bitirir bitirmez ailesini tatil yapmaları için orada bırakıp, bulabildiği ilk uçakla geri dönmüştü. Karşılığında ne kadar para verirlerse versinler Bayan Hanshaw olmak istemezdim. Bunun, kelleşmek üzere olan, bu koca burunlu patoloğu rahatsız edici bulmamla zerre kadar ilgisi yoktu. Adamın siz onunla konuşurken yüzünüze bakmamak gibi bir huyu vardı. Söylediğiniz şey her ne olursa olsun, son derece öngörülebilir ve saçmaymış ve siz daha son cümlenizi ağzınızda gevelerken, o çoktan konuşmayı kendi zihninde yapıp bitirmiş gibi davranırdı. İnsanların bana kendimi aptal gibi hissetirmesinden hiç hoşlanmazdım ve Doktor Hanshaw, bana bu hissi yaşatmayı her defasında başarıyordu. Muhtemelen Başkomiser Godley zekâsı konusunda benden çok daha kendinden emindi.

Doktor Hanshaw tam bir konsantrasyon halinde olduğundan Rob'la ikimizi farketmedi. Kev Cox'un, olay yeri inceleme ekibinin, uzayıp solmuş yeşilliklerin içinde belirleyip işaretlediği güzergâhı kullanmamız konusundaki talimatlarına uyarak, doktorun olduğu yere doğru yürüdük. Yere, baş müfettişin üzerinde durabileceğimizi söylediği plastik bir plaka koymuşlardı. Dikkatle üzerine bastım, plaka Rob'un da yanıma gelmesiyle ayaklarımın altında esnedi.

Doktor Hanshaw'a selam vermenin bir anlamı yoktu. Biz orada olmasak da onun için fark etmezdi. Asistanı Ali hemen yanında durmuş, söylediklerini not alıyordu.

"Ceset sığ bir çukurun içinde sırt üstü yatıyor ve üzerinde ante-mortem ve post-mortem şiddet izleri belirgin. Kurbanın kadın olduğu anlaşılıyor ama yaşıyla ilgili kesin bir şey söylemek için otopsiyi beklememiz gerekecek." Yere çömeldi. "Kollar ve bacaklar gövdeye doğru çekilmiş ama bana kalırsa kadın başta düz olarak yere yatırılmış; çekilme ısı kaynaklı kasılma gibi görünüyor. Boks pozisyonu almış, pençe gibi açılmış elleri görüyor musun. Yüksek ısıya maruz kalmış kurbanlarda görülen çok karakteristik bir durumdur bu."

Kadının derisi kararıp yarılmış, alt katmanların ortaya çıktığı yerlerde kırmızı ve beyaz lekeler oluşmuştu. Alevler onu yakmıştı ama baştan aşağı değil. Uzmanlar, bir insanı tamamen yakmanın, yanıcı maddeler kullanılmadığı takdirde çok zor olduğunu söylüyordu ama yine de bu yolla büyük bir zarar verilebilirdi. Kadının üzerinde pahalı bir elbiseye benzeyen bir kıyafetten geriye kalanlar görülebiliyordu. Siyah, uzun kollu, omuzdan çapraz gelen, etek kısmı asimetrik kesimli bir elbiseydi bu. Hava soğuk olmasına rağmen üzerinde paltosu yoktu. Kumaş bel kısmında kıvrılıp yuvarlanarak bir gül şekli alıyordu ve bu gül, yanmamak için alevlere inatla direnmişti. Gerçek hayatta bu incecik bedeni olduğundan daha da hoş gösterecek bir tasarım ve terzilik harikasıydı ve elbise paramparça olup yanmışken bile kadını sıkıca tutmuş, bırakmıyordu. Siyah rugandan, ince bantlı, topuklu ayakkabılar giymişti. Biri ayağından çıkmış, yanında duruyordu. Ayaklarının üst kısmında lekeler ve bilek hizasında berelenmeler vardı. Doktor Hanshaw'un da dikkat çektiği elleri kararmış, kendini alevlerden korumak istermiş gibi çenesinin altında pençe gibi açılmışlardı. Yutkundum. Zihnim birden alevler ve acıyla dolmuştu. Sabahın bu saatinde, bir cesedin yanında durmak için fazla şık ve güzel olan Ali, solgun görünüyordu.

"Yanmaya başladığında yaşıyor muymuş?"

5. KURBAN

Doktor cebinden ufak bir fener çıkarıp kurbanın ağzına ve burnuna tuttu, çeneyi nazikçe açıp boğazına baktı. "İnhalasyon izi yok. Büyük olasılıkla yaşamıyormuş ama kesin bir şey söylemek için ciğerlere mikroskop altında bakmam gerekiyor."

Fener tekrar cepte kayboldu ve doktorun beyaz eldivenli elleri uzanıp kurbanın didik didik olmuş saçlarını incelemeye, altta ne olduğunu anlamak için düğümleri açmaya başladı. Kafatası parçaları" dedi sakin ve duygusuz bir sesle. "Tamamı başın arka kısmında. Yüz kemikleri ve dokularında ante-mortem tavma izi yok. Yüzdeki berelenmeler yanma sonucu gerçekleşmiş."

Bu yeniydi. Ali'ye gösterdiği şeyi görebilmek için başımı uzattım. Diğer kurbanlar yakılmadan önce tanınmayacak hale gelene kadar dövülmüştü.

Ateşçi, yüz hatlarını yok etmek için elinden gelen her şeyi yapmış, kemiklerini ve kıkırdaklarını kırıp derilerini parçalayarak onları korkunç ve bir şekilde ayırt edilemez hale getirmişti.

Onlardan başka bir şey yapmış, onları şekillendirmişti. Bu vahşice yok ediş onun için eğlencenin bir parçasıydı.

"Belki de her zamanki ritüelini tamamlayamadan biri geldi," dedi Rob.

"Yine de, onu yakacak zamanı varmış."

Patolog arkasını dönüp bize ters ters baktı. "Sizce de spekülasyonlar için incelemenin tamamlanmasını beklemek daha doğru olmaz mı? Yoksa cesedi rahat değerlendirebilmeniz için yolunuzdan çekilmemi mi tercih edersiniz?"

"Özür dilerim," dedim utançla. Rob arkamda homurdan-

dı. Bize doğru yaklaşan ayak sesleri gergin havayı birden dağıttı.
Hanshaw arkamıza doğru baktı ve elini uzatıp bir selam çaktı. "Charlie."

"Günaydın, Glen. Elimizde neler var?" Başkomiser yanımda durup yüzünde üzgün bir ifadeyle Doktor Hanshaw'un anlattıklarını dinledi. O bulguları sıralarken Ali de unuttuğu bir şey olursa hatırlatmak için söylediklerini notlardan takip ediyordu. Ama patolog hiçbir şeyi atlamadı. O hiçbir zaman hiçbir şeyi atlamazdı zaten.

"Sanıyorum bu cesedi, şu anda peşinde olduğunuz seri katille ilişkilendirdiğimiz diğer cesetlerle karşılaştırmamı isteyeceksin," dedi Hanshaw hızlıca. "Arada belirgin farklar olduğu çok açık. Yüzdeki yaralanma kasıtlı yapılmamış. Ayrıca ellerin bağlandığına dair bir bulgu da yok. İp, bant ya da onu bağlamakta kullanmış olabileceği hiçbir şey yok. Ama bir şok tabancası izimiz var. İşte şurada." Kadının saçlarını kaldırıp omzundaki küçük yanık izini gösterdi. Şok tabancası Ateşçi'nin imzalarından biriydi; potansiyel kurbanları uyarmak için bu detayın basına sızmasına izin vermiştik. Şok tabancası insanı bir anda hareketsiz bırakır, hiçbir şey yapamayacak hâle getirirdi ve kullanması çok kolaydı. Yasadışı olmalarına rağmen, kolaylıkla da alınabiliyorlardı. Birilerinin, elinde bu aletten olan bir adam gördüğünü hatırlaması umuduyla basına fotoğraflar dağıtmıştık.

Seri katilimizin kurbanlarının ellerini hep belli bir şekilde bağladığını ise basınla paylaşmamıştık. Kurbanların elleri her seferinde avuçlar dışarı bakacak ve başparmaklar üst üste gelecek şekilde yerleştirilmiş, etlerini kesen bahçe ipiyle göğüs-

5. KURBAN

lerinden bağlanmış oluyordu. Hiçbir şeyi şansa bırakmıyor, karşı koymalarını baştan engelliyordu. Ama bu kadının elleri bağlı değildi. Katil kadını bir şekilde kontrol etmeyi başarmıştı. Büyük olasılıkla zorlanmıştı. Başına neler geleceğini bildiği için dehşete kapılmış, onu bekleyen ölümden kaçmak için çaresizce çırpınan bir kadınla başa çıkmak zorunda kalmış olmalıydı. Kadının yaşadığı şaşkınlık ve beraberindeki kurtulma ümidi, çoktan buhar olup uçmuştu artık.

"Dikkatimizi çeken diğer noktalar: cesedin pozisyonu. Burada çok daha planlı bir durumla karşı karşıyayız. Diğerleri yere öylece atıldıkları izlenimi veriyorlardı. Kıyafetleri sıvanmış, vücutlarında çeşitli sıyrıklar oluşmuştu. Bu seferkinde ise bu konuya özen gösterildiğini düşünüyorum. Ayrıca kurban sırt üstü yatırılmış -önceki iki ceset yüzüstü bulunmuştu."

Gözümün önünden sağa sola açılmış kol ve bacaklar, dönmüş bedenler, kapkara olmuş kıyafetler ve ağaçlar geçti.

Hanshaw incelemesini tamamlamak üzereydi. "Kurbanın üzerinden kimlik çıkmadı. Çantası yok ve cepleri de boş."

"Cinsel saldırı izi var mı?"

Başını iki yana salladı. "İlk bakışta yok. İç çamaşırları hâlâ üzerinde. Bu açıdan diğerleriyle benzerlik taşıdığı söylenebilir."

Görüştüğümüz psikologlar, bize aradığımız adamın alışılmış tipte bir seks avcısı olmadığını söylemişlerdi. Yaptıklarının onu tepeden tırnağa heyecanlandırdığı doğruydu ama bu, onun öldürdüğü kadınlara tecavüz etmek istediği anlamına gelmiyordu. Tam tersiydi. Onları kendinden aşağı gördüğünü söylemişlerdi. Adam onlardan ve temsil ettikleri şeylerden nefret ediyordu. Öfkesini şiddete dönüştürüyordu. Kurbanların hiçbirinde cinsel saldırı izine rastlanmamıştı.

Katilimizin iştahını kabartan şey kan, kırılan kemikler, kömür gibi olmuş insan eti ve alevlerdi. Bu işi daha da zorlaştırıyordu. Yaptıkları anlayabileceğimin çok ötesindeydi.

Aklıma takılan bir konu daha vardı. "Bir şey almamış gibi görünüyor. Tabii paltosu onda değilse."

"Ne?" Godley birden dönüp keskin mavi gözleriyle bana baktı.

"İki küpesi de duruyor." Kulaklarındaki altın küpeler, ark lambasının ışığında parlıyordu. "Saati de. Ve yüzüğü de." Kadının sağ elinde ametist ve pırlantalarla kaplı bir tamtur alyans vardı.

"Belki kolyesini almıştır," dedi Rob.

"Hayır," dedi Ali benimle aynı anda, kendinden emin bir sesle. "Bu yakayla kolye takmış olamaz."

"Başka bir şeye gerek duymamıştır," dedim ve patoloğun asistanına bakıp gülümsedim. Bana arka çıkması hoşuna gitmişti. Gülümsememe soğuk bir bakışla karşılık verdi. Ali, tanıması zor bir insandı ve şimdiye kadar onunla herhangi bir şekilde sohbet etmeyi başaramamıştım. O tam patronuna göre biriydi. Üstü örtülü düşmanlıkları neredeyse birbirinin aynıydı.

Cesede orada değilmiş de onu görmüyormuş gibi dalgın gözlerle bakan Godley tekrar hareketlendi. "Parmak izi alma şansımız yok sanırım."

Patolog, kurbanın kavrulup büzüşmüş ellerine hızlıca bir göz atıp başını salladı. "DNA testi yapılabilir. Ya da onun için

5. KURBAN

kayıp başvurusu yapan biri çıkarsa, diş kayıtlarını karşılaştırabiliriz."

Ama hepimiz biliyorduk ki, bu günlerce sürebilirdi. Eğer veritabanında kayıtlıysa, DNA çok daha hızlı sonuç verirdi. Veritabanında olmasını ümit ediyordum. Artık küçük de olsa bir başarıyı hak ediyorduk. Gazeteciler yeni bir kurban olduğunu haber aldıklarında üstümüze fena geleceklerdi. Bu haksızlıktı. Günler ve geceler boyunca çalışıp güvenlik kameralarından aldığımız görüntüleri incelemiş, bölgedeki seks suçlularını sorgulamış, şartlı tahliye memurlarıyla ilgilendikleri kişiler hakkında görüşmüş, sokakta tek başına dolaşan erkekleri durdurup üzerlerini aramıştık. Tek başıma ben bile kapı kapı dolaşıp saatler süren görüşmeler yapmış ama sonunda eli boş dönmüştüm. Kamu binalarına ve bölgedeki iş yerlerine el ilanları bırakmıştık. Yollarda barikatlar kurmuş, görgü tanıklarına çağrı yapmış, basın konferansları düzenlemiştik. Ve hâlâ elimizde hiçbir şey yoktu.

Godley bize döndü. "Tamam o zaman. Rob, senden olay yerine ilk gelen memurlarla görüşmeni istiyorum. Maeve, sen de cesedi bulan her kimse onunla konuşabilir misin? Bak bakalım işe yarar bir şeyler gören olmuş mu? Ben burayı hallederim."

"Tamam," dedi Rob sakince ve gitmek için arkasını döndü. Peşinden gitmeden önce bir süre durdum. Olay yerini, tamamen temizlenmeden önce bir daha görme şansım olmayacağını biliyordum. Fotoğraflar aynı olmuyordu. Ve ayrıca bu olayda ters bir şeyler vardı. Ne olduğunu bilmiyordum ama bir şeyler beni rahatsız ediyordu.

Olay yerine son bir bakış daha attım ve ortama hiç uygun

olmayan ayakkabılarımla, bileğimi burkmamaya çalışarak çimlerin arasından dikkatle yürüdüm. Arabaların olduğu yere vardığımda Rob işe başlamıştı bile.

Birkaç üniformalı memurla konuşup notlar alıyordu. İçlerinden birini tanıyordum. Sokaktaki ilk yılımda aynı karakolda çalışmıştık. Adını hatırlayamadığım için o yöne doğru başımla hızlıca selam vermekle yetindim. Neyse ki onlarla konuşma işi Rob'a düşmüştü.

"Görgü tanığım nerede?"

İki memur elleriyle arkalarındaki polis arabasını işaret etti.

Arabanın arkasında karanlık bir gölge oturuyordu. Kaçmaması için kapıları kapatmışlardı.

"Onu tutukladınız mı?" Şaşırmıştım.

"Öyle sayılır," dedi tanıdığım memur ve hafifçe güldü.

"İşin iş," dedi diğer memur. "Hiç bu kadar az söyleyecek şeyi olan biriyle karşılaşmamıştım."

"Nasıl yani?" Merak etmiştim.

"Birazdan anlarsın. Gördüğüm en dost canlısı görgü tanığı olmadığını söyleyebilirim." Yaşlı ve deneyimli görünüyordu. Oldukça fazla tanıkla karşılaşmış olmalıydı.

"Zorluk mu çıkarıyor?"

"Belki de senin şansın yaver gider."

Yüzümü buruşturdum. Neden böyle düşündüğünü anlayamamıştım. "Adı ne?"

"Michael Joseph Fallon ama sen Micky Joe de. Bir IC7."

"Ah." Yavaş yavaş anlamaya başlıyordum. IC7'nin, ulusal polis bilgisayarında resmi bir karşılığı yoktu; bu, gezgin-

5. KURBAN

lere polis argosunda verilen isimdi. "Ve benimle konuşacağını düşünüyorsunuz çünkü..."

"Çünkü sen de bir İrlandalısın, öyle değil mi? İrlandalılar birbiriyle her zaman iyi anlaşırlar."

"Harika," dedim soğuk bir sesle. Adım beni hep eleveriyordu -adım ve insanların tipik İrlandalı olduğunu söyledikleri asi saçlarım. Hendon'da kapıdan içeri girdiğim ilk gün benimle İrlanda patatesi diye dalga geçmişlerdi. Saatlerce İrlandalıların ne kadar aptal olduğuyla ilgili şakalarını ve Riverdance dans gösterisinin ne kadar harika olduğuyla ilgili sözlerini dinlemek zorunda kalmıştım. Bunun için onlardan şikayetçi olmam çok saçma olurdu ama yaptıkları canımı sıkıyordu. İngiltere'de büyümüştüm -İngiliz aksanıyla konuşuyordum- ama yine de aralarına karışamıyordum ve onlar da bunu unutmamam için ellerinden gelen her şeyi yapıyorlardı. Öfkeli bir mizacım olduğu konusundaki şöhretime uygun davranmak konusunda sıkıntı çektiğim söylenemezdi ama bu halimin zaman zaman başıma dert açtığı da oluyordu. Bu yüzden öfkemi kontrol altında tutmaya çalışıyordum. Söylediklerine hiçbir karşılık vermedim.

Rob, Senin yerinde olmadığıma çok seviniyorum diyen neşeli gözlerle sırıtarak yüzüme baktı. Ona dil çıkarmamak için kendimi zor tutarak arabaya doğru ilerledim. Micky Joe Fallon yirmi beş yaşındaydı, hakkında herhangi bir yakalama emri yoktu, hırsızlıktan iki yıl yattıktan sonra hapisten yeni çıkmıştı ve otların arasında dumanı tüten bir kadın cesedi bulduğunda, sorumlu bir vatandaş gibi davranıp 999'u aramış olmaktan kesinlikle pişman görünüyordu. Onu dışarı çıkarıp, samimi görünmeye çalışarak arabaya yaslandım.

"Bana kendi ifadenle neler olduğunu anlatabilir misin?"

"Benden ne istediğinizi anlamıyorum. Size her şeyi anlattım," diye söylendi. Aşağı doğru, gözlerinin üzerine indirdiği eski püskü bir beyzbol şapkası takıyordu ve sabahın soğuğuna rağmen üzerinde, kollarındaki kımıldayıp duran kasları dışarıda bırakan, kısa kollu bir gömlek vardı.

"Bize çok yardımcı oldun ama senden bir ifade daha almam gerekiyor. Bu normal prosedür." Konuşurken bile benden uzak duruyordu. "Başın dertte değil. Bana sadece ne gördüğünü anlat. Sonra gidebilirsin." Ona, Kelly Staples'a söylediklerimin kelimesi kelimesine aynısını söylemiştim ama bu sefer doğru söylediğimden oldukça emindim.

Kaybolan köpeğini aramak için evden erken çıktığını söyledi. "Önce dumanı gördüm ve ne olduğuna bakmak için yanına geldim."

"Kimseyi gördün mü?"

Başını iki yana salladı.

"Sonra ne yaptın?"

"Etrafa bakındım. Birden bu şeyin ne olduğunu fark ettim."

"Uzun süreden beri mi yanıyordu?"

"Bilmiyorum. Ama dumanı tütüyordu. Şuradan, durduğum yerden bile kokusunu alabiliyordum." Parmağıyla gösterdi. "Başta birileri barbekü yapıyor sandım."

Tiksintiyle yüzümü buruşturdum ama gerçekten de haklıydı. Hafiflemiş de olsa kokuyu ben de alabiliyordum.

"Bir araba ya da etrafta dolaşan birilerini de mi görmedin?"

5. KURBAN

"Hiçbir şey görmedim." Görmüş olsa da bunu bana söylemeyeceğini biliyordum.

"Senden adresini aldılar mı?"

Adresini bir kez daha yazıp bana uzattı ve ters bir sesle sordu. "Gidebilir miyim?"

"Neden olmasın," dedim pes ederek ve karşıya geçip gözden kaybolurken arkasından baktım.

"Bir şeyler var mı?" Konuşan, tanımadığım üniformalı memurdu. Ona bakıp isteksizce gülümsedim.

"Pek sayılmaz. Anlatacak pek bir şeyi yokmuş. Bana bile."

"Anlaşılan güzel yüz de bir yere kadar işe yarıyormuş," dedi diğer memur.

"Ne demek oluyor bu?"

"Hiç. Sadece bazılarımız için, cinayet masasına geçmek daha zor oluyor."

Yüzümün alev alev yandığını hissediyordum; böyle bir imayı ilk defa duymuyordum ama bu kadar kaba bir şekilde söylenmesine alışık değildim. Diğer memur güldüğünü saklamak için öksürüyordu. Cevap olarak onlara söyleyebileceğim ya da daha doğrusu söylemek istediğim hiçbir şey yoktu. Görmezden gelmek en iyisiydi. Ama bunu yaparken öfkelenmediğimi de söyleyemezdim. Arkamı dönüp hızla oradan uzaklaşırken kısık sesle onlara küfür ettim.

"Nasıl gitti?"

Arkamı dönüp bana yetişmeye çalışan Rob'a ters ters baktım. "Çok iyi, teşekkür ederim."

"İlginç çünkü öfkeden kudurmuş gibi görünüyorsun."

"Nasıl?"

Yüzümü hızla inceledi. "Kızarmışsın. Saçın etrafa dağılmış. Ve bir de sinirlendiğinde burnunun üzerinde ortaya çıkan şu tatlı küçük beyaz çizgi var."

Göstermek için elini uzatır uzatmaz başımı arkaya attım. "Dokunmak yok Langton, yoksa şu ikisine yapmak istediklerimi sana yaparım."

"Neymiş o? Belki de hoşuma gider, kim bilir."

"Şikayetçi olurlarsa bana kesinlikle ceza aldıracak bir şey."

"Bir cezaya daha ihtiyacın olmadığı kesin. Hakkında bu kadar uydurma şikayet olan birini daha önce hiç görmemiştim."

"Aynen öyle. Nasıl davrandığımla hiçbir ilgisi yok."

"Ben de öyle bir şey söylemedim zaten." Rob arkama doğru bakıp gülümsemeyi kesti. "Bela geliyorum demez."

Belanın kısa ve bodur şekli olan Dedektif Belcott bize doğru geliyordu. Peter Belcott, nam-ı diğer Peter Belcock. Ona bela diyorduk çünkü insanı sinir etme konusunda eşsiz bir yeteneği ve düzgün konuşma konusunda da doğuştan gelen bir beceriksizliği vardı. Ona selam vermek için isteksizce arkamı döndüm ve çekici görünmemek konusunda gösterdiği istikrar karşısında bir kere daha hayretler içinde kaldım. Dudakları sarkık, vücudu küçük ve kare şeklindeydi.

"Çok hareketli bir sabah geçirmişsiniz diye duydum. Her şeyi halledebildiniz mi? Şüpheli gözaltına alındı mı?" Alaycı konuştuğunda kulağa daha da kötü gelen, inlemeyi andıran bir sesi vardı.

5. KURBAN

"Defol git, Peter," dedi Rob bütün içtenliğiyle.

"İstediğinin bu olduğunu biliyorum. Ama patron beni bizzat aradı." Bunu söylerken bir an için parmaklarının ucunda yükselip göğsünü şişirdi. Tüy dökme döneminin ortasındaki yoluk, şişman bir güvercin gibi görünüyordu. "Gelip ona yardımcı olmamı istedi. Anlaşılan ikinize de sizin sandığınız kadar güvenmiyormuş."

Söylediklerine bir an için bile olsa inanmadım. Durmadan kendini överdi ve eğer her söylediği doğru olsa, şimdiye kadar çoktan komiserliğe yükselmiş olması gerekirdi.

"Patron olayla ilgili bana sizin bilgi vereceğinizi söyledi. Neler biliyorsunuz?"

Her şeyi kısaca özetledim. Ortada fazla somut bilgi yoktu belki ama benim paylaşacak bir sürü yorumum vardı. İstemesem de kendimi konuşmaya kaptırdım. "Çalışma yöntemini neden değiştirdi, insan merak ediyor mesela. Yani görünüşe bakılırsa hiçbir şey alınmamış. Elleri bağlı değil. Burası daha öncekilerde olduğu gibi bir park da değil." Etrafa baktım ve ürperdim; cesedin atıldığı nokta, yüksek duvarlı endüstriyel binalarla çevrilmiş çok kasvetli bir yerdi ve gözlerden uzaktı. Etrafta görebildiğim bütün güvenlik kameraları içeriye, şirketlerin kendi bina ve arazilerine bakıyordu. Onlardan pek bir şey çıkmayacaktı. Belcott omuz silkti. "Her zaman yaptığı şeyler artık onu tatmin etmiyordu. Ne olmuş yani? Seri katillerde şiddetin derecesi gittikçe artar."

"Bu artma değil," diye karşı çıktım. "Tam tersine bu daha az şiddetli."

"Adam bir makine değil," dedi Rob. "Bazen işler planlandığı gibi gitmez. Çok şanslı görünen katiller için bile."

"Bana şanstan hiç söz etme." Başkomiser Godley yanımıza gelmiş, alışılmadık şekilde sinirli görünüyordu. "Adamda eşek şansı var. Son kurbanının kim olduğunu bile bilmiyoruz."

"Ve çalışma yöntemini değiştirmiş olması da çok tuhaf. Uyguladığı şiddetin artmasını bekliyorduk, azalmasını değil."

Peter Belcott benim sözlerimi tekrarlıyordu. Onu hemen oracıkta öldürebilirdim. Öfke dolu gözlerimden çıkan alevlerle bir anda tutuşup yanmaya başlamamış olması çok ilginçti doğrusu.

"Evet. Bu benim de ilgimi çekti." Başkomiser dalgın gözlerle bana baktı. "Ceset kaldırılana kadar burada kalabilir misin?" Ben bir cevap veremeden Godley arkasını dönmüştü bile. "Rob, sen Tom Judd'u bulup ona bütün bildiklerimizi anlat. Üzerini değiştirip bir şeyler atıştırması için eve göndermiştim. Arayıp öğren bakalım hazır mıymış. Hazırsa gidip onu alabilirsin. Ben çalışma odasına gidiyorum. Peter sen benimle gel. Yolda olaylar arasındaki farklılıkları tartışalım."

Başkomiserin yanında ilerlerken Belcott daha bir yaylanarak yürüyordu sanki. Rob'un kolunun omzuma koymasıyla sıçradım.

"Şunu bir türlü öğrenemedin gitti. Parlak fikirlerini hiçbir zaman Belcock'a anlatma. Tabii amacın adamı terfi ettirmek değilse."

Dizlerimi kırıp kolunun altından çıktım. "'Dokunmak yok' lafının anlamadığın kısmı neresi?"

"Sinirini benden çıkarma," diye karşı çıktı Rob gülerek.

"Burada beklemek zorunda olduğuma inanamıyorum."

5. KURBAN

Titreyerek ellerimi paltomun ceplerine daldırdım. Gün ağarmıştı ama yağmuru müjdeleyen bulutlarla kaplı gökyüzü hâlâ çelik rengiydi. "Şifayı kapacağım."

"Kendini sıcak tutmaya çalış," dedi Rob geri geri yürürken. "Bir ateş falan yak."

"Çok komik."

Ortada aylak aylak dolaşmasını izledim. Ben de onunla gidebilmek isterdim, ya da Godley ile, ya da daha doğrusu, buradan başka bir yere giden herhangi biriyle. Ama bana burada beklemem söylenmişti ve ben de bekleyecektim. Donarak ölene ya da zavallı isimsiz kurban götürülene kadar burada böylece bekleyecektim. Bakalım hangisi daha önce olacaktı.

Çalışma odasına ve masamın rahatlığına döndüğümde kendimi çok kötü hissediyordum. Kimse benim geri dönmemi istememişti; orada olmadığımı bile fark etmemişlerdi. Hava sıcaklığının sıfır derece civarlarında dolaşıp durduğu olay yerindeki anlamsız nöbetimde unutulmuştum. Ayaklarımı neredeyse hiç hissetmiyordum, yüzüm donmuştu ve midem kazınıyordu. Daha kahvaltı bile yapmamıştım ve saat neredeyse ikiye geliyordu.

Bir olay yeri inceleme memuru, heyecandan kıpkırmızı olmuş bir halde koşarak Kev Cox'un yanına gitti. Sanayi bölgesinden iki sokak ötedeki bir bahçede bir benzin bidonu bulmuştu. Siyah cenaze aracı, olay yerinden aldığı cesedi çıkarmak için arkasını kapıya doğru dönerken bekledim. Tepemizdeki gri gökyüzünde neredeyse görünmez halde dönüp duran birkaç helikopterin temsil ettiği medyaya ve haberi iyi bir açıdan görmek için sepetli vinçler kiralamış olan kameramanlara öfkeli gözlerle baktım. Gazetecilerin geri kalanını, kordonun arkasında tutmayı başarmıştık ve işimi biraz olsun çekilebilir hale getiren tek şey buydu. Orada durmuş olanları izlerken kafam yavaş yavaş netleşmeye başlamıştı. Kurbanımızın nasıl yaşadığını öğrenmeden, onun nasıl öldüğünü de anlayamayacaktık. Ateşçi'nin bütün cinayetlerinde olduğu gibi yine hikâyenin sonuna yetişebilmiştik. Neler olduğunu anlayabilmek için hikâyenin geri kalanını da öğrenmemiz, kadının kim olduğunu, nereye gittiğini, katiliyle nerede karşılaştığını, ona nasıl boyun eğdiğini, nerede ve ne zaman öldürüldüğünü bilmemiz gerekiyordu. Bilmediğimiz çok fazla şey vardı. Kesin olan tek şey, bir kadının daha ölmüş olduğuydu.

Sandalyeme oturup arkama yaslandım ve ekipteki yaşlıca dedektiflerden birine seslendim. Oturmuş, birinci, üçüncü, dördüncü, beşinci, ondokuzuncu ve orta sayfalarda Ateşçi'nin son maceralarını ele alan Evening Standard'ın erken baskısını okuyordu. LONDRA KATİLİ YİNE SALDIRDI. Ve üçüncü sayfada, POLİS ŞAŞKIN. Şaşkın gerçekten de doğru bir ifadeydi.

"Sam, son kurbanın DNA'sıyla ilgili bir haber var mı?"

"Henüz bir şey yok," diye cevap verdi Sam başını bile kaldırmadan.

"Arayıp bir sorsan olmaz mı?"

Bu cümlenin üzerine Sam, gözlüklerinin üzerinden bana ters ters baktı. "Biraz sabırsız mıyız?"

"Birazcık," dedim. "Ama kim olduğunu öğrenebilirsek gidip yaşadığı yere bir göz atabiliriz. Olayın arka planını öğrenebiliriz."

5. KURBAN

"Çok heyecanlı."

"Gerçekten de öyle." dedim sözünü gerçek sanmış gibi davranarak, neşeyle. Sam Posser'i hayatta hiçbir şey heyecanlandıramazdı ama laboratuvar üzerinde inanılmaz bir etkisi vardı; ona kesinlikle karşı koyamıyorlardı. Ben aradığımdaysa yardımcı olmamakta hiç zorlanmıyorlardı nedense. Daha öğrenecek çok şeyim vardı.

"Selam, tatlım, kiminle görüşüyorum? Anneka? Ben Sam, Mandrake Operasyonu'ndan." Sam'in sesi her zaman buğulu ve hırıltılı çıkardı ama bu sefer sesini biraz daha alçaltmış, Barry White'ın Londra şubesi gibi konuşuyordu. Çok gülünçtü. "Fena değil, teşekkürler. Çok hareketli bir gün. Sizde de durum aynı, öyle mi? Tahmin etmiştim." Hafifçe güldü. Anneka'nın hattın diğer ucundaki mırıltılarını neredeyse duyabiliyordum.

"Aslında son kurbanın DNA'sıyla ilgili bir gelişme var mı diye sormak için aramıştım, tatlım. Şu Stadhampton Grove'dan getirdikleri. Yeni geldi ha? Bana bir iyilik yapıp kim olduğunu söyleyemezsin değil mi?"

Elindeki gazetenin kenarına boylu boyunca bir şeyler karalıyordu. Yazdıklarını okumak için eğildim.

"Evet...evet...ve veritabanında ne çıktı? Ah, öyle mi? Demek öyle bir kızmış. Hiç şaşırmadım, evet." Sam bana bakıp, sessizce ağzını oynatarak "Uyuşturucu" dedi. Başımı salladım.

"Anneka tatlım, sana bir içki borcum olsun...evet evet, bir tane daha. Günün birinde sen ve ben, dışarıda uzun bir gece geçireceğiz, söz veriyorum." Biraz daha gülüştüler. "Tamam o zaman. Tekrar teşekkürler canım."

Telefon kapandı ve Sam boş gözlerle bana bakıp kafasını kaşıdı. "Hayattaki tek amacım onunla karşılaşmamak. Hiçbir şey kafamdaki imajı karşılayamaz. Hayal kırıklığına uğramak istemiyorum."

"Koca göğüslü sarışın bir İsveç güzeli çıkmazsa diye mi korkuyorsun?"

"Aslında tam bir afet olmasından korkuyorum. Belli mi olur, belki de kelleşmeye başlamış şişko bir morukla en yakın barda kafa çekmekten hoşlanmayabilir."

"Ne öğrendin?" Gazeteyi gösterdim.

"Neredeyse unutuyordum... Elimizde bir isim ve bir adres var. Altı ay önce uyuşturucudan yakalanmış. West End'de trafik polislerinin durdurduğu bir arabada yolcu olarak bulunuyormuş. Üzerinden kendine yetecek kadar, yarım gram kokain çıkmış. Şanslıyız ki ceza verip DNA'sını veritabanına eklemişler." Sam kendi yazısını okuyamayınca gözlerini kısıp tekrar baktı. "Rebecca Haworth."

"Hayworth mu? Rita Hayworth gibi mi?" Yazıyordum.

"H-a-w-o-r-t-h. Adres Tower Bridge'de bir daire. Şu yeni yapılan, fare deliği gibi küçücük olanlardan." Ayağa kalkıp pantolonunu devasa göbeğinin ortasında bulunan her zamanki yerine çekti. "Eski bilgi olabilir. Yine de gidip bakmak istiyor musun?"

"Kesinlikle," dedim ve heyecanla ayağa fırlayıp çantamı kaptım. Bütün yorgunluğum geçmişti. "Ben sürerim."

"Sen sürersin ve işimiz bittiğinde de bana bir bira ısmarlarsın." Gözlerimi tavana çevirdim. "Şimdi doğruya doğru. Ben ortada koşuşmak yerine burada rahat rahat oturmaktan gayet memnundum. Sammy amcana iyi bakmalısın. Beni çok

5. KURBAN

yorarsan, bilmiyorum yani. Sonuçta genç bir delikanlı değilim. Durmadan oradan oraya koşuşturamam."

Bu konuşmayı Tower Bridge'e kadar sürdürebilecek olduğunu bildiğimden, pes ederek derin bir iç çektim ve hemen arkasından çalışma odasından çıktım. Tek istediğim işimize yarayacak bir şeyler bulabilmekti.

Sam'ın aldığı adres, onun da söylediği gibi, Tower Bridge'in güneyindeki yeni genç beyaz yakalı mahallelerinden birindeki bir apartmandı. İnşaat şirketi bölgeyi doksanlı yıllarda almış ve burayı eski depoların ve metruk binaların olduğu düzensiz bir yerden, nehrin karşı yakasındaki şehirde bulunan işlerine yürüyerek gitmek isteyen hali vakti yerinde tipler için aranan bir bölge haline getirmişti. Sokaklar dar, apartmanlar altı-yedi katlıydı ve ben, Rebecca Haworth'un evini bulmak için dolaşıp dururken kendimi labirentten çıkmaya çalışan bir fare gibi hissediyordum. Bir grup yüksek performanslı spor araba karşı yöne doğru giderken kenara çekip parmaklarımı sabırsızlıkla direksiyona vurarak geçmelerini bekledim.

"Hâlâ işte olmaları gerekmiyor muydu bu insanların?"

"Hmm? Ah, onları mı diyorsun? Cuma günleri değil, tatlım. Cuma erken çıkma günüdür ya, bilmiyor musun? Polislerde böyle bir şey olmaması ne kötü."

Erken çıkma günü. Akşam için yaptığım planları ve Ian'la aramızda geçen rahatsız edici telefon konuşmasını düşünüp acı acı gülümsedim. Sabahki aramanın yanlış alarm olduğunun anlaşılmasına rağmen soruşturmanın neden hâlâ devam ettiğini bir türlü anlamak istemiyordu. Yeni bir ceset bulunmuş olması onun için hiçbir şey ifade etmiyordu. Camilla bıldırcınları sayılı almıştı ve yerime başka birini bulamazsa biri boşa gidecekti. Ama ben bıldırcınlara hiç de meraklı değildim ve bu konuyu umursuyormuş gibi davranmakta oldukça zorlanıyordum. Camilla'nın gönlünü başka bir zaman alırdım. Parti bensiz de gayet güzel geçer, hatta belki daha da güzel olurdu. Düşük maaşlı kamu çalışanı onlar için ilginç bir yenilikti ama ben Harvey Nicks'ten alınan çantalar ya da Dubai'de, beş yıldızlı spa otellerinde yapılan kaçamaklarla ilgili sohbetlerine katılamayacağımın farkındaydım. Ben onları utandırıyordum ve onlar da bana kendimi yoksul hissettiriyorlardı. Aramızda harika bir uyum olduğundan söz etmek pek mümkün değildi.

"İşte burası," dedi Sam sol tarafı göstererek. "Mavi Bina. Şurada dur."

Binanın önüne bir eşya taşıma rampası konmuştu, arabayla dokunup onu ileri sürükledim. Sam Polis yazısını ön cama koyup başını iki yana salladı.

"Ehliyet sınavını geçtiğine emin misin sen? Yoksa ehliyeti öylece verdiler gitti mi?"

"Peki o zaman," dedim sertçe ve kapıyı arkamdan hızla çarpıp kilitledim. "Araba kullanmamı beğenmediysen bir dahaki sefere yürüyebilirsin."

Sam göğsünü tutup sendeleyerek birkaç adım attı. "Yürümek mi? Ben mi? Şaka yapıyor olmalısın."

"Biraz egzersiz yapsan hiçbir şeyin kalmaz."

"Zaten bol bol yapıyorum. Bak." Sam, Mavi Bina'nın kapısının önündeki üç basamağı koşarak çıktı. Bina, adını girişte ve holdeki fayansların renginden alıyordu anlaşılan. Etrafımı inceleyerek, pahalı mobilyalara, peluş halıya ve masasının

5. KURBAN

arkasından başını uzatmış bize bakan güvenlik görevlisine bakarak Sam'in arkasından yavaş adımlarla ilerledim. Bunlar için para gerekirdi. Pahalı elbise, ayakkabılar ve kokain de bu tabloya uyuyordu. Hayatı sona erdiği sırada Rebecca Haworth'un işleri iyi gidiyor olmalıydı.

Sam güvenlik görevlisinin masasına ulaşmış, masaya yaslanmış, samimi bir şekilde adamla konuşuyordu. Ben yanına gidene kadar Bayan Haworth'ın gerçekten de orada yaşadığını ama Aaron'ın onu bugün hiç görmediğini öğrenmişti. Aaron öğleden beri görevdeydi.

"O halde, zaten görmüş olamazsın dostum, çünkü o saatte o çoktan ölmüştü."

"Sam!" Ona ayıplayan gözlerle ters ters baktım. Kötü haber böyle mi verilirdi? Aaron şok olmuştu. Kekeleyerek Bayan Haworth'ın ne kadar tatlı bir hanımefendi olduğunu, kendisine her zaman ne kadar sıcak davrandığını, ona her zaman ailesini ve Ghana'ya yaptığı gezileri sorduğunu anlatmaya başladı. Sonunda biraz sakinleşmişti. "Peki, başına ne gelmiş efendim?"

Sam kendisi cevap vermek yerine Aaron'ın önünde duran Evening Standard'ı gösterdi. Gazetede neredeyse bitmek üzere olan sudoku sayfası açıktı. "İlk sayfayı gördün, öyle değil mi?"

"Olamaz, bu sabah bulunan kadın mı? Aman tanrım." Ağzı açık halde, küçük kısa nefesler alarak sandalyesine yığıldı Aaron. Bir an için bayılacak sandım ve konuşmayı kısa kestim.

"Aaron, Bayan Haworth'ın dairesine çıkabilir miyiz? Bize anahtar verebilir misin?"

Aaron bundan daha iyisini yaptı. Binadaki tüm kapıları açan ana anahtarı uzattı ve üçüncü kattaki dairenin yerini tarif etti.

"Ben de sizinle gelmek isterdim ama masamdan ayrılamıyorum," dedi üzgün bir sesle. Bir kere olsun kuralları bir kenara bırakıp bizimle gelmek istediği yüzünden açıkça okunabiliyordu.

"Merak etme," dedim aceleyle. "Biz buluruz." Sam çoktan asansörü çağırmıştı. Lobiyi telaşla geçip, güvenlik görevlisi fikrini değiştirmeden asansöre bindim. Kapılar kapandı ve birden kendimi aynalı duvarlardaki yansımama bakarken buldum. Kaçmak imkânsızdı; nereye bakarsam bakayım buruş buruş kıyafetlerimi ve dağılmış saçlarımı görüyordum. Kısa kollu polyester gömleği ve hava nasıl olursa olsun hep üstünde olan kahverengi anorağıyla, her zamanki gibi patates çuvalı taklidi yapmakla meşgul olan Sam, durumu umursamamış gibiydi. Gözlerimi, bakışlarımdan kaçabileceğim tek yer olan ayaklarıma çevirdim. Mavi Bina'da, bunu karşılayabilecek param olsa da yaşamak istemezdim. Kendimi günde iki kere bu kadar yakından ve detaylı görmeye dayanamazdım. Berbat görünüyor olabilirdim ama bunun farkında olmamayı tercih ederdim.

Rebecca Haworth'ın dairesi üçüncü katta, koridorun sonundaydı ve gelirken yanından geçtiğimiz bütün kapılar gibi, onun dairesinin kapısında da ayırt edici hiçbir şey yoktu. Kapıyı çalıp çalmamak konusunda kararsız kaldım ama güvenlik görevlisi bize onun yalnız yaşadığını söylemişti ve evde olmadığını da gayet iyi biliyordum. Anahtarı kilide sokup çevirdim ve ufacık hole bakan kapı açıldı. Sam, tam içeri

5. KURBAN

adımımı atacağım sırada uzanıp beni kolumdan yakaladı ve durmamı söyledi. Başıyla dinle der gibi içeriyi gösterdi.

İlk duyduğum, çamaşır makinesinin çalışırken çıkardığı sesti. Sonra, arkadan gelen hafif mırıltıyı fark ettim. Hafif ve neşeli bir kadın sesi, hayal meyal hatırladığım bir melodiyi mırıldanıyordu. Bir çift topuklu ayakkabı yerde tıkırdayarak bize doğru yaklaştı ve Sam ve ben bir şey söylemeye fırsat bile bulamadan holün diğer tarafındaki kapı açıldı. Karşımızda, üzerinde benimkinden çok daha pahalı bir takım olan bir kadın duruyor, elinde toz beziyle, ağzı açık halde bize bakıyordu. Mırıldanma kesilmişti. Sesin bu kadından geldiği belliydi.

"Siz kimsiniz?"

Aynı anda ve aynı kelimelerle konuşmuştuk. Sesi benden yüksek çıkmıştı ama ses tonlarımız aynı sertlikteydi.

"Polis," dedi Sam yavaşça. "Dedektifiz." İncelemesi için kimlik kartını uzattı. Kadın, nadiren rastlanan, kartınızı gerçekten alıp inceleyen şu tiplerdendi. Sam'inkine baktıktan sonra bana dönüp elini uzattı ve bekledi.

"Siz kimsiniz?" diye sordum sertçe, kimliğimi ona uzatırken.

Kadın, bir ilginç hareket daha yaptı ve kimliğimi uzun uzun inceleyip üzerindeki bütün bilgileri okuyana kadar soruma cevap vermedi. Sonunda okumayı bitirip başını kaldırdı. "Louise North. Preyhard Gunther'de hukuk danışmanıyım. Kimlik görmek istiyorsanız ehliyetim çantamda."

"Bizim için şimdilik sözünüz yeterli," dedi Sam. "Biz şeyi arıyorduk, eee, burası Rebecca Haworth'ın dairesi, öyle değil mi?" Tereddüt ettiği sesinden anlaşılıyordu. Anlaşılan benimle aynı sonuca varmıştı: Aaron bize yanlış kapı numarası söylemişti ve şu anda yanlış dairede bulunuyorduk. Ama Louise evet der gibi başını salladı.

"Evet, öyle. Ama kendisi şu anda evde yok. Not bırakmak...ister misiniz?"

"Rebecca'yı nereden tanıyorsunuz? Ev arkadaşı mısınız?"

Sorum üzerine yüzüme baktığında, kadının gözlerinin masmavi ve oldukça parlak olduğunu fark ettim. "En iyi arkadaşıyım. İyi mi diye bakmaya gelmiştim."

"İyi olmayabileceğini düşünmenize neden olan şey nedir?"

Kadın omuzlarını kaldırdı. "Ondan bir süredir haber alamadım. Bende anahtarı var. Eskiden o yokken balığına yem verirdim."

"Ama artık vermiyor musunuz?"

"Öldü." Bana dik dik baktı. "Bakın, konu nedir? Ne yazık ki Rebecca'nın ne zaman döneceğini bilmiyorum ve bu yüzden de beklemenizin hiçbir anlamı yok. Ama kartınızı bırakmak isterseniz..."

Parmağımla arkasındaki odayı gösterdim. "Oturma odası burası mı? Gelip biraz oturmak ister misiniz, Louise?"

Aptal değildi. Arkadaşıyla ilgili iyi haberler vermeyeceğimi o an anlamış olmalıydı. Bizi oturma odasına aldı ve duvara dayanmış ufak bir masanın yanında çekilmiş duran sandalyeye oturdu.

Böylece Sam ve bana oturmak için, düz ekran televizyon dışında odada bulunan tek mobilya olan küçük ve kabarık koltuk kalmıştı. Sam'in tahmin ettiği gibi, oda tasarlanırken

5. KURBAN

pek cömert davranıldığı söylenemezdi. Ama ev yine de idare ederdi.

Sam bu sefer konuşmayı bana bıraktı ve ben de, haberi Louise'e mümkün olduğu kadar yumuşatarak verdim. Aaron'da olduğu gibi bu sefer de, onu asıl dehşete düşüren şey, Rebecca'nın öldüğü gerçeği değil, onu öldürenin Ateşçi olmasıydı. Bir şekilde, Louise sanki arkadaşıyla ilgili kötü haberler almayı bekliyor gibiydi. Konuyu biraz daha kurcalamaya karar verdim.

"Rebecca'dan bir süredir haber alamadığınızı söylediniz. Bu alışılmadık bir durum muydu?"

"Oldukça. Biz onsekiz yaşından beri arkadaşız. Üniversitede tanıştık." Louise'in sesi ölü gibiydi ve gözleri sabitleşmişti. Şoka girdiği belliydi.

"Hemen ayağa fırladım. "Size bir bardak su getireyim." Musluğa dokunmam yüzünden olay yeri incelemecilerle başım derde girmez diye düşündüm. Neye dokunduğuma dikkat ettiğim sürece herhangi bir sorun yaşamazdım. Oturma odasının diğer kapısını açıp daracık mutfağa geçtim. Daha önce sesini duyduğum çamaşır makinesi çalışmaya devam ediyor ve köşede bir bulaşık makinesi gurulduyordu. Birden, onları Rebecca'nın çalıştırmış olamayacağını fark ettim. Durup bir saniye için kanıtların kelimenin gerçek anlamıyla akıp gidişini izledim ve sonra hızla oturma odasına döndüm.

"Bulaşık makinesini siz mi çalıştırdınız, Louise? Ve çamaşır makinesini?"

Gözlerini kırpıştırarak yüzüme baktı. "Geldiğimde ev bayağı dağınıktı. Rebecca temizliğe ve düzene pek meraklı olduğu söylenemezdi. Ben de ortalığı toplayayım diye düşündüm. Alışkanlık işte. Eskiden Rebecca'yla birlikte yaşardık. O yüzden onun eşyalarını toplamaya alışkınım."

Evi toplamış ve bu arada Rebecca Haworth'ın kim olduğu ve ölmeden önce yaptıklarıyla ilgili elde edebileceğimiz delilleri de yok etmişti. Yaşadığım hayal kırıklığının yüzümden okunduğuna emindim ama bunu saklamak için yapabileceğim hiçbir şey yoktu.

Çok geç kalmıştık. Bir kez daha.

Bugün gerçekten kötü bir gün olacaktı anlaşılan.

LOUISE

Ölü. Rebecca için kullanıldığında kulağa çok anlamsız geliyordu bu kelime. O ölmüş olamazdı.

Ben sert ve rahatsız sandalyede otururken, uzun boylu dedektif de enerjisi fazla gelmiş gibi Rebecca'nın evinde orada oraya dolaşıp durdu. Şişman ve daha yaşlı olan koltukta gözlerini kırpmadan, taştan bir Buda gibi oturuyordu. Hareket etmeden durur, kadının söylediklerini dikkatle dinlersem başım derde girmeyecekti.

Rebecca'nın, Güney Londra'da yalnız kadınları hedef seçen seri katilin kurbanı olduğunu düşünüyorlardı. Ya da en azından, gözlerinde tuhaf bir parlaklık olan dedektif kadın, onun seri katilin kurbanı olmuş gibi göründüğünü söylemişti. Henüz emin olamıyorlardı. Kontrol etmeleri gerekiyordu.

"Nasıl... kontrol ediyorsunuz?" diye sordum gergin bir sesle.

5. KURBAN

Otopsi yapılacak. Ceset aileden biri tarafından teşhis edildikten sonra, adli tıp uzmanları tarafından incelenecek.

Rebecca. Ceset.

Bu gerçekti. Şu anda gerçekten oluyordu. Bana. Kurbanın en yakın arkadaşıydım. Cesedi bu sabah bulunmuştu. Yanarken. Dumanlar tenini simsiyah ederken, saçları sıcaktan kıvrılırken, bedeninden alevler yükselirken. Ve yüzü, bunu düşünme, düşünme bunu... İnce ve sabırsız yüzlü ve açık renk gözlerinin altında koyu renk gölgeler olan dedektif, melodik konuşmasıyla Ateşçi'nin imzasını biliyor olabileceğimi söyledi. Uzun boylu olmasına rağmen topuklu giymiş olması dikkatimi çekti. Bunu yapacak kadar kendine güvenen kadınlara her zaman ayrı bir saygı duyardım.

Dikkatim dağılmıştı. Söylediklerini dinlemem gerekiyordu.

"...cesedin otopsinin ardından aileye teslim edilmesi biraz zaman alabilir ve bu zor bir süreç olabilir. Ailesini tanıyor musunuz?"

"Evet," dedim. "Sadece anne ve babası var. Rebecca tek çocuktu."

Karanlık gecede, arnavut kaldırımı meydanda, okuma odasının sapsarı parlayan pencerelerinin yanından koşarak geçtiğimiz sırada elimi tutuyor. Soğuk rüzgâr yüzünden başlarımız eğik, nefesinde keskin bir şarap kokusu, içinden yükselen bir kahkaha. Yapmaması gereken bir şeyi yaptığı için, nasıl göze aldığına inanamadığım ve şu anda ne olduğunu hatırlayamadığım bir şey yüzünden attığı bir kahkaha. Sen benim kardeşim olmalıymışsın, Lou.

"Rebecca'dan bir süredir haber alamadığınızı söylediniz.

Bu alışılmadık bir durum muydu?"

Konuşurken sesim tuhaf bir şekilde kulağımda çınlıyordu. "Oldukça. Biz onsekiz yaşından beri arkadaşız. Üniversitede tanıştık."

Kelimeler, Rebecca ve beni tam olarak anlatmaya yetmiyordu. Ne kadar yakın olduğumuzu göstermeye yaklaşamıyorlardı bile. Ben onun yüzünü kendiminkinden daha iyi bilirdim. Onu gözüm kapalı, ayak seslerinden tanıyabilirdim. Bugün ne olduysam onun sayesindeydi.

Bir çok insan gibi ben de onu sevmiştim ama onlarla aramızda bir fark vardı. Ben onun da beni sevdiğini biliyordum.

Ona ölesiye güvenmiştim.

Ve o ölmüştü.

Dedektif telaşlı gözlerle bana bakıyordu. "Size bir bardak su getireyim."

Mutfak kapısını açarken onu izledim. Birazdan başımın büyük bir derde gireceğinin farkındaydım. Evin içinde dolaşıp, yerinden oynattığım şeyleri, dokunduğum yerleri, sonsuza dek yok ettiğim kanıtları düşündüm. Her yere girmiştim. Düşündüm. Her şeye dokunmuştum. Polisin bulabileceği hiçbir şey kalmadığını biliyordum. Uzun boylu dedektif hayal kırıklığına uğrayacaktı. Neden bu kadar titiz davrandığımı bilmek isteyecekti ve beni anlamayacak da olsa, ona verebileceğim sadece tek bir cevap vardı.

Bunu Rebecca için yapmıştım. Benim Rebecca'm için.

Her zaman, her şey onun içindi.

Üçüncü Bölüm

MAEVE

Louise'in etrafı toplamış olmasının bir yararı, mutfaktaki kanıtların olay yeri inceleme açısından tamamen bozulmuş olmasıydı. Bu durumda hepimize bir bardak çay hazırlayabilirdim. Buzdolabında tek başına duran bir şişe tarihi geçmemiş süt buldum. Onun dışında dolabın cam rafları boş sayılırdı. Kavanozlarca hardal, bir şişe ketçap, geçen yılbaşından beri dokunulmadan orada durduğu belli olan, son kullanma tarihi Şubat ayında geçmiş, kurdeleli bir kutu çikolata ve bir sürü beyaz şarap. Dolabın bir rafı tamamen göz kremleri, pahalı nemlendiriciler ve ojelerle doluydu.

Tezgâhın üstünde bir kutu mısır gevreği vardı. Elime alıp hızlıca salladım: üçte ikisi boştu. Demek ki Rebecca, gerektiğinde mısır gevreği yiyor ve bunun dışında sadece sıvıyla besleniyordu. Şehirli bir kızın dengeli beslenmesi böyle oluyordu. Louise bize onun halkla ilişkiler alanında çalıştığını ve müşterileri eğlendirmek için sık sık onlarla dışarı çıktığını anlatmıştı. Geceleri çoğunlukla dışarıda oluyordu. Bozulacak olduktan sonra eve yiyecek almanın bir anlamı yoktu. Yalnız

5. KURBAN

yaşadığım zamanlarda ben de alışverişle pek uğraşmazdım. Şimdi ise Ian, haftada bir süpermarkete gidip, hiperaktif çocuklar ve yavaş hareketlerle market arabalarını iten kadınları atlatarak, en sevdiği makarna sosunu, beğendiği kampanyalı şarapları, aşırı pahalı, fazlasıyla kusursuz ve tamamen tatsız sebzelerini almamız konusunda ısrar ediyordu. Kendimi birden, kurbanla, erkek arkadaşımla olduğundan daha fazla ortak noktamız var, diye düşünürken buldum ve dikkatimi zorla tekrar topladıktan sonra bütün dolapları açıp, her çekmeceye bakarak mutfağın geri kalanını inceledim.

Her şey aşırı derecede düzenliydi. Şarap kadehleri raflarda askerler gibi yan yana dizilmiş ve boylarına göre yerleştirilmişti. Dikkatle ayrılmış çatal bıçak takımları çekmecelerin içinde parıldıyordu. Ocağın yanına temiz bir kurulama bezi asılmıştı; eskisi şu anda büyük ihtimalle makinenin içinde dönüp durmakla meşguldü. Bir kere daha, bunların ne kadarının Rebecca'ya ait olduğunu ve ne kadarını Louise'in eve geldikten sonra yaptığını bilemiyordum.

Çay poşetlerinin üzerine kaynar suyu boşaltırken bir yandan da Rebecca'nın arkadaşını düşünüyordum. Louise garip biriydi. Gerçi acı, bazen insanları tuhaflaştırırdı. O kadar temizlik yaptıktan sonra, saçının tek bir teli bile dağılmamıştı. Sarsılmaz bir soğukkanlılığı vardı. O kadar kendine hakim görünüyordu ki, bardakları, sütü ve şekeri koyduğum tepsiyle içeri girdiğimde, onun başını ellerinin arasına almış, sarsılarak ağladığını görünce çok şaşırdım. Sam ne yapacağını bilemez halde yüzüme bakıyordu. Ağzımı sessizce oynatarak, "Ne yaptın?" diye sordum. Bilmiyorum der gibi omuzlarını kaldırdı.

"İyi misiniz, Louise?" diye yavaşça sordum, bardaklardan birini yanındaki masaya koyarken.

"Evet," dedi ellerinin arkasından. "Ben sadece -bana bir dakika izin verebilir misiniz?"

Oturup, Sam'e önce bir bardak çay ve sonra da şekerliği uzattım ve ikincisini ilkine boca etmeye uğraşırken onu ayıplayan gözlerle izledim.

"Sadece kurbanı son gördüğü zamandan bahsediyorduk," dedi fısıldayarak. "Birkaç hafta önce yemeğe çıkmışlar. O günden beri ondan haber alamamış ve bu yüzden onu merak etmiş."

Louise ağzının içinde bir şeyler geveleyerek kalkıp odadan çıktı. Arkasından başımı uzattım; önce bir kapı kapanma sesi, ardından da musluğa dökülen suyun sesi duyuldu.

"Çok garip, öyle değil mi?" Sam parmağıyla kızın arkasında olduğu kapıyı gösterdi.

"Bunun için onu suçlayabilir misin? Beş dakika önce, en iyi arkadaşının cinayete kurban gittiğini öğrendi."

"Ondan söz etmiyorum. Kim başka birinin, hem de bir aydan fazladır görmediği birinin evine dalıp ortalığı temizler ki? Ben böyle bir şeye cesaret edemezdim, ya sen?"

"Ben de. Aynı zamanda o kadar temizlik yapmak da istemezdim ama ben Louise North değilim. Bunun, onun için bir alışkanlık haline geldiğini söyledi. Belki de bunu çok sık yapıyordu."

Yerimde duramayarak kalktım ve etrafta dolaşarak odaya tekrar göz attım. Fazla zamanımı almadı. Duvarları, Ian'ın Kiralık Ev Boyası dediği, göze batmayan manolya rengin-

5. KURBAN

de boyanmış olan oda fazlasıyla boştu. Louise'in iki sandalyesinden birinde oturduğu duvara dayanmış küçük masanın üzerinde bir şey yoktu. Bu evde fazla sosyalleşme imkânı olmamış olmalıydı ama zaten buzdolabındakilere bakılırsa, Rebecca Haworth, arkadaşlarını toplayıp ziyafet veren tiplerden değildi. Koltuğun yanındaki sehpanın üzerinde bir lamba ile birlikte televizyon, DVD oynatıcı ve ses sisteminin kumandaları duruyordu. Evde kişisel hiçbir şey, hatta bir dergi bile yoktu. Burada ölü kadının zevkleriyle ilgili hiçbir ipucu bulamayacaktık. Televizyon büyüktü ve koltuğun karşısında, arkası balkon kapılarına dönük şekilde duruyordu. Kapıların ardında, çiçekliklerine hiç dokunulmamış ve güzelleşmesi için hiçbir çaba sarfedilmemiş, küçücük, pul kadar bir balkon vardı. Oraya doğru ilerleyip karşıdaki evlere bir göz attım. Çoğunun pencere ve balkonlarında, içeriden gelen ışıkla silüete dönüşmüş saksılar ve çiçeklikler duruyordu. Ben şahsen bunu anlamıyordum. Ben de olsam çiçek ekmekle uğraşmazdım. Özellikle de balkon, içinde oturmak için bile bu kadar küçükken. Daracık sokağın karşısındaki apartman, camdan bir arı kovanı gibiydi; apartman sakinlerinin hayatı rahatlıkla izlenebiliyordu. Bir çiftin, bana fazlasıyla tutkulu gelen bir şekilde öpüşmesini, bir adamın koşu ayakkabılarına bağcık geçirişini, oldukça şişman bir kadının, ışık saçan televizyonun karşısındaki koltukta cips yiyişini izledim.

"Aynı Arka Pencere gibi, öyle değil mi?" Sam yerinden kalkmaya gerek duymamış ama baktığım şeyi görebilmek için başını uzatmıştı.

"Mmm. Burada yaşıyor olsam televizyon bile almazdım. Manzara çok daha ilginç."

"Senin için, belki. Bahse varım, sen çocukken de meraklıydın, Maeve."

Gülümseyerek ona baktım. "Nereden bildin?"

"Başlangıç olarak, meslek seçiminden belli olduğunu söyleyebilirim." Sam, gömleğindeki, tuz havuzlarını andıran ter lekelerinden çekinmeden kollarını başının üzerinde birleştirip gerindi.

"Peki ya sen neden seçtin bu mesleği?"

"Daha iyi bir şey bulamadım," dedi Sam yüzünde üzgün bir ifadeyle. "Saf ve masumdum, hepsi bu. Bir de şimdiki halime bak."

"Evet, sana bakınca aklıma gelen ilk kelimenin masumiyet olduğunu söyleyemeyeceğim."

Başkalarının hayatına arkamı dönüp bakışlarımı, odada ilgimi çeken tek eşyaya çevirdim. Köşede ince bir kitaplık duruyordu ve içinde bazı kitaplarla üç fotoğraf vardı. Fotoğraflara yaklaştım. Üçünde de açık renk saçlı bir kadın vardı. Sabah gördüğüm ceset şişmiş ve solmuş yüzüyle tanınmayacak haldeydi ama fotoğraflardaki bu kişinin Rebecca Haworth olduğunu tahmin ediyordum. Gerçek hayatta sıradan bir yüzü ve bembeyaz, kusursuz dişlerini ortaya çıkaran kocaman bir gülümsemesi vardı. Saçı, yıllar içinde sarının birçok farklı tonuna boyanmış, her seferinde biraz daha açılmıştı. Bir fotoğrafta, yaşlıca bir çifte sarılırken görülüyordu. Bunların Rebecca'nın anne ve babası olduğuna karar verdim. Kadının saçları da özenle sarıya boyanmıştı ve bakımlıydı. Kızı ona bakıp, ellili yaşlarında nasıl görüneceğiyle ilgili kabaca bir fikir edinebilirdi. Ama Rebecca, neredeyse siyah denebilecek, alışılmadık koyuluktaki gözlerini babasından almıştı. Açık

5. KURBAN

renk saçlarıyla birlikte, son derece dikkat çekici bir kombinasyon oluşturuyorlardı. Başka bir fotoğrafta, üzerinde siyah beyaz tonlarda bir okul cüppesiyle, başını arkaya atmış şampanya patlatıyordu.

Sınavların sonu olabilir diye düşünerek bakışlarımı fotoğraftaki diğer kıza çevirdim. Bu Louise North'u. Üzerindeki uzun, düz ve sönük kıyafetlerden, üniversitedeyken daha da çekingen olduğu anlaşılıyordu. Arkadaşından farklı olarak Louise makyaj yapmamıştı, üzerinde cüppesi yoktu ve kamera yerine, yüzünde tuhaf bir gülümsemeyle Rebecca'ya bakıyordu. Kurban dışa dönük olandı ve Louise de çekici kızın yanındaki arkadaş. Şahsen ben, ikinci en iyi olmaktan hiç hoşlanmazdım.

Arkamdan bir ses duyuldu. "Bu ilk yılımızda çekilmişti. Benim duvarımda da aynı fotoğrafın iki saniye sonra çekilmişi asılı. Rebecca Modları yeni bitirmişti. Ben bir önceki dönem tamamlamıştım."

"Modlar mı?" diye sorup arkamı döndüm. Louise soğukkanlı halini geri kazanmış, odanın ortasında dikiliyordu.

"Kısaltılmamışını söylemek gerekirse, Şeref Moderasyonları. Yani ilk yıl sınavları. Oxford'da her şeyin saçma bir ismi vardır."

Son cümlenin ilk kelimesi hâlâ havada asılı duruyordu; ah tabii, diye geçirdim içimden, Oxford'da okumuş olmandan etkilenmiş olmam gerekiyor herhalde. Aman ne önemli bir şey.

Utanmış gibi baktı. "Yanlış anlamayın. Liseyi devlet okulunda okudum ben."

Ama artık çok değişmişti. Eski hali gitmiş, o fare gibi

saçlarının yerini gösterişli bir şekilde kat kat kesilmiş röfleli saçlar almıştı.

"Nasıldı bakalım? Oxford'da okumak?" dedi Sam en babacan sesiyle.

"Hayatımı değiştirdi."

Eminim öyledir, diye geçirdim içimden, Louise'in haftalık kazancımdan bile daha pahalıya mal olmuş gibi görünen ayakkabılarına bakarken. Devlet okulundan sonra çok yol almıştı ve dönüp arkasına bakmaya da pek niyeti varmış gibi görünmüyordu.

"Rebecca'yla nasıl tanıştınız?"

Başı dik, bu soruya kendini hazırlamış gibi baktı yüzüme. "İlk yılın ilk gününde tanıştık. Aynı ortak alanı paylaşıyorduk. Yani yatak odalarımız ayrı, salonlarımız ortaktı," diye açıkladı yüzümdeki şaşkın ifadeyi görünce. "Anlaşabileceğimizi sanmıyordum. Zamanını benimle geçirmekten daha iyi şeyler bulacağını düşünüyordum. Ama beni hemen benimseyip kendi dünyasına dahil etti." Louise bunun olmuş olmasına hâlâ şaşırıyor gibiydi. "Onunla oda arkadaşı olmamış olsaydık, bugün olduğum kişi olamazdım diye düşünüyorum. Bunun hayat boyu süren bir arkadaşlık olacağını daha en başından anlamıştım."

İşte bu konuda haklıydı. Ama içlerinden birinin hayatı olması gerektiği kadar uzun sürmemişti. Yüzünde oluşan kederli ifadeden onun da benimle aynı şeyi düşündüğü anlaşılıyordu. Konuyu fazla uzatmamaya karar verdim.

"Bu kim Louise?" Son fotoğrafı gösteriyordum. Rebecca bir adamla birlikte kumsaldaydı. Yüzlerini sıkıca birbirlerine yaslamışlardı ve rüzgâr saçlarını uçuşturuyordu. Adam ka-

5. KURBAN

merayı kolunun yettiği kadar uzakta tutuyor ve ikisi de pırıl pırıl gözlerle kameraya bakarak gülüyorlardı.

Louise resmi görmek için eğildi ve hemen ardından yüzünde ciddi bir ifadeyle geri çekildi. "Bu Gil. Gil Maddick. Rebecca'nın erkek arkadaşıydı. İki, hayır, iki buçuk yıl kadar birlikte oldular."

"Ayrıldılar mı?"

Louise yüzünü buruşturdu. "Sonunda. Ama yürümeyeceği daha işin başından belliydi. O çok...sahipleniciydi. Ona kalırsa, Rebecca'nın hayatında başka kimseye yer yoktu."

"Sizi dışladı mı?" diye sordu Sam.

"En azından denedi."

"Ne zaman ayrıldılar?"

Louise bilmiyormuş gibi omuz silkti. "Altı ay kadar önce olabilir. Ya da belki daha az. Ben tam olarak bilmiyorum; bunu kendisine sorsanız daha iyi olur. Gil'le pek iyi anlaşamadığımız için Rebecca bana ondan söz etmezdi."

"Neler konuşurdunuz?" diye sordu Sam.

"Onun dışında her şeyden. Biz iki kız kardeş gibiydik. Hiç konu sıkıntısı çekmezdik."

Kardeş mi, yoksa başka bir şey mi? Louise, Rebecca'nın ilişkisini kıskanmıştı. Arkadaşı için bastırılmış duyguları olabilir mi acaba diye geçirdim içimden. Yoksa duygularını ona açmış ve karşılık alamamış mıydı?

"Peki ne oldu?"

"Ne demek istiyorsunuz?"

"Ondan bir süredir haber alamadığınızı söylediniz. Bunun nedeni neydi?"

"Bilmiyorum. Onu aradım ama ulaşamadım. Çok meşgul olduğunu, boş zamanı olmadığını düşündüm." Avukatın ses tonu hâlâ cana yakındı ama biraz gerildiği de belli oluyordu.

Mutlu ve yakın arkadaşlık tablosunun gerçeklerle lekelenmesinden hoşlanmamıştı. Bize Rebecca'nın bilerek ya da bilmeyerek onu hayatından çıkardığını anlatıyordu. Onunla ilgili, bizden daha fazla bir şey bilmiyormuş gibi görünmüyordu. Konuyu değiştirip bildiğinden emin olduğum konuya geçtim.

"Buraya geldiğinizde neyle karşılaştınız?"

"Hiçbir şeyle," dedi Louise, bu soruya nasıl cevap vereceğini bilmiyormuş gibi hafif bir tereddütle.

"Yani, ev ne durumdaydı? Topladıklarınızı sırasıyla saymanızı istiyorum." Etrafı gösterdim. "Siz temizlememiş olsaydınız, Rebecca evden çıkmadan önce olanlarla ilgili bir fikir edinebilirdik. Ama bu durumda bunu bilebilecek tek kişi sizsiniz. Eğer mümkünse, yaptıklarınızı sırayla anlatıp içeride neleri değiştirdiğinizi söylemenizi istiyorum."

"Ah, tabii." Louise beni iki kişilik bir yatak ve dolaptan başka hiçbir şeye yer olmayan yatak odasına ve ardından, her boş noktası kozmetik ürünleriyle kaplanmış, fayanslı ufacık bir küpü andıran banyoya götürdü ve yaptıklarını hızlıca anlattı. Onu izlerken, işimize yarayacak bir kanıt bulmak konusundaki ümitlerim attığım her adımda biraz daha azalıyordu. Yatak çarşafları yıkanmış, yerler süpürülmüş, her yerin tozu alınmış, banyo ve mutfak çamaşır suyuyla ovulmuştu. Louise, işe yarar bir şeyler bulabileceğimiz her noktaya bizden önce ulaşmıştı.

"Oldukça dağınıkmış, öyle değil mi?"

"Bu alışılmadık bir durum değildi. Rebecca çoğunlukla

5. KURBAN

bu şekilde, tam bir kaos içinde yaşardı."

"Doğal olarak içinizden gelmiyorsa düzenli olmak kolay değil," dedim. Onu anlıyordum. Küçük koridorda döndüm ve Sam'le burun buruna gelince tekrar Louise'e dönüp konuşmaya devam ettim. "Buranın dünyadaki en geniş daire olduğu söylenemez. Nasıl kolayca dağıldığını tahmin edebiliyorum. Rebecca burayı sever miydi?"

"Hiç sormadım. Ama bir yılı aşkın süredir burada oturuyordu. Sanırım sevmese taşınırdı."

"Yalnız mı yaşıyordu?"

"Resmi olarak evet." Louise, geldiğimizden beri ilk defa biraz canlanır gibi olmuştu. "Ee - arada bir onda kalanlar olurdu. Ve bazıları bir iki geceden uzun kalırdı. Ama bunun dışında yalnızdı."

"Hiç bu kişilerden biriyle tanıştınız mı?"

Louise, başını iki yana salladı. "Doğru kişiyi bulamamıştı. Benimle tanıştırmak istediği kimse olmadı. Özellikle Gil'le anlaşamadığımdan beri böyleydi."

"O zaman, sizde hiçbirinin ismi ya da irtibat bilgisi yok."

"Ne yazık ki öyle. Ama e-posta hesabına ve telefon kayıtlarına bakacaksınız, değil mi? Onları bu şekilde bulabilirsiniz. Bir cinayet davasında kurbanın özel hayatı diye bir şey yoktur, biliyorum."

"Evet, öyle denebilir." Bir şeyler bulabilmek için, Rebecca Haworth'ın hayatını bir çanta gibi tersine çevirip sallayacaktım. Bunu düşününce, birden üzerime dayanılmaz bir yorgunluk çöktü. Kollarımı önümde kavuşturup sırtımı duvara yasladım. Dikkatini topla, Maeve. Kendimi zorlayarak konuşmayı sürdürdüm. "Bilmemiz gerektiğini düşündüğünüz başka bir şey var mı, Louise? Aklınızı kurcalayan herhangi bir şey?"

Hayır demesini bekliyordum ama o düşünceli bir şekilde dudağını ısırdı. "Şey... Aslında bir şey var. Ama muhtemelen hiçbir önemi yoktur."

"Devam edin," dedim anlatması için.

"Ben sadece -şey, dün burada birinin olduğunu düşünüyorum. Rebecca'yla bir şeyler içmişler. Oturma odasında iki şarap bardağı vardı ve bardakların dibinde kalmış olan şarap, tamamen kurumamıştı. O yalnızken içki içmezdi dedektif. Sadece biriyle birlikteyken içerdi. Ayrıca bardaklardan birinin kenarında dudak parlatıcısı varken diğerinde olmaması da dikkatimi çekti." Kaşımı kaldırıp yüzüne baktım. "İş ister misiniz?"

"Dikkatimi çekti işte," diye geçiştirmek istedi kızarmaya başlayan yanaklarıyla. "Kimin geldiğini anlamaya çalışıyordum."

"Neden?"

Louise bunu soracağımızı biliyor olmalıydı ama yine de birden gerildi. Gözlerini kaçırıp ne söyleyeceğine karar vermeye çalışırken yutkundu. "Çünkü..."

"Çünkü ne?"

"Şey, madem ki ısrar ediyorsunuz, tekrar Gil'e dönüp dönmediğini merak ediyordum." Kelimeler onları zor tutuyormuş gibi birden ağzından dökülüverdi. "Son görüşmemizde, onu aramayı düşündüğünü anlatmış ve ben de ona, bunun kötü bir fikir olduğunu söylemiştim. Bu konuda neredeyse tartışacaktık."

5. KURBAN

"Neredeyse mi?"

"Rebecca'yla hiçbir zaman tartışmazdık. Yani tam olarak. Onun bana, benim de ona rahatça söyleyemeyeceğimiz hiçbir şey yoktu."

Tabii, diye geçirdim içimden. Eminim öyledir. Konuşmaya devam ettim. "Anlıyorum. Ama onu aramış ve bunu size söylememiş olabilir mi sizce?"

"Olabilir," dedi Louise.

"Tamam o zaman. Bu durumda, onunla konuşmanın yararı olabilir gibi görünüyor. Yakında mı oturuyor?"

"Hayır." Louise gözlerime bakıp beklenmedik bir şekilde aniden gülümsedi. "Üzgünüm. Kendisi bir tiyatro yönetmeni olduğunu iddia ediyor ama gerçekten bir şey yönettiğini hiç görmedim. Zengin bir ailenin çocuğu ve bu yüzden çalışmaya ihtiyacı da yok. Bir ofisi yok ama bende cep telefonu numarası var." Louise hızla oturma odasına dönüp Prada çantasını aldı, telefonunu çıkardı ve bir süre aradıktan sonra Gil'in numarasını buldu.

Sam söylediği numarayı defterine yazdı ve sonra başını kaldırıp sakin gözlerle ona baktı. "Ondan hoşlanmıyor ve onunla anlaşamıyordunuz ama yine de sizde telefonu var, öyle mi?"

"Rebecca ısrar etmişti," dedi Louise. Yüzü yine gerilmişti. "O durmadan telefonunu kaybeden şu kızlardandı. Birkaç kez çantasını takside unutmuş, bir keresinde de telefonunu tuvalete düşürmüştü. Gil'in telefonunu, yine böyle bir şey olur da kendisine ulaşamazsam diye almamı istemişti."

"Peki bu son günlerde, Rebecca'ya ulaşamayınca Gil'i aradınız mı?"

"İlişkileri bitmişti." Bir kez daha, buna ne kadar sevindiği sesinden anlaşılıyordu. "Ama sizin ondan çok hoşlanacağınıza eminim. Çok tatlı dillidir."

"Ama siz bundan etkilenmemişsiniz," dedi Sam.

"Benimle konuşurken tatlı dilini kullanma gereği duymazdı." Louise saatine baktı. "Gitmem gerekiyor. Burada işimiz bitti mi?"

Ona şimdilik gidebileceğini söyledim. "Ama daha sonra, size birkaç sorumuz daha olabilir. Sizin de iletişim bilgilerinizi almamız gerekecek."

Louise çantasından iki kartvizit ve Mont Blanc marka bir kalem çıkardı. Kartların arkasına hızla ve düzgünce bir şeyler yazdı ve mürekkebin kuruması için birkaç kere salladıktan sonra kartların ikisini de masanın üzerine bıraktı. "Ev adresim ve telefon numaram. Ama çoğunlukla ofiste oluyorum. Cep telefonumu da yazdım."

"Hafta sonları da mı ofiste oluyorsunuz?" diye sordu Sam.

"İşleri halletmek için çok uygun bir zaman." Louise, Sam'in yüzündeki şüpheci ifadeyi fark edip kızararak, ona kısa ama sert bir bakış fırlattı.

"Erkek arkadaşınız bu konuda ne düşünüyor?"

"Eğer bir erkek arkadaşım olsaydı, bu duruma alışması gerekirdi. Ama olmadığına göre, eve ne zaman istersem o zaman gidip gelirim."

"Çok şanslısınız," dedi Sam pis pis sırıtarak. Lousie, ona ters bir cevap verecekmiş gibi baktı ama hiçbir şey söylemeden ikimize de başıyla soğuk bir selam vererek, elimizi sıkmadan yanımızdan ayrıldı.

5. KURBAN

"Ceketinin koluna değebilecek kadar iyi bulmadı bizi," dedi Sam, Louise çıkıp kapıyı kapatır kapatmaz.

"Ah, kendine gelsene sen." Kaşlarımı çattım. "Zaten erkek arkadaşı olsa ne fark ederdi ki? Kendi memnun olduktan sonra, isterse her Allahın günü çalışır."

Sam, kırışık alnını daha da kırıştırarak tek kaşını kaldırdı. "Kendini onunla özdeşleştiriyorsun, değil mi? Kariyer sahibi kadınlar dayanışması mı bu?"

Ona bu zevki tattırmayacak, sözlerini kabul etmeyecektim. Zaten o, ben kabul etmesem de damarıma bastığının farkındaydı. Ian'ı düşünmeyi sonraya bırakıp kitaplıktaki fotoğraflara bakmak için önümden geçen Sam'e baktım.

"Sence kurbanımızla arasında duygusal bir şeyler olmuş olabilir mi?"

"Bu çok hoşuna giderdi, öyle değil mi?" diye çıkıştım önce ve sonra yumuşadım. "Bunu ben de düşündüm aslında. Ama bana öyle bir şey varmış gibi gelmedi. Bana kalırsa sadece arkadaşlar."

"Yazık," dedi Sam elleri cebinde, ayaklarının üzerinde öne arkaya sallanarak. "Peki şimdi ne olacak?"

"Olay yeri incelemeyi arayacağım," dedim ve telefonumu çıkardım.

"İşe yarar bir şeyler çıkabilir -ve eğer çıkarsa, işi berbat eden kişi ben olmak istemiyorum. O yüzden lütfen her şeye dokunmayı kesip adamlardan temiz lafını duyana kadar bekleyebilir misin?"

"Burada bir şey olduğuna dair hiçbir kanıt yok."

"Hayır, burada bir şey olduğuna dair görebildiğimiz hiçbir kanıt yok. Onlar onaylamadan bunun doğru olup olmadığını bilemeyiz."

"Tamam, küçük hanım. Ara bakalım. Ve sonra da patronu arasan iyi edersin. Muhtemelen o da etrafa bir göz atmak isteyecektir, sence de öyle değil mi?"

"Kesinlikle," dedim sakin bir sesle. Sesim kalp atışlarımdaki ani artışı ele vermemeyi başarmıştı ama ellerim biraz titriyordu. Godley'ye telefon etme düşüncesi, beni her zaman hem telaşlandırır hem de heyecanlandırırdı. Ama neyse ki, bu sefer ona iyi haberler verecektim.

"Ve bir daha nereye gittiğinizi ve ne yapacağınızı kimseye haber vermeden çıkıp, kurbanın evini araştırmaya gitmeye karar verdiğinizde, üstlerinizi bu konudan haberdar etmek de aklınıza gelir umarım."

Başkomiser Godley'yi, soruşturmanın başından beri bir çok kez son derece öfkeli hallerde görmüştüm ama yine de herhangi bir şeye bu kadar sinirlenebileceğini tahmin edemezdim.

"Hanginize kızacağıma karar veremiyorum. Bunu ikinizden de beklemiyordum. Dedektif Posser, sen bu şekilde tek başına çıkıp gitmemen gerektiğini bilebilecek kadar tecrübelisin. Ve Dedektif Kerrigan, senin de daha zeki olduğunu sanıyordum."

Godley'nin sözleri karşısında titremeden durmayı zar zor becerebiliyordum. Söyledikleri, tam da olmasını beklediği şekilde ok gibi içime saplanıyordu. Başımı çevirip Sam'e bakmaya cesaret edemiyordum ama şu anda yüzündeki ifadeyi görmek için her şeyimi verebilirdim.

"Kurbanın kimliğini öğrendiğinizde ilk yapmanız gere-

5. KURBAN

ken, bana haber vermekti. Oraya kendi başınıza giderek ne elde edeceğinizi sandınız siz?"

"Hızlı bir başlangıç yapmış oluruz diye düşündüm," dedim sözcükleri ağzımda geveleyerek. Gözlerine bakmaya da, bakışlarımı kaçırmaya da cesaret edemediğim için, konuşurken kravatının düğümüne bakıyordum. Arkasında, sinsi yüzünde kocaman bir gülümsemeyle Müfettiş Judd duruyordu. Onun arkasında ise elinde tombul bir fırça ve siyah tozla etrafta parmak izi arayan bir olay yeri inceleme memuru vardı. Maskenin gizlediği yüzünde pis bir gülümseme olduğuna emindim. Kendilerinden başka birinin başı derde girdiğinde, herkes çok sevinirdi.

"Demek öyle. Ah, o zaman hiçbir sorun yok. Bir de gelmiş şikayet ediyorum." Godley'nin sesi fazlasıyla alaycıydı. "Her şeyi batırdın, Maeve."

"Oraya gitmiş olmasaydık, arkadaşının eve gelip ortalığı topladığından haberimiz olmayacaktı," dedim. Ona karşı çıkmanın aptalca olduğunu biliyordum ama kendimi tutamamıştım. "Evi tertemiz ve toplu bulacaktık ve işin gerçeğini asla öğrenemeyecektik."

"Neymiş peki işin gerçeği?"

Kendimi kurtarmak için aceleyle anlatmaya başladım. "Evde boğuşma izi yokmuş ama arkadaşı Louise'in söylediğine göre, geldiğinde ev altüst haldeymiş." Louise'in anlattıklarını ona sırayla aktarmaya başladım. "Rebecca'nın kısa süre önce eve geldiğini düşünmüş. İşin ilginç tarafı, yanında bir başkasının daha olduğunu sanıyormuş. Hem de dün gece." Godley'ye, bu bilginin onu etkilemesini umarak şarap kadehlerini anlattım.

Godley kaşlarını çattı. "Bunun kıza olanlarla bir ilgisi olması gerekmiyor, öyle değil mi? Bildiğimiz kadarıyla, katilimiz kurbanlarıyla önceden ilişki kurmuyor."

"Doğru. Ama belki de evde bir şeyler içtikten sonra Rebecca ve misafiri dışarı çıkmıştır. Belki yemeğe ya da bir kulübe falan gitmişlerdir ve gecenin bir yarısı eve dönerken de Rebecca katile rastlamıştır. Son saatlerini tekrar canlandıracaksak, burada kiminle birlikte olduğu oldukça önem kazanıyor."

"Ne orijinal bir fikir," dedi Judd alaycı bir sesle. "Takımda olduğun için çok şanslıyız, Dedektif Kerrigan."

Başkomiser bir an yüzünü buruşturdu. Büyük ihtimalle araya girilmesinden rahatsız olmuştu. Sevindiğimi belli etmemeye çalıştım. Şimdi kimin başı dertteymiş bakalım?

"Peki bu esrarengiz misafiri nasıl bulacağız? dedi Godley bir süre sonra.

"Louise'in dediğine göre bu kişi Rebecca'nın eski sevgilisi Gil Maddick olabilirmiş. İsterseniz onu bulabilirim."

"İstiyorum." Godley derin bir nefes aldı. "Eğer o değilse, elimizde başka hiçbir şey yok, öyle değil mi? Olay yeri incelemeden de bir şey çıkacağını sanmıyorum."

"Louise etrafı bayağı iyi temizlemiş." Parmaklarımla göstererek madde madde saydım. "Yatak çarşaflarını değiştirip kirlileri yıkamış. Her yerin tozunu almış ve evi elektrikli süpürgeyle süpürmüş. Banyoyu ve mutfağı temizlemiş ve çamaşır suyuyla silmiş. Rebecca'nın kıyafetlerini dolaba kaldırıp bütün kirli bulaşıkları da yıkamış."

"Sanki geleceğimizi biliyormuş," dedi Sam imalı bir şekilde. "Parayla tutulmuş olsa ancak bu kadar iyi temizlerdi."

5. KURBAN

"Nedir bu kız, kurbanın kölesi mi?" Godley yeniden sinirlenmiş gibiydi.

"Ona bakmaya alışkınmış. Söylediğine göre, arkadaşlıkları boyunca bu böyleymiş."

"Peki Louise bunun karşılığında ne alıyormuş?"

Bilmiyorum der gibi omuz silktim. "Rebecca'dan, burada temizlikle geçirdiği birkaç saate değdiğini düşünmesine yetecek değerde bir şeyler alıyor olsa gerek. Söylediğim gibi, Rebecca'nın ufak tefek ev işleriyle uğraşmanın onun için alışılmadık bir durum olduğunu sanmıyorum. Rebecca bana dünya işleriyle fazla ilgileniyormuş gibi gelmedi. Louise'in söylediğine göre de o, daha çok bir parti kızı sayılırmış."

"Kurbanın ailesi ve arkadaşlarının Louise hakkında ne düşündüğünü öğrenmeliyiz. Onun söylediği kişi olup olmadığından emin olun." Godley tekrar kaşlarını çattı. "Eski erkek arkadaşa ulaşabiliyor musun bir bak ama eğer o işin arkası gelmezse diye, burada olduğunu kanıtlayabileceğimiz başka biri olup olmadığına da bakmalıyız."

"Gidip kapı görevlisine, binada güvenlik kamerası olup olmadığını sorayım," diye atıldı Sam. "Dün geceki görevli, Rebecca'nın çıkışını hatırlıyor olabilir. Dikkat çekici bir kız, öyle değil mi?"

Parkı ve yanmış çimlerin üzerinde yatan cesedi düşündüm. Daracık elbisesi ve topuklu ayakkabılarıyla biri onu gerçekten de fark etmişti. Biri onu fark etmiş, ondan nefret etmiş ve onu yok etmek istemişti.

"İyi," dedi Godley ve Sam daha fazla beklemeden aceleyle çıkıp gitti. "Maeve, Rebecca'nın ailesi, çalışma arkadaşları ve eski erkek arkadaşı da dahil diğer arkadaşlarıyla senin konuşmanı istiyorum. Bir araştır bakalım, hayatında neler oluyormuş öğrenebilecek misin. Ama biz en yakın akrabasına ulaşıp durumu anlatana kadar harekete geçme. Bir daha bizden önce davranmanı istemiyorum."

Hayal kırıklığına uğradığımı belli etmemeye çalışarak baktım. Böyle bir soruşturmada kurbanın hayatıyla ilgili bilgiler, genelde pek önemli olmazdı. Formalite icabı yapılması gereken ama katilimizi bulmakta muhtemelen hiçbir işimize yaramayacak bir işti bu. Önceden belirlenmiş sorular yavaş yavaş sorulur ve cevap olarak, olayı çözerken kimsenin ihtiyaç duymayacağı dosya bilgileri alınırdı.

"Tabii. Sorun değil. Ee -nereden başlamamı tercih edersiniz acaba?"

"Nereden istersen oradan başla. Bitirince benim için bir rapor hazırla ve bilgileri HOLMES Veritabanına gir. Sonra Tom'a işinin bittiğini haber verirsin ve o sana başka bir görev verir."

Müfettiş Judd, yüzünde soğuk bir gülümsemeyle arkasında dikiliyordu. Bana bulabildiği en kötü işi verecekti. Yirmi dört saat içinde, ona iki kere kötü haber vermem karşılığında ödediğim bedel buydu. Godley'nin batıl inançları vardı. Ben altından geçtiği merdiven, yoluna çıkıp duran kara kediydim. Ona iyi bir haber vermeyi beceremezsem işim bitmişti.

Arabaya doğru giderken bir yandan da hol ve koridorlarda kamera olup olmadığına bakıyordum. Bir tane bile yoktu. Sam güvenlik görevlisinin masasına yaslanmış, adamla futbol sohbeti yapıyordu. Masanın yanından geçerken parmağımla kapıyı gösterdim. Ben gidiyorum. Geliyor musun?

"Beş dakika," dedi, tombul parmaklarını açarak. Nere-

5. KURBAN

deyse yürümeye yeni başlamış bir çocuk gibi masum, kel ve şişko görünüyordu. Tabii sürekli terden sırılsıklam ettiği kıyafetlerini ve burun kıllarını saymazsak.

"Beş dakika," diye tekrarladım. "Sonra gidiyorum."

Bana hızlıca gülümsedi. Onu on dakika bekleyeceğimi biliyordu. Ama o zamana kadar gelmezse, tam on dakika sonra gideceğimi de biliyordu. Sam çalışma ofisinin, evinin ya da en yakındaki barın yolunu kendi kendine bulabilirdi. Ona söz verdiğim bira da vardı. Gelmemesi işime gelirdi.

Arabaya ulaşmak için yaptığım kısa yürüyüş kemiklerimi dondurmaya yetmişti. Sürücü koltuğuna oturdum ve kan dolaşımımı hızlandırmak için birkaç dakika boyunca ellerimi ovuşturdum. Bir daha hiç ısınamayacaktım sanki. Rüzgâr herhangi bir engelle karşılaşmadan, nehirden doğruca üstümüze geliyor, daracık sokaklarda bıçak keskinliğinde esiyordu. Rebecca'nın buraya gelme nedenlerinden birinin nehir olduğunu sanıyordum ama kendine Thames manzaralı bir daire bulmayı başaramamıştı. İnsanları izlemişti. Ve belki de, diye düşündüm karşı apartmana tekrar hızlıca bir göz atarken, onlar da onu izlemişlerdi. Onu ve misafirini. Birkaç kapı çalmaya kesinlikle değerdi.

Ama bunu ben yapmayacaktım. Emir böyleydi. Başkomiserin unutulmaz azarı hâlâ kulaklarımda yankılanırken, bir kere daha kendi kendime işe kalkışmamın hiç gereği yoktu. Telefonumu çıkarıp onu aradım, durumu mümkün olduğu kadar kısa bir şekilde anlattım ve onun için de uygunsa bir kontrol etmeye değebileceğini söyledim.

"Fena fikir değil. Aferin, Maeve." Godley'nin kibar ses tonu geri gelmişti. Telefonu kapatırken gülümsüyordum.

Godley'le işleri tamamen düzeltmiş sayılmazdım ama artık, onu aramadan öncekine göre çok daha iyi bir durumda olduğum kesindi. Rebecca Haworth'ın hayatında işe yarar bir şeyler bulmak için çıktığım yolculuğun sonuna geldiğimde doğrudan patrona gitmeyi bile göze alabilirdim. Müfettiş Judd, onu es geçtiğim için beni asla affetmezdi ama zaten onun benim hayran kulübüme katılmak gibi bir niyeti olduğu da söylenemezdi. Bunun için hiçbir mecburiyetim yokken neden onun saçmasapan işlerini yapacaktım ki?

Hiç gerek yok, Maeve.

Arabanın kontrol panelindeki saate baktım. Sam'in dört dakikası daha vardı. Sonra gidiyordum. Gil Maddick'i bulmaya çalışacaktım. Rebecca'nın yanındakinin o olup olmadığını öğrenecektim. Onun, güzel Louise hakkında ne düşündüğünü öğrenecektim. Louise haklıydı; Rebecca'nın gizlisi saklısı kalmayacaktı. Ama onun henüz farkına varmadığı bir şey daha vardı; kendisi de mercek altına alınacak, incelenecekti. Rebecca'nın öldürülmesi, ailesi ve arkadaşlarının hayatlarının oluşturduğu havuza atılan koca bir taş gibiydi. Neden olduğu dalgalanmalardan herkes etkilenecekti. Ve bundan sonra hiçbir şey eskisi gibi olmayacaktı.

LOUISE

Polisin bugünlük benimle bir işi kalmadığından emin olduktan sonra eve gittim. Binanın kapısından içeri girerken, eve dönüş yolunun tek bir adımını bile hatırlayamıyordum.

5. KURBAN

Kaloriferler kapalı, ev buz gibiydi ama ben mutfağa gidip kaloriferi açmak yerine oturma odasına gidip kanepeye oturdum ve boşluğa baktım. Birkaç dakika sonra uzanıp yanımdaki lambayı yaktım ve ayakkabılarımı çıkardım. Sokak lambasının pencereden içeri giren turuncu ışığıyla hafifçe aydınlanan odadaki eşyalar artık netleşmişti. Üzerinde oturduğum kahverengi yastıklı gri kanepe. Üzeri bomboş duran sade, ahşap sehpa. Bir kere bile açmadığım televizyon. Sadece birkaç kez, bir misafir tarafından kullanılmış olan koltuk. İçeride hiç süs eşyası yoktu. Yavan bir odaydı. Bir kişiliğin, üzerine damgasını vurmasını bekleyen bir boşluktu burası.

Tek bir şey dışında. Şöminenin üzerindeki tablo. Muhteşem bir soyut çalışmaydı bu. Maviler ve griler iç içe geçiyor, dalgaları andıran beyaz fırça darbeleri bana coşkuyla akan suları hatırlatıyordu. Tablo, sanatçının kendisinden, oldukça büyük miktarda para ödenerek alınmış, orijinal bir parçaydı ve onun için ödenen her kuruşu fazlasıyla hak ediyordu. Brick Lane'deki bir sanat fuarında, ilk gördüğüm anda aşık olmuştum ona ama satın alan ben değildim. Ben böyle bir şeye kalkışamazdım. Ayrıca, posterler bu kadar ucuza satılırken, bir tabloya binlerce dolar ödemenin israf olmadığına kendimi ikna etmeyi asla başaramazdım.

Beni sanat fuarına getiren Rebecca ise, bu duruma farklı bir açıdan bakıyordu.

"Duvarında görünce ona bayılacaksın. Ondan hiç sıkılmayacaksın," demişti geleceği görebiliyormuş gibi. "İzin ver, sana onu yeni ev hediyesi olarak ben alayım."

İtiraz etmiştim. Bu tablo, Rebecca için bile fazla pahalı bir hediyeydi. Onu çekiştirerek oradan uzaklaştırmış, ikimizin de hoşuna gitmeyen dövme demirden bir heykelle dikkatini dağıtmaya çalışmıştım.

Yine de, bir sonraki Cumartesi gününün sabahında, paket eve teslim edildiğinde şaşırmamıştım. Çerçevesiz tuval, kat kat kahverengi ambalaj kâğıdına ve baloncuklu naylona sarılmış ve üzerine sanatçının notu iliştirilmişti. Resmin adı İsimsiz: Mavi XIX idi ve sanatçı, ona bakmaktan keyif alacağımı ümit ediyordu.

Ben ise bundan fazlasını yapmış ve resme aşık olmuştum. Ama garip bir şekilde hiçbir zaman, onun tamamen bana ait olduğunu hissedemiyordum. Zihnimde, o her zaman Rebecca'nındı. Onun kişiliğinin tuval ve yağlı boyaya yansımış haliydi. Bana ilerleme hissi ve daha da önemlisi neşe veriyordu. O ben değil, Rebecca'ydı.

Çantamı aldım, iç cebinin fermuarını açtım ve çıkardıklarımı önümdeki masaya yavaşça dizmeye başladım.

İnce ve zarif bir altın bilezik.

Gül pembesi bir Chanel ruj.

Sert, koyu gri kapaklı bir makyaj aynası.

Bir tarafına GKM harfleri kazınmış gösterişli, siyah bir kalem.

Üçte ikisi dolu bir parfüm şişesi.

Pespembe bir günlük.

Bir zarfın içinde birkaç eski moda, çift taraflı jilet.

İçinde az miktarda beyaz toz bulunan buruşturulmuş bir kâğıt.

Bir rüyadaymışçasına yavaşça hareket ederek bileziği koluma geçirdim. Bileğimde bir tüy gibi ağırlıksız sallanı-

5. KURBAN

yordu. Elimi yukarı kaldırıp bileziğin Rebecca'nın kolunda olduğu gibi bileğimden, kolumun yukarılarına doğru kayışını izledim. Parfüm şişesini alıp havaya sıktım. Yayılan taze ve çiçeksi koku bana rüzgârda uçuşan sarı saçları, odayı aydınlatan kocaman bir gülümsemeyi, kışın ortasında yazı hatırlatıyordu. Ruju ve aynayı aldım ve dudaklarımı boyadım. Çizik ve tozlu aynada kendimi görmeye çalışarak alt dudağıma gölge verdim. Yumuşak bir pembe. Tenim bembeyazdı. Kendileriyle karşılaştıkları için şaşırmış gözlerim karanlık, göz bebeklerim genişlemişti. Aynanın kapağını kapattım.

Polisler şimdiye kadar Rebecca'nın anne ve babasına haberi vermiş olmalıydı. Ne olduğunu öğrenmiş olmalıydılar ama nasılını ve nedenini bilmiyorlardı. Onlar da benim gibi onun gittiğine bir türlü inanamayacaklardı. Hissettikleri acıyı tahmin edebiliyordum ve onlarla konuşamayacağımı hissediyor da olsam, konuşmam gerektiğini biliyordum. gidip en alttaki basamakta, dizlerim bitişik, parmaklarım halının ucuna dayalı oturdum. Kendi aileminkinden daha iyi bildiğim numarayı tuşlarken ellerim titremiyordu. Altın bilezik kolumda dönüp sallandı ve Rebecca'nın babasının boğuk sesi duyuldu: Merhaba dedi. Merhaba dedim ve susup kaldım. Göğsüme çöken kederin, içimi paramparça eden acısı, nefes almamı bile engelliyordu. Sonunda, sözcükler yavaş yavaş ve acemice ağzımdan dökülmeye başladı.

Dördüncü Bölüm

MAEVE

Sam, Mavi Bina'nın merdivenlerinden saatine bakarak paldır küldür indiğinde gitmeme otuz saniye kalmıştı.

"Sana geleceğimi söylemiştim."

"Ucu ucuna yetiştin. Biraz daha beklesem, arabanın lastikleri donmaya başlayacaktı."

"Sabırlı ol tatlım. Aaron bana kurbanımızla ilgili her şeyi anlattı ve birkaç ilginç dedikodu da eklemeyi ihmal etmedi. Bazı şeyler aceleye gelmez. Sen bir kadınsın, bunu biliyor olmalısın."

"İmalı imalı konuşma. Lütfen imalı imalı konuşma. Cinsel ayrımcılığı kaldırabilirim ama açık saçık sözler gerçekten midemi bulandırıyor. Artık gidebilir miyiz lütfen?" Arabayı çalıştırmıştım bile.

"Daha değil." Sam telaş içinde, not defterini, kalemini, telefonunu, katlanmış gazetesini ve her yere yanında götürmesi gerektiğine karar verdiği ve bugün, fazlasıyla pis bir naylon poşette topladığı diğer ıvır zıvırını kontrol ediyordu. Araba çalışır vaziyette, ellerim direksiyonda, burnumdan soluyarak

5. KURBAN

işini bitirmesini bekliyordum. Godley Mavi Bina'dan çıktı ve merdivenlerde durup Müfettiş Judd'la konuşmaya başladı. Arabanın içinde elimden geldiği kadar saklanmaya çalışıyor, içimden bizi orada görmemesini diliyordum. Bize görevler verilmişti, çoktan buradan ayrılmış, onları yapmaya başlamış olmalıydık.

Ama Charlie Godley, etrafındaki şeyleri gözden kaçırarak Başkomiser olmamıştı. Tecrübeli gözleriyle sokağı hızlıca taradı, beni hemen fark etti ve hızla arabaya doğru geldi. O yürürken mantosu, görünmez eller tarafından taşınıyormuş gibi iki yanında dalgalanıyordu. Eğildi ve telaşla açtığım camdan içeri baktı.

"Hâlâ burada mısınız? İyi oldu; telefon etmeme gerek kalmadı. Eğer gelmek istersen ben morga gidiyorum. Glen işlerini ayarlar ayarlamaz gelip otopsiyi yapacak."

"B-ben mi?" dedim kekeleyerek. Anlaşılan komşularla konuşma önerim düşündüğümden daha iyi bir etki yaratmıştı. "Çok isterim. Yani..."

Çok isterim. Genç bir kadının cesedinin kesilip biçilmesinden söz ettiğimiz düşünülürse bu söz kulağa tamamen yanlış geliyordu.

Kızın ailesi ve arkadaşlarıyla görüşeceğine göre onu içten dışa iyice tanıman iyi olur."

"Bu bir şaka mı, efendim?" dedim risk alarak.

"Kesinlikle değil." Godley yüzüme sırıtarak baktı. Şimdilik itibarımı geri kazandığım kesindi. "Sam, sanırım sen bize katılmak istemezsin."

"Ben yeteri kadar otopsi gördüm ve daha fazlasını görmeye de hiç meraklı değilim, çok teşekkür ederim." Sam bana acınası gözlerle baktı. "Beni karakola bırakamayacaksın galiba, değil mi? Dizlerim metrodan ve bütün o merdivenlerden hiç hoşlanmıyor."

"Geç kalmayacaksam bırakabilirim," dedim gülümsüyormuş gibi, sımsıkı kapalı dişlerimin arasından.

"Zamanın var," dedi Godley anlayışlı bir sesle. "Glen altıda başlayacak. Nerede olacağımızı biliyorsun, öyle değil mi?"

Biliyordum. Doktor Hanshaw Londra'nın merkezindeki büyük hastanelerden birinde çalışıyordu ve ben de morgların nerede olduğunu biliyordum. Bodrum katında. Tam Doktor Hanshaw'a ve mesleğine göre bir yerde. Gerekirse Sam'i arabadan fırlatıp atacak ama tam zamanında orada olacaktım. Godley bana bir kapı daha açıyordu ve ben bu fırsatı değerlendirmek için elimden gelen her şeyi yapacaktım.

Morga erkenden vardım ve öncesinde de Sam'i karakolun kapısına kadar bırakmayı başardım. İri yarı, şişman vücudu, üzerinden düşen bol pantolonuyla, mutlu mutlu sallanarak kapıdan içeri girip gözden kayboldu. Kahverengi anorağını, hava "gerçekten soğuk" olursa diye her ihtimale karşı yanına almış, kolunun altına kıstırmıştı. Ben ise arabanın ısıtıcısını maksimumda çalıştırmama rağmen üzerimde dev paltomla hâlâ donuyordum. Tırnaklarım morarmaya başlamış, ayaklarım buz gibi olmuştu. Sam'in "gerçekten soğuk" dediği havayı hayal bile edemiyordum. Tek bildiğim, hava o kadar soğuduğunda ortalarda olmak istemediğimdi.

Morga vardığımda saat altıya beş vardı ve Godley morgun resepsiyon kısmında bir sandalyede, kollarını önünde kavuşturmuş, gözleri kapalı oturuyordu. Onu rahatsız etme-

5. KURBAN

mek için ayakkabılarımın taş zeminde ses çıkarmasını engellemeye çalışarak parmak uçlarımda yürüdüm. Gözlerini bile açmadan, "İyi zamanlama, Maeve," dedi.

Omuzlarım birden düştü. "Geldiğimi nereden anladınız?"

"Her şeyi bilmek benim işim."

Başkomiserin, kendisine takımın genç üyelerince takılan lakabın "God" olduğundan haberi olup olmadığını düşündüm ve sonra kendi kendime gülümsedim. Her şeyi biliyorsa bunu da duymuş olmalıydı.

"Burada olduğum için çok mutluyum." Hevesli ve coşkulu bir sesle söylemeye çalışmıştım ama tarifi imkânsız kokuşmuşlukta bir şeylerin üzerini örten dezenfektanla karışık morg kokusu, çoktan midemi bulandırmaya başlamıştı. Karakola dönerken Sam, katıldığı otopsileri bana büyük bir zevkle, göğüs boşluğundan dışarı taşan kurtçuklardan, çürümekten parça parça dökülen cesetlere kadar her şeyi bütün detaylarıyla tarif ederek anlatmıştı. Rebecca Haworth'ın cesedini o gün zaten görmüştüm ve midem bulanmamıştı. Ama daha önce bir insan cesedinin parçalara ayrılışını hiç izlememiştim ve otopsiye katılmak için gösterdiğim çocukça coşku ve istek yüzünden pişman olmak üzereydim. Polislerin eğitimlerinin bir parçası olarak otopsiye katılmasını zorunlu kılan eski kural artık uygulanmıyordu ve ben de daha önce hiç böyle bir şeye tanıklık etme gereği duymamıştım.

"Glen biraz geç kalacak." Godley kollarını kaldırıp gerinerek esnedi. "Üzgünüm. Pek uyuyamadım da."

"Bir de bana sorun," dedim ve kelimeler ağzımdan çıkar çıkmaz pişman oldum. Takımın en kıdemsiz üyelerinden biri olarak başkomiserle aynı durumda olmadığım gayet açıktı.

İnsanların beklentilerinin bütün yükü ve soruşturmanın tüm sorumluluğu onun omuzlarındaydı. Bu kadar stresle nasıl başa çıktığını aklım almıyordu.

"Bahse varım yüzlerce otopsiye girmişsinizdir," dedim aceleyle.

"Birkaç tane oldu. Bu senin ilk seferin mi?"

Başımla onayladım.

"Merak etme. Fazla uzun sürmez. Ve ilginçtir de. Göreceksin, Glen bulduklarını anlatmaya başladıktan sonra baktığın şeyin aslında ne olduğunu hatırlamayacaksın bile." Başkomiser yüzüme bakıp kaşlarını kaldırdı. "Miden bulanmaz, değil mi?"

"Hayır efendim," diye yalan söyledim. Bu davada çalışmaya başladıktan sonra bir daha asla barbeküde pişmiş et yememe kararı almıştım. İşin gerçeği, artık her türlü pişmiş et kokusu midemi altüst etmeye yetiyordu. Vejeteryanlık gün geçtikçe daha akla yatkın gelmeye başlamıştı.

"Hic locus est ubi mors gaudet succurrere vitae." Godley, arkamdaki duvarda asılı duran çerçeve içindeki posterde yazan cümleyi okudu. "Burası ölümün, yaşayanlara yardım etmekten zevk aldığı yerdir. Bu yazı, gittiğim her morgda, mutlaka bir yerlerde yazılı durur. Fena bir bakış açısı değil, öyle değil mi?"

"Mmm." Posterde yazanları tekrar okumak için arkamı döndüm. "Başlarına ne geldiğini bize burada anlatıyorlar, değil mi? Burada, artık olayın tanığı haline geliyorlar."

"Tabii Glen'in yardımıyla." Arkama doğru baktı ve ayağa kalktı. "Ah, iyi insan lafının üstüne gelirmiş."

5. KURBAN

Doktor Hanshaw, resepsiyon masasının yanındaki kapıların birinden bize bakıyordu. "Gecikme için üzgünüm. Artık hazırız."

Yeni doğmuş bir tayınkiler gibi tir tir titreyen bacaklarla Godley'nin peşinden gittim. O an başka bir yerde olmayı tercih ederdim. Ama kariyerimi cinayet soruşturmaları alanında yapacaksam bunlara alışmam lazımdı. Ölümle işimin bittiği gün gelene kadar çok daha kötü şeyler görmek zorunda kalacaktım. Bu iç açıcı düşünce ve aldığım birkaç derin nefesle, Rebecca Haworth'tan geriye kalanların, incelemeye hazır halde çıplak olarak bir masaya yatırılmış olduğu otopsi odasının kapısından içeri girdim. Güzeller güzeli Ali ortalarda görünmüyordu. Anladığım kadarıyla morgda fazla zaman geçirmiyordu. Hanshaw bulguları ona dikte ediyor ve o da raporları yazıyordu. Bunun nedeni midesinin bulanması değildi; hatta onun en korkunç olay yerlerinde bile istifini bozmadan dolaştığını herkes biliyordu. Sebep, patoloğun çalışırken etrafında fazla insan görmek istemeyişiydi. Godley sayılmazdı çünkü Hanshaw'la ikisi eski arkadaşlardı ve ben de orada kendi adıma değil Godley'nin gölgesi olarak bulunuyordum; yani muhtemelen benim de farkıma varmayacaktı. Odada bizim dışımızda bulunan tek kişi, Hanshaw'un teknik asistanı Steven olarak tanıttığı, ameliyat önlüklü oldukça genç bir adamdı. Odadaki havanın tersine, açık tonlar atılmış saçları ve sol kulağındaki üç piercing'iyle tam bir enerji topuydu. Odanın orta yerinde duran masanın üzerinde ölü bir kız yatmıyormuş ve sanki bugün de diğerleri gibi normal bir iş günüymüş gibi birşeyler mırıldanarak ortada dolaşıyor, son hazırlıkları yapıyordu. Aslında onun için gerçekten de diğerleri gibi normal bir iş günüydü. Ve artık benim için de öyle olmalıydı. Kendi kendime bunu tekrarlayarak omuzlarımı dikleştirdim ve birazdan olacaklar için kendimi hazırladım.

"Önceden fotoğraflarını çektik ve tahliller için bazı örnekler aldık." Doktor Hanshaw bana bakarak konuşuyordu. Sesi sertti ama soğuk değildi. Godley'nin ondan süreci bana da açıklamasını istediğini tahmin ediyordum. "Kıyafetlerini çıkardığımızda tuhaf bir durumla karşılaştık. İç çamaşırı belinde katlanmıştı. Lastikli kısmı içeri doğru, şu şekilde dönmüştü ve sağ taraf, sol tarafa göre daha aşağıda duruyordu. Pantolonunun belini içeri doğru katlayarak kendi üzerinde gösterdi. "Bu durum, onun bir başkası tarafından giydirilmiş olabileceğini akla getiriyor. Bu garip bir durum ve bu halde ortada rahatça dolaşabileceğini sanmıyorum. Ayrıca giydirildiği sırada bilincinin açık olduğunu da düşünmüyorum.

"Godley kaşlarını çattı. "Cinsel saldırı mı?"

"Bunu gösteren herhangi bir kanıt bulamadım." Omuzlarını kaldırdı. "Bunun ne anlama geldiğini bilemiyorum ancak bu durum, Operasyon Mandrake'de karşılaştığımız diğer kurbanlardakiyle benzerlik göstermiyor. Dört kurbanda da kıyafetlere müdahale edildiği yönünde herhangi bir işaret yoktu. Yerde sürüklenen birinde görmeyi bekleyeceğimiz şekilde üzerlerindeki her şey birkaç santim kaymıştı. Halbuki burada elbise düzgün görünüyor. Sadece iç çamaşırı doğru yerde değil."

"Başka ne var?"

"Bu belki ilgini çekebilir. Kızın eski bir yaralanması var. Elmacık kemiğinde bir çatlak. Tamamen kaynamış, yani yakın zamanda olmamış. Tıbbi kayıtlarını doktorundan istedim

5. KURBAN

ama hikâyenin tamamını ailesinden öğrenebilirsiniz. Ve bir de şunu buldum." Doktor Hanshaw Rebecca'nın sağ elini kaldırıp parmaklarının dışını görebilmemiz için çevirdi. Yangından fazla zarar görmemiş bir parça deriyi temizlemişti. "İşaret ve orta parmaklarda, boğumun hemen üzerindeki şu izleri görebiliyor musunuz? Yanıklar yüzünden pek görünmediğini biliyorum ama orada ultraviyole ışıkta ortaya çıkan izler var. Yara izleri. Tahminlerime göre parmaklarını boğazına soktuğu zamanlarda, dişlerinin tekrar tekrar derisine sürtünmesi sonucu oluşmuşlar."

"Neden parmağını boğazına soksun ki?" diye sordu Godley.

"Zayıf kalmak için kusuyormuş," diye cevap verdim hiç düşünmeden. Bir kız okulunda okumuştum; en iyi bildiğim şey yeme bozukluklarıydı.

Patolog beni başıyla onayladı. "Aynen öyle. Bulimia nervoza. Diş minelerinde de dikkate değer düzeyde asit hasarı var. Bunun, uzun süredir devam eden bir durum olduğunu sanıyorum. Kurban aşırı derecede zayıftı. Sadece kırk yedi kilo."

"Yani ne kadar oluyor?" diye sordu başkomiser.

"Yüz dört pound. Boyu bir yetmiş civarındaymış yani VKE'si on altının çok az üzerinde. VKE, vücut kitle endeksi anlamına gelir," diye hızla açıkladı Doktor Hanshaw, muhtemelen beni düşünerek. "Sağlıklı bir insanın VKE'si on sekiz ile yirmi beş arasında olmalıdır. Yeme bozukluğu olması ölüm saatini tespit etmek konusunda işimizi biraz zorlaştırıyor. Son yemeğinden geriye pek bir şey kalmamış olabilir. Aslında ölüm saatinin tespitinde mide içeriğini kullanmayı hiçbir zaman önermem. Korku sindirim sistemini yavaşlatır.

Öfke hızlandırır. Ciddi yaralanmalar ise sindirimi tamamen durdurabilir. Normalde vücut ısı yöntemini tercih ederim ama bu yanma vakalarında bunu yapamayacağım çok açık."

"Ama bir tahminin var, öyle değil mi?" Bu bir soru değildi. Patolog saati kesin olarak belirlemenin mümkün olmadığı konusunda ne kadar ısrar ederse etsin, Godley, onun bu konuda oldukça net bir fikri olacağını biliyordu.

Doktor Hanshaw homurdandı. "Bunu söylemek zor. Yanma, kas liflerinin kasılmasına neden olduğu için ölüm sertliğini de kullanamıyorum. Sadece yangın başladığında hayatta olup olmadığını söyleyebilirim. Onu açtığımızda daha net göreceğiz ama nefes yolunda herhangi bir is lekesiyle karşılaşmadım. Şimdi yanmanın neden olduğu yaralanmaya gelelim. Durum seri katilinizin diğer kurbanlarıyla uyumlu. Avuçları ve parmakları benzine batırılmış ama yüzünde bir şey yok. Ön kol, kalça ve batın bölgesinde üçüncü derece, boyun ve göğüs bölgesinde ikinci derece yanıkları var. Vücudunda yüzde elli oranında yanık bulunduğunu söyleyebilirim." Bir kere daha bana döndü. "Bunun nasıl hesaplandığını biliyor musun? Hayır mı? Bu alanın," dedi ve elini havaya kaldırıp avuç içini gösterdi, "bütün vücut alanının yüzde biri olduğu kabul edilir. Düz olmayan bölgelerdeki hasarı bu şekilde ölçüyoruz. Hasarın geniş bir alana yayıldığı bu tip vakalarda ise dokuzlar kuralını kullanırız. Her bir kol ve kafayı yüzde dokuz olarak alırız. Her bir bacağı yüzde on sekiz, gövdenin önü ve arkasını da ayrı ayrı yüzde on sekiz olarak kabul ederiz. Ve geriye kalan yüzde bir de jenital bölgedir."

Patolog konuşurken, Godley'nin söylediklerinde haklı olduğunu fark ettim: bu çok ilginçti. O kadar ilginçti ki,

5. KURBAN

önümüzde yatan kütlenin bir zamanlar bir insan olduğunu, umutları ve hayalleri olan bir canlı olduğunu neredeyse unutmuştum. O artık çözülmeyi bekleyen bir problem, araştırılacak bir gizemdi. Ama bu, Doktor Hanshaw neşteri eline alıp cesedi kesmeye başladığında içimde oluşan ürpermeyi bastırabileceğim anlamına gelmiyordu. Hanshaw, gövdeyi omuzlardan ortaya doğru gelen ve kasıklara kadar inen bir Y harfi oluşturacak şekilde keserek açtı. Organları sırayla inceledi, tarttı, örnekler aldı, içlerini açtı ve bulduklarını bize gösterdi. Her şey normaldi; Rebecca, yaşadığı hayata rağmen oldukça sağlıklıydı. Kasap tezgâhlarından tanıdığım organlar ummadığım kadar parlaktı. Aklıma birden Karındeşen Jack'in son kurbanı Mary Jane Kelly'nin olay yerinde çekilmiş fotoğrafları geldi. Bedeni parçalara ayrılmış, arkasındaki bir masada öbek halinde duran iç organlarıyla birlikte sergilenmişti. Fotoğraftaki iğrenç görüntü zihnimde o an izlediklerimle birleşti ve birden başım dönmeye başladı. Düşmemek için uzattığım elim Godley'nin koluna çarptı. Başkomiser hemen dönüp bana baktı.

"İyi misin? Biraz ara vermek ister misin? Biraz hava almak?"

Başımı iki yana sallayıp zorlukla gülümsedim; konuşmaya cesaret edemiyordum.

"Kan örnekleri aldım," dedi Hanshaw, "saçla birlikte bunları da tahlile gönderip ne kullandığını öğrenebileceğiz."

"Kokain geçmişi olduğunu biliyoruz," dedi Godley.

"Burnunun halinden belli oluyor. Septumda ciddi hasar var. Gözünden de örnekler aldım; kurbanın sıcağa maruz kaldığı durumlarda kimyasal profil çıkarılması gerektiğinde camsı cisim çok işe yarar. Tahlil için idrar da alacağım ve mide içeriğini de toksikoloji için olduğu gibi saklayacağım." Kurbanın gözüne bir iğne saplandığını düşünmek beni sınıra getirmişti. Hanshaw neşteri alıp kızın kafasını bir kulaktan diğerine kadar kesip, kafatasını ortaya çıkarmak için deriyi öne doğru kaldırmaya başladığında ise artık tamamen bitmiştim. Ağzımın içinde bir şeyler geveleyerek kapıya doğru ilerledim ve hakkımda ne düşüneceklerini umursamdan hızla dışarı çıktım. O odada bir saniye daha duramazdım. Patoloğun raporunu okuyacaktım ama yaptıklarını görmeme hiç gerek yoktu.

Resepsiyondaki su makinesinin yanında durup midem biraz yatışana ve biraz kendime gelene kadar bardak bardak su içtim. Godley'den özür dileyebilmek için o çıkana kadar dışarıda beklemeliydim. Onu Doktor Hanshaw'un önünde hayal kırıklığına uğratmış gibi hissediyordum kendimi. Her zamanki gibi, yeteri kadar dayanıklı olamamıştım. Bir cinayet dedektifi olabilecek kadar sağlam değildim. Üniformalı memurların sabah söyledikleri imalı sözler aklıma geldi ve içimden bir küfür ettim. Hakkımdaki şüpheleri yine boşa çıkaramamıştım. Erkekler kendilerini bu kadar sorgulamazlardı. Erkekler insanların onlar hakkında ne düşündüğü hakkında endişelenip durmazlardı. Erkekler işlerini yapar ve evlerine gider, gördükleri şeylerden etkilenmezler ya da eğer etkileniyorlarsa bile, bunu belli etmezlerdi. Ben ise resmen fenalaşmıştım. Kıdemli memurlar arasında bir çok kadın vardı ama Godley'nin ekibindeki tek kadın bendim ve şimdilik, hemcinslerim için bir gurur kaynağı olduğumu söylemek zordu.

Godley, sonunda Doktor Hanshaw'la birlikte dışarı çıktı-

5. KURBAN

ğında, tam da kendisine yakışan bir şekilde herhangi bir iğneleyici söz söylemedi.

"Biraz daha iyi misin?"

"Çok daha iyiyim." Patoloğa baktım. "Özür dilerim. Gerçekten çok ilginçti."

"Gelecek sefer büyük finale kadar beklemelisin. En iyi kısmını kaçırdın. Kafatasının üst kısmı kaldırıldığında beyni ilk gören kişi olmak benzersiz bir deneyimdir."

Asla, asla, hayatta olmaz. Nazikçe gülümsedim. "Ne buldunuz?"

"Kafatasının arkasından küt cisimle üç darbe almış. Açıya bakılırsa sağ elini kullanan birini arıyorsunuz. İlk darbe kurban oturuyor ya da diz çökmüşken, diğer ikisi ise yatar pozisyondayken gelmiş. Onu öldürenin kaçıncı darbe olduğunu söyleyemem ama her şey hızlıca olup bitmiş olmalı. Ateşe verildiğinde hayatta değilmiş."

"Bu da bir şeydir."

"Şimdi öğrenmemiz gereken şey, bir katil mi yoksa iki katil mi aradığımız," dedi Godley gergin bir sesle. Hemen ona döndüm.

"Bunun bir kopya cinayet olduğunu mu düşünüyorsunuz, efendim?"

"Gözümüzü açık tutmamız gerektiğini düşünüyorum. Ekip dışından kimsenin haberi olmasın ki durumu kontrol altında tutabileyim ama senin Rebecca Haworth'a yoğunlaşmanı istiyorum, Maeve. Böylece eğer aynı katilse bundan ilk bizim haberimiz olur. Basının, ortada iki katil olduğundan şüphelenmesini istemiyorum. Olayı başka bir memura devredersem şüphelenebilirler. Bir paniğe neden olmalarını istemeyiz. Bir seri katil zaten yeterince kötüyken, ikincisini düşünemiyorum bile. Bu bilginin hiçbir şekilde dışarı sızmasını istemiyorum çünkü eğer bunun sorumlusu bizim seri katilimiz değilse, Rebecca'nın katilinin bizi tamamen kandırdığını düşünmesi gerekiyor. Onun güvende olduğunu sanıp rahatlamasını sağla ve yanlış yapmasını bekle."

Anlattıkları çok mantıklıydı ama devamında söyledikleri hiç hoşuma gitmedi.

"Tom'u bu soruşturmanın başına getiriyorum ve senden bütün zamanını bu işe vermeni istiyorum. Sen Tom'a rapor ver; o beni gelişmeler konusunda bilgilendirir. Sana yardımcı olmaları için ekipten birkaç kişiyi alabilir. Bir hafta sonra duruma bakarız."

Bu iş için seçildiğim, kendimi gösterme şansı yakaladığım için mutlu olmalıydım ama ödemem gereken bedelin Müfettiş Judd için çalışmak olması bana biraz haksızlık gibi geliyordu. Ayrıca dışarıda kalmak da istemiyordum.

"Operasyon Mandrake'de çalışmaya da devam edebilir miyim? Zamanım kalırsa yani?"

Godley gülerek baktı. "Zamanın kalırsa, neden olmasın. Ama önceliğin Rebecca Haworth olmalı."

"Sana raporun bir kopyasını gönderirim," dedi Hanshaw ve bana arkasını döndü. "Charlie, bir şeyler içmek için zamanın var mı?"

Başkomiser saatine baktı. "Aslında yok ama neden olmasın."

Birlikte uzaklaşırlarken onları izledim. Patolog heyecanla bir şeyler anlatıyor, Godley gümüş rengi başını eğmiş onu

5. KURBAN

dinliyordu. Biri son derece nazik, diğeri ise kaba ve uyumsuz bu iki adam garip bir ikili oluşturuyorlardı. Tek ortak noktaları işlerini iyi yapmak konusundaki saplantılarıydı. Ve benim de tek umrumda olan şey buydu. O yüzden, kendimi dışlanmış hissetmek yerine işime bakmalıydım. Rebecca'nın ölümünü Ateşçi'ye bağlayabilmek için yeterli kanıt bulabilirsek, ben de tekrar eski yerime dönebilirdim.

O gün, başka bir ilerleme sağlayamadım; otopsiden sonra eve gittim ve hemen yattım. Nedeni ister uykusuzluk, ister dondurucu hava, isterse de Ian'la birlikte Camilla'nın yemek davetine gitmek zorunda oluşum olsun, sonuçta titriyor, kendimi ölü gibi hissediyordum ve tek istediğim en az oniki saat boyunca ortadan tamamen kaybolmaktı. Kutusunda uyuşukluk yaptığı uyarısı olmasına özellikle dikkat ettiğim birkaç grip ilacını içtim ve cep telefonumu yastığımın altına koyup yattım. Ian eve geldiğinde kısa bir süre uyandım. Kapının ağzında durup uzun uzun bana baktı. İkimiz de birbirimize bir şey söylemedik. Sonunda ayak sesleri misafir odasına doğru uzaklaşırken, buna sevinmeli miyim yoksa üzülmeli miyim bilemiyordum. İstediğim buydu ama aynı zamanda değildi de. Asıl istediğim aramızın harika olmasıydı. İlişkimizin yine eskiden olduğu gibi olmasını istiyordum. Ian'dan vazgeçmek istemiyordum. Ondan hoşlanmıştım, hem de çok. Hâlâ hoşlanıyordum. Ama o, işimin neden benim için bu kadar önemli olduğunu bir türlü anlamak istemiyordu ve ben de, onun neden işimle rekabet etme gereği duyduğunu anlayamıyordum.

Ertesi gün Cumartesi olmasına rağmen erkenden evden çıkıp işe gittim. Çalışma ofisinin kapısından girip masama doğru ilerlerken Louise North'u düşünüyordum. Belki o da şu anda işteydi. Sam ne düşünürse düşünsün, bunda bir gariplik yoktu. İşleri hallediyor ve tabii bir yandan da kişisel problemlerimden kaçıyordum. Ama kariyerimin tersine, problemler bekleyebilirdi. Bütün enerjimi, kendi hayatım yerine Rebecca Haworth'ın hayatını gözden geçirmeye verdim ve aklımın bir köşesinde, yanlış yaptığım konusunda ısrarla konuşup duran sesi gerilere itmeyi başardım. Annemin sesiyle konuştuğu için onu duymamazlıktan gelme konusunda deneyimliydim.

Olay yeri inceleme ekibinin Rebecca'nın dairesindeki işi bitmişti. İçlerinden birinin toplayıp bir kutuya doldurduğu kişisel kâğıtlar masamın üzerinde duruyordu. Pek bir şey yoktu -hesap özetleri, korkutucu kredi kartı ekstreleri, aylarca ödenmemiş faturalar. Rebecca'nın, ev işlerine olduğu gibi para işlerine de pek önem vermediği belliydi. Ev ve cep telefonu faturalarını boş bir zamanımda incelemek için bir kenara ayırdım. Üzerinde büyük harflerle İŞ yazan bir dosyada Ventnor Chase adında bir halkla ilişkiler şirketinin kitapçığı, bir sözleşme ve şirketin Rebecca'ya sağladığı imkânlar hakkındaki bilgiler vardı. Maaş, emekli maaşı, sağlık ve hayat sigortaları. Yazılanlara hızlıca göz gezdirirken dudaklarımı büzüp sessiz bir ıslık çaldım. Çok iyi para alıyordu. Lüks dairesini ve uyuşturucu bağımlılığını herhangi bir sorun yaşamadan karşılayabilmesinde şaşılacak bir şey yoktu.

Dosyadaki sayfaları çevirmeye devam ettim ve birden durdum. Dosyanın en arkasında bir işten çıkarma mektubu ve vergi iade belgesi vardı. Rebecca'nın Ventnor Chase'teki işi Ağustos ayında sona ermişti. Ona ufak bir tazminat vermişlerdi ve şirketin sağladığı imkânlar, yıl sonuna ya da o başka bir iş bulana kadar devam edecekti. Şirket ve şirketten

5. KURBAN

ayrılma nedeni hakkında kimseye bir şey anlatmayacağını taahhüt eden eden bir gizlilik antlaşması imzalamıştı. Yüzümü buruşturup, Louise'in, Rebecca'nın iş yeri hakkında bir şey söyleyip söylemediğini hatırlamaya çalıştım. Başka bir iş bulmuş muydu? Yoksa çalışmıyor muydu? Bu durum ödenmemiş faturaları da açıklardı.

Ama diğer yandan -en yeni tarihli hesap özetine hızla göz attım- hesabında birkaç bin poundu vardı. Ve insanlar böyle ağır kredi kartı borçlarıyla yaşayıp gidiyordu. Bana kredi kartı borcumu her ay ödemem öğretilmişti ve gecikme faizi ödemek zorunda kalmanın düşüncesi bile soğuk terler dökmeme yetiyordu ama ben azınlık sayılırdım. Rebecca Haworth'ın hayatındaki her şey gibi, finansal durumu da göründüğünden daha karmaşık bir hal almaya başlamıştı. Bir yere varamamış olmanın bezginliğiyle her şeyi tekrar kutunun içine doldurdum ve bana gerçekten neler olduğunu anlatabilecek birilerini bulmak için ofisten çıktım.

Gil Maddick, Columbia Caddesi'nde, çiçek pazarının yakınındaki East End'de oturuyordu ve telefondaki konuşmasından beni içeri almak konusunda pek istekli olmadığı anlaşılıyordu.

"Başka bir yerde buluşamaz mıyız? Sizinle bir kafede ya da başka bir yerde konuşmayı tercih ederim."

"Başbaşa görüşsek daha iyi olur, Bay Maddick." Polis olduğum için insanların bana cüzzamlıymışım gibi davranmasından artık bıkmıştım. O kapıdan girmek benim için neredeyse bir onur meselesiydi. Beni ikna etmesinin mümkün olmadığını anladığında istemeyerek de olsa evde görüşmeyi kabul etti. Çok sevinmiştim ama sevincimi içimde tutmayı başardım. Zafer sevincimi dışarı vurmam hiç de profesyonelce olmazdı.

Gil Maddick'in evine tam saatinde ve ona kibar davranmak konusunda kararlı bir şekilde vardım. Ama onunla ilgili bir şeyler, daha işin başında sinirlerimi tepeme çıkarmaya yetmişti. Gil, giriş katlarında dükkânlar olan Erken Viktoryen dönem evlerin bulunduğu küçük bir sokakta oturuyordu. Dükkânlarda son derece gösterişli ve bana hitap eden fiyat aralığının çok üzerinde fiyatlarla satılan sanat eserleri, kıyafetler, çantalar, şapkalar vardı. Gil'in evi, dışarı doğru genişleyen vitrininde mükemmel, beyaz bir elbise asılı olan ufak bir giysi dükkânının üzerindeydi. Vitrindeki elbise bir lale gibi kusursuz ve kıvrımlıydı ve ben anlamsız bir şekilde onu istiyordum. Etikette yazan parayı bir şekilde bir araya getirebilsem bile, onu almak için hiçbir nedenim yoktu, buna rağmen onu istiyordum. Gil'in evinin kapısı maviye boyanmıştı ve kapının metal kısımları parlak pirinçtendi. Baykuş şeklindeki ağır kapı tokmağıyla kapıyı çaldım.

Kapıyı uzun boylu, zayıf, koyu renk saçlı bir adam açtı. Onu Rebecca'nın evinde gördüğüm fotoğraftan tanıyordum. Boş gözlerle bana baktı ve arkasını dönüp gitti. İçeri girip kapıyı kapattım ve arkasından dar bir merdivenden yukarı çıktım. Birinci katta arkasında küçücük bir mutfağı olan bir oturma odası vardı. İkinci bir dizi basamak, yatak odası ve banyonun olduğunu düşündüğüm ikinci kata çıkıyordu. Duvarlar tamamen kitaplıklarla kaplanmıştı. Kapılar ve çerçeveler siyah, yer döşemeleri gri boyanmıştı. Oturma odasında iki sandalye, bir masa ve bir müzik sisteminden başka hiçbir şey yoktu ama sandalyeler kromdan ve deri kaplamaydı ve onla-

5. KURBAN

rın Ian'ın hoşlandığı tarzda tasarım klasiklerinden olduğunu fark etmiştim. Masraftan kaçınılmamış, bahaneler bulunmamıştı. Burası ne istediğini bilen ve istemediklerini reddeden, uzlaşmaktan hoşlanmayan bir adamın eviydi. Ve benim gibi orada istenmiyorsanız biraz rahatsız edici olduğu da söylenebilirdi. Davet edilmeyi beklemeden sandalyelerden birine oturdum ve hafifçe öksürdüm. "Telefonda size neden burada olduğumu açıkladım."

"Bu tam olarak doğru değil. Benimle Rebecca hakkında konuşmak istediğinizi söylediniz. Ama nedenini söylemediniz." Pencerenin kenarına yaslanıp sessizce sokağa baktı. Duruşu fazlasıyla zarifti ama çalışılmış gibi de görünmüyordu. Soğuk kış gününün yüzüne düşen ışığı onu rahatça görebilmemi sağlıyordu. Düzgün burnu, kemikli çenesi ve mavi gözlerinin üzerinde dikkat çeken siyah kaşlarıyla çok yakışıklı bir adamdı. Benimle iletişim kurmak konusunda ne kadar tereddüt ettiği her halinden belli oluyordu. Beni ne zaman kapı dışarı edecek diye merak etmeye başlamıştım.

"Sizi aradığımda onun öldüğünü biliyordunuz." Kötü haberi ona benim vereceğimi sanıyordum ama o, dikkatle hazırladığım konuşmamın daha başında sözümü kesmişti.

"Bana haber vermişlerdi. Arkadaşlarından biri aradı. Bilmek isteyeceğimi düşünmüş. Neden bilmiyorum." Çok hızlı konuşuyordu ve yüzüne vuran ışık, kasılıp duran çene kaslarını ele veriyordu. Biraz gergin miyiz?

"Hangi arkadaşı?" diye sordum. "Louise North mu?"

"Louise mi?" Gil komik bir şey söylemişim gibi gülerek başını iki yana salladı. "Hayır. Louise beni asla aramaz. Arayan Tilly Shaw'du. Rebecca'nın en iyi arkadaşı."

"Rebecca'nın en iyi arkadaşının Louise olduğunu sanıyordum." Bir yandan Tilly Shaw ismini not alıyordum.

"O da öyle sanıyordu." Omuzlarını arkaya attı. "Tilly, Rebecca gibiydi. Bex ve Louise'in hâlâ neden arkadaş olduklarını bir türlü anlamazdım. Artık pek ortak noktaları kalmamıştı. Louise biraz ilgi isteyen biriydi. Rebecca'nın her zaman kendisiyle ilgilenmesini beklerdi. Tilly ise daha başına buyruk bir tipti. İkisi de birbirlerinden pek hoşlanmazlardı. Saçma sapan işler."

"Peki gerçekten Rebecca'nın en iyi arkadaşı olan hangisiydi?"

"İkisi de, sanırım. Ya da hiçbiri." Esnedi. "Çok sıkıcıydı. Pek karışmamaya çalışırdım."

Louise, ikinizin pek iyi anlaşamadığını söyledi. Onun Rebecca'yla olan arkadaşlığını bozmaya çalıştığınızı anlattı." Onu sinirlendirerek konuşturmaya çalışıyordum.

"Öyle mi?" İlgilenmiş gibiydi. "Neden böyle söyledi acaba?"

"Son zamanlarda Rebecca'yla görüştünüz mü? Onu ölmeden önce gördünüz mü? Açık oynayacaktım.

"Onu en son Temmuz ayında gördüm. Teknik olarak ölmeden önce oluyor ama sanırım sizin kastettiğiniz bu değildi."

"O zaman Perşembe akşamı onunla birlikte değildiniz."

"Hayır." Gil buz gibi gözlerle bana bakıyordu. "Louise size onunla olduğumu mu söyledi?"

"Öyle olabileceğini söyledi. Emin değildi."

"Yanlış düşünmüş."

5. KURBAN

"Perşembe akşamı neredeydiniz?"

"Bana resmen olay sırasında nerede olduğumu mu soruyorsunuz?" Sesi şaşırmış gibiydi. "Neden eski kız arkadaşımı öldürmek isteyeyim?"

"Soruma cevap vermediniz." Kapıyı açtığında bana yönelttiği boş bakışları ona aynen iade ettim.

"Buradaydım. Tek başıma."

"Bütün gece mi?"

"Evet."

"Bunu doğrulayabilecek kimse var mı?"

"Pek sanmıyorum. Bir tanığa ihtiyacım olacağından haberim olmadığı için insanlar nerede olduğumu fark etsin diye uğraşma gereği duymamıştım. Ama Bex'in öldürülmesiyle bir ilgim olsaydı muhtemelen bunu da düşünürdüm ve şimdi size anlatacak güzel bir hikâyem olurdu." Ses tonu son derece alaycıydı.

"Rebecca'yla aranızda ne geçti?"

"Bu sizi pek ilgilendirmez."

"Beni her şey ilgilendirir. Ben bir polis memuruyum. Rebecca öldürüldü. Onun hakkında mümkün olduğu kadar çok şey öğrenmek benim görevim."

"Bunun konuyla ilgisi yok."

"Korkarım, ilgisi olup olmadığına karar verecek olan kişi benim."

"Bütün kirli çamaşırlar ortaya dökülsün istiyorsunuz, değil mi? Sizi hayal kırıklığına uğratacağım için üzgünüm ama anlatılacak hiçbir şey yok. Hiçbir şey olmadı. Sadece, o ve ben farklı şeyler istiyorduk ve birlikte olmanın ikimizi de mutlu etmediği ortadaydı. Kendi yollarımıza gitmekten başka bir seçeneğimiz kalmamıştı."

"Buna kim karar verdi?"

Bir kere daha dönüp sokağa baktı ve daha soğuk bir sesle devam etti. "Sanırım ben. Ama o da benimle aynı fikirdeydi."

Gururlu bir kızmış, diye düşündüm. Ama işleri onun için kolaylaştırmıştı. Ve Louise'in anlattıklarına bakılırsa, Gil'i unutmayı başaramamıştı da.

"Farklı şeyler istediğinizi söylediniz. Rebecca ne istiyordu?"

Gil başını salladı. "İlişki terapisi için artık çok geç."

"O yüzden sormuyorum." Öne doğru eğildim. Onu sorgulamıyor, yardımını istiyor gibiydim. "Onun nasıl bir insan olduğunu zihnimde canlandırmam gerekiyor. Bana ondan bahsetmelisiniz çünkü onu ancak bu şekilde anlayabilirim."

Gil bir süre konuşmadan durdu ve söylediklerimi düşündü. "Size yardım edebilir miyim, bilmiyorum."

"Onu birçok kişiden daha iyi tanıyordunuz. Uzun süre birlikteydiniz."

"İki yıldan biraz fazla. O kadar da uzun sayılmaz."

Cevap vermedim ve Gil, kendini sessizliği bozmak zorunda hissedene kadar bekledim.

"Pes etmeyeceksiniz, değil mi? Göründüğünüzden daha zorlusunuz." Gil bana doğru ilerledi ve karşımdaki sandalyeye oturup yüzüme küçümsemeyle karışık bir gülümsemeyle baktı. Yüzündeki bu yarım gülümseme, etkileyici olma amacı taşıyordu ama ne yazık ki ona aynı şekilde karşılık veremeyecektim. Maddick, kadınlar için karşı konulmaz olduğunu

5. KURBAN

düşünmekten hoşlanan erkeklerdendi ve ben, yaş ve cinsiyet açısından onun hedef kitlesinde bulunuyordum. Yine de, defalarca çalışılmış ve artık kendiliğindenleşmiş flört davranışları üzerimde harcanıp gidiyordu. Ben esprili ve tutkulu erkeklerden hoşlanıyordum, ne kadar yakışıklı olursa olsun, kendini beğenmiş ve egoist erkeklerden değil.

"O da herkesin istediği şeyi istiyordu. Mutlu son. Evlilik, çocuklar, sonsuza dek mutlu yaşamak." Birden ciddileşip bakışlarını yere indirdi. "Hiçbirine sahip olamadı. Zavallı kız."

"Herkesin istediği bu...ama sizin değil."

Gil omuzlarını kaldırdı. "Belki bir gün. Ama şimdi değil. Ve onunla da."

"Neden?"

"Bex, hayatımın geri kalanını birlikte geçirmek isteyeceğim tipte bir insan değildi. Evlenmek için değil, eğlenmek içindi; anlarsınız ya." Bir kahkaha atmamı bekleyerek kaşlarını kaldırdı. "Eğlenceliydi ama size nasıl istiyorsanız öyle davranırdı. Onunla bir kez bile kavga etmedik. Tek bir kez bile. Önceleri arada onu kızdırmayı dener, üzerine gidip dururdum. Ama o her seferinde sadece ağlar ve yapmadığı bir şey için benden özür dilerdi."

"Harika bir ilişkiye benziyor," dedim. Bir an için orada Metropolitan Polisi'nin tarafsız bir temsilcisi olarak bulunduğumu unutmuştum.

Gil yüzüme öfkeyle baktı. "Anlamıyorsunuz. O çok basitti. Düzdü. Sevilmek, daha doğrusu aşkla sevilmek istiyordu. İlgisini bir köpek gibi her şartta, hiç esirgemeden gösteriyordu. Ona saygı duymuyordum çünkü o da kendine saygı duymuyordu."

Ve sen de kendini daha güçlü hissetmek için onu kullandın. Gil Maddick'e pek ısındığım söylenemezdi. "Elmacık kemiğini nasıl kırdı?"

"Tanrım, o olay. Düştü." Gil bir an durup düşündü. "Bir yıl kadar önceydi. Sarhoş halde yılbaşı partisinden dönmüştü. Şuradaki merdivenlerden çıkarken takılıp düştü ve tutunmayı başaramayınca yüzünü yere vurdu. Birkaç gün çok kötüydü. Ayrıca çok hoş mor bir gözü de olmuştu."

"Olayın nasıl olduğunu gördünüz mü?"

"Duydum. Yukarıda, yataktaydım."

Aman ne hoş. Konuyu değiştirdim. "Yeme bozukluğundan haberiniz var mıydı?"

Gil bana dik dik baktı. "Hayır. Rebecca'nın yeme bozukluğu yoktu. Zaten buna ihtiyacı da yoktu. Kuş gibiydi o, pek bir şey yiyemez, asla kilo almazdı."

"Çünkü yediklerinin çoğunu kusuyordu. Bulimia hastasıydı." Gil kafasını iki yana sallıyordu ama devam ettim. "Uyuşturucu bağımlısı olduğundan haberiniz var mıydı?"

"Uyuşturucu mu?" Gil gülmeye başladı. "Siz hangi halttan söz ediyorsunuz? Küfür ettiğim için üzgünüm ama bu gerçekten çok saçma. Ne uyuşturucusu?"

"Kokain."

"Biz birlikteyken kahve bile içmezdi o. Kahvenin onu gerginleştirdiğini söylerdi."

"Belki de sizin bilmenizi istemiyordu."

"Belki de." Gil yüzüme hâlâ dik dik bakıyordu. "Bana onunla ilgili başka neler anlatacaksınız?"

"Nerede çalıştığını biliyor muydunuz?"

5. KURBAN

"Ventnor Chase'te. Bir halkla ilişkiler şirketinde."

"Ağustos'tan beri orada çalışmıyormuş. Onunla gerçekten pek görüşmüyordunuz, öyle değil mi?"

"Geçen ay buluşup bir şeyler içeçektik. Ama ben arayıp iptal ettim. Onunla görüşmek istemiyordum." Gözü boşluğa dalmıştı. "Onu tanıdığımı sanmıştım."

"Belli ki sizin sandığınız kadar basit ve düz değilmiş." Not defterimi gösterdim. "Bana Tilly Shaw'un telefon numarasını verebilir misiniz?"

Gil telefonunu çıkarıp rehberde numarayı buldu ve kolay yazabilmem için telefonunu bana uzattı. "Bex'ten kopmak istemiyordum. Dostça ayrılmıştık ve ayrıldıktan sonra daha sık görüşürüz diye düşünmüştüm. O fena biri değildi."

"Açıkçası o sizi oldukça iyi buluyormuş." Ayağa kalkıp aşağı, Gil'in yüzüne doğru baktım. "Sizi hayat sigortasının hak sahiplerinden biri yapmış ve şansınıza, sigorta sözleşmesi yıl sonuna kadar geçerli. Sizi oldukça iyi bir ödeme bekliyor, Bay Maddick."

"Ben-ben hiç bilmiyordum."

"Parayı talep edebilmeniz için öncelikle cinayetle bir ilginizin olmadığını kanıtlamanız gerekecek. Bu konuda size iyi şanslar." Kapıya doğru yürüdüm. "Kendim çıkarım."

Onu abartılı, deri kaplı krom sandalyesinde oturmuş boşluğa bakar halde bırakıp çıktım.

Sokakta yürürken bir yandan da, ondan neden hoşlanmadığımı bulmaya çalışıyordum. Ondaki bir şey beni rahatsız ediyor, sinirlendiriyordu. Yakışıklı da olsa, onun kendini beğenmiş, çıkarcı bir ucube olduğunu düşünüyordum. Ama ucube olmak, bana onu tutuklama şansı verecek bir suç değildi. İyi tarafından bakınca ise bu, ömür boyu hapis sayılırdı.

LOUISE

Cuma akşamı hiç uyumadığımı sanıyordum ama bir noktadan sonra içim geçmiş olmalıydı. Sabah olunca, üzerimdeki yorgan aşağı sarkmış, bütün bedenim buz gibi olmuş ve tutulmuş halde, gözlerimi açmakta zorlanarak uyandım. Saat hâlâ erken, dışarısı hâlâ karanlık ve sessizdi. Etrafta, sadece üstün başarılı erkenci komşularımın yorgunluğa yenildiği hafta sonlarında yaşanan o derin sessizlik vardı. Henüz kimse uyanmamıştı. Penceremden bahçemin iki yanındaki ve sokağın karşısındaki evlerin arka taraflarındaki boş ve kırağı ile kaplanmış bahçelere baktım. Evlerdeki odaların hiçbirinde ışık yoktu. Bomboş pencereler hiçbir hayat belirtisi olmadan boş gözlerle bana bakıyorlardı.

Tekrar uyuyamazdım; kendimi bir lamba gibi söndürüp kapatamazdım. Kendimi her zamankinden daha canlı hissediyordum. Fiziksel varlığımın ve çevremin, her zamankinden daha çok farkındaydım. Halının ayağımın altındaki kalın kıvrımının, eskimiş pazen pijamalarımın keçeleşmiş yumuşaklığının, eski kanatlı pencereden yatak odama sızan havanın soğukluğunun fazlasıyla farkındaydım. Saçım kıvrılıp sıcak bir parmak gibi enseme dokundu; içimde bir ürpermeyle, onu hızlı bir refleksle oradan silkeleyiverdim. Ürpermemin nedeninin evin buz gibi olması olduğunu düşündüm. Kalın havlu

5. KURBAN

bornozumu üzerime geçirip kendime bir bardak çay yapmak için yavaş yavaş aşağı indim ve çayı alıp tekrar yatağıma döndüm. Başucumdaki lambayı yakmadan yatakta oturdum ve iki elimle tuttuğum dumanı tüten çaydan küçük yudumlar alırken bir yandan plan yaptım. O gün, o hafta ve ayın geri kalanında yapılacakların listesini yaptım. Listede işle ilgili hiçbir şey yoktu; her şey sadece benimle, nasıl bir insan olduğum ve nasıl biri olabileceğimle ilgiliydi. Rebecca, uzunca bir süre, beni değişmem için ikna etmeye çalışmıştı. İroninin farkındaydım. O sonsuza dek sessizliğe gömülmüşken, ben en sonunda, onun hep yapmamı istediği şeye başlıyordum.

İki saat kadar evdeki bütün odaları dolaştım ve atılması gereken bütün kıyafetleri, ayakkabıları ve çarşafları çıkarıp poşetlere doldurdum. Poşetlerdekilerin hepsi çöpe gidecekti. Bir yardım kuruluşuna verilemeyecek kadar kötü durumdaydılar. Uzun süredir kurtulmayı düşündüğüm birkaç şeyi, stajyerlik günlerimden kalma bollanmış kıyafetleri, üzerine katran bulaşmış eski kot pantolonumu ve artık çok eskimiş olan bir eşofman takımımı gardırobumdan çıkarıp attım. Sıra kolunda deliği olan bir kazağa geldiğinde durakladım. Onu öğrenciyken, Bodleian Kütüphanesi'ndeki bir sandalyenin arkasına atılmış halde bulmuştum. Bende, başkalarının kıyafetlerinin içimde her zaman bıraktığı heyecan verici yabancılaşma hissini yaratıyordu. Onu giydiğimde sanki farklı bir kişilikten bir şeyler ödünç alıyor, farklı bir hayat deniyordum. Bu seferlik onu atamayacağımı düşünüyordum ki, kendimi kazağı üzerime geçirmiş evden çıkarken buldum.

Sessiz sokaklardan geçerek hızlı adımlarla metro istasyonuna doğru ilerlerken kazağı giydiğime memnundum; sabah soğuğu buz gibiydi. Cumartesi günleri, özellikle de sabahın erken saatlerinde metroya binmek hoşuma gidiyordu. Trenler boş ve dakik, yolcular ise hafta içine göre çok daha sakin ve saygılı oluyordu. Düşünecek zamanınız olurdu. Gerçi son zamanlarda zaten çok fazla düşünmüştüm. Koltuğa oturup trenin camında kendime baktım. Yansımam, kalın camda ikiye katlanmış, çarpılmıştı. Hem yansımam hem de ben, vagonun parlak florasan ışığı ve uykusuzluk yüzünden solgun görünüyorduk. Earls Court'ta trene bir adam binip, görüşümü kapayacak şekilde karşıma oturduğunda rahatladım. Victoria'da tren değiştirdim ve bu sefer oturmadan, bir direğe tutunup yere bakarak yolculuk ettim. İçimden sayı sayarak zihnimi susturmaya çalışıyordum: bir istasyondan diğerine gitmek ne kadar sürdü, istasyonda ne kadar bekledik, kaç kişi indi, kaç kişi bindi. Sayılar basit ve açıktı. Zihnimi sakinleştiriyorlardı.

Oxford Circus'tan başlayıp cadde boyunca ilerledim. Bir elbise arıyordum ama bu herhangi bir elbise değildi. Koyu renk ve mümkün olduğu kadar sade olmalıydı ama sıradan ve sıkıcı görünmemeliydi. Haworth'lar, Rebecca için bir tören düzenlemeyi düşündüklerini söylemişlerdi. Onlara, Rebecca'nın bedeninin kendilerine teslim edilmesinin biraz zaman alabileceği söylenmişti ama yine de acılarını hafifletmek için, onun aramızdan ayrılışını bir törenle somutlaştırmak istiyorlardı. Benim de davet edileceğimi söylemişlerdi. Tören kötü bir fikirdi. Henüz böyle bir şey için çok erkendi ve içimizdeki keder, başkalarıyla paylaşılamayacak kadar yeniydi. Yine de, Haworth'lara destek olmak için orada olmam gerekecekti. Benden bunu beklerlerdi ve onları hayal kırıklığına uğratamazdım. Ve elimden geldiği kadar iyi görünmeliydim; bu

5. KURBAN

Rebecca'yı anmanın güzel bir yoluydu. Ayrıca Rebecca'nın arkadaşları da orada olacaktı. Beni unutmamışlarsa bile en azından onun gölgesinde kalmaktan hoşnut, sessiz ve çekingen biri olarak hatırladıklarından emindim. Ben artık o insan değildim. Yanımdan geçip gitmelerini değil, beni görmelerini istiyordum. Benim kim olduğumu görmelerini istiyordum.

İstediğim gibi bir elbiseyi Selfridges'te buldum. Kolları bileğin biraz üzerine kadar inen, gece mavisi kumaş bir elbiseydi bu. Eteği düz, beli ince, yuvarlak kesim yakası genişti. Satıcı kadın benden çok hoşlanmıştı çünkü onun, elbiseye uygun yeni bir kaban almam yönündeki önerisini dinlemiş ve üzerimde sanki özel olarak benim için yapılmış gibi duran, hafif çan etekli ve aşırı pahalı bir de kaban satın almıştım. Ayrıca bunlara uyan ayakkabılar ve gri kaşmirden bir şal da almıştım. Ödeme için kredi kartımı uzattığımda, içimde zerre kadar bile suçluluk duygusu yoktu. Her şey çok doğruydu. Hem tören, hem de benim için.

Saat öğleye yaklaşırken sokaklar kalabalıklaşmaya başlamıştı. Elimde poşetlerle yürümekte zorlanıyordum. Üzerime birden büyük bir yorgunluk çöktü. Susamıştım ve kahvaltı bile etmemiştim. Bu kadar alışverişten sonra, ellerim dolu halde tekrar metroya binmem saçma olurdu. Turuncu ışığı yanan siyah bir taksi bana doğru yaklaşıyordu. Hiç düşünmeden elimi kaldırıp işaret ettim ve şoför birkaç metre ileride kenara çekti. Hızla yanına gidiyordum ki başka bir kadın benden önce arabaya bindi. Uzun sarı saçları darmadağın olmuştu, ince bacaklarında siyah çorap, ayaklarında dizine kadar çıkan yüksek topuklu çizmeleri vardı. Tamamen doğal bir zerafeti, ince elleri, kırmızı bir paltosu, tatlı bir gülümsemesi, pırlantalı halka küpeler sallanan küçük, düz kulakları vardı. Kapıya benden önce varan kadın Rebecca'ydı. Taksinin koltuğuna yerleşip arkasına yaslanan, istediği yere götürülmeyi bekleyen oydu. O Rebecca'ydı -ama sonra birden değişti. Taksinin penceresinden bir yabancı bana baktı. Ayrık ön dişleri, fazlasıyla kalkık kaşlarıyla arkadaşımın yanında son derece çirkin kalıyordu. Yüzünün şekli doğru değildi, saçı fazla dağınıktı, altın rengi düğmeleri olan kabanı ucuz ve zevksizdi. Ona gittikçe daha az benzediğini düşünüyordum ki kadının yüzünü tam olarak gördüm. Onda artık Rebecca'yı göremiyordum ama yine de taksi uzaklaşırken arkasından bakmayı sürdürdüm. Sanırım kadın, taksimi çaldığı için ona kızdığımı sanmıştı ama aslında bu benim umurumda bile değildi. Nasıl olsa yenisi gelirdi. Gerçekten de kısa süre sonra yeni bir taksi göründü ve bu sefer başka biri benden önce davranmadan kapıya varıp taksiye binmeyi başardım. Arka koltukta oturup boş gözlerle, hoş bir saç modeli, hızla dönen bir bakış, ufak bir gülümseme yakalamaya çalışarak kaldırımda itişe kakışa ilerleyen insanlara baktım.

Çoktan kaybolan bir şeyi arıyordum.

Küçük ve soğuk evime girer girmez hemen gidip buzdolabını açtım ve önünde dikilerek bir şeyler atıştırdım: bileğimden aşağı suları süzülen, bozulmak üzere bir armut, bir dilim jambon ve incirli yoğurt. Alışılmadık bir öğle yemeğiydi ama yemek pişiremeyecek kadar acıkmıştım ve bir şeyler yemek için dışarı çıkamayacak kadar da sabırsızdım. Alışveriş yapmaktan her yanım ağrımıştı. Bir sabah kendime zaman ayırdım diye nasıl hemen güçsüz ve yorgun düştüğümü düşünüp kendi kendime güldüm. Yeni kıyafetlerimi askıya astım ve

5. KURBAN

ne kadar çok para harcadığımı gösteren etiketlerini söktüm. Sonra gidip banyoyu hazırladım ve su her soğuduğunda biraz daha sıcak su ekleyerek oldukça uzun bir süre banyoda kaldım. Sudan çıkardığım ellerime dikkatle baktım, sanki onları ilk defa görüyordum.

Nihayet banyodan çıkmaya karar verdiğimde gidip üzerime siyah bir kazak ve gri ve dar bir kot pantolon geçirdim ve önüme gelmesinler diye saçlarımı arkadan topladım. Mutfağa girdim ve bütün evi temizlememe yetecek kadar temizlik malzemesini bir araya toplayıp önüme dizdim. İşe banyodan başlamaya karar vermiştim. Elim kolum temizlik malzemeleri ve çamaşır suyuyla dolu halde koridorda ilerledim. Ev işleri terapi gibiydi, rahatlatıcıydı ve merdivenlerden sarkan örümcek ağına bakılırsa son derece de gerekliydi. Holdeki telefonun önünden geçip gidiyordum ki geri dönüp mesaj olup olmadığına baktım. Bir mesaj olduğunu görünce not almam gerekirse diye elime bir kalem alıp düğmeye bastım. Önce kısa bir sessizlik oldu. Kısa süre sonra konuşmaya başlayan ses kısık ve fazlasıyla alaycıydı. Onu hemen tanımıştım; kalbim deli gibi atıyordu. Onda telefon numaramın olduğunu bilmiyordum. Beni nerede bulabileceğini bildiğini düşünmemiştim. Rebecca'dan Gil'le ilgili çok şey duymuştum. Onun ısrarcı, çıkarcı, baskıcı biri olduğunu biliyordum. Ayrıca onun heyecan verici, karizmatik ve unutulmaz olduğunu da biliyordum. Polise onun ismini vermiştim çünkü Rebecca'yla ilgili bilgi edinmek istiyorlarsa, Gil'i de tanımaları gerekirdi.

"Louise. Ben Gil. Seni böyle aniden aradığım için özür dilerim ama polise benden söz ettiğini duydum. Yani sanırım beni düşünüyorsun. Bence bir araya gelip konuşmalıyız. Rebecca hakkında." Uzun bir sessizlik oldu. Mesajın bittiğini düşünüyordum ki tekrar konuşmaya başladı. "Konuşacak çok şey var." Kısa bir sessizlik daha oldu. "Seni özledim, Louise. Beni düşündüğünü öğrendiğime sevindim. Seni kesinlikle unutmadım. Mesajımı alınca ara beni."

Sesini dinlerken yüzündeki ifadeyi tahmin edebiliyordum. Aşağılama, ona zevk veren o alaycı küçümseme ve altında yatan sakin öfke. Adımı söylediği kısmı tekrarlayarak mesajı bir kez daha dinledim. İkinci heceyi özellikle yayarak söylüyordu. Bir daha dinledim. Ve dördüncü bir kez daha dinlememek için mesajı aceleyle silip telefonu hırsla kapattım. Holdeki aynada yüzüme baktım. Gözlerim kocaman, yanaklarım ve aralık dudaklarım bembeyaz olmuştu. Üzerimdeki koyu renk kazak karanlıkta göze çarpmıyor, renksiz yüzüm, bedenimden ayrılmış, havada süzülüyor gibi görünüyordu. Kendimi korunmasız hissediyordum. Gil bugüne kadar beni hep görmezden gelmişti. Her zaman, sadece Rebecca'yla ilgilenirdi.

Onu aramayacaktım. Ne şimdi, ne de sonra. Güne planladığım gibi devam edecektim.

Ama planladığım gibi banyoyu temizlemek için üst kata çıkarken, korktuğumu kendimden bile saklayamıyordum.

Beşinci Bölüm

MAEVE

Rebecca'nın eski erkek arkadaşıyla yaptığım görüşmenin ardından çalışma odasına geri döndüm. Cumartesi gününün geri kalanını masamda çalışarak geçirmek için sabırsızlanıyordum. Ateşçi cinayetleriyle ilgili notlar, tanık ifadeleri, adli tıp raporları, otopsi raporları ve olay yeri fotoğraflarıyla dolu dört kalın mavi klasörü inceleyecektim. İşin üzücü yanı şuydu ki, Ian'ın arayıp arkadaşlarıyla sinemaya gideceğini söylemesine rağmen ben şu anda başka bir yerde olmak istemiyordum. Söylediklerine bakılırsa, onlara katılabilirdim ama gittikleri şiddet dolu bir korku filmi olduğu için, karar vermek benim için pek de zor olmamıştı. Çalışırken zaten bol bol gerçek korkuyla karşılaşıyordum; bir de oturup eğlence olsun diye sahtesini izleyecek değildim. Ayrıca şu anda en sevdiğim arkadaşlarıyla birlikte olduğu da söylenemezdi. Onlar da Ian gibi Kent'te çalışıyor, aynı onun gibi etrafa para saçmaktan hoşlanıyorlardı. Ayrıca erkek arkadaşımın içindeki geri zekâlıyı ortaya çıkarıyorlardı ve ben, Ian öyle davrandığında ona kesinlikle dayanamıyordum.

5. KURBAN

En iyisi ofiste kalıp, benim ya da bir başkasının kaçırdığı bir şey olma ihtimaline karşı dosyaları tekrar gözden geçirmekti. Bütün bu kelimelerin ve fotoğrafların arasında bir yerlerde, bazı cevaplar olmalıydı.

Ofise vardığımda içerisi neredeyse boşalmak üzereydi. Bazı memurlar devriyeye çıkıyor bazıları ise daha önce ulaşılamayan mahalle sakinleriyle görüşmek için evlere ya da oradan geçecek araç sahipleriyle konuşmak için Ateşçi'nin çalıştığı bölgeye gidiyorlardı. Cinayetlerle ilgisi olabilecek araçları tespit edebilmek için olay yerine bir plaka tanıma sistemi yerleştirilmişti. Hiçbir şey çıkmasa hiç olmazsa ekipler birkaç sigortasız ya da evrakları eksik araç yakalamış oluyordu. Her yere geniş ağlar atmıştık ama bu durum peşinde olduğumuz esas balığı yakalamamızı daha da güçleştiriyordu.

Başkomiser Godley kapısını kapattığı camlı odasında oturmuş telefonla konuşuyordu. Başını eline dayamış, gözleri kısık, zor bir konuda dikkatini toplamaya çalışıyormuş gibi görünüyordu. Çok yorgundu. Telefonu kapattı ve bir an için hareket etmeden durdu.

Tam o anda Müfettiş Judd, Godley'nin kapısını çalıp cevap beklemeden başını içeri uzattı. Aralarında kısa bir konuşma geçti ve iki adam birden dönüp bana baktılar. Onları izlediğimi görmemiş olmalarını umarak aceleyle başımı bilgisayarın arkasına gömdüm. Bakamıyorsam da Godley'nin, hemen arkasındaki müfettişle birlikte bana doğru ilerlediğinin farkındaydım.

"Maeve, Tom'la Haworth soruşturmasını nasıl yürüteceğimiz konusunda konuşuyorduk."

"Ah, evet," dedim Judd'un neden bu kadar gergin göründüğünü anlamaya çalışarak. Ben orada yokmuşum gibi Godley'ye dönüp, kısık bir sesle konuşmaya başladı.

"Bunu kayda gaçirme, Charlie. Eğer adamı yakalarsak savunmada kullanabilirler. Bu cinayetten onun sorumlu olduğu konusunda emin olmadığımızı öğrenirler ve bu durum mahkemede işimizi gerçekten zorlaştırır."

Godley onu dinlemiyor gibiydi. "Kararımı verdim ve değiştirmeyeceğim. Gerekirse mahkemeye gelir bu konuda ben hesap veririm."

"Ortada gerçekten iki katil olduğunu düşünmüyorsun, öyle değil mi?"

Godley bana baktı. "Ona olaylar arasındaki farkları anlat, Maeve. Her şey gayet açık."

Judd yüzünü buruşturup bana döndü. "Bu senin fikrin miydi?"

"Hayır, ama-"

Judd cümlemin devamını beklemeden devam etti. "Eğer bu konudan kesinlikle emin değilsek büyük bir hata yapıyor olacağız. Jüri bu kararı nasıl verdiğini anlayamadığı için davayı kaybedersek-"

"Hesap vermesi gereken ben olurum," diye cümlesini tamamladı Godley. "Ve veririm de. O masada benim adım yazıyor Tom, senin değil."

"Beni edişelendiren bu değil."

"Dava için elimizi güçlü tutmaya çalıştığını anlıyorum Tom ama sence de önce adamı yakalasak daha iyi olmaz mı? Son cinayetle ilgili içimde kötü bir his var; bizim adamın işi olduğundan emin olana kadar bu olayın diğerlerinin devamı

5. KURBAN

değil, yeni bir cinayetmiş gibi soruşturulmasını istiyorum. Konuşma bitmiştir."

Godley başı önünde uzaklaşırken Judd ve ben ona baktık. Onun müfettişle bu şekilde konuştuğuna daha önce hiç tanık olmamıştım. Ve haline bakılırsa, Judd da olmamıştı. Tekrar bana döndü.

"Patron hangi anlamsız işle uğraşmanı istiyorsa onu hallet ve sonra soruşturmaya geri dön. Ama beni detaylarla uğraştırma. Bu cinayetin de diğerleriyle ilgili olduğunu -ya da olmadığını- gösteren herhangi bir kanıt bulursan bana haber ver. Bunun dışında bu konuda tek bir kelime bile duymak istemiyorum."

"Peki," dedim; ses tonu sinirime dokunmuştu. "Hallederim."

"İyi edersin." Judd bana bir an için dik dik baktı. "Bu olay yüzünden patronun seni sevdiği gibi bir fikre kapılayım deme sakın, Kerrigan. Böyle işler ortada dolaşıp her şeyi karıştırması istenmeyen adamlara verilir. O seni ayak altından çekiyor."

Söyledikleri, benim aklımdan geçenlere rahatsız edici derecede yakındı ama kendimi tuttum ve bunu ona belli etmemeyi başardım. O montunu alıp giderken yüzüm kıpkırmızı görünüyor olabilirdi, bunda hiçbir gariplik yoktu çünkü yirmi dört saat yanan kaloriferler yüzünden çalışma odası her zaman cehennem gibi olurdu. Odanın sıcaklığı gerçekten de normalde sıcağa rahatlıkla dayanabilen bana bile rahatsızlık veriyordu. İçerideki hava fazlasıyla durgundu ve havayı hareketlendirmek için birkaç tarihi vantilatör çalıştırmaktan başka yapabileceğimiz hiçbir şey yoktu. Bu saatte bir iki tanesi açığa çıkmış olmalıydı. Masaların arasında dikkatle dolaşarak sahipsiz bir tane bulmaya çalıştım. Dikkatle yürüyordum çünkü masaların altında sayfalarca kâğıtlar, boş su şişeleri ve atılmış sandviç paketleri gibi birçok tehlike beni bekliyordu. Çalışma odası, adının etkileyiciliğine rağmen tatsız bir odadan başka bir şey değildi. Burası bir çağrı merkezi de olabilirdi ve bu durumda da pek iyi bir çağrı merkezi olamayacağı kesindi; içerisi tam bir çöplüktü. Her masanın üzerinde lekeli bardaklar duruyordu. Birisi fotokopi makinesinin başında bir paket bisküviyi yırtıp açmıştı. Bunu biliyordum çünkü bisküvilerden ikisi yere düşüp parçalanmış ve oradan geçenlerin ayaklarıyla sürüklenerek naylon halının tüyleri arasına karışmıştı. Dünyanın en temiz insanı olmamama rağmen ben bile odada bir elektrikli süpürge olsa diye düşünüyordum. Gerçi hemen oracıkta fişe takılı halde çalışmayı bekleyen bir süpürge olsa bile, diğer memurların önünde kesinlikle elimi bile sürmezdim. Aptal değildim. Bulaşık yıkamaz, çay yapmazdım; ortalığı hiç toplamamıştım. Ufacık bir zayıflığım yakalanır yakalanmaz ekibin bütün ev işlerinin bana kalacağını biliyordum.

Masama zaferle döndüm. Nefesi daralıyormuş gibi sürekli hırıldayan ve masamdaki kâğıtları uçuşturmaktan başka bir işe yaramayan yirmi santimlik bir vantilatör bumuştum. Kâğıtlar masanın üzerinde yaralı kuşlar gibi çırpınıyorlardı. Havanın serinlediği söylenemezdi ama bu umurumda bile değildi; bu vantilatörü Peter Belcott'un masasından çalmıştım ve bu bile, tek başına onu sevmem için yeterli bir nedendi. Otomattan aldığım diyet kola hem kafein ihtiyacımı karşılıyor hem de uçuşan kâğıtlar için ağırlık görevi görüyordu.

5. KURBAN

Saçımı arkamda toplayıp, zar zor yaptığım topuzumu bir kalemle tutturdum, etraftaki sesleri duymamak için ellerimle kulaklarımı kapattım ve büyük bir ciddiyetle önümdeki kâğıtları okumaya başladım.

Tam yavaş yavaş okuduğuma konsantre oluyordum ki vantilatör durdu. Öfkeyle başımı kaldırdım.

"Çalıştır şunu."

Rob masamın yanında dikiliyor, eli açma kapama düğmesinde başını iki yana sallıyordu. "Sen ne halt ettiğini sanıyorsun? Bu saatte evde olman gerekmiyor mu?"

Omuz silktim. "Olabilir. Ama ben kalıp, dosyaları tekrar gözden geçirmek istiyorum."

"Eğlenmeyi iyi biliyorsun." İçinde üçüncü olay yerinde çekilen fotoğrafların olduğu kitapçığı eline alıp tembel tembel sayfaları çevirdi. Onunla birlikte ben de Charity Beddoes'dan geriye kalanlara bakmadan edemiyordum. Yirmi iki yaşındaki bu uzun boylu ve güzel doktora öğrencisi, upuzun boynu ve mavi gözlerini İngiliz babasına, saçları ve derisinin rengini ise Nijeryalı annesine borçluydu. Fotoğraflar bir öykü oluşturacak şekilde dizilmişlerdi. Kurbanın ateşe verildiği koruluğa giden yol. Yanmış ağaç kabukları ve dallar. Muhtemel bir ayakizi parçasının yakın çekim fotoğrafı. Simsiyah olmuş deri. Üzerindeki kıyafetten geriye kalanlara sarılı, dönmüş bir vücut. Garip bir şekilde, kalçanın ortasından ayağa kadar zarar görmeden kalmayı başarmış kusursuz ve kahverengi bir bacak ve kızın üzerinde sürüklendiği baldırında büyük bir sıyrık. Bu sıyrığın kız öldüğü sıralarda olduğunu, patoloğun raporuna bakmadan da anlayabiliyordum ama rapora göre bu sırada hayatta olup olmadığı, olanları hissedip hissetmediği belli değildi. Ama bir şeyler hissetmiş olmalıydı. Kafatasında ve yüzünde on dört farklı yaralanma, rapora göre çatal çekiç benzeri bir aletten kaynaklanan on dört darbe vardı. Elleri önünde bağlı olmasına ve darbelere karşı koyamamasına rağmen ellerinde ve ön kol bölgesinde oluşmuş savunma yaralanmaları.

Kırık dişler. Kırık kemikler. Kurbanın ailesi cesedi görmek istemişse, onu teşhis etmelerine yarayacak hiçbir şey bulamamış olmalıydılar. Bütün kalbimle bunu istememiş olduklarını umuyordum; sevdiğiniz birini asla bu şekilde hatırlamak istemezdiniz.

Rob alçak sesle bir küfür edip kitapçığı masaya fırlattı.

"Hadi gidelim buradan, tatlı kız. Bir şeyler yemeli ve biraz dinlenmelisin. Berbat görünüyorsun."

"Gerçekten harika moral verdiğini biliyor muydun?"

"Bu benim görevim." Rob sandalyemin arkasından tutup beni kapıya doğru çevirdi. "Hadi. Kalk. Gidip bir şeyler içip körili tavuk yiyelim."

Kalkmadım. "Ben hiçbir yere gitmiyorum. Zamanım olduğunda dosyaları gözden geçireceğime dair kendime söz vermiştim."

"Ah, Tanrım." Ellerini başına koydu. "Tamam. Pes ediyorum. Okumanı yapabilirsin. Ama burada kalmana izin vermeyeceğim. Burası çok iç karartıcı. Bu dosyaları alıyorum ve sen de eve gidiyorsun. Daha sonra size gelirim ve dosyalara birlikte bakarız."

"Bana patronluk taslama. Ne zaman istersem o zaman eve giderim ve -Rob!"

5. KURBAN

Rob dört dosyayı da kapmış kapıya doğru ilerliyordu. "Bana mesaj atıp adresini bildirsen iyi edersin. Hint mutfağı mı yoksa Thai mutfağı mı tercih edersin?"

"Hadi ama, Rob. Saçmalama."

"Haklısın. Pizza daha iyi olur. Herkes pizza sever."

Bu son cümleyi açılır kapanır kapının ardında kaybolduğu sırada söylemişti. Arkasından çaresizce bir şeyler söylemeye çalıştım ama gitmişti. Beni kandırmıştı. Gasp etmişti. Ve Rob'u iyi tanıyordum; eğer bir daha dosyalarımı görmek istiyorsam, o ne diyorsa aynen yapmalıydım. Açık söylemek gerekirse, ona pek de kızmamıştım. Bu fena bir fikre benzemiyordu.

En azından o sırada.

Kapıdan içeri girdiğim sırada telefon çalıyordu ama koşup yetişecek durumda değildim. Ayakkabılarımı ve paltomu çıkarıp merdivenleri ağır ağır çıkmaya başladım. Kemiklerim ağrıyordu. Kendimi yüz yaşında gibi hissediyordum. Ben üst kata çıkana kadar telesekreter devreye girdi. Arayan annemdi. Sesindeki sahteliğin derecesini değerlendirerek, ortada gerçekten bir terslik mi var yoksa her zamanki gibi bana kendimi suçlu hissettirmeye mi uğraşıyor, anlamaya çalıştım.

"Maeve. Aslında seninle konuşmayı umuyordum. Bir şey söylemek istiyordum ama evde değilsin." Uzun bir sessizlik oldu. "Belki fırsat bulduğunda beni arayabilirsin." Bir sessizlik daha. "Önemli bir şey değil. Sadece uzun süredir konuşmadık ve baban seni merak etti."

Güldüm. Babam beni hayatta merak etmezdi.

"Teyzeciğinle konuşuyordum da-" Biiip.

Ceketimle ayakkabılarımı oturma odasındaki koltuğun üzerine fırlattım ve sonra ayakkabıları hemen kaldırıp mor süette bıraktıkları tozlu izleri aceleyle temizledim. Kim süet bir koltuk alırdı ki? İki buçuk metre boyunda ve inanılmaz derecede rahatsız bir koltuktu bu ama Ian'ın söylediğine göre son derece pahalıydı. Bir keresinde bir koluna çay bardağımı koymuş ve bu yüzden bir yüzüğümü kaybetmiştim. Daha rahat ve yumuşak bir şeyi, çikolata yiyerek televizyon seyrederken üzerinde yatabileceğim bir şeyi tercih ederdim. Gerçekten kullanabileceğim bir şeyi.

Telefon bir kez daha çaldı.

"Maeve? Ben annen. Telesekreterin sözümü kesti." On dakika sınırlamasına sinirlenmişti. Belki de on dakikalık mesajlar bırakmasan, telesekreterin sabrı tükenmeden önce lafın sonunu getirebilirdin. "Diyordum ki, teyzeciğin Maureen'le konuştum. Denise hamileymiş, Mayıs'ta doğuracakmış. Çok sevindiğini söyledi. Ama tabii başka ne diyebilir ki? Denise'le Cormac'ın evliliğiyle ilgili tek kelime bile etmedi. Senin de bilmen iyi olur diye düşündüm. Ah, bu gerçekten çok hoş. Maureen büyükanneliğe bayılacak. Seni de sordu ama ufukta öyle bir şeyler görünmediğini söyledim. Zaten o işte çalışırken bir bebeğe nasıl fırsat bulabilirsin bilmiyorum. Maureen'e de söyledim, sana hiç ulaşamıyorum ve-" Telesekreter bir kez daha bipledi ve etrafı huzurlu bir sessizlik kapladı. Telefon tekrar çalmaya başladığında gözlerimi tavana dikip oturma odasından çıktım. Kesinlikle açmayacaktım. Onunla konuşmaktansa telesekreterden yükselen sesini dinlemeyi tercih ederdim.

Onu ertesi gün arayacağıma dair kendime söz verdim. Bu

5. KURBAN

sefer polis olmam konusunda üzerime gelmemesini umuyordum. Beş yıldır bu meslekteydim ve o hâlâ bu fikre alışamamıştı çünkü İrlanda'da İngiliz makamlarından pek hoşlanmayan bir sürü kuzenim vardı. Aslında hiçbirinin IRA üyesi falan olduklarını sanmıyordum ama hepsi de adanmış vatanseverlerdi ve 'A Nation Once Again' marşını ezbere bilen ve 1916 Bildirgesi'ne imza atan tarafları hiç düşünmeden sayabilecek tipte insanlardı. Annem fikrimi değiştireceğimi umarak, meslek seçimimi uzunca bir süre onlardan saklamıştı ve hâlâ uzak akrabaların yanında bundan pek söz etmemeye çalışıyordu. Bu konuyu kafama takmamayı öğrenmiştim ama yine de arada sırada aklıma takıldığı oluyordu. İnsan, anne ve babası kendisiyle gurur duysun istiyordu.

Mutfağa girip doğruca su ısıtıcısına gittim ve kendime bir bardak çay yaptım. Yarısını içmiştim ki buzdolabının kapağında, Ian'ın sıkışık ve zor okunan yazısıyla yazdığı notu fark ettim. Annen telefon etti. Onu ara. İkinci cümlenin altı çizilmişti. Zavall Ian. Annem onu pek sevmezdi. Birlikte yaşamamızdan ve onun bir Katolik olmayışından hoşlanmamıştı. Ian'ın hiçbir dine mensup olmaması ise işleri daha da kötüleştirmişti.

Bir Protestan'la uzlaşabilirdi ama bir dinsizle anlaşması mümkün değildi. Annemin en büyük rahatsızlıklarından biri, telefonu açtığında Ian'ın kendisiyle hiç konuşmuyor oluşuydu. Gerçekten de Ian, hattın diğer ucunda onun sesini duyar duymaz telefonu hemen bana verirdi. Annemin İngiltere'de geçirdiği otuz yıla rağmen hâlâ kaybetmediği yumuşak Donegal aksanı sivri dilini gizliyor olabilirdi ama ona karşı her zaman tetikte olmalıydınız. Sizi bir anda, bir cümlesiyle mat ediverirdi. Birden ürperdim. Hayır, bu gece onun için kesinlikle yeterince güçlü değildim.

Biraz kendime gelmeyi umarak duşa girdim. Duşta düşündüğümden uzun kalmış olmalıydım ki ben daha giyinmeye fırsat bulamadan kapı çaldı. Bir havluya sarınıp kapıyı açmak için aşağı indim. Havlu biraz kısa kalmıştı.

Rob'un durumdan rahatsız olmadığı söylenebilirdi. Kapı açılıp beni gördüğünde dudaklarını birleştirip ıslık çalar gibi yaptı. İki pizza kutusunu tek elinde dengede tutmaya çalışıyordu. Dosyaları, pizzayı tuttuğu kolunun altına kıstırmış diğer eliyle de poşete koyduğu iki paket altılı birayı taşıyordu. Onu iş dışında görmek tuhaftı. Onu hiç tanımıyormuşum gibi geniş omuzlarına ve beni tepeden tırnağa süzen mavi berrak gözlerine baktım. Konuşmaya başladığı an büyü tekrar bozuldu. "Güzel kıyafet. Ama davaya konsantre olmamı kolaylaştıracağını söyleyemeyeceğim."

"Off, kes şunu." Pizzalar düşmek üzereydi. Onları elinden kurtarıp çok hoş bir manzara oluşturmadığımı umarak merdivenlerden yukarı çıkardım.

"Ah." Rob oturma odasının kapısında durmuş merakla içeri bakıyordu. "Senin şu tasarım meraklısı tiplerden olduğunu bilmiyordum, Maeve."

Burası Ian'ın arkadaşlarının hayran kaldığı odalardandı. Büyüktü, içi özel mobilyalarla doluydu ve duvarlarında Ian'ın iç mimarının bulunmuş objeler adını verdiği ama anneme (ve bazen de bana) sorarsanız çöp denebilecek eşyalar asılıydı. Odanın Rob'a nasıl göründüğünü düşünerek etrafa baktım. Gösterişli denebilirdi belki. Özellikle mor koltuk fazlasıyla gösterişli görünüyordu.

5. KURBAN

"Benimle bir ilgisi yok. Hepsi Ian'ın."

"Öyle mi?"

"Mmm. Mobilyaları seçmesi ve odayı dekore etmesi için bir iç mimar tuttu. Senin de bakıp vay be demen gerekiyor."

"Vay ve," dedi Rob etkilenmediğini hemen belli eden ruhsuz bir sesle. "Burada sana ait olan ne var?"

Hiçbir şey göremiyordum ama yine de umursamaz bir ses tonuyla, "Birkaç şey var işte," dedim. Yaşadığım yerin en büyük odasında gerçekten bana ait hiçbir şey olmadığı gerçeğiyle yüz yüze gelmek istemiyordum.

"Bu senin mi?" Rob duvardaki bir Afrika maskesini gösteriyordu. Maske kırk beş santim uzunluğunda ve inanılmaz derecede çirkindi.

"O bir servet değerinde. İç mimar onu Paris'teki bir bit pazarında bulmuş."

"Sanırım bana bakıyor."

Sıkılmaya başlamıştım ve havlum üzerimden kayıp duruyordu. "Oturmak ister misin? Benim gidip giyinmem gerekiyor."

Rob, ellerini ceplerine soktu. "Aslında oturmaya biraz korkuyorum. Ya bir pizza parçası döker ya da biramı devirirsem, o zaman ne olur?"

"Ian seni öldürür ve ben de seni korumak için hiçbir şey yapamam."

"Ian nerede gerçekten?" Sanki bir anda perdelerin arkasından çıkıverecekmiş gibi etrafa bakındı.

"Dışarıda. Sinemada. Saatlerce dönmez." Son cümle ağzımdan çıkar çıkmaz kıpkırmızı oldum. Söylediklerim kulağa onunla yalnız kalacağım zamanı hesaplıyormuşum gibi geliyordu. Ve havlum üzerimden kaymaya devam ediyordu. Sert bir hareketle bir kez daha tutturdum. "En iyisi dosyaları buraya bırak ve yemeği de mutfakta yiyelim."

"İyi fikir." Rob dosyaları bırakıp peşimden mutfağa geldi. Biraları buzdolabının boş bir rafına koydum.

"Ben giyinirken sen de tabaklarla peçeteleri çıkar istersen."

"Olur." Rob odayı inceliyor, hiçbir şey kaçırmadan her şeye dikkatle bakıyordu. Çıplak olmamama rağmen kendimi çıplak gibi hissediyordum. Hemen içeri gittim ve rekor sayılabilecek bir sürede bir kot pantolon ve bir tişört giyip geri döndüm.

Mutfağa girdiğimde ağzında bir pizza parçasıyla hâlâ ayakta dikilerek etrafı inceliyordu. Beni hızlıca süzdü. "Diğerini tercih ederdim ama bu da idare eder."

"Bunu duymak ne hoş. Masaya oturabilir misin? Kırıntılar dökülüyor."

"Mmm." Rob bir sandalye çekip oturmak yerine buzdolabına gidip iki bira çıkardı ve birini bana uzattı. "Anneni aradın mı?"

"Ne? Ah. Hayır." Hemen uzanıp notu aldım ve buruşturup çöpe attım. "Önemli bir şey değil."

"Hayırsız evlat." Odada dolaşmaya devam ediyordu. "Bu bardak olayı nedir? Aynı zamanda çocuk yuvası da mı işletiyorsunuz?"

Bakmama gerek yoktu çünkü Rob'un neden söz ettiğini biliyordum. Mutfağın bir duvarında, raflara dizilmiş halde,

5. KURBAN

her birinin üzerinde alfabeden bir harf olan, parlak renkli yirmi altı bardak duruyordu. Mutfak dolapları bayrak kırmızısıydı, duvarlarsa krem rengi. Bu iki rengin kombinasyonu, Ian'ın arkadaşlarına göre olağanüstü bir etki yaratıyordu ama onlar mutfağın ortasında duran 1950'lerden kalma yemek masasının etrafındaki son derece rahatsız, "yüzyıl ortalarından kalma gerçek antika" tel sandalyelerde oturmaktan da rahatsız değillerdi. Eğer böyle şeylerden hoşlanmıyorsanız mutfağın biraz parlak olduğu söylenebilirdi. Ben olsam daha sıcak bir şeyler tercih edebilirdim. Ama Ian'ın da bir çok kereler belirttiği gibi, ben şıklıktan hiç anlamıyordum.

"Birbirinize mesaj bırakmak için bardakları kullandığınız oluyor mu hiç?"

"Pek sayılmaz." Onlara dokunmaya cesaret edemiyordum. Ve böyle bir şey yapmamın Ian'ın hiç hoşuna gitmeyeceğinden de emindim. Bunu Rob'a söyleyemezdim. "Her harften sadece bir tane varken cümle bulmak kolay değil."

"Tabii." İkna olmuşa benzemiyordu ve içimde, aklımdan geçenleri biliyormuş gibi rahatsız edici bir his vardı. Çekmeceleri tek tek açıp kapayarak şişe açacağını bulmaya çalışıyordum. Onun orada bir yerlerde olduğundan emindim ama sonunda, yumurta çırpıcıları, kepçeler, soyma bıçakları ve birbirine karışmış bir sürü başka mutfak eşyasını elden geçirdikten sonra pes ettim.

"Yanında şişe açacağı var mı?"

"Anahtarlığımda."

"Bu beni neden hiç şaşırtmadı acaba?"

"Ben her zaman her şeye hazırlıklıyımdır da ondan." Rob, yanıma gelip elimdeki birayı aldı ve açtı.

"Daha doğrusu, güzel ve soğuk bir birayla arana hiçbir şeyin girmesine izin vermezsin de ondan."

"O da var." Sandalyelerden birini abartılı bir hareketle çekti. "Buyurun, madam. Ben pizzanın hepsini bitirmeden yemeye başlasanız iyi edersiniz."

Yemeye başlayana kadar ne kadar aç olduğumun farkında değildim ama birkaç kocaman lokmadan sonra iştahım yerine geldi. Cinayetleri ve hatta Rob'u bile unutmuş tamamen pizzaya dalmıştım. Tek yapabildiğim bir yandan yemeye devam ederken aralarda da "Ah Tanrım. Bu çok güzel," gibi şeyler söylemekti. Son dilimin yarısına geldiğimde tıka basa doymuştum. Derin bir nefes alıp kalanı kutuya geri koydum.

"Çok yedim ama buna değerdi."

"Hiç olmazsa yüzüne biraz renk geldi." Yemeyi benden önce bitirmiş, elindeki boş şişeyi sağa sola çevirerek masanın diğer tarafından beni izliyordu.

"Evet. Artık başlasak iyi olacak," dedim durup dururken, bir anda kendimi rahatsız hissetmiştim. İşe dönelim. Rob ayağa kalkıp gerindi. "O kadar da isteksiz olma. Israrla eve iş getirmek isteyen sendin."

"Evet ama bunu neden yaptığımı hiç bilmiyorum."

"Çünkü bütün dünyadaki en iyi dedektif olmak istiyorsun," dedi Rob şarkı söyler gibi. Onu duymamazlıktan geldim ve pizza kutularını oldukları yerde bırakıp yeni bira almak için buzdolabına gittim. Biraz dağınıklığın kimseye zararı olmazdı. Zaten muhtemelen Ian gelmeden önce ortalığı toplayacak zamanım da olacaktı.

Oturma odasına geçtiğimizde koltuğa birlikte oturduk ve ben ölen kadınların fotoğraflarının olduğu sayfalarını açtı-

5. KURBAN

ğım dosyaları oyun kâğıtları gibi önümüze sıraladım. Elimize dört dam gelmişti ve hâlâ oyunu kaybediyorduk. Rebecca Haworth'ı da sayarsak beş ediyordu. Onun henüz bir dosyası yoktu ama olay hâlâ taze olduğu için onunla ilgili bildiğimiz az sayıdaki ayrıntıyı hatırlayabiliyordum. Kurbanların yüzüne baktım ve içimde yükselen panik hissini bastırmak için yutkundum.

O hâlâ dışarıda bir yerlerdeydi. Genç kadınları öldürdüğü anın hatıralarıyla besleniyor, gelecek saldırısına hazırlanıyordu. Şansımız yaver gitmez ya da o bir hata yapmazsa onu asla yakalayamayacaktık ve bunların ikisi de uzak ihtimal gibi görünüyordu.

Ve geçen her saniye bizi yeni bir ölüme daha da yaklaştırıyordu. Artık kaybedecek zamanımız kalmamıştı.

"Katilimiz hakkında en ufak bir fikrimiz bile yok, o yüzden kurbanlardan başlamamız gerekiyor," dedim olumlu olmasına çalıştığım bir ses tonuyla. "Ortak noktaları ne?"

"Sırayla bakalım." Rob detayları dosyadan kontrol ederek analtmaya başladı. "İlk kurbanımız Nicola Fielding, yirmi yedi yaşında ve Eylül'ün on sekizinde, Cuma günü, sabahın ilk saatlerinde öldürüldü. Cesedi Larkhall Park'ın güney batı ucunda, yaşadığı yer olan Clapham'dan beş yüz metre uzakta bulundu. Mavi gözlü, uzun kahverengi saçlı. Topuklu ayakkabıları ve son derece kısa eteğiyle öldürücü bir kombinasyon oluşturmuş sanki. Ama Nicola iyi bir kızmış. En iyi arkadaşının bir gece kulübündeki bekârlığa veda partisi için dışarıdaymış ve normalde bu saatte sokakta olmazmış. Sunderland'liymiş. Aşağı yukarı son bir yıldır dadılık yapıyormuş ve yanlarında çalıştığı çiftin adı da..."

"Cope," diye tamamladım. "Daniel ve Sandra. Onların üç ve beş yaşlarındaki iki çocuklarına bakıyormuş."

"Cope'lar haberi alınca gayet anlaşılır bir şekilde çok üzüldüler. Bay Cope'u araştırdık ama temiz çıktı."

Ben devam ettim. "Nicola'nın, planladığı gibi son metroya binemediğini biliyoruz. Bunun yerine gece otobüsüne bindi ve saat iki on üçte Wandsworth Caddesi'nde indi. İşinin ona sağladığı avantajlarından biri olan, Cope'ların bodrum katındaki dairesine, bu noktadan on dakikalık bir yürüyüşle ulaşılıyordu.

"Bundan sonra olanlarla ilgili bildiğimiz tek şey, onun otobüs durağıyla Cope'ların evi arasında bir yerlerde katilimizle karşılaştığı. Nicola otobüsten indikten aşağı yukarı kırk üç dakika sonra oradan geçen bir motosikletli, Larkhall Park'ta yanan ateşi fark edip itfaiyeyi aradı. Olay yerine giden ekip Nicola'nın cesediyle karşılaştı. Bir şok tabancasıyla hareket edemez hale getirilmiş ve patoloğun muhtemelen çekiç olduğunu söylediği küt bir cisimle ölene kadar dövülmüştü."

"Bütün hobi ve yapı marketlerinde kolaylıkla bulunabilen ve daha da önemlisi, izini bulamayacağımız bir çekiçle." Rob, dosyadaki sayfaları tek tek çevirdi ve bölgeyi gösteren haritayı buldu. "Park, otobüs durağıyla evi arasındaki en kestirme güzergâhta değil. Ama oraya yürüyerek mi geldi yoksa getirildi mi bilmiyoruz."

"Bulunduğu yer güvenlik kameralarının kara noktasında kalıyor," dedim, çevredeki iş yerlerinden topladığımız görüntüleri ileri geri izleyerek geçirdiğim saatleri düşünerek. Gözlerim ağrıyana, rüyamda siyah beyaz ve bulanık araba resimleri görene kadar izlemiştim. Bazılarını resmen kare kare

5. KURBAN

hatırlıyordum. "Onu kameraların hiçbirinde göremedim. Ve bölgede görülen araçların çoğunu bulmayı başardık. Bu araçlar diğer olay yerlerinden elde edilen görüntülerle de karşılaştırıldı ve herhangi bir çakışma sağlanamadı."

"O kadar hızlı gitme." Rob hafifçe dizime dokundu. "Önce Nicola'ya yoğunlaşıyoruz."

Rob'un dokunduğu nokta ürpermişti. Bir anda, düşünmeden elimi dizime götürdüm. Başımı kaldırdığımda Rob kaşlarını kaldırmış bana bakıyordu. Hemen konuşmaya devam ettim.

"Psikologdan gelen rapora göre katil cinayetler sırasında bir araç kullanmıyor olabilir çünkü kurbanlar son olarak görüldükleri kamusal alanların çok yakınında bulunmuş. Bu katilimiz için son derece riskli bir durum. Yani ya katilimiz dürtüsel hareket ediyor ve onları daha sakin bir yere götürmeyi tercih etmiyor, ya onları yakalanabileceği bir yerde öldürerek risk almaktan zevk alıyor ya da kullanabileceği bir ulaşım aracı yok. İster yaya olarak ister bir araçla gelmiş olsun Nicola'nın onu tanımadığını tahmin ediyoruz. Okul yıllarından başlayarak neredeyse tanıdığı herkesle konuştuk ve kimse şüpheli bir durumdan söz etmedi." Dosya, Nicola'nın arkadaşları, akrabaları, o gün karşılaştığı kişiler ve o gece onunla aynı otobüste olup bize başvuran diğer yolcuların ifadeleriyle dolup taşıyordu. Kimse bir şey görmemişti. Kimse bir şey duymamıştı. Kimse alışılmışın dışında bir şey fark etmemişti. "Bir şekilde, adam onun kendine güvenmesini sağlamış."

"Her açıdan iyi bir kızmış. Nazik ve uysal biriymiş."

"İdeal kurban. Cinsel saldırı izi yok ama adam kızdan bir hatıra almış. Kızın kalp şeklindeki madalyonu. Onu her zaman takıyormuş ve bekârlığa veda partisinde çekilen fotoğraflarda, madalyonun o gece de boynunda olduğunu görebiliyoruz. Ancak madalyon bulunamadı." Olay yerinde çekilen fotoğraflara hızlıca göz attım. Çarpıcı fotoğraflar. Yakın çekimler. Her bir yarası, gerektiğinde kullanılabilmesi için renkli olarak fotoğraflanmış, ölçülmüş, dikkatle etiketlenmiş, yapbozu andıran vücut parçaları. Bir zamanlar, daha av değilken, Nicola adında bir kız olan parçalar.

Rob'un sesini duyunca dinlemeye devam ettim. "Yanmayı hızlandırmakta kullanılan madde, bildiğimiz benzin. Kimyasal profil analizi bizi BP'ye götürüyor. Ancak Londra'da bir milyon BP istasyonu var. Dolayısıyla bu bilgi bir işe yaramıyor."

"Aslında yetmiş beş tane var. Ve olay yerine en yakın olanlar şuralarda." Haritayı düzeltip parmağımla gösterdim. "Kennington, Camberwell, Peckham Rye, Clapham Common. Baktığımız bölgeyi biraz daha genişletirsek bunlara Tooting, Balham, Wandsworth ve Wimbledon Chase de ekleniyor. Tabii benzini bu bölgeden aldığını gösteren herhangi bir kanıt yok. Zaten dikkat çekici bir miktar da almamış. Bir bidon kadar almış olmalı."

"Bunu kimse hatırlamaz," diye beni destekledi Rob. "Ayrıca ne aradığımızı da bilmiyoruz. Olay yerlerinin hiç birinde bidon ya da benzeri bir kap bulunamadı."

"Bu sabahki olay dışında. Yakınlardaki bir bahçede kırmızı bir bidon buldular."

"Ama olayların birbiriyle bağlantılı olduğundan emin değiliz."

"Evet değiliz."

5. KURBAN

Arkama yaslanıp biramdan bir yudum aldım. Rob bana bakıyordu. "Ne düşünüyorsun?"

"Eğer gecenin bir vakti, tek başıma eve yürüyor olsam, hayatta durup bir yabancıyla konuşmazdım. Onların güvenini nasıl kazanıyor olabilir?"

"Bunu biliyor olsak şu anda bunları konuşuyor olmazdık çünkü zaten onu çoktan bulmuş olurduk," dedi Rob kesin bir şekilde. "Bir numarası olmalı. Ted Bundy'nin sahte kırık kolu gibi -hani yanına gelip soruyor, "Çantalarım için bana yardım edebilir misiniz?" diye ve sonra daha ne olduğunu bile anlayamadan bir bakıyorsun ki her şey kararıyor."

"Nicola bir dadıydı. Üç numaralı kurban Victoria Müller ise bir bakıcı. İkisi de insanlara yardım etmeye alışkındı. Belki de yardıma ihtiyacı varmış gibi davranıyordur."

"Olabilir. Güvenlik kamerasında sakat birilerine rastladın mı?"

Başımı iki yana salladım. "Zaten çok az yaya vardı. Hepsinin izini bulduk. Crimewatch yayınının gelen başvurulara çok yararı olduğu söylenebilir."

"Evet, zaten başka bir yararı da olmadı."

Üçüncü cinayetten sonra Godley televizyona çıkıp halktan yardım istemişti. Yayının ardından yüzlerce telefon almıştık ama aralarında gerçekten işimize yarayacak bir şeyler olduysa bile televizyon yayınının cazibesine kapılıp başımıza toplanan tuhaf tuhaf insanların yarattığı karmaşada kaynayıp gitmiş olmalıydılar.

Nicola'nın dosyasını kapattım ve Alice Fallon'un dosyasını önümüze çektim. "En genç kurbanımız. Alice Emma Fallon, on dokuz yaşında, Ekim'in onunda, bir Cumartesi günü öldürüldü. Cesedi New Covent Garden pazarı yakınlarındaki Vauxhall parkına bırakılmış halde bulundu." Fotoğrafların arka planında salıncaklar, bir kaydırak ve parlak renkli çocuk parkı oyuncakları görünüyor, ön taraf ise bu durumla korkunç bir tezat oluşturuyordu. Cesedi parkın arka tarafındaki beyaz bir duvarın önünde bulunmuştu ve alevler, yangının korkunçluğunu kanıtlarcasına duvarı yarım daire şeklinde yakıp kavurmuştu. Olay yeri fotoğraflarındaki Alice, gerçek hayatta düz ve uzun, açık kahverengi saçlarını ortadan ayıran, tatlı yüzlü ve hafif kilolu Alice'e hiç benzemiyordu.

"Yaralanmalar Nicola'nınkilerle benzerlik taşıyor; çalışma yöntemi benzer. Şok tabancası kullanmış. Bulunduğunda bir küpesi kayıpmış. Gümüş kısmına turkuaz renkli bir boncukla bağlı, devekuşu tüyünden bir küpe. Son derece farklı ve özgün bir parça. Ailece çıktıkları bir Colorado tatilinde alınmış, yani benzersiz olduğu tam olarak doğru değil ama Ekim'in ortasında Güney Londra'da bir tek onda olduğunu rahatlıkla söyleyebiliriz."

"Alice öğrenciydi ve Battersea'de oturuyordu. Saat on bir ile geceyarısı arasında öldürüldü. Vauxhall'da arkadaşlarıyla geçirdiği bir gecenin ardından yürüyerek eve dönüyordu ancak eve ulaşmayı başaramadı."

"Ve Nicola'yla tek ortak noktası da bu. Uzun saçlarını ve ölmüş olmasını saymazsak tabii."

"Bu konuya açıklık getirdiğin için teşekkürler," dedi Rob alaycı bir sesle.

"Benim için bir zevk." Üçüncü dosyayı açtım. "Sıradaki: Bayan Müller. Yirmi altı yaşında, bekâr, aslen Düsseldorf'lu

5. KURBAN

ama beş yıldır İngiltere'de yaşıyordu. Camberwell'de kiralık bir evde kalıyordu. On üç Ekim gecesi Victoria Wandsworth'taki bir bakım evinde gece vardiyasına kalmıştı. Sabah saat dörtte işten çıktı ve Hackney'de oturan iş arkadaşının, kırk üç yaşındaki Bayan Nollis'in kendisini bırakma teklifini kabul etti. Bayan Nollis, onu evine kadar götürmek yerine Stockwell metro istasyonunun önündeki trafik ışıklarında indirdi. Victoria'nın buradan bir buçuk kilometre kadar uzaktaki evine yürüyerek gitmiş olması gerekiyordu ama hayatı berbat haldeki bir apartmanın önündeki küçük ve fazla gelişmiş parkta son buldu. Her zamanki gibi apartman sakinlerinden hiçbirinin dikkatini çeken bir şey olmamış, kimse bir şey görmemişti. Cesedi saat altıyı yirmi geçe, orada koşu yapan biri tarafından bulundu. Adam koşarak olay yerinin ortasına dalmak üzereyken, önünde ne olduğunu fark etmiş."

Koşu yapan adam baktığı şeyin ne olduğunu fark edince midesi bulanmıştı. Müfettiş Judd bilgilendirme toplantısı sırasında 999 kaydını dinletmiş, adamın öğürüp telefona kusması büyük gülüşmelere neden olmuştu. Victoria'nın vücudunun, üzerinde yaraları gösteren işaretlerle kaplı çiziminin de içinde bulunduğu dosyadaki fotoğraflara ve patoloğun raporuna bakınca içimden gülmek gelmiyordu. Bakıcı, ölmeden önce vahşice dövülmüş, gözlerine ve burnuna sayısız darbe almıştı. Katil kurbanın çenesini tam beş yerinden kırmıştı. Dişlerinin çoğunu kırarak dökmüştü. Kafatasını, sol kolunu, kaburgalarını ve köprücük kemiğini kırmıştı. Patolog, kurbanımızın yaralarına bakarak adamın onu defalarca tekmelediği sonucuna varıyordu. Sağ elinin üzerinde tepinmişti. Bunları yaparken yumrukları ve tekmelerinin yanı sıra bir de çekiç kullanmıştı. Sol elinde bulunan iki gümüş yüzüğü almıştı. Bunlar gerçekten de benzersizdi çünkü kurbanımız ikisini de kendi yapmıştı. Bunu ne zaman düşünsem içim burkuluyordu. Godley'nin kriminal psikoloğu adamın işi uzatmayı öğrenmeye başladığını söylemişti. Kendine olan güveni artıyordu. Onların canını yakmaktan zevk almak istiyordu. Yüz hatlarını yok ederek onları var oldukları için cezalandırmak istiyordu.

Victoria Müller bir elli boylarında ufak tefek ve narin bir kızdı. Sadece otuz sekiz kiloydu. Ailesi irtibat bürosundaki görevlilere onun kekemelikle mücadele ettiğini anlatmışlardı. Erkeklerin yanında kendini rahat hissetmiyordu. Aynı şey çalıştığı bakımevindeki yönetici için de geçerliydi. Arabası olmamasına ve gecenin bir yarısı eve dönmekte zorlanıyor olmasına rağmen yönetici onun gündüz vardiyasında çalışmasına izin vermemişti. Okulda itilip kakılmıştı. Siyah beyaz filmlerden ve Hello Kitty bebeklerinden hoşlanıyordu. Beyaz şarap tercih ederdi ama bir yıl kadar önce Camberwell'e taşındığından beri geceleri pek dışarı çıkmıyordu. Arası açık gözleri ve kalkık burnuyla elfleri andırıyordu ama sonuçta çekici bir tipti. Utangaçtı. Nazikti. Vücudundaki yaraların anlattığı hikâye doğruysa o gece katiliyle mücadele etmişti. Ve yola yakın ama gözden uzak bir parktaki çalılıkta, katilin onu yaktığı yerde ölmüştü.

"Bu sefer daha iyi bir yer bulmuş," dedim. "Daha çok zamanı olmuştur. Belki biraz durup, cesedin yanışını izlemiştir."

"Hasta herif."

Rob başını iki yana sallıyordu. Onun da benim gibi Vic-

5. KURBAN

toria'nın son anlarını düşünüp düşünmediğini merak ettim. İçindeki korkuyu. Çektiği acıyı. Böylesine vahşi bir saldırı karşısında hissettiği çaresizliği. Bir insanın başka bir insana bu kadar büyük bir zarar vermek isteyebilmesini aklım almıyordu.

Yediklerim midemde dönmeye başlamıştı; midem bulanıyordu. Birayı elimden bırakıp dosyalara daha yakından bakıyormuş gibi yaparak öne doğru eğildim.

"Sen iyi misin?"

Zorlukla gülümsedim. "Tabii. Hiç bu kadar iyi olmamıştım. Neden?"

"Yüzün bembeyaz oldu da."

"O bana İrlandalı atalarımdan kalan miras. Pek kolay bronzlaşamıyorum."

Rob ikna olmamış gibi ağzının içinde bir şeyler geveledi ama neyse ki fazla üstelemedi. Bu cinayetlerin beni nasıl altüst ettiğini itiraf etmek istemiyordum. Bunu ona da kendime de itiraf etmek istemiyordum. Ama Victoria Müller'de beni her seferinde etkileyen bir şeyler vardı. Hayatın ona verdiğinden çok daha fazlasını hak etmişti o.

"Bildiğimiz kadarıyla Nicola Fielding'le de Alice Fallon'la da hiçbir ortak noktaları yok; ne arkadaşları, ne karşılaştıkları kişiler, ne de iş arkadaşları ortak..."

"Aynı dönemde aynı bölgede oturdukları hiç olmamış. Hiçbir ortak ilgi alanları yok."

"Dört numaralı kurban da aynı şekilde. Her şey kurbanların tesadüfen seçildiğine işaret ediyor," dedim konuştuklarımızı özetleyerek. "Katilimizin yoluna çıktılar ve öldüler."

"Dört numaraya geçmeden önce bir bira daha ister misin?"

"Neden olmasın," dedim. Rob mutfağa gitti ve çok kısa bir süre sonra elinde iki şişe buz gibi birayla geri döndü.

"Dört numaralı kurban Charity Beddoes bir LSE öğrencisiydi. Melezdi, çok güzel ve çok zekiydi ve Brixton'da oturuyordu. Kasım ayının yirmisinde, erkek arkadaşıyla kavga edip birlikte gittikleri ev partisini tek başına terk ettiği saat olan ikiyi on geçe ile cesedinin oradan geçen bir taksi şoförü tarafından Mostyn Gardens'ta bulunduğu saat olan beş arasında öldürüldü. Adam önce yanan şeyin çöp olduğunu sanmış ama sonra ne olduğunu anlayıp bizi aramıştı."

Rob kızın erkek arkadaşının ifadesini okuyordu. "Burada yazanlara bakılırsa kız sarhoşmuş ve erkek arkadaşına son derece öfkeliymiş. Adam başka bir kızla üst kata çıkmış ve Charity de 'durumu bilmeden hemen anlamlar çıkarmış'. Kızı suçlayamayacağım doğrusu. Ama sence de bu kötü şans değil mi? Korkunç bir şekilde öldürülmekle kalmıyor bir de hemen öncesinde erkek arkadaşının seni aldattığını öğreniyorsun."

Tam cevap verecektim ki biri benden önce davrandı.

"Kim kimi aldatmış?" Ian kapının önünde durmuş, yüzünde düşmanca bir ifadeyle ters ters bize bakıyordu.

"Dönmüşsün," dedim gereksiz bir şekilde. "Seni bu kadar erken beklemiyordum. Film nasıldı?"

"Güzel."

Anlatması için bekledim ama Ian başka bir şey söylemedi. Dudakları incelmişti; bu tehlike işaretiydi. "Ee...sizinle sinemaya gelemediğim için üzgünüm. Ama zaten biliyorsun, pek bana göre bir film değildi."

5. KURBAN

Ian yüzünde tiksinti dolu bir ifadeyle masanın üzerindeki fotoğraflara bakıyordu. Rob hiçbir şey söylemeden dosyaları kapattı ve masanın bir köşesine üst üste yığdı. Ian aynı ifadeyle Rob'a döndü. "Selam."

"Rob dava üzerinde çalışmak için geldi. Rob'u hatırlıyorsun, değil mi?" Ekibin önceki yaz düzenlenen barbeküsünde tanışmışlardı. Ama tanışmanın pek de başarılı geçmediğini hatırlamakta biraz geç kalmıştım.

Ian boş gözlerle Rob'a baktı. "İyi misin?"

"Evet. Sen?"

"Evet."

Sessizlik olmuştu. Hemen devam ettim. "Julian ve Hugo nasıldı?"

"İyiler." Ian biraz yumuşar gibi olmuştu. "Hugo Maldivlerden yeni döndü."

"Maldivler," diye tekrarladı Rob. "Ne hoş."

Rob sinirlenmeye başlamıştı. Bunu anlamak için onu gerçekten iyi tanıyor olmak gerekirdi. Hiçbir şey söylemedim. Neyse ki Ian durumu fark etmemiş ya da etmişse bile ona herhangi bir cevap vermemişti.

"Güzel bir tatil olmuş." Bana baktı. "Ben onlardan erken ayrıldım çünkü senin iyi olup olmadığını merak ettim."

"Teşekkür ederim. Çok tatlısın. Gerçekten hiç gerek yoktu."

"Evet, endişelenmeme hiç gerek olmadığını şimdi anlıyorum. Sakin bir gece geçireceğinizi bana da haber versen iyi olurdu."

"Çalışıyorduk."

Ian cevap vermek yerine kaşlarını çatıp önümüzdeki masanın üzerinde duran boş bira şişelerine baktı. Birden sinirlendim -daha doğrusu deliye döndüm. "Bunu gerçekten şu anda yapmak istediğine emin misin Ian? İş arkadaşımın önünde?"

Rob ayağa kalkıp gerindi. "Sanırım artık gitme vaktim geldi," dedi ortaya konuşarak. "Yolu kendim bulurum. Pazartesi görüşürüz, Kerrigan."

"Kalan biraları da al. Burada harcanıp gidecekler." Rob tamam der gibi başını sallayıp mutfağa gitmek için Ian'ın yanından geçti; Ian gözlerini bir an için benden ayırmadan Rob'un yolundan çekildi. Rob'un ayak sesleri önce mutfağa, oradan merdivenlere geçti ve kısa bir süre sonra ön kapının belli belirsiz kapanma sesi duyuldu.

"Aferin, Ian. Çok teşekkürler."

Ian başını yana eğdi. "Özür dilerim. Evin sana lazım olduğunu bana söylemeliydin. Kötü bir zamanda mı geldim?"

"Tanrı aşkına. Eğleniyor gibi bir halimiz var mıydı?"

"Aslında oldukça eğlendiğini söyleyebilirim, evet. Kabul et, Maeve. Çalışmayı, neredeyse her şeye tercih edeceğini biliyorum. Benimle ve çocuklarla dışarı çıkamadığın için üzgün olduğunu söyleme sakın."

"Pek sayılmaz," dedim. "Ama bunun nedeni onlarla pek ortak noktamızın olmaması."

"Bazen," dedi Ian sakin bir sesle, "benimle ne ortak noktan var acaba diye merak ediyorum."

Bu sözüne bir karşılık verebilsem hiç de fena olmayacaktı ama kelimeler bir anda odanın orta yerine düşmüş gibiydi ve aklıma söyleyecek hiçbir şey gelmiyordu. Mutfağa girip, orta

5. KURBAN

raftaki bardakların, affedilmesi mümkün olmayan bir şekilde, Rob'un sık sık kullandığı bir kelimeyi oluşturacak şekilde tekrar düzenlendiğini gördüğümüzde de aklıma söyleyecek hiçbir şey gelmedi. Söylenecek hiçbir şey yoktu.

O kelime her şeyi gayet güzel özetliyordu.

LOUISE

Cep telefonum çaldığında, merdivenin tepesinde duvardaki duvar kâğıtlarını sökmekle meşguldüm. Telefona cevap vermeyebilirdim ama kollarım ağrımaya başlamıştı ve biraz dinlenmek iyi bir fikre benziyordu. Arayanın kim olduğuna bakmak için merdivenden indim ve ekrandaki ismi görünce yüzümü buruşturdum.

"Selam, Tilly."

"Ah, Louise. Seni Pazar sabahı rahatsız ettiğim için özür dilerim. Umarım uyandırmamışımdır. Hafta sonlarında insanları erkenden aramaktan hiç hoşlanmam ama bu durumda sorun olmayacağını düşündüm." Sesi hırıltılıydı ve hızla konuşurken kelimeleri anlaşılmaz bir şekilde birbirine karışıyordu. Ne söylediğini anlayabilmek için dikkatle dinledim. "Rebecca'ya olanlar ne kadar korkunç, öyle değil mi? Bir türlü inanamıyorum."

Buna benim de inanamadığım ve çok üzüldüğümle ilgili bir şeyler geveledim ağzımda.

"Biraz önce Gerald ve Avril'le Rebecca'nın anma töreni hakkında konuştum."

Gerald ve Avril aslında Bay ve Bayan Haworth, yani Rebecca'nın anne ve babasıydı. Çok sinirlenmiştim.

Tilly ve Rebecca okula birlikte gitmişlerdi; onun annesi ile Rebecca'nınki çok yakın arkadaşlardı. Bunlar Tilly'nin, Rebecca'nın daha iyi ya da daha yakın bir arkadaşı olduğu anlamına gelmezdi ama o her nedense öyleymiş gibi davranıyordu.

"Daha nasıl olacağına karar vermemişler. Daha Cuma günü konuştuk." İçimdeki çocukça arzuya karşı koyamamıştım. Onlarla hangi gün konuştuğumu söyleyerek, Tilly'nin, aileyle kendisinden önce konuştuğumu anlamasını istiyordum. Tilly hiç etkilenmemiş gibi konuşmaya devam etti.

"Ah, hayır. Bu işle onlar adına ben ilgileniyorum. Rebecca'yı seven insanlarla bir araya gelme fikrine gerçekten bayıldım. Böylece herkes onu ve yaptıklarını hatırlayabilecek. Tören çarşamba günü."

"Bu biraz erken değil mi?"

"Herkesin biraz kafası dağılmış olur. Müziği ben seçiyorum. Gavin de güzel okuma parçaları bulmaya çalışıyor." Gavin, Tilly'nin erkek arkadaşıydı ve daha çok yeniydi. Rebecca'yı neredeyse hiç tanımazken onun bu konuyla ne ilgisi olduğunu anlamıyordum.

"Ben okuma yapabileceğimi sanmıyorum." O sormadan söylemek istemiştim.

"Ah, zaten sana sormayacaktım. Bütün okuma yapacakları belirledim. Sana sadece günü haber vermek istemiştim. Tören Haworth'ların mahalle kilisesinde olacak. Sen hiç evlerine gitmiş miydin?"

"Bir çok kez," dedim dişlerimi gıcırdatarak.

5. KURBAN

"Tamam, ana yoldan dönünce sokağın hemen başındaki kilise. Görmemen imkânsız."

"Evet. Daha önce oraya da gittim."

"Ah harika. Törenin öğle saatinde başlaması planlanıyor. Ardından da herkes yemek için eve geçecek." Sayfaları hızla çevirdiğini duyabiliyordum. "Elimde Rebecca'nın yirmi beşinci yaş gününü düzenlediğim zamandan kalan arkadaş listesi var ama senin aklına listeye eklenmesi gereken başka insanlar, mesela üniversiteden birileri gelirse, bana isimlerini ve onlara nasıl ulaşabileceğimi iletebilir misin?"

Düşünüp onu tekrar arayacağımı söyledim ama bunu yapmayacaktım. "Başka kim gelecek?"

"Onun için önemli olan herkes."

Bir an durakladım ve sonra aniden sordum. "Gil de mi?"

"Tabii ki. Zaten ilk onu aradım." Bunu sormama şaşırmış gibiydi. Onu tabii ki davet edecekti. Sakin olmaya çalışarak yutkundum. Onu göreceğim için korkmam anlamsızdı. Ağzımın kupkuru olması saçmaydı.

Tilly'ye hoşça kal dedim ve evin kullanılmayan ikinci yatak odasının duvarlarında, seksenlerden beri beklediği belli olan leş gibi olmuş turuncu duvar kâğıtlarını sökme işine geri döndüm. Bu odayla ilgili güzel planlarım vardı.

Uçuşan perdeler, biraz önce büyük bir toz bulutu eşliğinde söküp attığım kahverengi halının yerine gelecek olan, üzerine koyun postu serilmiş beyaz boyalı yer döşemeleri, yatak için yeni çarşaf ve yastıklar ve insanın kendini bir bulutun içinde uyuyormuş gibi hissetmesini sağlayacak zarif desenli açık pembe duvar kâğıtları. Zor olacak ama buna değecekti. Sabah işe başladığımda kendi kendime keyifle şarkılar mırıldanıyordum ama Tilly'nin telefonundan sonra buna halim kalmamıştı. Töreni aklımdan bir türlü çıkaramıyordum. Başka şeyler düşünmek için ne kadar uğraşırsam uğraşayım dönüp dolaşıp yine aynı yere geliyordum. Orada olacak olan, yıllardır konuşmadığım bütün o insanlar. Tilly'nin beni nasıl törenden dışladığı -ben zaten arka planda kalmak isterken onun böyle davranması beni deli etmişti. Bunun Rebecca'nın katılacağı son parti olacağı fikri kafamda dönüp duruyordu. Tabii cenaze de olacaktı ama onun daha sakin geçeceğini düşünüyordum. Haworth'lar onu aile içinde yapmak isterlerdi. Tabii benim gibi, Rebecca'yı çok seven insanlarla birlikte.

İşte yine aynı yere gelmiştim. Gil onu seviyordu. Gil de orada olacaktı. Gil'i görecektim. Gil de beni görecekti. Beynimin düşünmeyle ilgili kısmı onu görmek istemediğimden kesinlikle eminkdi. Polise onunla anlaşamadığımızı söylemiştim ama bu doğru değildi. Aslında ondan nefret ediyordum ama onun, beni nefret edecek kadar bile önemsediğini sanmıyordum.

Ve ondan en çok da, onu ilgi çekici bulmaktan kendimi alamadığım için nefret ediyordum. Rebecca'yı kendine esir etmişti; Gil söz konusu olduğunda gözü hiçbir şey görmezdi. Çok üzülüyordum ve bunu Rebecca'ya da söylemiştim. Ondan kurtulması için ısrar etmiştim ama o tam da ondan beklediğim gibi tavsiyeme uymamıştı. Gil'in başa bela bir tip olduğunu biliyordum ama Rebecca'nın yerinde ben olsam kendimi ondan kurtarabilir miydim, işte bundan pek emin değildim. Gerçi bu konuda endişelenmeme hiç gerek olmamıştı. Yanımda Rebecca varken böyle bir şey asla benim başıma gelmezdi.

Altıncı Bölüm

MAEVE

"Buna inanamıyorum. O kadar insan dururken. Ben... ben... çok üzgünüm."

Nefes alıp durmasına ve elini sallamasına bakılırsa Jess Barker bir kez daha gözyaşlarına boğulmak üzereydi. Sabretmeye çalışarak eğildim ve kalemimin arkasıyla bir kutu mendili ona doğru ittim. Rahatsızlığım onu samimi bulmamış olmamdan kaynaklanmıyordu, bilakis yaşadığı üzüntünün tamamen gerçek olduğunu düşünüyordum. Ama şimdiye kadar Rebecca hakkında hep aynı şeyi duymuştum. 'Mükemmel bir çalışma arkadaşı. Gerçekten mükemmel. Ofisteyken herkesi mutlu eder, biliyor musunuz?' Biliyordum. Aynı sözleri Rebecca'nın dört yıldır çalıştığı halkla ilişkiler şirketi Ventnor Chase'teki bütün çalışma arkadaşlarından duymuştum. Şirket Mayfair'deki Georgian tarzda bir konağın içinde bulunuyordu. Çalışma arkadaşlarının hiçbiri onun dört ay önce bu şık ve pahalı döşenmiş ofisi neden bırakıp gittiği sorusuna bir cevap verememişti. Kendi şirketini kurmak istediğiyle ilgili hikâyeler duymuştum ve seyahat etmek istediğiyle ya da

5. KURBAN

New York'taki yeni bir işle ilgili belli belirsiz söylentiler vardı. Kimse detayları bilmiyordu. Gerçekte ne olduğunu bilebilecek tek kişi Anton Ventnor'du ama o da, sekreterinin bana bildirdiği kadarıyla, müsait değildi. Ülke dışındaydı. Sekreteri onun Cenevre'de olduğunu düşünüyordu ama iki gün sonra Vilnius'a geçmesi planlanmıştı. Hayır, ne zaman döneceğini bilmiyordu. Evet, bizi aramasını söyleyecekti.

"Bugünlerde herkese ulaşılabiliyor," diye itiraz ettim. "İsterseniz beş saniye içinde ona ulaşabilirsiniz. Bahse girerim bir Blackberry'si vardır. Belki bir iPhone'u. Ya da uluslararası çalışan herhangi bir iletişim aracı."

Görünüşe bakılırsa, Bay Ventnor'un yanında bunların hiçbiri yoktu. O şu anda her ne yapıyorsa sadece onunla ilgilenmek istiyordu. Sık sık ofise gelmediği olur ve böyle zamanlarda günde bir kez sekreterini arayarak neler olup bittiğini ondan on dakikalık kısa bir görüşmeyle öğrenirdi. Sekreteri bir sonraki gün aradığında görüşme isteğimi kendisine iletecekti. Sabretmem ve onun benimle iletişime geçmesini beklemem gerekiyordu.

Ama ben sabretmek istemiyordum. Personel dosyalarını getirttim ama onlar da Rebecca'nın çok sevdiği işini ansızın neden bırakmış olabileceği konusunda herhangi bir bilgi içermiyorlardı. Rebecca'nın adeta bu işi yapmak için doğduğunu birden çok arkadaşından duymuştum ama bu kadar sevdiği bir işi bırakmasına neyin neden olduğunu bana kimse söyleyememişti. Son şansım, sırılsıklam olmuş mavi gözlerinin altına bulaşan rimelleriyle karşımda oturuyordu.

"Devam etmeye hazır mısın acaba?"

Rebecca'nın asistanı Jess gürültüyle burnunu sildi. Bana

gerçek hikâyeyi anlatacağını umarak onu en sona saklamıştım. Mendilinin üzerinden yalvaran gözlerle bana baktı.
"Evet, tabii ki. Çok özür dilerim."
"Önemli değil. Acele etme. Zor olduğunu biliyorum. Onunla uzun zamandır mı birlikte çalışıyordun?"
Evet der gibi başını salladı. "Neredeyse bir yıl olmuştu." Jess'in yirmi iki yaşında olduğunu tahmin ediyordum. Bir yıl, ona gerçekten uzun bir zamanmış gibi geliyor olmalıydı.
"Onu iyi tanıdığın söylenebilir mi?"
"Kesinlikle. Benimle her konuda konuşurdu. Tamamen açıktı ve benimle bir şeyler paylaşmaktan hoşlanırdı. Her sabah ofise geldiğinde ona bir bardak çay yapardım ve sonra karşılıklı oturur sohbet ederdik. Geçen gece ne yaptığım, onun ne yaptığı, eve giderken ve gelirken neler olduğu ve kıyafetlerimiz... Bilirsiniz, sohbet işte."

Anlattıkları bana resmen kâbus gibi geliyordu ama zaten ben böyle bir ofiste çalışmak için yaratılmamıştım.

"Bu durumda sanırım onun Ventnor Chase'ten neden ayrıldığını da biliyorsundur." Neredeyse nefesimi tutmuş, cevabını bekliyordum. Ah, hadi ama. Birileri bir şeyler biliyor olmalı.

Arkasındaki pencereden içeri süzülen ışık, bukleler halinde havaya dikilmiş saçlarına vuruyor, başının etrafında bir hale oluşturuyordu.

Tabii akan burnu ve kırmızı gözlerine rağmen ruhani bir güzelliği de vardı ama benim onu tam bir melek olarak görmeme neden olan şey, patronunun ondan bekliyor olabileceği ağzı sıkılığı aşmasının sadece iki saniye almış olmasıydı.

5. KURBAN

Oturduğu yerde doğrulup elindeki mendille oynamaya başladı. Ağlamayı unutmuş, önemli bir bilgi olduğu belli olan dedikoduyu benimle paylaşmayı düşünüyordu.

"Şey, sanırım bunu size anlatmamam gerekirdi ama işler biraz...bilirsiniz işte, garipleşmişti."

"Ne demek istiyorsun?"

"Sanırım Rebecca uyuşturucu kullanıyordu." Son iki kelimeyi ağzını oynatarak sessiz söylemişti.

"Böyle düşünmene neden olan şey nedir?"

"İşe gelmemeye başlamıştı. Kendi yönetmesi gereken etkinliklere katılmıyor, arayıp gelemeyeceğini bile haber vermiyordu. Onun için bahaneler uydurmak zorunda kalıyordum ama tabii gitmediği yerlere gitmiş gibi de davranamıyordum. Bay Ventnor durumu öğrendiğinde çok kızdı."

"Peki ya Bay Chase? O bu konuda ne düşünüyordu?"

"Bay Chase diye biri yok," dedi Jess ağzını çarpıtarak. Bay Ventnor, iki ismin kulağa daha iyi geleceğini düşünmüş."

Bu, Ventnor'un kendini beğenmiş suratsız asistanının bana neden Bay Chase'in telefon numarasını veremediğini de açıklıyordu. Ama onun sadece şirket evraklarında var olan biri olduğunu anlatmama nedeni belli değildi. Elimdeki kara listede yazılı olan isminin yanına hemen bir siyah işaret daha ekledim.

"Demek Rebecca güvenilirliğini kaybetmişti. Bu ne zaman başladı?"

"Yaklaşık altı ay önce. Ama gittikçe kötüleşiyordu. Artık ofise hiç gelmez olmuştu. Bazen arka arkaya üç gün ortadan kaybolup sonra hiçbir şey olmamış gibi ortaya çıktığı olurdu. Ve çok kilo kaybetmişti; gözlerinin etrafında kırışıklıklar oluşmaya başlamıştı. Bilirsiniz, şuralarda," dedi Jess, söz ettiği bölgeyi son derece pürüzsüz ve mükemmel yüzünde göstererek. "Onun için gerçekten endişeleniyordum çünkü bir deri bir kemik kalmıştı. Onu görünce o yaşa geldiğinde insanın vücudu ve yüzü arasında bir tercih yapması gerektiğini anladım."

"Yirmi sekiz yaşındaydı," dedim bir anda kırgın bir ses tonuyla. Benim yaşımdaydı.

"Evet, öyle." Jess bir an durup gözlerini kırpıştırarak bana baktı. Demek yirmi sekiz yaş, yaşlı sayılıyordu. Kendimi rahatsız hissetmeye başlamıştım. Neyse ki, Rebecca'nın asistanı beni beklemeden anlatmaya devam etti.

"Önemsiz gibi görünen şeyler oluyordu, anlarsınız ya. Mesela uzun bir süredir saçını boyatmamıştı. Ve bir keresinde ofise çorabı kaçık halde gelmişti. Bunun farkında bile değildi."

"Bu bir şeyi kanıtlamaz ki," diye itiraz ettim. "Herkesin çorabı kaçar ve insan bunu fark etmeyebilir. Ve eğer çok meşgulse, mesela kendi şirketini kurmakla uğraşıyorsa, saçını yaptırmaya fırsat bulamamış olabilir."

Jess başını sağa sola sallıyordu. "Mümkün değil. Rebecca her zaman kusursuz görünürdü. "Nasıl göründüğün çok önemlidir." Bana sürekli bunu söylerdi. Bütün bakım randevularını ben alırdım. Her hafta masaj ve her on beş günde bir yüz bakımı yaptırırdı. Salı günleri öğle saatinde manikür-pedikürü vardı. Altı haftada bir saçını kestirir, her ay boyatırdı. Ama son zamanlarda randevulara gitmemeye başlamıştı. Eskiden üzerine bir şey dökme ihtimaline karşı yanında her

5. KURBAN

zaman yedek kıyafet taşırdı. Bakımsız görünmeye dayanamazdı. Ofiste de aynıydı. Masasındaki her şeyin bir yeri olduğu için karanlıkta bile çalışabileceğini söylerdi."

Bunu not aldım. Louise eviyle ilgili tam tersini söylerken, Rebecca'nın işyerinde toplu olmayı başarması hoşuma gitmişti. Ama insanlar genellikle işteyken evde olduklarından farklı davranırlardı.

Jess konuşmayı sürdürdü, "O her zaman sanki her şey kontrolü altındaymış gibi, son derece kendine hakim görünürdü, anlıyor musunuz? Tabii bu çok ironik bir durumdu çünkü bulimiası vardı."

"Bunu nereden biliyorsun?"

"Bunu gerçekten bir sır olarak saklıyordu. Benden başka kimse bilmiyor olmalı. Benim bilmemin tek nedeni de masamın tuvaletin hemen yanında olması ve masamda otururken içerden gelen sesleri duyabilmem -ofisin en iyi masası, biliyorum, çok şanslıyım doğrusu. Öğle yemeklerini ben alırdım ve aldığım yemek her neyse ona verirken içimden, onu çok geçmeden yeniden göreceğiz diye geçirirdim. Yani o da insandı. Belli bir şekilde görünmek istiyordu ve sanırım onun için bunu yapmanın en kolay yolu buydu. Ve iyi de idare ediyordu." Durup iki eliyle saçlarını kabartıp düzeltti ve sonra devam etti. "Sadece birkaç aydır işler aksamaya başlamıştı. Kendi gibi değildi. Ve kendi işini kurduğu falan da yoktu; bu lanet olasıca bir saçmalık."

Yüzüne şaşkın gözlerle bakmış olmalıydım ki Jess eliyle ağzını kapattı ve kıpkırmızı oldu.

"Özür dilerim. Küfür etmemeliydim. Ama gerçekten de öyle. Rebecca'nın buradan ayrılmak istemesi mümkün değildi. O buraya bayılıyordu ve Bay Ventnor'la da çok iyi anlaşıyorlardı. Ofisine gidip masasına oturur, onunla konuşurdu. Bunu ondan başka kimse yapamazdı. Ondan hiç korkmuyor gibiydi."

"Korkmalı mıydı?"

"Evet," dedi Jess gözlerini açarak. "O deli gibi korkutucudur. Üzgünüm. Demek istediğim-"

"Sorun değil," dedim aceleyle. "Devam et. İşini çok seviyordu ve ayrılmayı düşünmüyordu ama işler biraz kontrolden çıkmaya başlamıştı. Bu hâlâ onun uyuşturucu kullandığını kanıtlamıyor. Belki de stres altındaydı. Ya da depresyonda."

"Ah evet, muhtemelen stresliydi ama bunun nedeni bütçesini fazlasıyla aşmış olmasıydı," dedi Jess. "Beş parasız kaldığını bana söylemişti. Ve uyuşturucu kullandığından da eminim. Bir keresinde çıkmadan önce bir şeye ihtiyacı olup olmadığına bakmak için ofisine girmiştim ve masasında, üzerinde beyaz bir toz olan bir ayna duruyordu. Bir anda telaşla merhaba diyebildim. Masadaki belli ki kokaindi ama o konuda o da ben de hiçbir şey söylemedik. Aynanın üzerine bir dosya koyup onu okuyormuş gibi yapmaya başladı. Benden saklamasına gerek yoktu aslında. Buna aldırmazdım." Yüzümdeki bakışı fark etmiş olmalıydı. "Ah, ben kullanmıyorum. Yasadışı olduğunu biliyorum. Sadece -şey, çok şaşırdığım söylenemezdi, hepsi bu. Zaten böyle bir şeyler yapıyordur diye düşünüyordum."

"Sence Bay Ventnor uyuşturucu işini öğrenmiş olabilir mi?"

Bilmiyorum der gibi omuz silkti. "Olabilir. Ama onun için asıl önemli olan şirketin itibarıydı. İtibarımız her şeyi-

5. KURBAN

mizdir. Rebecca hep böyle derdi -tabii eskiden. Artık sözünde durmamaya başlamıştı ve müşteriler de bunun farkındaydı. İşini yapamıyorsa onu neden burada tutuyorsunuz ki falan gibi şeyler söylüyorlardı, anlatabiliyor muyum? Onu gönderip yerine başka birini bulmak daha iyi olacaktı. Ama yine de işini çok iyi yapıyordu ve bana sorarsanız yerine doğru insanı bulmayı başaramadılar. Müşterilerini bölüşüp onun yerine başka birini işe aldılar ama o Rebecca'ya yaklaşamıyor bile."

"Amacın bu mu? Rebecca gibi olmak mı?"

"Artık değil, tabii ki. Ama daha önce öyleydi. Bunda ne sorun var?"

Sorun şuydu ki, mükemmel olmak onu yiyip bitirmişti. İşini kaybetmişti ve uyuşturucu bağımlılığı hayatını ele geçirmişti. Buzdolabı neredeyse bomboştu ve hayatı karmakarışıktı.

Ve son olarak da korkunç bir şekilde ölmüştü. Kısaca cevap verdim, "Aklıma daha iyi rol modeller de geliyor."

"Ama benim gelmiyor. O çok zekiydi. Harika bir patrondu ve daha önce de söylediğim gibi işinde çok iyiydi."

"Ayrıldığına üzülmüş müydü?"

"Çok üzülmüştü."

"Kırgın mıydı?"

"Kesinlikle hayır. O böyle biri değildi. İşten atıldıktan sonraki hafta sonu bir arkadaşıyla birlikte ofise gelip eşyalarını topladı. Yardım etmek istedim ama kabul etmedi. Çok eğlendiklerini söyledi. Hatta yanlarında Çin yemeği bile getirmişlerdi. Pazartesi günü ofise girdiğimde yemek kutuları hâlâ ofisteydi ve Rebecca ortalığı dağınık bıraktığı için bana bir özür notu bırakmıştı. Yemeğin parasını da şirketin kredi kartından ödemişlerdi. Rebecca, Bay Ventnor'un ona iyi bir yemek borcu olduğunu yazmıştı."

"Yanındaki arkadaşı kimdi?" diye sordum. "Adını söyledi mi?"

"Hatırlamaya çalışıyorum." Yukarıdan bir yerlerden ilham gelecekmiş gibi tavana bakıp dudağını ısırdı. "Tamamen unuttum. Daha önce tanıştığım biri değildi."

"Bir ilişkisi olup olmadığını biliyor musun? Yani hayatında özel biri var mıydı?"

"Tanrım, Rebecca'nın etrafında biiir sürü erkek vardı. Ofisine her zaman çiçekler gelir, adamlar arayıp onunla konuşmak isterlerdi. İstese haftanın her günü başka biriyle çıkabilirdi ama çoğuyla ilgilenmiyordu. Bazen yine de çıkıp bir yerlere gitmiş olmak için biriyle buluştuğu olurdu. Bunun yeni barları ve restoranları denemek için iyi bir yöntem olduğunu söylüyordu. Ve kaçış planı da her zaman hazırdı. İstediğinde yanlarından ayrılabilmek için tuvalete gidip bana mesaj atar ve benden ofiste acil bir durum varmış gibi onu aramamı isterdi. Bir keresinde gittikleri bar bodrum katında olduğu için telefonu çekmemiş, Rebecca adamdan bir türlü kurtulamadığı için deliye dönmüştü. O günden sonra bana gittiği yeri ve kiminle buluşacağını haber vermeye başladı. Saat dokuza kadar ondan bir mesaj alamazsam her ihtimale karşı gittikleri yeri arıyordum. Rebecca, bir erkeğin zaman kaybı olup olmadığını onu gördüğü ilk dakikada anlayabileceğini söylerdi. Yani ilk izlenim onun için önemliydi. Ama bir çok tatlı çocukla çıkmış olmasına rağmen gerçekten birlikte olmak isteyeceği tipte biriyle karşılaşamamıştı. Bana kalırsa

5. KURBAN

bu durum, Rebecca'nın "o insanla" çoktan karşılaşmış ama onunla olan ilişkisini son derece trajik bir şekilde yürütememiş olmasından kaynaklanıyordu. Asırlardır o erkek arkadaşıyla birlikteydi ve ayrıldıklarında..." Jess üst dudağını ısırıp gözlerini yukarı çevirerek, tek bir mimiğiyle bu son derece üzücü ayrılık hikâyesini baştan sona anlatmayı başarmıştı.

"Erkek arkadaşının adını hatırlıyor musun?"

"G ile başlayan bir şeydi. Gordon. Guy. Hayır. O da değil. Ge, ge, ge..." parmaklarını şaklattı. "Gil. Korkarım soyadını hatırlayamayacağım ama buralarda bir yerlere yazmış olmalıyım. Neden ayrıldıklarını bilmiyorum; tek söylediği ona kötü davranmaya başladığıydı."

"Kötü derken neyi kastediyordu?"

Omuz silkti. "Bundan tam olarak hiç söz etmedi. Ama beni erkekler ve onlara güvenmem konusunda uyardı. Ayrıldıklarında gerçekten çok kırıldığını düşünmüştüm. Kalbini başka birine açmakta zorlanıyordu. Ve bana sorarsanız, işler onun için bu ayrılıktan sonra kötüleşmeye başladı."

Gil beni büyülemeyi başaramamıştı ama yine de onun gibi bir erkeğin birini nasıl kendine bağlayabileceğini anlayabiliyordum. Derin bir nefes alıp defterimde yeni bir sayfa açtım. "Rebecca'nın Gil'den sonra kimlerle çıktığı hakkında bir fikrin var mı? Ve tabii kimleri reddettiği hakkında da."

"Düşünürsem hatırlayabilirim," dedi Jess kuşkulu bir sesle. "Sonuçta özel hayatının kaydını tutmuyordum. Sadece işle ilgili olanları yazıyordum." Elini, önündeki masada duran, üzerine simli bir kalem iliştirilmiş parlak renkli spiral defterin üzerine koydu. "Ben işle ilgili her şeyi yazarım. Her şeyi. Ama e-postaları silmem. E-posta servisimiz hepsini arşivliyor. Eminim bana gönderdiği e-postaların bir çoğu duruyordur ve..." Utanmış gibi baktı. "Ve aralarında erkeklerden gelenler de vardır. Rebecca komik bulduklarını bana da gönderirdi. Mesela onu görmek için yalvarıp duran ya da terk edildiği için öfkeden deliye dönmüş birileri olduğunda. İsterseniz bulabildiklerimin birer kopyasını çıkarabilirim."

Gülümsedim. "Böyle düzenli olman benim için büyük şans."

"Bu da Rebecca'nın bana öğrettiği bir diğer şey. Her şeyi hatırlayacağını sanırsın ama hatırlamazsın. O yüzden her zaman her şeyi not al. Hiçbir şeyi atma. Ve her zaman kayıt tut ki neyi ne zaman yaptığını hatırlayabilesin. Bu uzun vadede işleri kolaylaştırır, der Rebecca." Jess birden sustu, eliyle ağzını kapattı ve düzeltti. "Derdi. Rebecca böyle derdi. O yanında her zaman bir günlük taşır ve her şeyi arkasına not alırdı. Aslında önceleri ona bu konuda sataşırdım çünkü bilirsiniz işte, artık kimin kâğıt günlüğü kaldı ki? Ama o bunun iPhone'dan falan daha iyi olduğunu, böylece bir düğmeyle her şeyi bozmak ya da üzerine içki döktüğün için bütün hafızanın silinmesi gibi tehlikelerden de kurtulduğunu söylerdi. Hepsini denedim, derdi. Ama en iyisi kalem ve kâğıt. Ve gerçekten de haklıydı. O yüzden ben de onun gibi her şeyi yazmaya başladım."

Rebecca'nın evinde bir günlük görüp görmediğimi hatırlamaya çalışarak kalemimin arkasını ısırdım. "Günlüğü hep yanında mı olurdu?"

"Genellikle. Onun ikinci beyni olduğunu söylerdi. Günlüğü Smythson markaydı. Pembe deri kapaklı. Parlak pembe. Barbie günlüklerine benziyordu."

5. KURBAN

Orada olsa büyük ihtimalle dikkatimi çekerdi ama yine de bir kez daha kontrol etmeyi unutmamak için defterime not aldım. Başımı kaldırdığımda Jess'in gözleri yine dolmuştu.

"Üzgünüm. Sadece...eski hatıralar aklıma geldi işte. Onu bir daha hiç göremeyeceğime bir türlü inanamıyorum."

Ona yeterince anlayış göstermiştim ve saat ilerliyordu. Hafifçe öksürdüm. "Bu listeyi şimdi hazırlaman mümkün mü acaba? Bekleyebilirim."

"Tabii ki. Eğer isterseniz elimde gittiğinden beri onun için bırakılan sesli mesajlar da var. Bay Ventnor, hiçbir müşterisini kaçırmamamız için ara sıra kontrol etmemi istemişti. Sonuçta insanlar onu aramaya devam ediyor."

"Bu harika olur."

Jess, burnunu çekerek ayağa kalktı ve kapıya doğru ilerledi. Tam kapıya elini uzatmıştı ki durdu. "Size söylediklerim yüzünden Rebecca'yla ilgili kötü bir fikre kapılmayın lütfen. O harika bir insandı. Başına gelenleri hak etmiyordu."

"Bu benim bu mesleği yapmamın nedeni sayılır," dedim nazikçe. "Kim olurlarsa ve ne yapmış olursa olsunlar kimse asla böyle bir şeyi hak etmiş olamaz."

"Asla mı?"

Evet der gibi başımı salladım.

"Tamam o zaman. Beş dakikaya dönerim." Jess gözden kayboldu ve hemen ardından başını kapıdan içeri uzattı. "Şunu on yapalım. Bir sürü adam vardı."

Ventnor Chase'ten dışarı adımımı atmayı başarır başarmaz ciğerlerimi benzin kokan buz gibi havayla doldurdum. Kötüydü ama özgürlük anlamına geliyordu. Biraz beklemem gerekecekti ama bana kalırsa dışarıda beklemek, duvarında bana on beş dakikada bir Londra'nın son seri katiliyle ilgili hâlâ yol alınamadığını bildirip duran Sky News kanalı açık, düz ekran bir televizyon asılı olan ruhsuz resepsiyonda beklemekten bin kez daha iyiydi.

Jess'in dönmesini beklerken ofislerden fazlasıyla sıkılmıştım. Bej rengi halılar ve açık kahverengi sandalyelerin dingin zarafeti sinirlerime dokunmuştu. Hepsi fazlasıyla kusursuz, fazlasıyla bakımlıydı. Aynı Rebecca gibi onlar da gerçek olamayacak kadar iyiydiler. Onunla, sakladığı sırlar ve paramparça etmekle meşgul olduğu hayatıyla ilgili öğrendiğim her yeni şey, bana bir kez daha Rebecca'nın patlamaya hazır bir bomba olduğunu düşündürüyordu.

Parmaklıklara yaslanmış notlarımı gözden geçiriyordum ki, Louise North'un kartını buldum. Direkt hattını aradım ama karşıma telesekreteri çıktı. Kartın arkasını bakıp, siyah kalemle ve kendi gibi keskin ve kararlı el yazısıyla yazdığı cep telefonu numarasını tuşladım. İkinci çalışta açtı. Sesi hiç şaşırmamış gibiydi. Sanki aramamı bekliyordu.

"Ne buldunuz?"

Sakin olmaya çalışıyordum ama sinirlenmiştim. Son görüşmemizden beri neler başardığım (ya da daha doğrusu başaramadığım) konusunda rapor vermek için aramamıştım onu. Kendimi Louise North'a kanıtlamak zorunda olduğumu hiç sanmıyordum. Bu yüzden, konuşmaya başladığımda duyduğum, sesimin özür dileyen tonu beni daha kızdırmıştı.

"Hâlâ araştırmaya devam ediyoruz, Louise. Biraz ilerleme sağladık sayılır ama henüz ortada somut bir şey yok."

"Bu çok kötü. Size nasıl yardımcı olabilirim?"

5. KURBAN

"Arkadaşınızın uyuşturucu alışkanlığından haberiniz var mıydı?"

Sessizlik olmuştu. İçimden saniyeleri sayarak bekledim. Üç...dört...beş... Gerçekten çok az sayıda insan, telefonda birkaç saniyeden uzun süren bir sessizliğe tahammül edebilirdi ama Louise tekrar konuşmaya başladığında aradan tam yedi saniye geçmişti.

"Bu konuda bazı şüphelerim vardı, evet. Bunun, onun ölümüyle bir ilgisi var mı?"

"Göreceğiz," dedim. Ne olacağını ben de bilmiyordum. "Ee...bu fikre kapılmanıza neyin neden olduğunu sorabilir miyim?"

"Birçok şey vardı."

Yine sessizlik olmuştu. Yüzümü buruşturdum. Louise, telefonda konuşulabilecek tipte biri değildi. Gidip onunla yüz yüze konuşmalıydım. Karşımda otururken bu kadar temkinli konuşamazdı. "Bana bunların ne olduğunu söylemeniz mümkün mü acaba?"

"Dengesizleşmişti. Eskiden beri sözünde durmadığı, sık sık fikir değiştirdiği olurdu ama artık tamamen çekilmez bir insana dönüşmüştü. Benimle görüşmek için planlar yapıyor ve sonra da buluşmaya gelmiyordu. Ona ulaşmak çok zor olmaya başlamıştı. Zaten Cuma günü de bu nedenle evine uğramıştım. Onu görmek için. Çünkü onu bulmak çok zordu."

"Evi temizlerken," diye sordum, vereceği cevaptan emin bir şekilde, "bu şüpheyi kanıtlayan herhangi bir şey buldunuz mu? Uyuşturucu? Ya da uyuşturucu araç gereçleri?"

"Evet."

"Hangisini buldunuz?"

"İkisini de," dedi Louise aceleyle. "Banyoda, lavabonun yanında. Kokain olduğunu düşündüğüm beyaz bir toz buldum. Tuvalete döküp sifonu çektim. Ve üzerinde jilet olan bir de ayna vardı. Onları da attım. Evden çıkarken çantamdaydılar."

"Ve sorduğumda bu konudan söz etmeye gerek bile duymadınız?"

"Konuyla bir ilgisi yoktu."

"Sizce de buna bizim karar vermemiz daha doğru olmaz mıydı?" Başıma bir ağrı saplanmak üzereydi. Sol gözümün arkası zonkluyordu; elimi ağrıyan yere bastırdım.

"Sanırım öyle." Bir an duraksadı ve sonra devam etti. "Üzgünüm. Hata yapmışım. Rebecca'yı ve ailesini korumaya çalışıyordum. Bu konuyu onunla konuşabilmeyi, onu yardım almaya ikna etmeyi umuyordum. Ama buna fırsatım olmadı."

"Öldüğünü öğrendikten sonra saklamaktan vazgeçmeliydiniz. O gün evi aradığımız sırada bildiklerinizi itiraf etmeniz için size birçok fırsat tanıdım."

"Şoktaydım."

"Belli. Başka neler buldunuz ve polisle paylaşmamaya karar verdiniz merak ediyorum doğrusu."

"Başka bir şey yoktu."

"Buna inanabilmeyi çok isterdim," dedim. Öfkem sesime yansıyordu. "Ama artık bütün söylediklerinizi doğru kabul etmem mümkün değil."

"Sizden özür diledim, Dedektif Kerrigan. Başka ne istiyorsunuz?"

5. KURBAN

"Rebecca'nın günlüğüne ne olduğunu bilmek istiyorum. Onu da bizden kaçırmaya değer buldunuz mu?"

"Ne günlüğü?" Louise çok dikkatli konuşuyordu.

"Asistanının anlattığına göre Rebecca'nın hep yanında olan günlük. Pembe. Evinde rastlamadık."

"Ben de rastlamadım."

"Bundan emin misiniz?"

"Evet."

"Günlük bize onun ölümünden hemen önce neler yaptığını anlatacaktı, değil mi? Sanırım Rebecca her şeyi yazıyordu. Belki de bunların arasında bizim öğrenmemizi istemediğiniz şeyler de vardı."

"Günlüğü görmedim."

Louise North'un telaşlı bir tip olduğu söylenemezdi ama son derece gergin bir ses tonu olduğu kesindi. Uykusunda dişlerini gıcırdatıyor mu acaba diye düşündüm içimden. Bu kadar stres, bir şekilde kendini gösteriyor olmalıydı.

"Peki. Gereksiz bir bağlılıkla Rebecca'nın sırlarını saklamaya çalışmak yerine bildiklerinizi benimle paylaşmanızı tercih ederdim."

"Anlaşıldı." Sakinlik maskesi düşmüştü. Sesi gerçekten çok sinirli geliyordu; gülmemek için kendimi zor tutuyordum. Bir an durdu ve daha ölçülü bir tonda konuşmaya devam etti. "Aklıma bir şey gelecek olursa ilk sizin haberiniz olacak."

Teşekkür edip telefonu kapattım ve ardından bir küfür patlattım. Onu aramamın asıl nedeni, ofisinindeki eşyaları toplarken Rebecca'ya yardım eden kişinin kendisi olup olmadığını öğrenmekti. Tekrar aramama gerek yoktu ama bir dahaki sefere ona bunu sormak için defterime not aldım.

Gümüş renkli bir Ford Focus yanımda durdu; sürücü son derece rahatsız edici bir şekilde gaza basıp motoru bağırtıyordu. İçeri bakmak için yolcu koltuğu tarafındaki açık pencereye doğru eğildim.

"Müşteri mi arıyorsun, tatlım?" dedi sürücü koltuğundaki adam.

"Üzgünüm, Manchester'lılarla birlikte olmam."

Rob güldü. "Anlatılanların yarısı bile doğruysa, birlikte olmadığın bir onlar kalmış demektir."

"Muhtemelen anlatılanların sadece dörtte biri inanmaya değerdir," dedim arabaya binerken, ciddi bir ses tonuyla. "Ve onların da bir bölümü sadece hayal ürünü."

"Ama bunları düşünmek çok keyifli, sence de öyle değil mi?"

"Aslına bakarsan yapmak daha keyifli ama sen düşünmekle yetinmek zorundasın arkadaşım." Meslekte geçirdiğim beş yılın ardından, elimde istesem tam yirmi taciz davası açabilecek kadar malzeme birikmişti ama bu üstü kapalı sözleri pek dert ettiğim söylenemezdi. Öncelikle, teşkilattan hiç kimseyle birlikte olmamıştım, yani anlatılanlar tamamen dedikodudan ibaretti. Ayrıca bunlar beni güldürüyordu ve o an olduğu gibi biraz gülümsemek için başka bir fırsatımızın olmadığının kesin olduğu zamanlarda işe yaradıkları da bir gerçekti.

Ama kesinlikle hiç komik bulmadığım bir şey vardı. Dönüp Rob'a ters ters baktım. "Geri mi? Elinden gelenin en iyisi bu muydu?"

5. KURBAN

Rob incinmiş gibi baktı. "Ne demek istiyorsun?"

"Bardaklar, Rob. Masum numarası yapma. Mutfağımdaki bardaklarla 'geri' yazmışsın."

"Orası aslında Ian'ın mutfağı öyle değil mi? Umarım ondan söz ettiğimi düşünmemiştir."

"Başka ne düşünecekti ki?"

Rob omuz silkti. "İçinde aynı harften iki tane olmayan en uzun kötü sözü yazmak istediğimi düşünebilirdi mesela. Ya geri ya da kıt yazacaktım."

"Seni ahmak..."

"Onda çok fazla A var. Bir daha dene."

"Gerek yok." Dudağımı ısırarak ciddileşmeye çalıştım ama olmuyordu. "Tanrı aşkına Rob, adam zaten kızmıştı."

"Eminim sen onu sakinleştirmeyi başarmışsındır." Rob birden konuyu değiştirdi. "Rebecca'nın ofisinde işler nasıl gitti?"

Ventnor Chase'te öğrendiklerimi düşünceli gözlerle dinledi. "Pek de iyi durumda değilmiş, ha? Uyuşturucu, yeme bozukluğu, işsiz kalmış olması... Her şey ters gidiyormuş."

"Aynen öyle. Dışarıdan bakınca mükemmel görünüyor ama aslında berbat haldeymiş."

"Pekâlâ Dedektif Çok Bilmiş, ev görüşmelerinden ne sonuç çıktığını öğrenmek istiyor musun?"

"Hem de çok." Heyecandan midemde kramplar giriyordu.

"Kimse hiçbir şey görmemiş."

"Gerçekten mi?"

"Ne yazık ki öyle. Birçoğu Rebecca'yı tanıyor, onu farklı zamanlarda farklı erkeklerle birlikte gördüklerini hatırlıyorlar ama eğer Perşembe gecesi bir şey olmuşsa bile, bunu kimse hatırlamıyor. Görüşmeler sırasında beni en çok ne rahatsız etti biliyor musun?"

"Bilmediğim kesin," dedim sabırla. "Ama sanıyorum bunu şimdi bana anlatacaksın."

"Hiçbirinin umurunda değildi. Onlara Rebecca'nın öldüğünü söylediğimizde, bunu hiçbiri umursamadı. Hatta biri dairesinin kaç metrekare olduğunu bile sordu. Lanet olasıcalar. Londra'dan nefret ediyorum."

"Peki neden hâlâ burada oturuyorsun?"

Omuz silkti. "Heyecan verici suçlarla uğraşmak istiyorsan heyecan verici suçluların olduğu yerde olmalısın, yani Londra'da. Ama bu, burada yaşamak için güzel bir yer olduğu anlamına gelmez."

"Ya da ölmek için," dedim yüzümde ciddi bir ifadeyle.

"Neyse. Rebecca'yı kimin öldürdüğünü çözebildin mi?"

"Bir fikrim var."

"Bu kadar çabuk mu?" Rob kaşlarını kaldırdı. "Yoksa erkek arkadaşı mı?"

Bütün havam kaçmıştı. "Nereden bildin?"

"Her zaman erkek arkadaştır. Bu fazla basit."

"Katiller basittir zaten," diye ısrar ettim. "Her şey uyuyor. Birinden kurtulmak için onu bir seri katilin hedefiymiş gibi göstermekten daha iyi bir yol düşünebiliyor musun? Polisler yanlış yolda ilerlerken arkana yaslanıp yas tutuyormuş gibi yaparsın. Ortalık biraz yatıştıktan sonra da hayatına devam edersin. Kusursuz. Rebecca'nın asistanı, Gil'in onun hayatının aşkı olduğunu söyledi. Ayrılıklarının onun için tam bir

5. KURBAN

dönüm noktası olduğunu ve işlerin o noktadan sonra kötüleşmeye başladığını düşünüyor. Bana kalırsa Rebecca, Gil'i saplantı haline getirmişti. Onun için her şeyi yapardı. Hatta sırf onunla buluşabilmek için gecenin bir yarısı, Kennington'ın en ücra köşesine bile gidebilirdi. Rebecca ona güveniyordu ama belki de güvenmemeliydi."

Rob kuşkucu bir ifadeyle yüzüme baktı. "Onunla görüştün, öyle değil mi? Ne söyledi de ondan bu kadar şüphelendin?"

"Açıkçası bilmiyorum." Birden ürpermiştim. "Tüylerimi diken diken ediyor."

"Anlıyorum. Mahkemenin de bu gerekçeyi yeterli bulacağına eminim."

"Bunun yeterli olmadığının farkındayım," diye çıkıştım. "Ama bir şeyler bulmaya çalışıyorum."

"Aferin sana. Hadi gidip Rebecca'nın şu arkadaşıyla bir konuşalım. Adı neydi?"

"Tilly Shaw. Muhtemelen Matilda'nın kısaltılmışı."

Rob hızla trafiğin içine daldı. Arabayı her zaman, Grand Prix'nin son etabındaymış ve lider durumdaki arabayı geçmeye çalışıyormuş gibi kullanırdı. Yerimden fırlamamak için uzanıp ön panele tutundum.

Bir korna sesi duyuldu. Başımı çevirip arka camı tamamen dolduran siyah taksinin ne kadar yakınımızda olduğunu fark ettiğimde irkildim.

"Tanrım. Senin için bir sakıncası yoksa oraya tek parça olarak varmak istiyorum."

"Bana uyar." Rob tekrar kırmızı yanmadan ışıkları geçmek için hızlandı ama bunu başaramadı. "Sadece arkana yaslan, sakin ol ve yolculuğun keyfini çıkar."

"Direksiyonda sen varken bu söylediklerinden ikisini yapmam mümkün değil ve arkama yaslanabilmek için de zaten çok uğraşıyorum," dedim ters ters.

"Senin gibi araba kullanan biri nasıl hâlâ şikayet edebiliyor, anlamıyorum."

"Ben çok iyi araba kullanıyorum," dedim gururla. "Sadece park edemiyorum."

"Ah, o zaman hiçbir sorun yok."

"Park edemediği için ölen birini hiç gördün mü sen?"

"Eee, biz de henüz ölmedik."

"Henüz. Benimle konuşmayı keser misin lütfen? Sadece...yola konsantre ol."

"Hem araba kullanıp hem de konuşabilirim."

Dudaklarımı sımsıkı kapatıp başımı iki yana salladım ve Tilly Shaw'un evine gelene kadar Rob'la bir daha konuşmadım. Tilly Shaw, Belsize Park'ta büyük bir Viktoryen binanın bölünmesiyle oluşturulmuş tek odalı evlerden birinde yaşıyordu. Sert bir rüzgâr, ayaklarımın altından ıslık çalarak koridor boyunca ilerledi. Donacağım diye korkmaya başlamıştım ki kapının açılmasıyla yüzüme şiddetli bir sıcaklık vurdu. Tilly, kırmızı boyalı ve kâhküllü saçları olan, büyüleyici güzellikte, ufak tefek bir kızdı. Kat kat yünlere sarınmış, evde ne bulduysa üzerine almıştı.

"Bütün radyatörleri açtım çünkü bu ev inanılmaz soğuk oluyor. Özellikle de hava böyleyken. Yani, Tanrım, sıcak nedir resmen unutmuş haldeyim ama içerisi size göre çok sı-

5. KURBAN

caksa lütfen söyleyin ya da içmek için sıcak bir şeyler ya da başka bir şey isterseniz söylemeniz yeter Hemen çay yapabilirim. Daha doğrusu ben kendime bir çay yapmayı düşünüyorum, o yüzden isterseniz size de yapabilirim."

Tilly kelimeleri ağzında yuvarlayarak hızlı hızlı konuşup duruyordu. Tropikal iklimin hakim olduğu eve girdiğimizde Rob'la göz göze geldik. Paltosunu ve ceketini hemen üzerinden çıkardı. Tek elini kravatına atmıştı ki ona dik dik baktığımı fark edip elini indirdi.

"Teşekkür ederim, ben bir bardak su alayım, lütfen," dedi. Kız koşarak mutfağa gitti. O yokken etrafa hızlıca bir göz attım. İçerisi bu ev için çok büyük sayılabilecek, eski ve koyu renk mobilyalarla tıka basa doluydu. Karanlık bir köşede üçgen bir dolap, her yeri kaplayan goblen kaplı bir divan, oldukça eski bir Knole koltuk ve iki kabarık, bel vermiş sandalye. Odanın geri kalanı, zamanlarının büyün bir bölümünü seyahat ederek geçiren ve gittikleri yerlerden kendilerine orayı hatırlatacak ıvır zıvırlar toplayan arkadaşlarımdan bildiğim tarzda dizayn edilmişti. Batik kumaşlar, işleme tablolar ve tek tek alınmış seramik ve cam biblolar. Bu iki farklı tarz birlikte biraz tuhaf görünüyordu.

"Bunların çoğunu Londra'ya taşındığımda bana ailem verdi." Tilly elinde Rob'un istediği suyla gelmiş bana bakıyordu. "Hepsi artık evde istemedikleri şeyler. Sanırım bundan daha büyük bir evim olacağını sanıyorlardı."

"Güzelmiş."

"Değil," diye karşı çıktı Tilly. "Ama en azından eşyalar bedavaya geldi."

"Bir sürü paranız artmıştır," dedi Rob sırıtarak ve karşılığında kısa ama sıcak bir gülümseme aldı. Sonra kız birden ciddileşti.

"Benimle Rebecca hakkında konuşmak istemiştiniz. Size nasıl yardımcı olabilirim?"

Bir kez daha, Rebecca'yı daha iyi anlayabilmek için onu kafamda canlandırmak istediğimle ilgili küçük konuşmamı tekrarladım.

"Oyunculuk gibi. Nasıl davranacağını tahmin edebilmek için karakteri anlamanız gerekiyor."

"Oyuncu musunuz?" diye sordu Rob, konuyu dağıttığı için ona fırlattığım öfkeli bakışlara aldırmadan.

"Öyleydim. Ayrıca bir garson, bir resepsiyonist, bir stajyer, bir köpek gezdiricisi, bir pasta ustası ve bir tezgâhtardım da." Birden neşeyle dolmuştu. "Kısaca tahmin edemeyeceğiniz kadar çok iş yaptığımı söyleyebilirim. Hayatımla ne yapacağıma hâlâ karar veremedim." Yüzündeki gülümseme bir kez daha kayboldu ve bakışları dalgınlaştı. "Daha çok zamanım var sanıyordum. Ama Rebecca'ya olanlar, yani öldürülmesi, bilmiyorum işte, çok garip. Bütün bu olanlar çok yanlış. Gerçi o her zaman böyle olacağını söylerdi. Bu kadar şaşırmamalıydım aslında."

Birden canlanıp doğruldum ve Rob da öne doğru eğildi. "Ne dediniz?"

"Rebecca genç öleceğini her zaman söylerdi," dedi Tilly sıradan bir şeyden söz ediyormuş gibi. "Çok kötü bir şey olduğunu ve bundan kendisinin sorumlu olduğunu söylemişti. Ne olduğunu bilmiyorum. Bana bundan hiç söz etmezdi ama zaten olay olduğu sırada onunla pek görüşemiyorduk. O üniversitedeyken ben Prag'daydım ve sanırım her şey o sırada

5. KURBAN

olmuştu. Heykel okuyordum," diye açıkladı Tilly, Rob'un yüzündeki meraklı ifadeyi fark edince.

Onun asıl ilgimi çeken konuya dönmesini istiyordum. "Demek bir şey oldu. Bu neden Rebecca'nın erken öleceği anlamına geliyordu?"

"Bu konuda sadece bir kez konuştuk ve o..." Tilly olanları hatırlayınca yüzünü buruşturdu. "Hayatını başka birinin hayatına borçlu olduğunu ve bunun bedelini bir gün ödeyeceğini söyledi."

"Bu size de biraz tuhaf gelmedi mi?" diye üsteledim.

"Pek sayılmaz. Belki size garip gelmiş olabilir ama o buna gerçekten inanıyordu. Ve şimdi düşünüyorum da, sanırım olacaklar içine doğmuştu," dedi Tilly sakin bir sesle.

"Böyle şeylere inanır mısınız?" Rob'un ona olan ilgisinin azalmaya başladığını görebiliyordum.

"Tabii ki. Neden olmasın? Önceki yaşamlar, altıncı his, kader -hepsine inanırım." İkimizin de ona şüpheyle baktığımızı fark etmiş olmalıydı. "Peki bu konuda kim haklı çıktı? İşte, Rebecca söylediği gibi erkenden öldü. Bu onun kaderiydi ve insanlar kaderlerine karşı koyamazlar."

"Size şeyden ne zaman söz etti..eee..kaderinden?" Rob'un gözüne bakmamaya çalışıyordum.

"İki yıl kadar önce. Yılbaşındaydı. Tanıdığım bir kızın partisine gitmiş, arka arkaya içtiğimiz kokteyller yüzünden zil zurna sarhoş olmuştuk. Gecenin sonunda tuvalette, ayaklarımızı dışarı uzatarak banyo küvetinin içine yan yana oturup, lavaboda kusan çocuğa aldırmadan, hıçkıra hıçkıra ağlamıştık. O kadar sarhoştuk ki aslında muhtemelen söylediklerini hatırlamıyor olacaktım ama sabah sokağın aşağısındaki ucuz restoranda kahvaltı yapıp kendimize gelmeye çalıştığımız sırada, Rebecca aynı şeyleri bir kez daha söyledi. Tanrım, ne kadar da kötüydü. O gün her şey ters gitmişti." Tilly birden ürperdi.

"Konu kötü giden işlere gelmişken, bize Gil Maddick'le ilgili ne söyleyebilirsiniz?"

"Muhteşem Gil. Onunla ilgili ne bilmek istiyorsunuz?"

"Rebecca'yla aralarında ne oldu?"

"Her zamanki hikâye. Çok mutlu, harika bir çifttiler ve sonra bir gün, artık öyle olmadıklarına karar verdiler. Gil ayrılmak istedi ve Rebecca da onun gitmesine izin vermek zorunda kaldı."

"Gil'in biraz fazla sahiplenici olduğunu, insanları Rebecca'nın hayatından uzak tutmaya çalıştığını duydum."

"Bunu kimden duydunuz?"

Önce onun cevap vermesi için bir şey söylemeden bekledim. Derin bir nefes aldı.

"Onun tam olarak aşırı sahiplenici olduğunu söyleyemem ama işin doğrusu, onlar birlikteyken başka kimseye yer kalmıyordu. Doğru bir ifade şekli mi bilmiyorum ama Gil sanki onun ışığını kendine çekiyordu. O yanındaysa Rebecca sadece onunla ilgilenirdi. Ve eğer onlarla birlikteyseniz er ya da geç orada fazlalık olduğunuzu hissederdiniz. Bunun nedeni söyledikleri bir söz değil, birbirlerine bakış şekilleriydi. Her zaman bunun aralarındaki aşkı gösteren bir işaret olduğunu düşünürdüm. Ama bu durum da kanıtlıyor ki, insan hangi ilişkinin gerçekten yürüyeceğini hiçbir zaman bilemiyor."

"Rebecca'nın ilişki sırasında herhangi bir şekilde kötü

5. KURBAN

muameleye maruz kaldığı izlenimine kapıldığınız oldu mu?" diye sordum açıkça. Tilly bir an için ona hakaret etmişim gibi dehşetle yüzüme baktı.

"Mümkün değil. Asla. Hayatta olmaz."

"Emin misiniz?"

"Kesinlikle. Böyle bir şey olsa Rebecca bana anlatırdı." Bu konuda şüphesi olmadığı sesinden anlaşılıyordu; Rob oturduğu yerde başka konuya geç diye yorumlayabileceğim bir şekilde kıpırdandı.

"Rebecca'nın Ventnor Chase'ten ayrıldığını biliyor muydunuz?"

Tilly dalgınlaşmıştı. "Evet ama aslında bilmemem gerekiyordu. Bunu tesadüfen öğrendim. İki ay önce, Rebecca'nın ofisinin hemen aşağısında bir iş görüşmesine gitmiştim. Görüşme öğle saatinden önce bitince Rebecca'ya uğrayıp dışarıda bir şeyler yemek ister mi diye sormaya karar verdim. Onu görüp biraz sohbet etmek istemiştim ama resepsiyondaki görevli bana onun şirketten ayrıldığını söyledi. İnanamadım."

"Onunla bu konuda konuştunuz mu?"

Evet der gibi başını salladı Tilly. "Yani denedim. Oradan çıkar çıkmaz onu aradım ama bana neler olduğunu anlatmadı. Sürekli sorun olmadığını, iyi olduğunu, önemli bir konu olmadığını söyleyip durdu." Tilly yüzünde ciddi bir ifadeyle bana baktı. "Gerçekten aklıma takılmıştı. Ben her zaman işsizimdir.

Hepsi başta ilgimi çekse de, bir ya da iki aydan fazla devam etmek istediğim bir iş bulamıyorum bir türlü. Ama Rebecca böyle değildi. O tam yerini bulmuştu. İşini gerçekten çok ama çok seviyordu. Bu konuda bir şey söylememiş de olsa, artık orada çalışmadığı için üzgün olduğunu düşünüyordum. Sizce de öyle değil miydi?"

"Biri ofisindeki eşyalarını toplamasına yardım etmiş. Bunun kim olduğunu biliyor musunuz?"

"Tilly'nin dudakları gerildi. "Hayır ama bunun kim olduğunu tahmin edebiliyorum. Kesin Rebecca'nın kölesidir."

"Kölesi derken..." Hangi ismi söyleyeceğinden neredeyse emindim.

"Louise North. İşte kıskançlık ve sahiplenme konusunu onunla konuşabilirsiniz. Saplantı konusunu da."

"Ne demek istiyorsunuz?" Tilly'nin Louise'le ilgili fikirleri ilgimi çekmişti.

"Onu pek sevdiğim söylenemez. Rebecca ona fazlasıyla sadıktı. Onun hakkında yaptığım hiçbir eleştiriye kulak asmazdı. Bu yüzden ben de Rebecca'ya onunla ilgili bir şey söylememeye çalışırdım ama Louise'le bir türlü anlaşamıyorduk işte."

"Neden?" Konu ilgimi çekmişti.

"Bazen bir grup içinde aynı anda üç ya da dört ayrı konu konuşulduğu olur ya? İşte Louise, böyle durumlarda her zaman sadece Rebecca'nın söylediklerini dinlerdi. Siz onunla konuşuyor bile olsanız, sizi öylece görmezden gelir ve dikkatle Rebecca'nın ağzından çıkanları takip ederdi. Bu çok kaba bir haretti." Tilly kıpkırmızı olmuştu. "Bunun saçma olduğunu düşünüyor olmalısınız ama bu sadece tek bir örnek. Kısaca özetlersem Lousie'le geçinemiyordum çünkü benden kurtulmak istediğini açıkça belli ediyordu. Benden başka kimseyle arkadaş olamazsın diyen şu tiplerdendi o. Rebecca'yı kendine saklamak istiyordu. Aslında ben bu du-

5. KURBAN

ruma çok sinirlenirdim ama Rebecca pek umursamazdı. Her seferinde sadece, onunla sandığımdan çok daha fazla ortak noktası olduğunu söyler ve hemen konuyu değiştirirdi."

Rebecca için biraz üzülmüştüm. Birbiriyle rekabet halindeki iki arkadaşı arasında kalmak, onun için zor olmuş olmalıydı. Tilly ve Louise kadar birbirine zıt iki insan daha tanımamıştım. Ve ikisiyle de ne tartışmak isterdim ne de onlar kendi aralarında tartışırken yanlarında bulunmak.

Tilly'nin anlattıkları bu kadardı. Evin önünden arabayla hareket ettiğimiz sırada derin bir iç çektim.

"Umduğun kadar çok şey öğrenemedin mi?" diye sordu Rob.

"Aslında, istediğimden biraz daha fazlasını öğrendim. Neden Gil Maddick'in ayrılıklarının ardından Rebecca'yı tehdit etmeye başlayan vahşi bir katil olduğunu söyleyip işimi kolaylaştırmadı ki sanki? Bu arada aklında bulunsun, Gil bana kontrolcü bir tip gibi geliyor."

"Peki olacakların Rebecca'nın içine doğmasına ne diyorsun?"

"Bence gerçekten geleceği görebiliyor olsaydı, kendini öldürtmeme konusunda da kesinlikle daha iyi bir iş çıkartırdı."

"Ama bu onun kaderiydi ve insanlar kaderlerine karşı koyamazlar," diye Tilly'nin sözlerini tekrarladı Rob.

"Ah evet. Peki ya senin kaderinde ne var?"

"Bir bira, bir çörek ve erken bir uyku." Rob omuzlarını kaldırdı. "İnsan hedeflerini yüksek tutmalı, öyle değil mi?"

"Hayalini yaşa, Rob. Hayalini yaşa."

LOUISE

Haworth'ları, etrafta diğerleri yokken tek başıma ziyaret edebilmek için, Rebecca'nın anma töreninden önceki gece Salisbury'deki bir pansiyonda kaldım. Onlarla telefonda konuşmak zordu ama onları gerçekten göreceğimi düşünmek daha da kötüydü.

Tren yolculuğu boyunca camdan dışarı baktım. Bir şeyler okuyamayacak ya da çalışamayacak kadar gergindim. İşten birkaç gün için mazeret izni almıştım ve biraz tek başıma kalmaktan memnundum. Zaten ofise gitsem bile bir işe yaramayacağım belliydi. Trenden iner inmez doğruca Haworth'ların evine gittim. Sonraya bıraksam, bir mazeret uydurup gitmeyeceğimi biliyordum.

Gerald, evin önüne yanaşan taksiyi hemen fark edip, daha ben arabadan inmeden elinde cüzdanıyla dışarı çıktı.

"Taksi paramı ben ödeyebilirim," dedim, elimi çantamın içine daldırmış para bulmaya çalışırken ama o ödemeyi çoktan yapmıştı. Teşekkürüme hiç önemli değil der gibi elini sallayarak karşılık verdi.

"Merak etme. Bu benim için bir zevk. Trenle geleceğini söyleseydin gelip seni alırdım. Arabana bir şey mi oldu?"

"Oldukça önemli bir şey oldu. Yeni bir arabaya ihtiyacım olduğuna karar verip onu hurdaya çıkardım."

"Zamanı gelmişti zaten. O Peugeot hangi günse bozulacaktı." Kollarını uzatıp beni hızlıca kucakladı. "Bizi görmeye geldiğin için teşekkürler, Louise. Avril ve ben bunun için sana minnettarız."

5. KURBAN

"Nasılsın?" Yüzünü dikkatle inceledim. "Yorgun görünüyorsun."

"Ben de sana aynısını söyleyecektim. Gerald kolunu bütün ağırlığıyla omzuma atıp beni önce eve ve ardından da mutfağa götürdü. Avril, ocağın yanındaki bir hasır iskemlede, elleri dizlerinde, boşluğa bakarak oturuyordu. Adını söylediğimde başını kaldırdı ve beni görünce yüzü birden aydınlandı.

"Ah, Louise! Gelmişsin. Nasılsın?"

"İyiyim," dedim düşünmeden ama aslında iyi değildim ve o da bunun fakındaydı. Yanımda Rebecca yokken bu tanıdık yerde dolaşmak, onun kapıdan içeri hızla girip masaya oturmayacağını bilmek, çok acı vericiydi. Yıllar boyunca, onunla birlikte burada sayısız yemek yemiş, konuşmuş, gülmüş, çay içip kekler yapmıştık. Her yer ondan izlerle doluydu ve onu bir daha asla burada göremeyeceğime bir türlü inanamıyordum. Bu benim için bile korkunç bir şeydi; ailesi için kesinlikle dayanılmaz olmalıydı. Burası Rebecca'nın büyüdüğü, ilk adımlarını atıp ilk kelimelerini söylediği, dünyayı öğrenmeye başladığı evdi. Bir genç kızken tanıdığım o insan burada oluşmuştu ve bu insanlar onu her zaman sevmiş ve attığı her adımda onu her zaman desteklemişlerdi. Rebecca sevgi dolu bir çevrede büyümüştü ama sonuçta bu sevgi, onu kötülüklerden korumayı başaramamıştı. Haworth'ların ne yaşadığını düşününce gözlerim yaşlarla doldu.

"Ağlama." Avril ayağa kalkıp bana sarılmak için yanıma geldi. "Sen ağlamaya başlarsan ben de başlarım. Ve bir başlarsam, durabileceğimi hiç sanmıyorum."

Başımı salladım ve gülümsemeye çalışarak yutkundum. Düşünmeden bir anda konuşmaya başladım. "Şunu bilmenizi isterim ki, her zaman sizin anne ve babam olmanızı istemişimdir. Rebecca'nın yerini kimsenin dolduramayacağını biliyorum ama beni de ikinci kızınız olarak kabul ederseniz beni gerçekten çok..."

Avril'in yüzündeki kibar gülümsemeden hemen önce beliren dehşeti görünce sesimi alçaltıp sustum. Yanlış zamanda yanlış kelimeler kullanmıştım. Avril bunu yüzüme söylemeyecek kadar kibar biriydi ama reddedilmeyi nerede görsem tanırdım.

"Unutmadan, dedi Gerald, arkamda durmuş, çay yapmak için çaydanlığı doldururken, "senin Rebecca'nın eşyalarından birini seçip almanı istiyoruz. Bir vasiyeti olduğunu sanmıyorum ama eminim, senin için özel olan bir eşyasını hatıra olarak almanı o da çok isterdi. Bu gece burada olduğunu göre, senin herkesten önce seçebileceğini düşündük."

"Buna hiç gerek yok," diye söze başladım ama Gerald elini kaldırıp beni susturdu.

"Hadi odasına çıkıp bir şey seç. Her şeyi çıkarıp yatağının üzerine koyduk. Ne aldığın bizim için hiç fark etmez. Ne istersen alabilirsin."

"Gerçekten," dedi Avril bir kez daha gülümseyerek. Bu seferki gerçek bir gülümsemeydi. "Eşyalarını atmak istemiyoruz ama onlarla yapabileceğimiz bir şey de yok. Ve zaten etrafımızda bize onu hatırlatan oldukça fazla şey var."

Rebecca'nın odasına girmeyi hiç istemiyordum ama söylediklerini yapmak onlarla tartışmaktan daha kolaydı. Mutfaktan çıkıp merdivenleri tırmanırken dizime kadar gelen bir suyun içinde zorla yürüyor gibiydim. Kapının önüne geldiğimde bir an için gözlerimi kapayıp orada öylece durdum

5. KURBAN

ama sonra, ondört yaşındaki Tilly tarafından acemice çizilmiş olan pembe güllerle kaplı o tanıdık kapıyı açıp içeri baktım. Biri -belki Avril mi?- yatağın üzerine beyaz bir çarşaf sermişti. Çarşafın üzerinde katlanıp üst üste dizilmiş kıyafetler, takılar, çeşitli süs eşyaları ve biblolar duruyordu. Odanın geri kalanı her zamanki gibiydi. Yüksek pencerelerde açık mavi perdeler, çiçek desenli, tatlı bir duvar kâğıdıyla kaplı duvarlar, kalın ve gri bir halı ve halının üzerindeki masanın hemen yanına, bir zamanlar dökülmüş olan ojenin bıraktığı leke. Bir duvara dayalı duran Georgian tarzda yapılmış yüksek bir komidin ve üzerinde, Rebecca'nın biriktirmekten hoşlandığı gümüş kapaklı, kristal parfüm şişeleri. Köşede, üzerinde Rebecca'nın sevgili tavşan oyuncağının durduğu koltuk. Bir keresinde bana bu tavşan oyuncağın onun için üniversiteye de Londra'ya da götürülemeyecek kadar değerli olduğunu anlatmıştı. O burada, onun odasında, güvende olduğu yerde yaşıyordu.

Krem rengi çerçeveli fotoğraflarla dolu bir duvarın yanından, fotoğraflara bakmamaya çalışarak geçip, yatağın yanına gittim. Bakmıyordum çünkü orada kendimi de göreceğimi biliyordum; fotoğraflarda diğerleri de vardı ve tabii bir sürü de Rebecca, Rebecca, Rebecca... Yatağın üzerindeki çarşafta duran eşyalara baktım, birbirine dolaşmış kolyelere ve bileziklere tek parmağımla karar veremeden dokundum, eskiden masanın üzerinde duran porselen vazoyu elime alıp bıraktım. Bu vazonun içine koymak için bahçeden o mevsim bulabildiği çiçekleri kesip getirişini hatırlıyordum. Yılbaşı yaklaştığı için getirdiği çoban püskülünü ve bütün odayı dolduran ağır ve yeşil kokuyu hatırlıyordum.

Kolej eşofman üstünü seçip aldım. Onu kimse istemezdi. Benden başka kimse Rebecca'yı pijamalarının üstüne giydiği eşofman üstüyle yerde oturmuş, kutunun içinden kuru mısır gevreklerini yiyerek, Tudorların Modlardan önceki dini kurbanlarını ezberlermeye çalışırken hatırlamazdı. Sık sık yıkanmaktan kolları erimiş, kumaşı iyice yumuşayıp gevşemişti. Ona bir an için sarıldım ve sonra yatağın üzerinde kalanlara baktım. Haworthlar benim için özel bir şeyi almamı söylemişlerdi. Takıların arasında her zaman çok sevdiğim bir çift küpe duruyordu. Yumuşak şekerler gibi parlak yeşil renkli kare peridotların ince altın halkalardan sarktığı bir çift küpe. Yığının arasından onları çıkardım ve kapıya doğru yaklaşan ayak seslerini duyar duymaz gizlice cebime attım.

"Bir şey bulabildin mi, Louise?" Elimdeki eşofman üstünü gülümseyerek Avril'e gösterdim. Başını salladı. "Harika. Seni onunla ilk tanıştığınız günlere götürüyor, öyle değil mi? Onu Shephard and Woodward'dan, Rebecca'nın Latimer Koleji'ndeki ilk günü için almıştık."

"Hatırlıyorum," dedim yumuşak bir sesle.

"Ben de senin onu seçmeni isterdim." Koluma hafifçe vurdu. "Aşağı gelip bir çay içsene. Bu gece burada kalmak istemediğine emin misin? Seni ağırlamaktan çok memnun oluruz."

Başka bir yerde bir oda tuttuğumu ona bir kez daha açıklayıp, elimde kutsal emanet gibi taşıdığım eşofman üstüyle hemen arkasından aşağı indim. Cebimdeki küpeler, Rebecca'yla aramızdaki bir sırdı.

Yedinci Bölüm

MAEVE

Rebecca'nın anne ve babası, anma törenine polisleri davet etmemiş ama yine de kibarlık göstererek benim gelmemi kabul etmişlerdi. Bulabildiğim en derli toplu giysilerimi giyip ufak mahalle kilisesinin arkasında pusuya yattım ve cenaze katılımcılarını Haworthların Salisbury yakınındaki bakımlı evlerine kadar yol boyunca izledim. Müfettiş Judd'un zar zor verdiği izinle Londra'dan demir gibi, koyu gri renkli bir Aralık gününde ayrılmış ve cenazeyi izlemek için Wiltshire'a gitmiştim. Müfettiş Judd cenazeye katılmamın ne işe yarayacağını anlamadığını ama yine de, başka bir işle uğraşacağıma oraya gitmemin daha iyi olacağını söyleyerek benimle alay etmişti. Ona o kadar sinirlenmiştim ki, geriye işe yarar bir şeylerle döneceğim konusunda kendime söz verdim.

Rebecca'nın büyüdüğü ev Gregorian tarzdaydı ve etrafındaki bahçeyle birlikte büyük ve sağlam görünüyordu. Arabamı kilisede, cenazeye katılanların, çoğu benimkinden çok daha güzel olan arabalarından oluşan sıranın en sonuna bırakmıştım. Yoldan eve doğru yürüdüğüm sırada yanımdan

5. KURBAN

koyu renk camlı büyük ve siyah bir Mercedes, tekerleklerinin altındaki çakılları gürültüyle çiğneyerek süzülüp geçti ve evin önünde durdu. Şoför hemen arabadan çıktı ve gidip arka kapılardan birini açtı. İçerideki yolcunun bir peruk gibi sık ve sarı saçları olan küçük bir adam olduğunu gördüğümde şaşırmadım.

Onu kilisede, etrafı Ventnor Chase ziyaretimden tanıdığım insanlarca sarılı halde görmüştüm. Bu kişinin, kiliseden eve kadar birkaç metre yürüyemeyecek kadar önemli, ünlü Anton Ventnor olduğunu anlamak için müneccim olmaya gerek yoktu. Peşinden evin arka bahçesine geçerken durup hemen yanımdaki binaya ve manzarasına baktım. Büyük kanatlı pencereler boş gözlerle tarlalar ve tepeler boyunca hiç durmadan devam eden çitlerden oluşan bir manzaraya bakıyordu. Genç Rebecca'nın burada çok sıkıldığını tahmin ediyordum.

Haworthlar, muhtemelen akıllıca bir kararla konuklarını evin dışında ağırlamaya karar vermiş ve bahçeye, içinde fanlı ısıtıcılar olan büyük bir çadır kurdurmuşlardı. Çadırın kattığı tuhaf ve şenlikli hava, akla düğünleri getiriyordu ama burada gelin ve damadın yerine, iyi ev sahibi olma hareketlerini tekrarlayıp duran asık yüzlü ve yorgun bir çift almıştı. Yılların verdiği tecrübe ve derinden hissedilen gurur onlara ayrı bir dinginlik katmıştı ama kendimi tanıttığım sırada Rebecca'nın annesi bana sanki boş gözlerle bakıyor ve elimi olması gerekenden biraz fazla uzun sıkıyordu.

"Geldiğiniz için çok teşekkür ederiz. Çok naziksiniz," dedi beklediğimden daha içten ve sıcak bir sesle. Ağzımın içinde soruşturma ekibini temsil etmek istememle ilgili bir şeyler geveledim ama sanki beni gerçekten dinlemiyormuş gibiydi.

İnce ve narindi. Yakından bakıldığında, gözlerinin etrafındaki kafes gibi çizgiler ve kontrol edemiyormuş gibi göründüğü çenesindeki titreme göze çarpıyordu ama her şeye rağmen, düzgün hatları ve son derece bakımlı boyalı saçlarıyla çok güzel bir kadındı. Siyah elbisesi üzerinde çok hoş duruyor, ayağındaki zarif topuklular ince bileklerini öne çıkarıyordu. Evleri gibi, Avril Haworth da yıllarca gerçekleştirilen bakımların, zenginlik ve ilginin karşılığını almış, Rebecca'nın ölümünden sonraki günlerde de bu bakımlı görüntüsünü korumayı başarmıştı. Ama gözlerindeki ışık sönmüş gibi görünüyordu.

Kocası yanımıza gelip eşinin elini nazikçe elimden ayırdı ve beni yana doğru yönlendirerek ondan biraz uzaklaştırdı. Kusursuz takım elbisesi ve simsiyah kravatıyla uzun ve görkemli görünüyordu.

"Bizimle görüşmek istediğinizi tahmin ediyorum ve ben de sizinle soruşturma hakkında konuşmak istiyorum. Ama şu an bunun için doğru bir zaman değil. Konuklarımız var...sorumluluklarımız..." Gerald belli belirsiz bir hareketle konukları gösterdi.

"Anlıyorum -Rahatsız etmek istemiyorum," dedim kendilerine ait özel dünyalarına burnumu soktuğum için kendimden nefret ederek. "İsterseniz başka bir zaman gelebilirim."

"Buna gerek yok. Bugün, herkes gittikten sonra konuşabiliriz. Zaten konuklar fazla uzun kalmaz. Rebecca'nın birçok arkadaşı tören için Londra'dan buralara kadar geldiği için Avril, onları burada ağırlamak istedi ve tabii bizim arkadaş-

5. KURBAN

larımız da burada. Ama her şeyi çok basit tuttuk. Sadece bir büfe var. Sandviç ve yanında çay ya da kahve. Havayı düşününce herkesin biraz ısınmak isteyeceğini tahmin ettik." Etrafına baktı; fotoğrafında dikkatimi çeken koyu renk gözleri hiçbir şeyi kaçırmadan konukları gözden geçirdi. "Alkol servisi yapmamaya karar verdik. Sonuçta bu bir parti değil ve konukların birçoğu da araba kullanıyor."

Başımla onayladım. Sesindeki soğukkanlı sertlik çok net hissediliyordu. Rebecca'nın babası kolay biri değildi ve çok büyük bir üzüntü içindeydi.

Konuklarıyla ilgilenebilmesi için Gerald Haworth'ın yanından ayrıldım ve karşıma çıkan papyonlu bir garsondan aldığım bir bardak suyla birlikte çadırın diğer ucuna doğru ilerledim. Göze çarpmamaya çalışarak kalabalığın en arkasına geçtim. İçeride, çoğu ağırbaşlı ve gösterişsiz renkler giymiş, birbirleriyle neredeyse fısıldayarak konuşan altmış kadar insan vardı. Gürültü düzeyi bu büyüklükte bir gruptan bekleyeceğinizin çok altındaydı ama Gerald Haworth'ın da söylediği gibi bu bir parti değildi. Çadırın ortasında, etrafı elemanları tarafından sarılı halde dikilen Anton Ventnor'u gördüm. Çalışanlarından duyduklarıma dayanarak onun daha heybetli, güçlü bir adam olacağını hayal etmiş ama tahminlerimde yanılmıştım. Çoğunlukla sadece etrafına bakıyordu. Gerçekten konuştuğu nadir zamanlarda ise bardağını ağzının hemen önünde tutmak gibi tuhaf bir numarası vardı. Bu iflah olmaz yalancılarda gördüğüm bir hareketti ve artık onu iyice merak etmeye başlamıştım. Şimdiye kadar onunla konuşmayı başaramamıştım ama Anton Ventnor hâlâ kesinlikle listemdeydi. Ventnor Chase'ten gelenlerin ortam için biraz fazla iyi giyimli olduğunu fark ettim. Yüzlerinde pahalı makyajlarıyla son moda topukluların üzerinde sendeleyerek yürüyor, en son çıkan markalı çantalardan taşıyorlardı. Rebecca bu dünyada yaşıyordu. Hayatını bu şekilde yaşamayı seçmişti. Statünün onlar için ne kadar önemli olduğunu tahmin edebiliyor, işten atıldıktan sonra bu insanların kaçı Rebecca'yla görüşmeye devam etme zahmetine katlanmıştır ya da o böyle bir şey beklemiş midir diye merak etmeden duramıyordum. Rebecca'nın hayatı zahmetsiz ilerleme ve başarılarla doluydu; bu gözden düşmüşlük hissiyle nasıl başa çıktığını merak ediyordum.

Yaşı daha büyük olan konuklar Haworth'ların komşuları ve arkadaşları olmalıydı ama içeride bir çok genç insan da vardı. Etrafta koşuşup her yere yetişen Tilly Shaw, herkesi kibarca kucaklıyor, tabakların taşınmasına yardımcı oluyor, gücü yetmeyen konuklar için çadırın bir ucundan diğerine sandalyeler taşıyordu. Saçına fön çekmiş ve saçının önüne siyah bir şerit eklemişti. Kısa ve dar elbisesiyle çok hoş görünüyordu. Bunun alışılmışın dışında bir matem elbisesi olduğu söylenebilirdi ama zaten Tilly'yle ilgili her şey alışılmışın oldukça dışındaydı. Tilly'nin zıt kutbunu bulmak için kalabalığa bir göz attım ve Louise North'u birkaç saniye içinde buldum. Onu kilisede de görmüştüm ama onun beni fark edip etmediğinden emin değildim. Haworth'ların arkasındaki sırada başı önünde oturmuş, neredeyse hiç etrafına bakmamıştı. Bir ara Rebecca'nın annesi Avril hıçkırıklara boğularak sarsılmaya başladığında eğilip elini Avril'in omzuna koymuştu. Haworth'ları uzun süreden beri tanıyor olmalıydı. Çadırın diğer ucunda, elinde içmediği bardak çayıyla durmuş, konuşurken ellerini çılgınca sağa sola sallayan çizgili kravatlı

5. KURBAN

yaşlıca bir adamı dinliyordu. Hakkını vermek lazımdı; adam sağ elinde tuttuğu, etrafa saçılan sandviçiyle burnunun dibine kadar geldiğinde bile korkup geri çekilmemeyi başarmıştı ve konuşurken adamın ağzından tükürükler fışkırdığına bahse girebilirdim.

Louise makyaj yapmamıştı. Yanakları soluk, dudakları neredeyse tamamen renksizdi ama üzerinde harika duran koyu mavi paltosuyla şık görünüyordu. Saçları arkasında toplanıp, tek bir saç telinin bile kaçamayacağı kadar kontrollü bir at kuyruğu yapılmıştı.

Onu görünce birden kuruyup tekrar asileşen saçlarım aklıma geldi ve elimi başıma götürdüm. Rüzgârın her esişinde, beraberinde bir avuç da yağmur getirdiği bir yerde bakımlı görünmek çok zordu. Louise North'un bunu başarmış olması ise biraz sinir bozucuydu.

Tam gidip onu kurtarmayı düşünüyordum ki biri dirseğime dokundu. Özür diler gibi bir şeyler mırıldanarak yoldan çekildim ama arkamdaki kişi geçip gitmek yerine yanıma gelip biraz fazla yakın bir mesafede durdu. Gil Maddick, yakası açık gömleği ve koyu renk takım elbisesiyle bir film yıldızı gibi görünüyordu. Elinden geldiği kadar resmi giyinmişti. Buz gibi gözleriyle bana bakıp hafifçe gülümsedi.

"Sizi burada görmeyi hiç beklemiyordum. Hangi rüzgâr attı sizi buraya? Rebecca'nın katilini anma töreninde bulacağınızı düşünmüyorsunuzdur herhalde."

"Soruşturma ekibini temsilen buradayım. Sizin neden burada olduğunuzu sorabilir miyim acaba? Ne Rebecca'yla ne de başına gelenlerle pek ilgilenmiyorsunuz sanmıştım."

"Davet edildim."

Kaşlarımı kaldırdım. "Gerçekten mi? Haworth'lar tarafından mı? Rebecca'yla ayrıldığınızı bilmiyorlar mıydı?"

"Aptal Tilly, Rebecca son yolculuğuna uğurlanırken burada olmamı istedi. Bu saçma sapan partinin düzenlenmesine o yardımcı oldu. Ölen kişinin katılmadığı bir cenaze töreni. Prenssiz bir Hamlet." Umursamadan konuşuyor gibiydi ama bana kalırsa kendini baskı altında hissediyordu.

"Gelmek zorunda değildiniz," diye karşı çıktım. "Eminim kimse farkına bile varmazdı."

Gil soruma cevap vermek yerine gözlerini bir noktaya dikip dik dik bakmaya başladı. Arkamı döndüm ve onun doğruca Louise North'a baktığını gördüm. Louise, bakışlarını fark etmiş gibi birden başını kaldırdı ve Gil'le göz göze geldi. Gözünü kırpmıyor, belki nefes bile almıyordu. Uzun otların arasında fark edildiği için korkuya kapılmış, her an kaçmaya hazır bir yaban tavşanı gibiydi.

Tekrar önüme döndüm ama Gil'in yüzündeki ifadeden ne düşündüğünü anlayamıyordum. Gil birkaç saniye sonra benim hâlâ orada olduğumu hatırladı ve bana cevap vermeden kısık bir sesle "İzninizle," dedikten sonra büfeye doğru ilerledi. Tekrar arkamı dönüp Louise'in olduğu yöne baktığımda o da ortadan kaybolmuştu.

Bir dini lider gibi etrafı müritleriyle çevrilmiş olan Anton Ventnor'a, onunla konuşabilecek kadar yaklaşmam çok uzun sürüyordu. En sonunda, onu Haworth'ların kiraladığı son derece şık taşınabilir tuvaletlere kadar izleyip kapının önünde pusuya yattım. Dışarı çıkıp köşeye kıstırıldığını fark ettiğinde, pek mutlu olmamıştı ama başka bir seçeneğim yoktu; ya kibarlık edecek ya da eğitimimin hakkını verecektim.

5. KURBAN

"Size nasıl yardım edebilirim Bayan..."

"Dedektif Maeve Kerrigan," dedim her heceyi vurgulayarak, sertçe.

Adımı duyunca kim olduğumu hatırlayıp parmaklarını şaklattı. "Benimle konuşmak istemiştiniz."

"Ve siz de beni aramamıştınız. Sorun değil. Şimdi de konuşmak için çok iyi bir zaman."

Gözü seğirir gibi oldu. "Öyle mi? Bana pek öyle-"

"Fazla uzun sürmez." Kolundan tuttum ve onu çadırdaki bir boşluktan diğer tarafa geçirip bahçenin boş bir yerine götürdüm. İtiraz etmeden geldi. Bu beklenmedik fiziksel temas onu fazlasıyla şaşırtmış olmalıydı. Benden en az onbeş santim daha kısa, yirmi yıl daha yaşlıydı ve fiziksel kondisyonunun zirvesinde olduğunu da hiç sanmıyordum. Ben ondan daha güçlüydüm ve o da bunu biliyordu. Ayrıca rezalet çıkartmak isteyeceğini de hiç sanmıyordum.

Bahçenin ortasından küçük bir akarsu geçiyordu ve Haworth'lar suyun hemen yanına demir bir bank yerleştirmişlerdi. Uzun dalları bankın üzerine dökülen salkım söğütle birlikte inanılmaz derecede tatlı ve romantik bir ortam oluşturulmuştu ama yılın bu mevsiminde ağacın yaprakları dökülmüş ve bankın altı çamurla kaplanmıştı.

Yanımda oturan dar kesim takım elbiseli, ufak tefek, orta yaşlı, aksi adam havayı iyice bozuyor, özgürlüğüne kavuşmak için başının arkasından aşağı sarkan peruğu, işleri daha da berbat ediyordu.

"Bu iş eminim biz Londra'ya dönene kadar bekleyebilirdi." Sinirlenmişti.

"Şimdi bitirip kurtulmak istemiyor musunuz?" Defterimi çantamdan çıkarıp açtım. "Siz dört yıl boyunca Rebecca Haworth'ın patronuydunuz, öyle değil mi?"

"Öyle diyorsanız öyledir." Gözümdeki ani öfke parlamasını görmüş olmalıydı ki derin bir nefes alıp devam etti. "İyi o zaman. Evet öyle. Onu dört buçuk yıl önce işe aldım. Ekibimin çok önemli bir parçasıydı ve ona gerçekten iyi bir maaş ödüyordum."

"Nasıl bir insandı?"

Uzaklara bakarak bir süre düşündü. "Eğer bana bunu sekiz ay önce sormuş olsaydınız, size onun hayallerimin çalışanı olduğunu söylerdim. Çok çalışkan, kendini işine adamış, işini her şeyden önde tutan biri olduğunu anlatırdım. Müşterilerle arası mükemmeldi. Şirket içinde çok sevilirdi."

"Siz onu sever miydiniz?"

Kaşlarını kaldırıp yüzüme baktı. "Olması gerekenden daha fazla değil. Aramızda hoş bir profesyonel ilişki vardı, o kadar."

"Rebecca şirketten neden ayrıldı?" Neler olduğunu onun ağzından dinlemek istiyordum.

"Ayrıldı, çünkü bunu ondan ben istedim. Ona kalsa, sizi temin ederim bir yere gitmezdi. Bazı kötü alışkanlıklar edinmişti. Daha doğrusu bir kötü alışkanlık edinmişti ve bu alışkanlık onu tutarsız ve güvenilmez biri yapmıştı. Onun şirkette çalışmaya devam etmesine izin veremezdim. Saygınlığımıza onarılması imkânsız zararlar veriyordu."

"Kokain konusunda onunla yüzleşmiş miydiniz?"

Ellerini iki yana açtı. "Ne söyleyebilirim? Onunla zaman

5. KURBAN

kaybetmek istemedim. Eğer gerçekten işine uyuşturucudan daha çok değer veriyor olsaydı, bu durumun çalışmasını engellemesine izin vermezdi. O zaten seçimini çoktan yapmıştı. Ben sadece işlere resmiyet kazandırdım."

"Yani işten atmadan önce, ona temizlenmesi için bir fırsat tanımadınız."

"Sanırım istifa ettiğini siz de fark edeceksiniz." Genizden gelen tiz sesi, son derece kibirli bir hâl almıştı.

"Bu konuyla ilgili size dava açacak durumda olmadığını tahmin edebiliyorum. Ama gerçekten uzun bir süre yanınızda çalışmıştı. Ayrıca çalışma arkadaşlarından öğrendiğime göre Ventnor Chase'ten ayrıldığı için de çok üzgünmüş."

"Üzülme kelimesi biraz hafif kalıyor." Kıkırdayarak güldü. "Eğer öyle davranmasaydı ona bir şans daha vermeye hazırdım. Ama yaptıklarıyla bana muhakeme yeteneğini tamamen kaybettiğini göstermiş oldu. Ve tabii kendine olan saygısını da. Bana bir teklifte bulundu. Sanırım buna ahlaksız teklif denebilir. Tabii reddettim." Kravatıyla uyumlu mor renkli bir mendil çıkarıp dudağının üzerini yavaşça kuruladı. "Bu yaptığının çok sıra dışı bir şey olduğunu düşündüm. Onun bu konularda pek seçici olmadığını bir süre önce öğrenmiş ama bunu görmemezlikten gelmeyi tercih etmiştim. Bu davranışını iş yerine taşıması ise benim için bardağı taşıran son damla oldu."

"Çaresizdi," dedim kısık sesle. Öyle olmalıydı.

"Bu benim sorunum değildi. Onu artık işyerimde tutamazdım. Kendini bu şekilde küçük düşürdükten sonra olmazdı."

Ayağa kalkıp mendilini tekrar yerine sokuşturdu. "Benimle konuşacaklarınız bu kadarsa, artık gitmeliyim. İş günü sona ermeden Londra'ya dönmek istiyorum. Bana soracağınız başka bir soru varsa asistanımla görüşebilirsiniz."

"Harika," dedim bezgin bir sesle. "Teşekkürler."

Ventnor yanımdan uzaklaşıyordu ki birden durup arkasını döndü. "Biliyor musunuz, Rebecca ekibin iyi bir üyesiydi. Fikrimi değiştirmem için bana yalvarmamış olsa işini kaybetmeyecekti. Asla yalvarmayın, Dedektif Kerrigan. Ne olursa olsun, bu size ne kadar cazip gelirse gelsin, asla kimseye yalvarmayın."

Ondan gerçekten hiç hoşlanmamıştım. "Bunu unutmamaya çalışırım."

Başını salladı ve kasıla kasıla yürüyerek uzaklaştı. Olduğundan daha uzun görünmeye çalışıyor ama bunu başaramıyordu. Anton Ventnor tam bir pislikti. Ona ait bir ofiste çalışma düşüncesi bana korkunç geliyordu; Rebecca'nın yerinde olsam ondan uzaklaşabileceğim için çok sevinirdim. Ama ben Rebecca değildim; hatta onun aslında nasıl biri olduğunu bile bilmiyordum. Aşırı düzenli iş kadını. Asla evlenilmeyecek eğlencelik kız. Sadık ve neşeli arkadaş. Çaresiz çalışan. Ailesiyle konuştuğumda da Rebecca'nın karakteriyle ilgili bambaşka bir hikâye dinleyeceğimden kesinlikle emindim. Her zaman insanlar ondan nasıl olmasını istiyorsa öyle olmuş ve sonunda ölmesini istediklerinde de ölmüştü.

Hemen çadıra dönemezdim. Ventnor'un önden gitmesini istiyordum ki törenden ayrılsın ve onu bir daha görmek zorunda kalmayayım. Akarsuyu takip ederek çadırın olmadığı tarafa yöneldim. Yer yer çiğle kaplı çimlerin üzerinde kayarak ilerliyordum. Etrafı tuğla bir duvarla çevrili, kapısı aralık bir bahçenin önüne geldim. Biraz daha dikkatli bakınca

5. KURBAN

bunun bir gül bahçesi olduğunu fark ettim. Yılın bu zamanında, ne yapraklar ne de çiçekler gri havayı biraz olsun renklendirmediği için oldukça kasvetli görünüyordu. Yapraksız ve solgun dallar, Uyuyan Güzelin eski bir baskısındaki bir illüstrasyondan fırlamış gibi diken dikendi. Bahçe, taşlı yollarla dört parçaya ayrılmıştı ve tüm yollar merkezdeki güneş saatine çıkıyordu.

Saat, içlerinden geçen bir okla bir araya getirilmiş çemberlerden oluşmuştu ve küre şeklindeydi. Kesinlikle çok güzel görünüyordu ama kış mevsiminin belirgin gölgeler oluşturacak kadar parlak olmayan dümdüz ışığında işe yaramazdı. Tabii güneş saatlerini okumakta çok başarılı olmadığımı da belirtmem lazımdı.

Saate daha yakından bakmak için merkeze giden yolda birkaç adım ilerledim. Güneş saati, taştan bir kaidenin üzerinde duruyordu. Kaidenin alt kısmında ince bir karakter kullanılarak oyulmuş bir yazı olduğunu fark ettim ve ne yazdığını okuyabilmek için başımı yana doğru eğdim.

-BENİ ÖLDÜRME-

"Devamı bu tarafta."

Bahçede yalnız olduğumu sanıyordum ama başımı kaldırıp baktığımda karşımda, ellerini paltosunun cebine sokmuş duran Louise North'u gördüm. Açık gri renkli bir eşarbı birkaç kez boynuna dolamış, kendini kulaklarına kadar sarıp sarmalamıştı. Burnu ve gözleri kıpkırmızıydı ama bunun soğuktan mı yoksa çektiği acıdan mı kaynaklandığı belli değildi. Birkaç tutam saçı yüzünün iki yanına düşmüştü, artık daha yumuşak ve daha genç, daha insancıl ve kesinlikle daha sempatik görünüyordu.

"Bakayım." Onun olduğu tarafa geçip güneş saatinin üzerinde yazanı okudum:

-SENİ KESİNLİKLE ÖLDÜRECEK-

"Çok neşeli."

"Bu saati yaptırdıkları sırada Avril ve Gerald'ın aklına günün birinde böyle bir şey yaşayabilecekleri gelmemiş olmalı. Avril böyle şeyleri çok sever. Evin içini gördünüz mü?"

Hayır der gibi başımı salladım. "Haworth'larla daha sonra görüşeceğim."

"Ne demek istediğimi o zaman anlayacağınıza eminim. Kısaca özetlemek gerekirse, Avril biraz bilgelik paylaşmak için hiçbir fırsatı kaçırmaz diyebilirim."

Tekrar güneş saatine dönüp parmağımı çemberlerden birinin üzerinde gezdirdim. "Bu nasıl çalışıyor, biliyor musunuz?"

"Buna çember küre deniyor. İçinden geçen ok, kuzeyden güneye bakıyor. Saatin üzerine güneş vurduğunda okun gölgesinin, etrafındaki dış çemberde vurduğu yere bakarak saati söylemeniz gerekiyor. Yakından bakarsanız çemberlerin üzerinde saatler yazılı olduğunu görebilirsiniz."

Gösterdiği yere baktım ve pirinçten yapılmış çemberin üzerine oyulmuş belli belirsiz Romen rakamlarını gördüm. "Peki ya siz? Yani saati okuyabiliyor musunuz?"

"Aşağı yukarı." Louise gülümsedi. "Yeni saatler daha kolay tabii ama bu güneş saati Gerald'ın gurur kaynağı. Bu evi almasının en önemli nedeni bu bahçeymiş. Aslında burası bir sebze bahçesiymiş ama Gerald onu gördüğü ilk anda ne yapmak istediğine karar vermiş. Eski bahçeyi tamamen

5. KURBAN

değiştirip çiçeklikleri ayırmış ve hepsine güller ekmiş. Yazın muhteşem görünürler. Gerald sadece eski tip Şam güllerini sever çünkü onların kokusu harikadır. Hepsinin isimleri var, bakın," dedi parmağıyla göstererek.

Daha önce fark etmemiştim ama gerçekten de her bitkinin altında küçük bir levha duruyordu. Etrafta dolaşarak isimlerini tek tek okudum. Pompon des Princes. Comte de Chambord. Madame Hardy. La Ville de Bruxelles. Blanc de Vibert. Rose du Roi. Quatre Saisons.

"Hepsi birden çiçek açtığında burası cennet gibi olur ama yılın büyük bir kısmında da karşılığında pek bir şey almadan onlara sürekli bakım yapmanız gerekir." Ses tonundan bu durumu makul karşıladığı anlaşılıyordu.

"Rebecca'nın bu konuda pek babasına çektiği söylenemez, öyle değil mi? Evinde tek bir saksı çiçek bile yoktu."

"Bu ona anlamsız geliyordu. Ayrıca bakmaya çalışsa bile, onun evindeki bitkiler pek uzun yaşamazlardı." Louise başını salladı. "Zaten kendi kendine zor bakıyordu. Kıyafetlerini kuru temizlemeciden almayı bile her zaman unuturdu."

Louise'in söylediklerini neredeyse duymuyordum çünkü dikkatim başka bir yere kaymıştı. Başını salladığı sırada boynunun etrafına sardığı eşarp -kaşmirdi sanırım- gevşeyip öne doğru sarkmış, boynu ortaya çıkmıştı. Boynunun sağ tarafında, soluk teninin üzerinde hemen göze çarpan, kan oturmuş, oval şekilli bir morluk vardı. Bu gerçekten çok ilginçti çünkü onu daha önce çadırda gördüğümde boynu dikkat çekici derecede beyaz ve lekesizdi. Bunun tek açıklaması Louise'in bu iki nokta arasında bir yerlerde, bir aşk ısırığıyla damgalanmış olduğuydu.

"Bu pek hoş görünmüyor," dedim parmağımla morluğu göstererek yumuşak bir sesle. "Haworth'lar görmeden bir şekilde kapatsan iyi olur."

Louise hemen eliyle boynunu kapattı; yanakları kıpkırmızı olmuştu. Bir çok insan, söylediklerinin yalan olduğu açıkça ortada da olsa bir bahane bulur, durumu açıklamaya çalışırdı. Louise North, bunu yapmayacak kadar sakin ve soğukkanlıydı. Bana sadece yüzünde belli belirsiz bir gülümsemeyle boş boş baktı ve boynundaki eşarbı çekiştirerek düzeltti.

"Çok daha iyi oldu."

Sesimdeki alaycı tonu fark etmişse bile bu konunun üzerinde durmamıştı. Paltosunun kolunu sıyırıp saatine baktı; incecik bileğinde, saatin kayışının hemen üzerinde, çepeçevre kırmızı bir iz vardı. Benimle aynı anda izi fark etti ve paltosunu aceleyle düzeltti. "Ben gitsem iyi olacak."

"Tabii," dedim tatlı bir sesle ve geçebilmesi için yolundan çekildim. Bir an durdu ve tereddütle yüzüme baktı.

"Sizden bir şey rica edebilir miyim, Dedektif Kerrigan? Beni soruşturmanın gidişatıyla ilgili bilgilendirebilir misiniz? Sadece...eee...neler olduğunu bilmek istiyorum. Yani bir şeyler bulduğunuzda. Resmen aileden olmadığımı biliyorum ama Rebecca benim kardeşim gibiydi. Ona olanları aklımdan bir türlü çıkaramıyorum ve bir şey öğrenip öğrenmediklerini sormak için sürekli ailesini rahatsız etmek de istemiyorum." Sesi çatlamış, gözleri yaşlarla dolmuştu. Louise'e onu bilgilendireceğimi söyledim ve o başı önde, ellerini kendine dolamış halde bahçeden çıkıp giderken arkasından baktım. Bu yaptıkları rolse, gerçekten çok etkileyiciydi ama eğer gerçekse, Louise North konusunda aklım daha da karışmıştı.

5. KURBAN

Geri döndüğümde çadır neredeyse boşalmıştı. İçeride sadece gidecek daha iyi bir yeri olmayan yaşlıca birkaç konuk ve bir köşede kendi partilerini veriyormuş gibi görünen yirmili yaşlarının ortalarında bir avuç genç kalmıştı. Gençlerin olduğu yerden sık sık yüksek bir kahkaha yükseliyordu. Günün anlamı düşünüldüğünde biraz sinir bozucu bir durumdu bu ama böyle toplantıların katılanlar üzerinde bu tip etkileri olduğunu daha önce de fark etmiştim. Ölümle bu şekilde yüz yüze gelindiğinde, yaşam enerjisinin bir şekilde tekrar ortaya çıkması gerekiyordu sanki.

"Rebecca'nın üniversiteden arkadaşları," dedi Gerald Haworth yanıma gelip. "Onlar için de mezunlar buluşması gibi oldu bugün. Onları göndermeye gönlüm elvermiyor. Rebecca burada olsa, insanları bir araya getirebildiği için çok mutlu olurdu." Kalmalarını istiyordu ama çok yorgundu.

"Eğer onları kapı dışarı etmek istemiyorsanız ben zevkle en yakındaki bara yönlendirebilirim."

Bana tam boğulacağı anda bir can yeleği görmüş gibi heyecanla baktı. "Bunu gerçekten yapar mısınız? Yolun aşağısında, bir kilometre kadar ileride bir tane var."

Yol tarifini aldım ve dokuz kişilik küçük gruba doğru yavaş yavaş ilerledim. "Sanırım artık başka bir yere gidip Haworth'lara biraz izin vermenizin zamanı geldi. Bu partiye barda devam etmeniz mümkün mü acaba?"

Grubun elebaşı olduğunu düşündüğüm, seyrelmiş açık renk saçlara ve bir İngiliz üst sınıf klasiği olan bronz tene sahip, uzun boylu, geniş omuzlu ve yapılı adam beni açıkça tepeden tırnağa süzdü. "Peki siz kimsiniz, öğrenebilir miyim acaba?"

Rütbemle başlayarak ve sadece soyadımı söyleyerek kendimi tanıttım. İstese de istemese de bana Dedektif Kerrigan diye hitap edecekti.

Yanındaki kız hemen koluna yapıştı. "Hadi gel Leo. Kadın haklı. Çok gürültü yapıyoruz."

"Bu aynasız öyle istiyor diye neden buradan gitmemiz gerekecekmiş?" diye öfkeyle itiraz etti Leo, fal taşı gibi açılmış gözlerle bana bakarak. Durduğum yerden nefesindeki alkolün kokusunu alabiliyordum. Tahminlerime güvenerek elimi uzatıp ceketinin cebine daldırdım ve o karşı koymaya fırsat bile bulamadan, son derece şık görünen gümüş içki şişesini çıkardım.

"Çok hoş," dedim şişeyi ona doğru sallayarak. "Cesaret için biraz destek almışız anlaşılan. Umarım araba kullanmayacaksınızdır."

"Kullanmayacak," dedi gruptakilerden biri aceleyle. "Onu Londra'ya ben götüreceğim ve ben içki içmedim."

"Hayatta olmaz, Mike. Arabamı kullanamazsın." Leo konuşurken hafifçe sallanıyordu. Kız bir kez daha kolundan tuttu ama Leo kolunu ondan kurtarıp bağırdı. "Tanrı aşkına Debs."

"Anahtarları şimdi ondan aldığınızı görmek istiyorum, lütfen. Ve arabayla yola çıkmadan önce ruhsatı da aldığınızdan emin oldun. Trafikteki arkadaşlarıma Londra'ya dönüşünüzde size dikkat etmelerini söyleyeceğim."

Mike elini uzattı ve Leo kısa bir süre durakladıktan sonra ellerini pantolonunun cebine atıp çıkardığı anahtarları Mike'ın avcuna bıraktı.

Şık matarayı açıp baş aşağı eğdim ve içinde kalanları hâlâ

5. KURBAN

kaplı yere döktüm. "Ah Tanrım. İçkiniz bitmiş. Sanırım artık gitme vaktiniz geldi."

Diğerleri Leo'yu, bir kolunda kız, diğerinde Mike'la azgın bir boğa gibi bana bakarken bırakıp uzaklaşmaya başlamışlardı bile. Düştüğü durumun hoşuma gittiğini belli etmemeye özellikle çalışarak nötr bir ifadeyle ona baktım. Sokakta çalışırken, sahip olduğum otoritenin suyunu çıkarmamayı öğrenmiştim. İnsanların gururunu fazla incitmemek ve çıkış için onlara bir yol bırakmak gerekirdi. Bu olayda o yolun sonunda bir de bar olduğu düşünülürse, olayın çözülmek üzere olduğu belliydi.

"Şunu geri alabilir miyim?" diye başıyla matarayı işaret ederek sordu Leo.

"Tabii ki." Matarayı verdim ve arkadaşlarının onu Rebecca'nın babasının konukların ellerini sıkmak için beklediği çıkış kapısına doğru götürmeye çalışmalarını izledim.

Kalan konukların da durumu fark edip aileye taziyelerini sunduktan sonra ayrılmaları yarım saat kadar sürdü. Geriye sadece yiyecek servisi yapan şirket kalmıştı. Tabak ve bardakları topluyor, sandalyeleri üst üste yerleştiriyor, yemek masalarını katlayıp kaldırıyorlardı. Boş çadır rüzgârla şişip dalgalandı ve daha önce fark etmediğim bir esinti ayaklarımın altından uğuldayarak geçti. Avril Haworth, kalan sandalyerlerden birine oturmuş yüzünde donuk bir ifadeyle ve boş gözlerle toplanan eşyalara bakıyordu. Kocası başka bir köşede bir çek yazmakla meşguldü. Kadının yanına gittim ve ona doğru eğildim.

"Bayan Haworth? Size bir şey getireyim mi? Bir bardak su ya da..."

Başını hayır der gibi sallayınca cümlemi bitirmeden sustum. "Çok naziksiniz. Ama gerçekten, ben iyiyim. Sadece biraz yorgunum, o kadar. Pek uyuyamadık, eee, şeyden beri-" Avril birden susup tek eliyle başını tuttu. Elimi diğer elinin üzerine koydum. Cansızdı ve buz gibi olmuştu.

"Donuyorsunuz. Sanırım sizi içeri götürsek daha iyi olacak."

"Ben alayım." Gerald Haworth eğildi ve ayağa kalkması için eşine yardımcı oldu. "İçeri gelin, Dedektif Kerrigan. Bizimle konuşmak için burada olduğunuzu unutmuş değilim."

"Eğer uygun bir zaman değilse..." diye cümleye başladım, içimden yeterince güçlü olamadığım için kendime küfürler ederek. Eğer onlarla görüşmek için bütün bu yolu bir kez daha gelmem gerekirse bunun tek sorumlusu ben olacaktım.

"Hayır, hayır. Sizinle şimdi konuşmak istiyoruz. Hemen olup bitmesini tercih ederiz."

İkisi adına da o konuşuyordu. İçimde kabarmak üzere olan feminist öfkeyi hemen bastırdım çünkü Avril Haworth gerçekten de kendi adına karar verecek durumda görünmüyordu. Eşinin yardımıyla, çadırın olduğu yerden evin arka kapısına kadar yürüdü. Kapı her ihtimale karşı kilitlenmişti.

"İnsanlar dikkatli olmamı söyledi," dedi Gerald sert bir sesle ve içeri girmem için kapıyı açtı. "Anladığım kadarıyla hırsızlar, bir yakınlarını kaybedenlerin evlerini hedef alıyorlarmış."

"Bazı insanlar çok vicdansız, Bay Haworth."

"Gerald," diye düzeltti. "Ve Avril."

"O zaman siz de bana Maeve deyin lütfen."

5. KURBAN

"Çok tatlı bir isim," dedi Avril cılız bir sesle. "Maeve bir İrlanda kraliçesiydi değil mi?"

"Evet öyle." Aslında bana büyük büyükannemin adı verilmişti ama bu bilgiyi onlarla paylaşmamın bir anlamı yoktu. Hem zaten büyük büyükannem de kendine göre bir kraliçe sayılırdı.

Kapıdan geçip küçük bir odaya girdik. Ceketler duvardaki askılara asılmış, botlar ve ayakkabılar bir bankın üzerine düzgünce sıralanmıştı. Birkaç raf, bahçe alet edevatıyla doluydu ve bir duvarda da üst üste istiflenmiş toprak saksılar duruyordu. Saksıların durduğu duvarın üzerinde, küçük taş bir levhaya yazılmış bir yazı vardı: 'Bahçeyle uğraşmak, kalbini gökyüzüne açmaktır.' Louise'in sözlerini hatırlayınca sessiz bir iç çektim. Haworth'larla ve kusursuz hayatlarıyla ilgili her şey son derece masumdu. Bu durumun kızlarını kaybetmelerinden sonra değişeceğini tahmin ediyordum. İçimden keşke böyle olmasaydı diye geçirdim.

Haworth'lar beni geniş ve sıcak bir mutfaktan geçirip oturma odasına aldılar. Rahatlık veren bir eskiliği olan ve tarif edilmesi zor bir şekilde zevkli görünen oda, Gerald'ın bütün ışıkları yakmasıyla daha da rahat ve güzel bir hal almıştı. Avril koltuğun kenarına ve ben de onun hemen karşısında duran tekli koltuğa oturdum.

Gitme vakti geldiğinde kalkmamın zor olacağı belliydi; neyse ki oturmadan önce arkama bir yastık almayı akıl etmiştim. Yastığın üzerinde, "Mutlu Ev Yuvadır," yazıyordu. Ve mutsuz ev de cehennemin ta kendisidir diye geçirdim içimden.

"Eminim benimle konuşmak şu anda yapmak istediğiniz

en son şeydir," diye konuşmaya başladım. "Kabul ettiğiniz için gerçekten çok teşekkür ederim."

Gerald elini sertçe salladı. "Rica ederiz. Yardım etmeyi çok istiyoruz."

"Rebecca'yı iyi tanıyan insanlarla görüşerek onun kişiliği hakkında bir fikir edinmeye çalışıyorum. Sizi üzmek de istemiyorum ama acaba bana onunla olan ilişkinizden söz edebilir misiniz. Nasıl biriydi?"

Soruma Avril cevap verdi; gözleri yaşlarla doluydu ama sesi sakin geliyordu. "Rebecca soğuk bir günde gökyüzünde beliren güneş gibiydi. Hayatımızın ışığıydı o."

Kocası hafifçe öksürdü. "Onunla çok gurur duyuyorduk tabii ki ama o gerçekten çok özel bir insandı. Zeki, espirili, popüler, sevgi dolu -insanın kızında olmasını isteyebileceği her özellik vardı onda. Zaten bugün buraya gelen insanlar da bunun kanıtı. Üniversiteden ve iş yerinden arkadaşlarının yanı sıra, yuvadan ve ilkokuldan beri tanıdığı arkadaşları bile vardı aralarında. Sizin de gördüğünüz gibi herkes onu çok severdi."

"Ventnor Chase'tekilerin gelmesi büyük kibarlıktı, öyle değil mi?" dedi Avril eşine dönerek. "Hem de işleri başlarından aşkınken. Yani, artık Rebecca da yok. Bay Ventnor, onun yerini nasıl dolduracaklarını bilemediklerini söyledi."

Anlaşılan Avril'in, öldüğü sırada kızının çalışmıyor olduğundan hiçbir şekilde haberi olmamıştı ve Anton Ventnor da kibarlık edip onun böyle düşünmeye devam etmesine izin vermişti. Bu düşünceli davranışı yüzünden Ventnor'a biraz sempati duyabilirdim belki ama kadını üzmemek için söylediği yalandan büyük bir zevk aldığından şüpheleniyordum.

5. KURBAN

"Rebecca size hiç işinden söz etmiş miydi?"

"Sadece işlerin çok iyi gittiğini söylerdi," dedi Gerald. "Çok çalışıyordu. Bazen onun için endişelenirdik çünkü hep dışarıdaydı. Hep saatte yüz kilometreyle giderdi bizim kızımız. Ama ona böyle şeyler söylemezdik. Kendi yolunu kendi çizmeliydi. Ondan, mutlu olmasından başka hiçbir beklentimiz yoktu. Ve biliyordum ki o çok mutluydu."

Ona katıldığımla ilgili bir şeyler mırıldandım ama dilim dolaşıyordu. Anton Ventnor'dan yalan söylemekle ilgili birkaç tavsiye almalıydım.

Sonraki bir saat içinde Rebecca'nın erken gelişmiş ama kibar bir çocuk olduğunu, kitap okumaktan ve atlardan hoşlandığını ve ergenlik çağında da koşuya başladığını öğrendim. Büyüdükçe atlarla ilgilenmeyi bırakmıştı ama okumaya ve koşuya devam etmişti. Oxford'da edebiyat yerine tarih bölümüne başvurmuştu çünkü tarih mezunu olmanın ilerde daha çok işine yarayacağını düşünüyordu. Ayrıcalıklı ve rahat bir hayatı vardı ama sahip olduklarını hak ederek kazanmıştı ve istediği gibi Oxford'a girmeyi başardığında çok sevinmişti.

"Louise'le orada tanıştılar. Onunla konuşma fırsatı bulabildiniz mi? Çok tatlı bir kızdır. Çok yakın arkadaşlardı," dedi Avril rüyada gibi bir sesle. Güzel zamanları hatırlamanın verdiği keyifle konuşmamızın asıl nedenini unutmuş olmalıydı. Avril'in önündeki masada Rebecca'yla Louise'in, Rebecca'nın dairesinde gördüğüm fotoğrafının aynısı duruyordu.

"Oxford'u sever miydi?" diye sordum Tilly Shaw'un anlattıklarını düşünerek. Rebecca'nın hayatına karşılık bir bedel ödeyeceğini düşünmesine neyin neden olduğunu hâlâ öğrenememiştim.

Haworth'lar bir an yüzüme ve sonra birbirlerine baktılar, sıkıntılı bir sessizlik oldu ve sonra Gerald konuşmaya başladı.

"Seviyordu. Ama üçüncü yılında bazı sorunlar yaşadı. Kaydını dondurdu. Final sınavlarının başlamasına üç hafta kala Oxford'dan ayrıldı ve sınavlara bir sonraki yıl girmek zorunda kaldı."

"Ne oldu?"

Eşinin yerine Avril devam etti. "Ah, çok korkunçtu. Rebecca'nın döneminden bir çocuk öldü; daha doğrusu boğuldu. Olay Mayıs'ın ilk günü, her yıl yapılan Bahar Bayramı kutlamaları sırasında oldu. Ve Rebecca olayın etkisinden kurtulamadı. Sizin de anlamış olacağınız gibi Rebecca çok hassas bir kızdı. Onunla ilgili kâbuslar görmeye başlamıştı. Ders çalışamıyor, yemek yemiyor, hiçbir şey yapamıyordu. Sonunda oraya gidip onu aldık. Çok harika bir hocası vardı; Rebecca'nın kaydını bir yıl dondurmaları için tarih bölümünü ikna etti ve Rebecca bir sonraki yıl geri döndüğünde, derslere katılma hakkı olmamasına rağmen onunla gireceği sınavlar hakkında birkaç kez görüştü. Gerçekten çok nazikti. Adını hatırlayabiliyor musun, hayatım?"

"Soyadı Faraday'di sanki. Hemen bakayım. Sanırım odasında onun kitaplarından birini hâlâ tutuyor." Gerald, kızından söz ederken şimdiki zaman kullandığının farkında bile olmadan yerinden fırladı ve öğretmenin adını okuldan bulabileceğimi ona söylememe fırsat olmadan gitti.

"Peki bu çocuk, Rebecca'nın erkek arkadaşı mıydı?"

"Bildiğim kadarıyla resmi olarak öyle değildi ama o yaşlarda nasıl olurlar bilirsiniz. Rebecca'nın anlattıklarına

5. KURBAN

göre her şey çok masumcaydı. Ama çok tatlı bir çocuktu; adı Adam'dı. Soyadı Rowland gibi bir şeydi. Hayır, Rowley. Adam Rowley. Olanlar çok üzücüydü. Bu Rebecca'nın hayatındaki ilk büyük acıydı. Daha önce büyükbabasıyla büyükannesini kaybetmişti ama o sırada çok küçük olduğu için bunu hatırlamıyordu. İlk defa bir yakınını kaybediyordu ve bu olay onu gerçekten çok sarsmıştı. Çok kilo kaybetti, durmadan ağlıyordu. Normale dönmesi aylar sürdü. Ve sınavlar için Oxford'a geri döndüğünde tabii ki çok zorlandı ama yaşadıkları düşünülürse bu işin altından yine de büyük bir başarıyla kalktı."

"Sonuç nasıldı?" diye sordum ilgilenmediğimi sanmaması için.

"2.2 aldı," dedi Avril gururla. "Aslında sinirleri bozulmadan önce birinciliğe çok yakındı. Ama tabii sonunda diplomasını aldığı için yine de çok mutluyduk."

Thames Valley'deki memurlara sormak için ismi not aldım. "Caspian Faraday." Gerald, elinde kalın kapaklı bir kitapla, nefes nefese kalmış bir halde odaya döndü.

"Ah, nasıl bulabildin?" dedi Avril.

"Pek zor olmadı. Kitapları alfabetik olarak dizmiş. Rebecca işte, her şey yerli yerinde." Haworth'ların Rebecca'nın evine pek sık uğramadıklarını tahmin ediyordum.

Gerald kitabı bana uzattı. "Faraday bu kitabı birkaç yıl önce çıkardı. Çıktığında Rebecca'ya yılbaşı hediyesi olarak vermiştik ama okumaya fırsat bulabildi mi, hiç bilmiyorum. Yüzyıl Savaşları hakkında. Faraday Plantagenet Hanedanlığı konusunda oldukça söz sahibiydi. Televizyon falan derken kitap en iyi satanlar arasına girmişti."

Sayfaları boş boş çevirdim ve arka kapağa gelince durdum. Yazarın siyah beyaz fotoğrafına bakılırsa, Caspian Faraday sandığım gibi yaşlıca, gözlüklü ve tüvit ceketli bir üniversite öğretmeni değil kısacık kesilmiş açık renk saçları ve fotoğrafta şeffafmış gibi görünen delici gözleriyle, otuzlu yaşlarının sonlarında, güzel hatlara sahip, çok çekici bir adamdı. Siyah beyaz resimde şeffaf göründüğüne göre gözleri gerçekte mavi olmalıydı.

Haworth'lar bir şey söylememi bekliyorlarmış gibi yüzüme bakıyorlardı. "Çok ilginç."

"Gerçekten öyle," dedi Gerald. "Konusunu çok iyi biliyor. Rebecca ona hayrandı."

Doktor Faraday'le konuşmam gerekecekti. Hem onunla hem de Adam Rowley'nin ölümünü araştıran polislerle görüşeceğime göre bunları telefondan halletmeye çalışmak yerine oraya gitmemin daha iyi oalcağını düşündüm. Londra'dan, aşırı ısıtılmış çalışma odasından ve Godley'nin ekibinin en önemli özelliklerinden olan bitmez tükenmez rekabet havasından birkaç saatliğine bile olsa uzaklaşmanın insana ne kadar iyi geldiğini bugün bir kez daha görmüştüm.

Rebecca'nın anne ve babasının üzerine birden büyük bir yorgunluk çökmüştü. Gerald, eşinin yanına oturmuş, Avril onun elini tutup daha fazla ayakta duramayacakmış gibi başını omzuna yaslamıştı.

"Gitmeliyim," dedim aceleyle. "Çok zamanınızı aldım."

"Rebecca'yla iletişimimiz hiç kopmadı ama Londra'ya onu görmeye pek gidemiyorduk. Evden ayrıldıktan sonraki hayatı hakkında, arkadaşlarıyla konuşmanız gerekecek," dedi Avril cılız bir sesle.

5. KURBAN

"Onlarla konuşmaya başladım bile. Çok yardımcı oldular."

"Bizim bütün bildiğimiz," dedi Gerald acı dolu gözlerle yüzüme bakarak, "hayatının iyi gittiğiydi. Hatta çok iyi de denebilir. Mutluydu. Ve istediği her şeye sahipti. Lütfen Maeve, ona bunu yapan kişiyi bizim için bulun."

Bir kurbanın ailesinin onlar adına benden adaleti yerine getirmemi istedikleri ilk sefer değildi bu ama yine de boğazım düğümlenmişti. Kendime gelebilmek için hafifçe öksürdüm ve devam ettim.

"Elimden ne geliyorsa yapacağım. Size söz veriyorum."

"Bunun bizim için anlamı çok büyük," dedi Gerald. Çenesinin titremeye başladığını görünce kontrolünü kaybetmiş gibi görünmek istemeyeceğini düşünerek başımı çevirdim.

"Daha çok çocuğumuz olmasını istemiştik," dedi Avril acı dolu bir sesle. "Ama olmadı. Rebecca gerçekten bizim her şeyimizdi." Sandalyesinde tekrar doğruldu ve başını gururla kaldırdı. "Size yardımcı olabileceğimiz başka bir konu var mı? Anlatabileceğimiz başka bir şey?"

Başımı iki yana salladım. Avril söylenebilecek her şeyi söylemişti.

LOUISE

Törene gitmenin bir hata olduğunu oraya vardığım ilk anda anladım. Haworth'lara önceki gece veda edip oradan uzak durmalıydım. Kiliseye girip yan sıralardan birinde toplanmış bir avuç eski Latimerliyi gördüğümde kendimi tuhaf hissettim. Onları hiç fark etmemiş gibi davranırsam kabalık etmiş olacaktım ama bir yandan da hiçbirini yanlarına gidip konuşacak kadar tanımıyordum. Sonunda o tarafa doğru hafifçe el salladım ve belli belirsiz bir gülümsemeyle selam verdim. İçinde bulunduğumuz durum düşünülürse neşeli bir selam zaten uygunsuz olurdu. Onlar da benim gibi düşünüyordu. Kızlar ayrıca merakla dönüp ne kadar değiştiğime, ne giydiğime bakıyor, ne kadar kazanıyor olabileceğimle ilgili tahminler yürütüyorlardı. Ben böyle şeyler düşünerek zaman harcamadım çünkü bunların hiçbiri umrumda değildi.

Önden ikinci sıraya kadar ilerleyip oturdum. İncecik bir kol birden omzuma dolanırken Tilly'nin her zamanki gibi fazla kuvvetli vanilyalı parfümü boğazıma doldu.

"Geldiğin için teşekkürler. Sonra konuşuruz, tamam mı?"

Cevap vermeye fırsat bile bulamadan Tilly arkasını dönüp gitti ve ben tekrar arkama yaslandım. Büyük olasılıkla geri dönmeyeceğini biliyordum ve bu benim de işime geliyordu. Normal zamanlarda bile onunla konuşacak hiçbir şeyimiz olmazdı. Tam kendine göre bir iş bulmuş, törenin sahibi kendisiymiş gibi davranarak insanları karşılayıp geçirmekle meşgul oluyordu.

Törene gelirken herkesin ortasında gözyaşlarına boğulacağımdan korkmuştum ama en iyi arkadaşım ve kısacık hayatıyla ilgili iyi dilekler sunulurken neredeyse hiçbir şey hissetmedim. Zihnim bomboştu. Kendi içimde bir yerlere çekilmiştim ve durduğum bu yerden, kilisede bütün olanları, Avril'in acısını ve Tilly'nin seçtiği saçma sapan okuma parçalarını takip etmek için büyük bir çaba sarf etmem gerekiyordu. Tören bittiğinde ne yaptığımı pek düşünmeden

5. KURBAN

herkesle birlikte eve gittim. Onlarla birlikte sürüklenmek, büfeden bir bardak çay alıp hayatımda daha önce hiç karşılaşmadığım ve bir daha hiç karşılaşmayacağım insanlar bana hiç ilgimi çekmeyen şeylerden söz ederlerken onları dinliyormuş gibi yapmak kolayıma gelmişti. İçim bomboştu. Kendim gibi değildim. Tam o anda başımı kaldırıp Gil Maddick'in bana baktığını gördüğümde, kendimi birden kırılan buzdan diğer tarafa geçip, derin ve dondurucu suyun içine düşmüş gibi hissettim. Gözlerim gözlerine kilitlenmişti sanki; bakışlarımı çeviremiyordum. Kilisede onu aramış ama görememiştim. Eve geldiğimde kalabalığa tekrar bir göz atıp Gil'i yine göremeyince, onun gelmediğini düşünmüştüm. Orada olsa onu göreceğimden kesinlikle emindim.

Gil tekrar yanındaki kişiye -bunun o polis memuru olduğunu dehşetle fark ettim- döndüğünde Haworth'ların tarihi komşusundan kibar birkaç sözle izin istedim ve oradan hemen ayrıldım. Çadırın kenarından geçip dışarı çıktım ve Gil'den mümkün olduğu kadar uzaklaşmak için bahçede hızla yürüdüm. Soğuk hava iyi geliyordu; sakinleşmek için derin derin nefes aldım.

Endişelenecek hiçbir şey yoktu. Korkulacak hiçbir şey kesinlikle yoktu ama Gil'i karşımda görmek beni çok sarsmıştı. Bahçenin sonundaki kapıdan geçip sık ağaçların arasına çıkana kadar tam anlamıyla sakinleşmeyi başaramadım. Yapraksız dalları gökyüzüne yayılan ağaçlar düzenli çizgiler halinde ekilmişti ve ben ayva ağaçlarının olduğu sırayı takip ediyordum. Yaz ayları onlar için yeterince uzun ve sıcak geçmediğinden meyveleri yenemeyecek kadar acı oluyordu ama Gerald onların baharda açtıkları çiçeklere bayılıyordu.

Bir keresinde bana bu ağaçların geleceğe yönelik yatırımları olduğunu söylemişti. İklimler değişip hava birkaç derece ısındığında, onlar da artık büyümüş ve bol bol meyve verecek duruma gelmiş olacaklardı. Bu onun hayalci mantığının harika bir örneğiydi. Bunu ne zaman düşünsem tekrar tekrar hem şaşırır hem de çok eğlenirdim.

Ağaçları düşünerek yürümeye devam ettim. Ağaçlığın alt kısmından döndüğüm sırada birden Gil'in beyaz gömlekli göğsüne çarptım; şaşkınlıktan nefesim kesilmişti. Kollarımın üzerinden tutup beni yakaladı.

"Sonunda karşılaşabildik. Beni aramadın, Louise."

"Sana söyleyecek bir şeyim yoktu." Kalbim deli gibi atıyordu ama kendimi zorlayarak başımı kaldırdım ve gayet sakinmişim gibi gözlerine baktım.

"Öyle mi? Ama başkalarına bir sürü şey anlatıyormuşsun, öyle değil mi? Polis gelip zavallı sevgilim Rebecca hakkında benimle konuşmak istedi."

"Bütün arkadaşlarıyla konuşuyorlar. Benimle de konuştular."

"Biliyorum. Onları bana sen yolladın, değil mi?"

"Saklayacak bir şeyin yoksa bundan neden rahatsız oldun ki?"

"Saklayacak neyim olabilir ki? O bir seri katil tarafından öldürüldü. Bunun benimle hiçbir ilgisi yok."

Biraz zorlanarak da olsa kendime gelmeyi başardım ve elimi cebime daldırdım. "Bunu buldum."

Gil elimdeki kalemi alıp çevirerek inceledi ve üzerindeki baş harfleri okudu.

5. KURBAN

"Bu sensin, öyle değil mi? GKM. Gilbert K. Maddick. K neyin kısaltması? Kenneth mı?"

"Kendall. Aile ismimiz." Gil hiç umursamamış gibi görünerek kalemi bana geri verdi. "Üzgünüm ama bunu daha önce hiç görmedim."

"Bunu Rebecca'nın evinde buldum. Oraya gittin, değil mi?"

"Son zamanlarda gitmedim."

"Sehpanın üzerindeydi."

"Belki de isminin baş harfleri benimkilerle aynı olan başka birini daha tanıyordur." Sesi sıkılmış gibiydi. "Üzgünüm ama bu konuda gerçekten hiçbir şey bilmiyorum. Ve bunun seni ilgilendirdiğini de hiç sanmıyorum."

"Ama ilgilendiriyor."

Gil beni hâlâ kollarımdan hafifçe tuttuğu için arkamı dönüp gidemiyordum. "Zavallı Louise. Şimdi Bex olmayınca ne yapacaksın?"

"Uğraşma benimle," dedim sert bir sesle. "O benim arkadaşımdı."

"Uğraşmak istememiştim." Başını eğip bana baktı. "Yorgun görünüyorsun, Louise. Ama gözlerin kupkuru. Gözyaşı yok. En iyi arkadaşın ölüp gitti ve sen bugün bir kere bile ağlamadın, öyle değil mi? Ne kilisede ne de burada, onun evinde. Daha önce hiç senin kadar soğuk birini görmemiştim."

"Ben soğuk değilim," dedim aniden ve soğuk havada ağzımdan çıkan bu sözdeki ironiyi fark edince ufak bir kahkaha attım. Söylediklerimle yaptıklarım birbiriyle çelişiyordu. Daha duygusal biri olsam onun bu sözlerine bozulabilirdim ama hiç sinirlenmemiştim. Söylediği şey doğru olmalıydı. Quod erat demonstrandum.

"Sende hiç tutku yok," diye devam etti Gil.

"En azından ben hiç görmedim."

"Güven bana, hiçbir zaman da görmeyeceksin."

Elinden kurtulup yürümeye başladım ama Gil beni bileğimden tekrar yakalayıp kendine çekti.

"Nereye gidiyorsun?"

"Senden uzak herhangi bir yere."

Üzülmüş gibi yüzünü buruşturarak bana uzun uzun baktı.

"Baksana, benden ne istiyorsun?"

"Biliyorum garip ama bunu."

Gil eğilip ben kaçmaya fırsat bulamadan beni öptü. Farkına bile varmadan ben de ona karşılık verdim ve kendimi onun kollarına bıraktım. İçimi kaplayan arzu dalgasına teslim olmuştum. Zihnim adeta boşalmış, birden her şeyi unutmuştum.

Ama sonra düşünceler derin bir kuyuya atılan taşlar gibi teker teker geri gelmeye başladılar. Bu Gil'di. Ve yaptığım yanlıştı. Daha da önemlisi, bu aptalcaydı. Ellerimi göğsüne dayayıp Gil'i ittim ve o da beni bıraktı.

"Bak sen, bu ne sürpriz. Meğer o kadar da soğuk değilmişsin."

"Başımdan çekilip beni yalnız bırakır mısın sen?" Etkilenmemiş gibi görünmeye çalışarak soğukkanlılığımı korumaya çalışıyordum ama yüzüm alev alevdi.

"İstediğin bu mu? Gerçekten mi?"

Ona cevap veremedim. O anda tek istediğim beni bir kez

5. KURBAN

daha öpmesiydi. Bir soruyla karşılık vermeye karar verdim. "Bunu neden yapıyorsun?"

Omuz silkti. "Çünkü istiyorum. Sanırım bunu her zaman istedim."

"Saçmalama. Rebecca'yla birlikte olduğun sürece beni hep görmezden geldin sen. Benimle neredeyse konuşmuyordun bile."

"Seninle daha çok ilgilendiğimin farkına varacağından korkuyordum. Biliyorsun, ondan hoşlanıyordum. Ama beni asıl ilgilendiren sendin, Louise. Ve benimle ilgili ne hissettiğini hiçbir zaman tam olarak bilmiyordum."

"Bunu nasıl bilmezsin?"

Gil güldü. "Evet, benden hoşlanmadığın bir sır değildi. Merak etme, bu benim umrumda bile değil. Ben senin fikrini değiştiririm."

"Bunu yapmaya fırsatın olmayacak," dedim ondan uzaklamaya çalışarak kararlı bir sesle. Ondan uzaklaşmam gerekiyordu. Düşünmeliydim.

"Öyle mi?" Gil dans eder gibi adımlarımı takip ederek yakına geldi. "Birini öpüp sonra öylece çekip gidemezsin, Louise."

"Bak bakalım nasıl gidiyormuşum."

"Yolluk ister misin?" Başımı sallarken kaşlarını kaldırıp kahkahalarla güldü. "Evet demek istiyorsun, öyle değil mi?"

"Eğer evet demek istiyor olsaydım evet derdim."

"Demek seni bir daha öpmemi istemiyorsun. Doğru mu anlamışım?"

"İstemiyorum."

"Hiç mi?"

"Hiç."

"Çünkü ben düşünüyordum ki...belki de bir dahaki sefere seni şurandan öpebilirim." Parmaklarını kolumdan aşağı doğru kaydırdı ve avcuma gelince elimi içeri doğru kıvırıp kapattı. "Ya da belki buradan." Elini göğsümün üzerine kapattı; kat kat giysinin üzerinden bile sıcaklığını hissedebiliyordum. "Ya da buradan."

Elleri vücudumda dolaşıp dururken daha fazla dayanamayarak bir kez daha kendimi Gil'in kollarına bıraktım. İçimden kendime bunun son kez olduğuna dair söz veriyordum ki bu sefer öpüşmeyi kesen Gil oldu. Yaptığına memnun, pis pis sırıtarak parmağını boynumda gezdirdi. "Ah olamaz."

"Ne oldu?"

"İzimi bırakmışım. Artık harika bir aşk ısırığın var." Eşarbımı boynuma iyice doladı. "Bu artık benim olduğun anlamına geliyor."

"Nesin sen, ergen falan mı? Bunu yanlışlıkla yapmış olamazsın." Morarttığı yer acıyordu ve geçmesi günler alacaktı. Ve bu arada, benimle ilgilenip bunu fark eden herkes, neler yaptığımı öğrenecekti."

"Üzgünüm," dedi Gil ruhsuz bir sesle ve yürümeye başladı. "Bence artık geri dönmeliyiz, sence de öyle değil mi? Birileri ortadan kaybolduğumuzu fark etmeden."

Ağaçların arasında ıslık çalarak ilerlerken onu izledim. Peşinden gidip gitmediğimi görmek için arkasını dönüp bakmadı. Bir aynam olmadığı için içimden söylenerek eşarbı boynuma daha sıkı sardım. O sadece kendisine karşılık vermemi istemişti. Bunu yapabileceğini görmek istemişti. Ken-

5. KURBAN

dimi aşağılanmış hissediyordum. Sanki bana zalimce bir şaka yapmıştı ve ben de hiç zaman kaybetmeden yemiştim.

"Bu son olacak," dedim yüksek sesle. "Bir daha böyle bir şey olmayacak."

Onunla bir daha karşılaşmamak için meyve bahçesinin başka bir kapısından çıkıp evin bahçesine diğer taraftan girdim. Gil'le karşılaşmamayı başardım ama bu sefer de gül bahçesinde dolanan dedektife rastladım ve durup onunla biraz sohbet ettim. Boynumdaki izi fark edeceği baştan belliydi; gözünden hiçbir şey kaçmayan şu tiplere benziyordu.

Onun yanından ayrılır ayrılmaz telefonla bir taksi çağırdım ve Rebecca'nın anne ve babasına veda etmek için çadıra döndüm. Önce Avril'i gördüm ve ona doğru ilerledim. Hemen yanındaki Gerald'ın Gil'le derin bir sohbete dalmış olduğunu fark ettiğimde artık geri dönmek için çok geçti.

"Korkarım benim artık gitmem gerekiyor. Trenime yetişmeliyim."

"Geldiğin için teşekkür ederiz, tatlım. Bizim için anlamı çok büyüktü." Avril koluma girdi. "Bizi tekrar görmeye gel. Sık sık. Gelmezsen seni çok özleriz."

"Söz veriyorum, geleceğim."

"Seni bırakayım mı?" dedi Gil cana yakın, kibar ve biraz mesafeli bir sesle. Yüzüne bakmadan başımı iki yana salladım.

"Taksi çağırdım."

"Buna hiç gerek yok," dedi Gerald kesin bir şekilde. "Gil'in arabası hemen dışarıda. Seni o bıraksın. O da şimdi çıkıyordu zaten."

Bu işten kurtulmak için elimden gelen her şeyi yaptım ama Haworthlar çok ısrarcıydı ve Gil de, yüzünde önceden çalışıldığı belli olan nötr bir ifadeyle, itirazlarımı dinlemekle yetiniyordu. Sonunda tekliflerini kabul etmek zorunda kaldım. Kızlarının eski erkek arkadaşıyla istasyona değil burnumun ucuna kadar bile gitmeyi neden istemediğimi onlara söylemem mümkün değildi.

Yeşil yeşil parlayan, alçak tabanlı klasik Jaguar'ının kapısını benim için açarken Gil'e öfkeyle baktım. İçeri girmemi sabırla bekledi. "Buna sevindiğimi sanma sakın."

"Sevinmedin mi? Çam aromalı araba kokusu kokan, ne olduğu belirsiz bir taksiden iyidir."

"Arabanın içinde sen olmasan gerçekten de öyle."

"Dırdır edip durma. Sana iyilik ediyorum."

Gil kapıyı üzerime sertçe kapadı ve hiç acele etmeden arabanın arkasından dolaşıp ıslık çalarak koltuğuna yerleşti.

Belli etmemeye çalışarak ona baktım. Yüzünde belli belirsiz, küçük bir gülümseme vardı ve kendine tamamen güvendiği her halinden belli oluyordu. Tren istasyonunun önünden bir an bile yavaşlamadan geçip gittiğinde pek şaşırmadım.

"Sonuçta ikimiz de Londra'ya gidiyoruz. Neden birlikte gitmeyelim?"

Sayılamayacak kadar çok neden vardı; yüzümdeki gülümsemeyi gizlemeye çalışarak camdan dışarı baktım. Çok nadir kumar oynardım -her konuda kesinlikten hoşlanırdım- ama hayatımda ilk defa, içinde bulunduğum durumdaki çaresizliğimin ve kendimi nereye düşeceğimi bile bilmeden boşluğa bırakmış olmanın zevkini çıkarıyordum. Gil'le baş edebileceğimi düşünüyordum. Sorun çıkarmaya çalışabilirdi

5. KURBAN

ama ben de onunla ilgili oldukça fazla şey biliyordum. Tedbiri elden bırakmayacaktım. Eğer benimle uğraşmaya kalkışırsa Gil Maddick neye uğradığını şaşıracaktı.

En azından kendi kendime söylediğim buydu.

Sekizinci Bölüm

MAEVE

Törenden iki gün sonra, yanımda sorularla dolu not defterim ve midemde kötü bir hisle Oxford'a vardım. Aslında mesafe olarak uzun bir yol gelmemiştim ama tren yolculuğu, Paddington ve üniversite şehri arasındaki her durakta duran tren yüzünden inanılmaz derecede uzun sürmüştü. Yavaş bir yolculuk olmuştu ve ben kendimi daha da yavaş hissediyordum çünkü trenin ısıtma sistemi çalışmıyordu. İstasyona vardığımızda trenin camları içten buz tutmuş ve ben de iliklerime kadar donmuş durumdaydım.

Soğuk ve ıslak bir gündü ve sis her yeri kaplamıştı. Şehri görmek gibi bir niyetim olmadığı için başımı önüme eğip gideceğim yere doğru hızla yürüdüm. Şehir kendini saklamayı iyi becermişti. İçinden geçtiğim alışveriş caddesi, sıkıcı yılbaşı ışıklarıyla daha da depresif görünüyordu. Üniversitelerle birlikte, şehirde görmeyi beklediğim ihtişam da yüksek duvarların ardında kalmıştı. Aslına bakarsanız, Oxford'un herhangi bir taşra şehrinden tek farkı, St. Aldates isimli geniş ve kalabalık caddede önüme çıkıp duran yılbaşı alışverişi

5. KURBAN

telaşındaki yerli halkın arasına karışmış turistlerin sayısıydı. Christ Church'ten geçtiğim sırada solumda gördüğüm büyük ve gösterişli, kemerli yola bir göz attım. Daha doğrusu mor damarlı burunlu, ekşi suratlı ve melon şapkalı adam izin verseydi bunu yapacaktım. Önündeki bir tabelada üniversitenin halka kapalı olduğu yazıyordu. Nazikçe 'Ayaktakımı giremez' demek istemişlerdi.

Geçen yıl emekli olmuş olan Dedektif Reid Garland'la St Aldates Polis karakolunda buluşmak üzere sözleşmiştik. Telefonda konuşurken, eski mekânına tekrar uğrama ihtimalinin ortaya çıkması onu çok neşelendirmişti. Resepsiyona yaklaşıp onu nerede bulabileceğimi sordum. Görevli, yüzünde yumuşak bir gülümsemeyle manikürlü parmağını uzatıp bekleme salonunu gösterdi. Dönüp baktığımda gri renkli kumaş pantolonlu, spor ceketli, yapılı bir adamla karşılaştım. Kravatını yanındaki plastik sandalyelerden birinin üzerine bırakmış, ellerini dizlerinin arasında kavuşturmuş oturuyordu. İçeri girdiğimde beni görmüş olmalıydı ama yine de resepsiyon masasının arkasındaki panoda yazanları okuyormuş gibi davranıyordu. Mosmor kravatı, görmeye alışık olduklarımdan daha inceydi; seksenlerden beri aynı kravatı kullanıyor olmalıydı. Yakasında Thames Valley Polisi rozeti takılıydı ve ceketinin omuz ve dirsek kısımları giyilmekten parlamıştı.

"Dedektif Garland siz misiniz?" diye söze girdim.

O kadar büyük bir adamdan asla beklenmeyecek bir hızda ayağa fırlayıp elini uzattı. "Selam, tatlım. Maeve'di, değil mi? Konuşmak için buradaki sorgu odalarından birini ayarladım. Umarım senin için bir sakıncası yoktur. Çok rahat bir yer olduğu söylenemez ama en azından kimse bizi rahatsız edemez. Telefon konuşmamızda seni doğru anladıysam, konuşacaklarımızı kimse duymasa iyi olur."

Arka odalara doğru ilerlediğimiz sırada kalın ve yer yer alçalıp yükselen sesiyle konuşmaya devam ediyor, konuşurken hecelerin sonlarını küçük çakıl taşları gibi yuvarlayıp yutuyordu. Resepsiyonda yanındaki sandalyede duran dosyayı da almıştı; arkasından ilerlerken gözüm elindeki dosyadaydı.

"Böyle bir şey beklemiyordum ama aradığına çok sevindim. Bayan Garland'a da söyledim, bu davanın tekrar açılacağını biliyordum. Çıkan sonuç hiç içime sinmemişti, anlarsın ya." Geçmem için bir kapıyı tuttu ve kendimi tam da beklediğim gibi soğuk ve boş, beyaza boyanmış, küçük sorgu odasında buldum. Masaya yerleşip defterimi açtım ama soruları benim soracağımı zannederek çok yanılıyordum. Dedektif Garland masanın diğer tarafına büyük zorluklarla, hırıltılar çıkartarak oturdu ve dosyayı önüne koyup tombul dirseğini üzerine yasladı.

"Şimdi anlat bakalım, bu seri katil işi nedir? Şimdiye kadar kaç kurbanınız oldu?"

"Dört," dedim. "Aslında beş gibi görünüyor ama beşinci kızın aynı katilin işi olduğuna emin değiliz."

"Öyle mi? Seni Oxford'a getirenin ne olduğunu merak ediyordum. Olayların bağlantısını anlayamadım."

"Belki de bir bağlantı yoktur," dedim açıkça. "Ama Rebecca'nın geçmişini araştırıyordum ve Adam Rowley'nin ölümüyle ilgili daha fazla bilgi edinmek istedim."

"Bunun belli bir nedeni var mı?"

"Ailesinin anlattığına göre Rebecca, onun ölümünden çok fazla etkilenmiş. Aralarında en azından resmen bir ilişki

5. KURBAN

olmadığı da düşünülürse dikkat çekici derecede etkilenmiş denebilir."

"Hepsi bu mu?" Emekli polis memurunun alnındaki kırışıklıklar çatık kaşlara dönüşmek üzereydi.

"Pek sayılmaz. Anma töreninden sonra Rebecca'nın üniversiteden birkaç arkadaşıyla konuştum. Onların da anlatacak...ilginç şeyleri vardı."

Haworthların evinden ayrıldıktan sonra birkaç soru sormak için bardakilerin yanına gitmiştim. Grup biraz küçülmüştü ama önünde maden suyu duran atanmış şoför Mike, ağzı bozuk Leo ve Dibs hâlâ oradaydı. Dibs başlarda oldukça soğuk görünüyordu ama konu Adam Rowley'ye gelince konuşmaya hemen dahil olmuştu. Konuşmanın oldukça uzun bir kısmında Leo, kendisi ve arkadaşlarının Rebecca'ya ne kadar aşık olduklarını ama içlerinden hiçbirinin onu çıkmaya ikna edemediğini anlatmıştı. Rebecca'nın beğenisini takdir ediyordum doğrusu.

"Devam et," dedi Dedektif Garland.

"Anlattıklarına bakılırsa, üniversitede, Rebecca'nın Adam Rowley'ye olanlarla ilgili bir şeyler bildiği yönünde söylentiler varmış. Biraz çapkın bir tipmiş ve kız avcısı olarak tanınıyormuş. Bir çok kız arkadaşı ve bir çok tek kişilik ilişkisi oluyormuş. Rebecca yıllardır ona aşıkmış ve arkadaşlarından birinin söylediğine göre ölümünden birkaç hafta önce onu sonunda 'elde etmeyi başarmış'". Bunu anlatan, konuşmak için burnunu cin toniğinden çıkarmak zorunda kalan tatlı mı tatlı Leo'ydu. "İlişki devam etmemiş ve Rebecca reddedilmeyi hazmedememiş. Dedikodulara bakılırsa Adam'ı saplantı haline getirmiş; gözyaşlarına boğulmadan onunla aynı odada bile duramıyormuş. Adam'ın ölümünden sonra Rebecca tamamen dağılmış. Kimse Adam'a olanlardan onun sorumlu olduğunu söylemedi ama bir sürü şey duymuşlar. Tabii bu anlatılanlara çok da değer veriyor değilim. Arkadaşlarından dinlediklerimin hepsi söylentiydi. Yani sonuçta Adam boğulmuştu, öyle değil mi? Bu bir kaza değil miydi?"

Dedektif Garland devasa kollarını önünde kavuşturdu. "Olabilirdi. Kazaydı. Ama bunu kanıtlayamadığım da aklınızda bulunsun. Savcı davayı açık bir kararla sonlandırmaya karar verdi ama olayın kaza olduğundan neredeyse emindi. Çocuk içki içmiş ve bir sürü uyuşturucu ilaç almıştı. Anlatılanlara bakılırsa o gece fena halde sarhoştu. Adam Rowley'le ilgili emin olduğum tek şey onun pisliğin teki olduğu ve onunla görüşen benim kızım olsa, onu gerçekten kendi ellerimle öldürmek isteyeceğimdi."

Kaşlarımı kaldırdım. "O kadar mı kötü?"

"O kadar kötü." Garland dosyayı açtı ve sekize on boyunda parlak bir fotoğraf çıkarıp masanın üzerine attı. "Bay Rowley buydu. Tam bir melek."

Resim büyük bir fotoğraftan alınmış bir detaydı ve Adam'ın yüz hatları çok net değildi ama fotoğraftaki sorunlara rağmen Adam Rowley'nin gerçekten çok yakışıklı bir genç adam olduğu ortadaydı. Siyah kaşları, masmavi gözlerini vurguluyor, kısa kesilmiş saçları şekilli kulaklarını ortaya çıkarıyordu.

Çıkık elmacık kemikleri, düzgün dişlerini öne çıkaran haylaz bir gülümsemesi ve onu fazla tatlı görünmekten kurtaran kemikli bir çenesi vardı. Ama beni en çok şaşırtan Gil Maddick'e olan çarpıcı benzerliğiydi.

5. KURBAN

Başımı kaldırdığımda Garland yüzünde şaşkın bir ifadeyle bana bakıyordu.

"Bir sorun mu var?"

"Rebecca belli bir tipten hoşlanıyormuş, hepsi bu. Devam edin. Bana Adam'dan söz edin."

"Öldüğünde yirmi yaşındaydı. Tam olarak söylemek gerekirse yirmi yaşından iki ay büyüktü. Ve hayatının her saniyesini sorun çıkarmakla harcadığını söyleyebilirim. Oldukça zekiydi. Matematik okuyordu, yani zaten zeki olması gerekiyordu. Ve çok iyi tenis oynuyordu. Sosyal hayatıyla bu kadar meşgul olmasa, üniversite için oynayabileceğini anlatmışlardı bana." Garland başını iki yana salladı. "Kızlara düşkünmüş, buna hiç şüphe yok ama Rebecca'nın arkadaşlarının sana anlatmadığı bir şey daha var. Adam'ın birkaç cinsel yolla bulaşan hastalığı varmış ve bunu bilmesine rağmen hiçbir zaman prezervatif kullanmazmış. Bunun kızları sepetlediğinde kendisini bir daha aramamalarını sağlamanın en kesin yolu olduğunu söylermiş."

Rebecca'nın sağlık kayıtlarında cinsel yolla bulaşan hastalıklarla ilgili bir bilgi olup olmadığını kontrol etmek için defterime not aldım. Garland anlatmaya devam ediyordu.

"İnsanlarla oynamaktan da zevk alıyormuş. Arama yaptığımızda dairesinde bir liste bulduk. Her başarılı avını kaydetmiş ve onlara on üzerinden not vermiş. Eğer bir ilişkileri varsa ve onları kandırıp sevgililerini aldatmalarını sağlamışsa puanlar ikiyle çarpılıyor. Benim gibi normal bir insanın küçük düşürücü bulacağı tarzda şeyler yapmalarını sağlamışsa üçle çarpılıyor. Evde bazı kızlara ait, habersiz çekildiğinden emin olduğum fotoğraflar da vardı. Onlara pislik gibi davranmış ve arkadaşlarıyla birlikte onlarla eğlenmişlerdi. Ondan hiç hoşlanmadığımı itiraf etmeliyim."

"Peki ne oldu? Nasıl öldü?"

"Latimer'e gittiniz mi? Yerini biliyor musunuz?" Hayır der gibi başımı salladığımı görünce baş parmağını diliyle ıslatıp haritanın olduğu yeri bulana kadar dosyadaki sayfaları hızla çevirdi. Dosyayı bana doğru döndürüp parmağıyla gösterdi. "Üniversite burada, High'ın diğer ucunda, Magdalen Köprüsü'nden hemen önce. Şuradaki, Cherwell Nehri." Şehrin bir yanında boylu boyunca ilerleyen çizgiyi gösterdi. "Nehrin bir kolu Latimer'in duvarının hemen yanından geçiyor ve tam olarak şurada da tarlalarla karşılaşıyor." Kalemini haritaya hafifçe vurdu. "Rowley'nin suya indiğini düşündüğümüz yer burası. Cesedi yetmiş iki saat boyunca bulunamadı. Cherwell burada, Latimer'den fazla uzak olmayan bir yerde Thames'le birleşiyor. Ceset bu yoldan ilerlemiş ve Goring-on-Thames kasabasında, Reading'in tam şu tarafında tekrar suyun yüzeyine çıkmış. Yüzeye çıktığı için şanslıydık. Nehir her yıl birkaç tanesini denize kadar sürükler."

"Peki suya Latimer'de düştüğü sonucuna varmanızın nedeni neydi? Yerde izler mi vardı?"

"Nehir kenarında boğuşma izi ya da başka bir hasar yoktu ama Adam'ın vücudunda da muhtemelen ölümünden sonra olmuş birkaç sıyrık dışında herhangi bir iz yoktu. Üniversitenin sadece tek bir çıkışı var ve gece bekçisi onu çıkarken görmediğine yemin etti. Onun sözüne güvenirdim. Greg Ponsett, eski denizciydi ve iyi bir adamdı. Görmedim diyorsa görmemiştir." Garland derin bir nefes aldı. "Şimdi öldü. Akciğer kanserinden."

5. KURBAN

"İfadesini okumak isterim," dedim dedektifin ne demek istediğimi anlayıp dosyayı bana vermesini umarak.

"Onda hiçbir şey yok. Ve tabii buradaki ifadelerin diğerlerinde de." Tek eliyle sayfaları hızla çevirdi. "Polis işe karışınca herkes birbirini korumaya başladı. Kimse hiçbir şey anlatmıyordu. Adam Rowley'le ilgili bildiklerimin tamamını onun arkadaşlarından ve üniversite çalışanlarından öğrendim. Ve bunların da hepsi boşa gitti çünkü olayın cinayet olduğunu ispatlamayı başaramadım."

"Ama onun öldürüldüğünü düşünüyorsunuz."

"Bundan eminim." Garland'ın bakışları sabitleşmişti. "Bundan hiç şüphem yok."

"İntihar etmiş olabilirdi," dedim konuşmaya devam etmesi için.

"O öyle bir şey yapmazdı. Hayatına adeta aşıktı. Onun için her şey yolunda gidiyordu. Akademik çalışmaları iyi gidiyordu yani o konuda bir sıkıntı yoktu; Eylül'de bir bankada stajyer olarak çalışmaya başlayacaktı; yazın çıkacağı dünya turu için kendine bilet almış, hatta öldüğü gün bir sürü vize başvurusu yapmıştı. Ayrıca herhangi bir ekonomik problemi de yoktu. İntihar bu tabloya hiç uymuyordu." Garland başını salladı. "Bunun bir cinayet olduğuna emin olmamın asıl nedeni olayın oluş şekliydi. Adam uyuşturucu kullanmaya karşı değildi ama Nisan'ın on üçünde sakinleştirici almasının kesinlikle hiçbir mantıklı açıklaması olamazdı. Bahar Bayramı'na Oxford'da çok önem verilir. Çocuklar şafak vaktinde Magdalen Köprüsü'ne gidip eğlenmek için bütün gece uyumazlar. Polis için tam bir kâbustur. Eğer Adam bir şeyler kullanacak olsa, kokain ya da speed alırdı. Diazepam değil."

"Yani ne demek istiyorsunuz, biri ona haberi olmadan ilaç mı verdi?"

"Teorim buydu. Belki de ona uyarıcı verdiklerini söylemişlerdi. İyice kendinden geçtikten sonra da onu suya atıp işin geri kalanını nehre bıraktılar."

"Aklınızda biri var mıydı peki? Rebecca değildir herhalde."

"O olduğunu hiç sanmıyordum. Yani, onunla tanıştım, onu sorguladım. Adam'dan ayrıldığı için çok üzgündü ama cinayet işleyebilecek tipte bir insan değildi. Eğer o yapmış olsaydı bunu itiraf ederdi çünkü öyle biriydi; fazlasıyla iyiydi o. Daha açık söylemem gerekirse Bayan Haworth, kendi ailesi dışında Adam'ın ölümüne gerçekten üzülmüş gibi görünen birkaç kişiden biriydi."

"Kim o zaman? Aklınızda birileri olmalı."

"Vardı. Hâlâ da var. Ama seni etkilemek istemiyorum."

Kararlı bir hareketle dosyayı kapattı ve masanın üzerinden bana doğru itti. "Bunu tek başına incelemek istediğini biliyorum. Sana davayla ilgili birkaç şey anlattım ama asıl aklıma takılan konu buydu. Dosyayı inceleyip beni tekrar ara ve bana ne düşündüğünü söyle."

"Ne kadar zamanım var?"

"Duruma göre değişir," dedi Garland ciddi bir sesle, "Rebecca'yı öldüren kişinin başka birini daha öldüreceği konusunda ne kadar endişelisin?"

Dedektifin bu son sorusuna cevap beklediğini sanmıyordum ama buz gibi havada başımı önüme eğmiş ve çantama sığmayacak kadar büyük dosyaya sarılmış halde St Alda-

5. KURBAN

tes'ten geçerken olası şüphelilerin kimler olabileceğini düşünüp duruyordum. Gerçekte aklımda sadece tek bir şüpheli vardı ve bu kişinin Adam Rowley'ye olanlarla bir ilgisi olma olasılığı gerçekten çok düşüktü. Bu gezi tam bir zaman kaybına dönüşmek üzereydi ama cevabını bulamadığım soruları öylece bırakmak hiç bana göre değildi. Ayrıca Reid Garland gibi ben de Adam'ın ölümü konusunda ortaya çıkmayan bir şeyler olduğunu düşünüyordum.

High Sokağı'nın ortalarında bir kafe vardı. Elimde koca bir bardak kahve ve bir çörekle buğulu camın önüne oturup dışarıya baktım. İnsanlar kaldırımda yürüyor, virajlı yolda hızla gidip gelen otobüsler ortaçağ temalı fonun üzerinde fazlasıyla modern bir görüntü oluşturuyordu. Kafe, bir şeyler içip bağıra bağıra konuşan öğrencilerle doluydu. Pek huzurlu bir yer olduğu söylenemezdi ama buraya geldiğimden beri ilk defa ısınmıştım. Latimer'e gitmeden önce bir saat kadar boş zamanım vardı ve şansım varken Adam Rowley'nin zamansız ölümüyle ilgili bir şeyler öğrenmek iyi bir fikre benziyordu.

Garland mahkemeye sunmak için olayın uzun bir özetini hazırlamıştı. Çocuğa olanların anlatıldığı neredeyse otuz sayfalık bir metin vardı. Emekli dedektifin bana anlatmayı unuttuğu bir şeyler olması ihtimaline karşı metni atlaya atlaya hızla okudum. Adam Nottingham'lıydı, iki erkek kardeşin büyüğüydü ve babası doktordu. Okuduğu özel kolejden girdiği devlet okuluna ve yüksek akademik başarısını devam ettirirken birkaç arkadaşıyla eğlenmeye de fırsat bulduğu Oxford'a kadar, önüne çıkan bütün bursları kazanmıştı. Hayatta olduğu son sabahını, üniversitedeki odasında geçirmişti. Birinci ve üçüncü sınıf öğrencileri okulda kalıyordu ve Adam'ın kaldığı yer de Garland'ın ifadesiyle, Garden Binası'nın ilk katında, nehre bakan oldukça hoş bir odaydı. Onun odasının olduğu bölümle ilgilenen temizlikçi, Adam'la saat on bire on kala, o diğer binadaki dersine gitmek için odasından çıktığı sırada konuşmuştu. Adam binaya döndükten sonra yemekhanede öğle yemeğini yemiş ve öğleden sonrasının geri kalanını üniversite kütüphanesi ve öğrenci odasında geçirmişti. Saat altıda yemekhanede akşam yemeği yemişti. (Garland bu noktada burslu öğrenciler için yemekhanedeki yemeklerin ücretsiz olduğu notunu düşmüştü. Rowley, ilk yılında sınavlardaki başarısı sayesinde burs almaya hak kazanmıştı ve bursun bütün imkânlarından sonuna kadar yararlanıyordu.) Adam, saat sekizde üniversite barına gitmiş ve on bir buçukta bar kapanana kadar orada kalmıştı. Üniversite barında indirimli bir gece düzenlenmişti; bütün yüksek alkollü içkilerin tanesini bir pounda düşürmüşlerdi ve kokteyller de bedavaydı. Garland'in anlattıklarına göre son derece hareketli bir geceydi ve günün sonunda öğrencilerin çoğu tamamen sarhoş olmuştu. Üniversitenin çeşitli yerlerinde bir çok parti devam ediyordu ve üniversitenin tek çıkış kapısı oldukça hareketli saatler geçiriyordu. Garland'in bana anlattığı gibi o gece görevli olan bekçi, Adam Rowley'nin üniversiteden ayrılmadığını söylemişti ve bekçi kulübesinin güvenlik kamerası kayıtları da onun sözlerini doğruluyordu. Bar kapandıktan sonra arkadaşlarından hiçbiri Adam'ı görmemişti. Nereye gideceğini kimse bilmiyordu. Üç farklı partiye çağrılmıştı ve ifadelere bakılırsa herkes onun üniversite dışına çıktığını sanmıştı. Ama anlaşılan o, odasına dönmüştü.

Gece yarısıyla saat 01.15 arasında Rowley'nin aynı katta-

5. KURBAN

ki komşularından biri olan Steven Mulligan, ayak sesleriyle birlikte yüksek bir ıslık sesi duymuştu. Bu sesin Rowley'e ait olduğunu düşünmüştü çünkü onun bu gürültülü davranışlarından daha önce de rahatsız olmuş ve bu konuda şikayette bulunmuştu. Steven onun binadan çıktığını düşünüyordu ama sesleri uykusunun arasında duyduğu için bu konudan tam olarak emin değildi. Eğer koridordaki gerçekten Adam'sa, bu onunla ilgili eldeki son bilgiydi. Kimse onun nehre gidişini görmemişti. Kimse onun düştüğünü, atladığını ya da nehre itildiğini görmemişti. Başlarda hiçbir arkadaşı onun nerede olduğunu merak etmemişti çünkü o gece bir kızla tanıştığını ve onunla birlikte bir yerlerde olduğunu düşünüyorlardı. Çarşamba gününe denk gelen 1 Mayıs tarihinde Rowley'nin herhangi bir randevusu yoktu. Cumartesi akşamına kadar kimse ortada ters bir durum olduğundan şüphelenmemişti ve sonunda onun kaybolduğunu anladıklarındaysa nereye gitmiş olabileceğiyle ilgili neredeyse hiçbir bilgi bulunamamıştı. Odası bıraktığı gibi duruyordu. Cüzdanı ve pasaportu hâlâ masasının üzerindeydi. Cep telefonu odasında yoktu ve hiçbir zaman bulunamamıştı. Telefon kayıtları ve alınan sinyaller, telefonun Bahar Bayramı günü sabaha karşı saat ikiye kadar, genel olarak Latimer'de, üniversite bölgesinde olduğunu gösteriyordu. Bu saatten sonra telefon kapatılmış, pili çıkarılmış ya da başka bir şekilde çalışamaz hale getirilmişti. Saat sabaha karşı ikide, telefonun da büyük bir olasılıkla sahibiyle birlikte Cherwell'in dibini boylamış olduğu sonucunu çıkarmak için dahi olmaya gerek yoktu.

Rowley'nin arkadaşları ortada ters giden bir şeyler olduğunu fark ettikten sonra üniversite polisle bağlantıya geçmişti ama yürütülen soruşturma, 6 Mayıs sabahı, Goring-on-Thames'te balık avlamak için gezintiye çıkmış bir turist olan Bay Bryan Pitman, çalılıkların arasına takılmış koyu renk bir cisimle karşılaşana ve oltasını elinden bırakıp bu cismin ne olduğuna bakana kadar fazla derinleştirilmemiş, eldeki bilgilerin genel bir değerlendirmesiyle yetinilmişti. Nehrin Adam'ı geri vermiş olması bir şanstı; Adam'ın sırılsıklam olmuş kot pantolonunun ön cebinden, bilgisayar odası ve üniversite kütüphanesinin kartlarının çıkması ise daha büyük bir şans. Thames Valley Polisi hiç vakit kaybetmeden genç adamın kimliğini tespit etmiş ve üniversite de hiç vakit kaybetmeden olayla ilgili herhangi bir sorumluluğunun bulunmadığı yönünde bir açıklama yapmıştı. Otopsi, Adam'ın son yemeğinin ölmeden iki saatten az süre önce yediği frenk üzümü reçelli ekmek olduğunu, kanındaki alkol seviyesinin sürücüler için belirlenen yasal alkol limitinin üç katı, yani 100 ml'de 240 mg olduğunu, dikkat çekici düzeyde diazepam aldığını ve kanındaki keyif verici maddelerin oranına bakılırsa patoloğa göre en iyi ihtimalle sersemlemiş olması gerektiğini ve yüzünde ve başındaki yaralanmalarla kafatasının arkasındaki ezilmenin büyük olasılıkla ölümünden sonra, nehrin karanlık sularında 50 kilometre boyunca sürüklendiği sırada olduğunu ortaya çıkarmıştı.

Olayın özetini bırakıp fotoğraflara geçtim. Çok fazla fotoğraf vardı: Adam Rowley'nin, Garland'ın bana gösterdiği hayat dolu, yakın çekim detay fotoğrafı ve ölümünden önceki yıl çekilmiş olan ve onun son derece yakışıklı bir genç adam olduğu yönündeki fikirlerimi destekleyen iki farklı fotoğrafı. Olaydan önceki zamana ait bu üç fotoğrafın ardından gelen,

5. KURBAN

davul gibi şişmiş ve bembeyaz olmuş, alnında ve çenesinde kanı çekilmiş sıyrıklar ve buruş buruş, üst derisi yumuşayıp ayrılmaya başlamış elleriyle bambaşka bir Adam Rowley'yi gösteren, nehir kenarında çekilmiş fotoğraflar. Hepsine hızlıca bir göz attıktan sonra, bu kalabalık kafenin bu iş için pek de uygun bir yer olmadığını fark ederek fotoğrafları ters çevirdim. Dosyada hâlâ bakmadığım sayfalarca yazı vardı. İçimde gittikçe artan bir ümitsizlikle sayfalara hızlıca göz gezdirdim. Dedektif Garland'ın yıllarca özenle sakladığı bütün bu bilgileri okuyup hazmedecek zamanım yoktu. Tanık ifadeleri, haritalar, Latimer'deki Garden Binası'nın üzerine Garland tarafından Adam Rowley'nin odasının yeri işaretlenmiş bir planı, ölümünden önceki haftadan başlayarak sinyalin kesildiği ana kadar Adam Rowley'nin cep telefonunun bulunduğu yerleri gösteren GPS haritaları.

Bir yığın ifadenin arasından Rebecca Haworth'ınkini buldum ve kişiliğiyle ilgili bir şeyler öğrenebilmek umuduyla okumaya başladım. Tanık ifadesi oluşturulurken neredeyse her şey kaybolmuştu; çoğu cümlesi ifadeyi alan memurun ağzından aktarılıyordu ve Garland'ın çalışma arkadaşı mesleki dile fazlasıyla bağlı kalmıştı. Bu yapmacık ve aşırı resmi dile rağmen ('Polis tarafından tespit edilen şu adreste ikamet etmekteyim... Adam ROWLEY ile takriben iki buçuk yıl önce tanıştım... Onu en son 30 Nisan günü Latimer Üniversite Barı'nda, 10.30 itibarıyla gördüm... Bu ifade tutanağı kapsamında yazılı olanların doğru olduğunu beyan ederim...') Rebecca'nın duygusal durumu satır aralarından dışarı sızmayı başarmıştı. Hiçbir şey görmemişti, Adam'a olanlarla ilgili hiçbir bilgisi yoktu ama olanlar için çok üzgündü. Öldüğüne inanamıyordu. Garland'ın da söylediği gibi Adam'ın ölümüne gerçekten üzülmüş gibi görünüyordu. Ayrıca olay gecesi için sağlam şahitleri de vardı. O gece onun için tanıklık edebilecek otuz öğrenciyle birlikte Oxford'un doğusundaki bir ev partisindeydi.

Rebecca'nınkinden iki sayfa sonra üzerinde Louise North'un adı bulunan kısa bir ifadeyle karşılaşınca ilgiyle okumaya başladım. Louise, söz konusu gecede üniversitenin barında çalışıyordu ve ayrıntıları hatırlamıyorsa da Adam Rowley'ye gece boyunca birkaç kez servis yapmıştı. Çok kalabalık bir akşamdı. O gece çalışan beş garsondan biriydi ve bar kapandıktan sonra odasına gidip yatmıştı. Adam Rowley'yi tanıyor sayılırdı ama onunla pek konuşmamışlardı. Seri hareket eden, ciddi ve sistemli, duygularını belli etmeyen biriydi. Louise üniversiteden beri pek değişmemiş anlaşılan diye geçirdim içimden. Bir dahaki görüşmemizde ona Adam'ı da soracaktım çünkü o hem Rebecca'yı hem de Adam'ı tanıyordu. Ama Adam'ın hoşlandığı tiplere bakınca onun Louise'le ilgilenmiş olacağını pek sanmıyordum.

Garland herkesin ifadesine başvurmuştu. Rowley'nin öğretmenleri onun parlak ama tembel bir öğrenci olduğu fikrinde birleşiyor, komşuları ise onu gürültücü ve saygısız buluyorlardı. Rowley'nin arkadaşları, beklendiği gibi onunla ilgili daha iyi şeyler söylemişlerdi ama ifadelerde gerçek duygularıyla ilgili çok az cümle geçiyordu. Rowley'nin bir baş belası olduğunu ve ölümü karşısında arkadaşlarının bile neredeyse rahatlamış göründüğünü düşünmeden edemiyordum.

Tanık ifadelerinin geri kalanını okumayı başka bir güne bırakıp patoloğun raporuna geçtim. Raporda bütün cesetlerin,

5. KURBAN

suyun içine aynı şekilde, başları boyundan sarkmış ve yüzleri aşağı bakar şekilde battığı ve bu nedenle, her ne kadar bu konuda kesin bir şey söylemek mümkün değilse de, Adam Rowley'nin yüzündeki kesileri ölmeden önce şiddet görmesiyle değil bu fiziksel durumla ilgili olduğu açıklanıyordu. Rowley'nin bedeni suyla dolmuş ve şişmişti; nefes yolu ve midesi hâlâ nehirden gelen ince kum ve diğer yabancı maddelerle doluydu. Yine de, diye belirtmişti, Glen Hanshaw'un duymaya alışık olduğum asabi ses tonuyla okumaktan kendimi alamadığım cümlede patolog, bu durum boğulmayı kanıtlamıyordu çünkü boğulmayı işaret eden herhangi bir patognomonik otopsi bulgusuna rastlanmamıştı. Ama diğer ölüm şekilleri olasılık dışı bırakılmalıydı. Suyun altında bulunduğu uzun süre zarfında nehrin tabanındaki yabancı maddeler cesedine zarar vermiş olabilirdi. Kurbanın suya girişinden önce başka bir ölümcül olayın vuku bulmuş olabileceği ihtimalinin göz önünde bulundurulması gerekiyordu. Patolog, Adam'ın vücudundaki suyun çokluğu nedeniyle kanındaki alkol seviyesinin güvenilir olmadığı konusuna dikkat çekiyordu ama buna rağmen kurbanın fazlasıyla alkollü olduğu konusunda oldukça kesin bir fikre sahip olduğunu belirtiyordu. Sonuç olarak patolog muhtemel ölüm nedeninin boğulma olduğu sonucuna varabilmesi için yeterli verinin elinde bulunduğunu yazmıştı. Gözlerimi tavana çevirdim. Her şeyiyle tam bir tecrübeli bilirkişi raporuydu bu. Reid Garland'ın olayı anlattığı yazısındaki ifadeler çok daha kesindi; davayı bir sonuca bağlamak konusundaki kuvvetli arzusunu kullandığı ifadelerden kolayca anlayabiliyordum. Bu durumu hakim de fark etmiş ve onun fikirlerinden etkilenmemişti. Okuduklarıma bakınca, mahkemenin açık bir kararla sonuçlandırılmış olması bana da doğru geliyordu ama yedi uzun yıl boyunca polis memurunun kafasını meşgul eden cevaplanmamış soruları görmezden de gelemiyordum. Uyuşturucu ilaçları Adam'a kim vermişti? O gece onu nehir kıyısına kim götürmüştü? Düşmüş müydü yoksa itilmiş miydi? Onun ölmesini isteyebilecek kimse var mıydı? Ve bütün arkadaşları ve akrabaları arasında onun ölümüne bu kadar üzülen kişi neden Rebecca Haworth olmuştu?

Bu son sorunun cevabı benim için özellikle önem kazanıyordu ama Garland bu sorulara yedi yılda cevap bulmayı başaramamışken, benim bu cevapları şimdi bulma şansım ne olabilirdi ki?

Profesör Stanwell Westcott'un odası Latimer'in üçüncü avlusunda, On altıncı Bölümdeydi, ya da kulübeye yaklaşıp onu nasıl bulabileceğimi sorduğumda bekçinin şaşkın bakışlarım altında yaptığı tarif buydu. Üniversitenin ziyaretçilere kapalı olduğunu beyan eden ikinci bir beyaz boyalı tabelayı görmezden gelip temkinli adımlarla kapıdan içeri girmiş, şehrin gürültüsünü arkamda bırakmıştım. Kapıdaki kısa boylu, fıçı gibi şişman bekçi bu sefer en azından şapkasızdı ve kimliğimi gördükten sonra resmiyetini biraz olsun hafifleten gülümsemesiyle daha öncekine kıyasla çok daha yardımsever bir tavır takınmıştı. Kulübesinden dışarı fırlayıp beni Profesör Westcott'un kapısına kadar götürmek için ısrar etti. Kusursuz şekilli ve son derece bakımlı çim bahçeler boyunca onu izledim; anlattıklarına göre bunlara dörtgen avlu deniyordu, içinden geçtiğimiz onaltıncı yüzyılın başlarında yapılmıştı ve şuradaki ise doksan yıl kadar sonra eklenmişti. Şu ileridekii Yeni Bina, isminde geçen yeni kelimesine rağmen

5. KURBAN

Viktoryen dönemde yapılmıştı ve sol tarafımda yemek salonu bulunuyordu. Bekçi, ışık hızında sürdürdüğü rehberli turuna devam etse de ben konuya olan ilgimi çoktan kaybetmiştim. Genç Rebecca Haworth'ın bir derse, bir partiye ya da kendini beğenmiş Adam Rowley'yle randevusuna geç kalmamak için birinci ve ikinci avulular arasındaki kemerli kapının altından aceleyle geçtiğini hayal ediyordum.

Bu karanlık ve soğuk kış gününde çim avlulara bakan odaların çoğunda ışıklar yanıyordu ve yürüdüğümüz yol tamamen gölgede kalmıştı. Genellikle bu tip atmosferlerden etkilenmezdim ama bu sefer içimdeki ürpermeyi engelleyemiyordum.

Diğer ikisine göre daha büyük yapılmış ve şehrin en bilinen özelliklerinden sayılan altın rengi taşlarla süslenmiş olan üçüncü kemerli kapıya sarılmış yapraksız sarmaşığın altından geçtiğimiz sırada bir an kendimi hayaletlere ait bir yere izinsiz giriyormuş gibi hissettim.

"On altıncı Bölüm," dedi rehberim. Önünde durduğu kapının üzerinde, önünde Doktor ve Profesör unvanları olan ve benim aradığım ismin de aralarında olduğu dört ismin yazılı olduğu bir pano asılıydı. "Profesör Westcott'un odası birinci katta, sağda. Eğer sizi bekliyorsa meşesi açık olacaktır."

Meşe derken ne kastettiği hakkında en ufak bir fikrim bile yoktu ama bunu yine de ona sormayı düşünmüyordum. Eğer sorarsam üniversite tarihiyle ilgili bir nutuk daha dinlemek zorunda kalacağım kesindi.

Tozlu ahşap merdivenlerden çıkarken her zamankinden daha heyecanlıydım. Müdür yardımcısı telefonda bana kısa ve öz cevaplar vermiş ama yine de canayakın bir sesle konuşmuştu. Söylediğine göre müdür üniversitede değildi. Profesör Westcott onun adına benimle görüşecekti.

Merdivenlerin tepesine ulaştığımda açık duran heybetli, koyu renk cilalı bir kapı ve onun arkasında kapalı duran daha sıradan ve beyaz boyalı başka bir kapıyla karşılaştım. Kattaki diğer kapılara da bir göz atınca bekçinin meşe derken ne kastetmek istediğini anlamıştım.

Kendimi çok tedirgin hissediyordum. İnsanın, elinde bir rehber kitap bile olmadan, dilini hayal meyal anlayabildiği yabancı bir ülkede olması gibi bir histi bu. Beyaz boyalı kapıyı hafifçe vurdum ve içeriden gelen cılız "Gel!" sesini duyunca içeri girdim.

Profesör Westcott'un odası büyük, karanlık ve son derece dağınıktı. Üst üste yığılmış kitaplara ve halının üzerine yayılmış kâğıtlara basmamak için kapının hemen önünde durdum.

Çalışma masasının üzerindeki oldukça fazla ışık veren masa lambasının dışındaki tek ışık kaynağı, odanın yüksek pencereleriydi ama kalın perdeler, pencerelerden giren barut rengi ışığın çoğunu kesiyordu. Duvarları kaplayan kitaplar da ışığın bir bölümünü emiyor ve içeri bir küf kokusu yayıyorlardı. Daha doğrusu ben, bu kokunun kitaplardan geldiğini umuyordum.

"Ah, siz o kadın polissiniz," dedi lambanın arkasındaki karanlığın içinden bir ses. "Dağınıklığımı bağışlayın lütfen. Şu anda Virgil'in kollarında kendimden geçmiş bir haldeyim. Üniversite yayınevi için Virgilius'un Çoban Şiirleri'nin yeni bir baskısını hazırlıyorum ve odam şu anda onun tarafından resmen ele geçirilmiş durumda. Virgilius'u tanır mısınız, Dedektif Kerrigan?"

5. KURBAN

"Şahsen tanımıyorum. Ama çalışmanız çok ilgi çekici görünüyor," dedim kibarca.

"Pek sanmıyorum." Masasının arkasından eğilerek çıktı. Saçlarının kenarları kırlaşmış, geriye kalan kısımları dökülmüştü, sürekli kitap okuyanlarda olan şu kalın camlı gözlüklerden takıyordu ve uzun boylu bir adamdı. "Ama yine de böyle söylemeniz büyük kibarlık."

Telefondaki tavırlarına rağmen, beklediğimden çok daha canayakın biriydi.

Heyecanlı bir üniversite öğrencisiymişim gibi beni rahatlatmaya çalıştığının farkındaydım ama yine de on sekiz yaşında ürkek bir öğrenci değil, Metropolitan Polisi'nde çalışan ve bundan tam on yaş daha büyük bir dedektif olduğumu kendime sürekli hatırlatmak zorunda kalıyordum.

Kapının yanında üzerine kitaplar ve kâğıtlar yığılmış kırmızı kaplı bir sandalye duruyordu. Sandalyeyi gösterdi. "Lütfen, oturun. Onları başka bir yere atın gitsin."

Sandalyenin üzerindekileri bir dakika içinde ayağımın dibine yığdım ve bu sırada bulduğum haki renkli bir çorabı da dikkatle yığının üzerine bıraktım. Sonunda sandalyeye yerleştiğimde Profesör Westcott odanın ortasına bir sandalye çekip oturmuş, meraklı gözlerle beni izliyordu.

"Telefonda fazla uzun konuşamadığım için üzgünüm. O lanet şeyden nefret ediyorum. Hiç doğru zamanda çalmaz. Bir öğrenciyle ilgili görüşmek istediğinizi söylemiştiniz."

Aceleyle notlarımı çıkarmaya çalıştım; aniden konuya girince afallaşmıştım. "Aslında iki öğrenci vardı. Yedi yıl kadar önce burada okuyorlardı. Hatırlar mısınız bilmiyorum..."

Upuzun elini, yedi yıl kısacık bir zaman dermiş gibi salladı. Günlerinizi ve gecelerinizi Antik Roma edebiyatı ve tarihiyle geçirince, neyin yakın neyin eski zamanda olduğu konusunda farklı bir bakış geliştiriyor olmalıydı insan. Profesöre kısaca Rebecca Haworth cinayetini soruşturduğumu ve Adam Rowley'ye olanlarla ilgili daha fazla bilgi almak istediğimi anlattım.

"Rowley," diye tekrarladı Profesör Westcott. "Evet. Şu boğulan çocuk. Gerçekten çok üzücü bir olaydı."

"Davayla ilgilenen dedektifle görüştüm. Bana bu olayın cinayet olabileceği yönünde şüpheleri olduğundan söz etti."

"Şüpheleri vardı ama kanıtı yoktu," dedi Profesör Westcott. Kafası başka yerdeydi sanki. "Onu ben de hatırlıyorum." Bacak bacak üstüne attı ve kemikli dizinin üzerinde katlanan yeşil fitilli kadife pantolonunu eliyle düzeltti. "Korkarım size yardımcı olamayacağım. Okulumuzun bütün öğretim görevlileri, soruşturma sırasında polise her konuda çok yardımcı oldular ve dava sonunda hakim bir açık karara hükmetti. Tabii ki o gece, bütün gençler gibi o çocuk da içki içmişti. Bahar Bayramı burada adeta bir Baküs şenliği gibi kutlanır. Aslında kutlamanın kökenleri pagan dönemlere kadar uzanıyor. Tabii öğrencilerin bunu umursadıklarını söyleyemem ama Hıristiyan geleneğinde yeri olan ve bugün artık yarı-dini bir tören olarak kutlanan bir bayramdır o gün. Magdalen Kulesi'nde ne yapıldığını biliyor musunuz? Hayır mı? Kulenin aşağısında durduğunuzda pek duyamazsınız ama o gün üniversite korosunun üyeleri gün doğumunu kutlamak için kulenin üzerine çıkıp Hymnus Eucharisticus'u söylerler. Benim zamanımda kayıklarla nehre açılır onları sudan dinlerdik ama artık bunu yapmıyorlar. Artık aşağıda oturup içmekten başka

5. KURBAN

yapabilecekleri hiçbir şey kalmadı ve ben bunun büyük bir hata olduğunu düşünüyorum."

"Bu çok ilginç," dedim cılız bir sesle. Konuşmayı ben yönlendirmek istiyordum ama müdür yardımcısıyla konuşmak bir yılan balığını tutmaya çalışmak gibiydi. "Adam'ın cesedinin hemen bulunamadığını öğrendim."

"Evet öyle. İsis hızlı akar buralarda." Gözlerini kısıp yüzüme baktı. "Burada Thames Nehri'ne böyle derler, tatlım. Latince Tamesis'ten geliyor. Bunun böyle önemli bir su parçası için çok daha hoş bir isimlendirme olduğunu düşünüyorum."

"Üniversite zor günler geçirmiş olmalı," diye tekrar konuya döndüm. "Öğrenciler için sarsıcı bir olay."

"Ve Öğretmenler için de. Bizim için de çok büyük bir şoktu." Ayağa kalktı ve başıyla odanın diğer tarafındaki pencereyi işaret etti. "Burası üniversitenin Garden kısmı. Köprüden, sağdaki söğüt ağacına kadar gördüğününüz her şey Latimer'e ait. Burası yılın dokuz ayı çok hoş görünür ama Aralık ayında fazla bir şey bekleyemezsiniz."

Yapraksız kuru dallar ve cansız çalıların uzandığı kıyı boyunca yavaş yavaş akan kasvetli nehre bakıp başımı salladım. Yılın ilerleyen zamanlarında manzaraya canlılık katacak olan çiçek bahçeleri şimdi boş duruyor, muntazam koyu kahverengi lekeler gibi görünüyorlardı. Nehrin kenarından köprüye ve oradan da profesörün sözünü ettiği ağaca kadar bir çit uzanıyordu. Çit ince tahta çubuklardan yapılmıştı ve neredeyse iki metre boyundaydı.

"Bu çit, Bay Rowley'nin trajik ölümünden sonra yapıldı. Şunu söylemeliyim ki, deneyimlerimizden ders çıkarmak yerine Oxford'un en hoş manzaralarından birini bu şekilde çirkinleştirmiş olmamız bana göre bir utanç kaynağı. Ama tabii sigortamızın gerekliliklerini de yerine getirmek zorundaydık. Üniversite veznedarlığının çitin yapılması konusunda büyük bir etkisi oldu. Ayrıca hakimin harfiyen yerine getirdiğimiz tavsiye kararının bir bölümü de yine bu çitin yapılmasıyla ilgiliydi."

Tekrar yerine oturup benim de sandalyeme dönmemi bekledi. "Bay Rowley'nin kullandığı uyuşturucuları bu duvarlar içinde temin edip etmediğini ortaya çıkarmak için kendi içimizde ayrı bir soruşturma daha yürüttük. Bildiğiniz gibi Bay Rowley, gece saatlerine kadar üniversite barında zaman geçirmişti. Bu nedenle öğrenciler arasında diğerlerine uyuşturucu sağlayan biri olabileceğinden şüphelendik. Dekan ve ben büyük bir üzünütüyle bir öğrencimizin, hiç de şaşılmayacak bir şekilde bir kimyagerin, bazı halüsinojen maddeler ürettiğini öğrendik ve bildiğimiz kadarıyla Adam Rowley'ye satış yapmamış olmasına rağmen onu hemen okuldan gönderdik. Burada bu tip davranışları tolere edemeyiz. Yeni kayıt yaptıran öğrencilere verilen basılı materyallerde de yazdığı gibi üniversitenin bu konudaki tavrı gayet nettir."

"Adam sakinleştirici almıştı," dedim. "Bu biraz eğlenmek istediğinizde alacağınız tipte bir uyuşturucu değildir."

Profesör ellerini iki yana açtı. "İllegal maddelerden pek anlamam, tatlım. Ama bana söylendiğine göre aldığınızın gerçekte ne olduğunu her zaman bilemeyebilirmişsiniz. Korkarım Bay Rowley de, aldığı hapların niteliği konusunda yanlış bilgilendirilmişti. Ama bu hapları bir Latimer mensubundan aldığına dair herhangi bir kanıta ulaşılmadı."

5. KURBAN

"Rebecca Haworth'a olanlarla ilgili bir bilginiz var mı?" dedim, konuyu değiştirerek. "Okulu bir yıllığına bırakmıştı. Bir sinir krizi geçirmişti sanırım."

"Onu hatırlıyorum," dedi Profesör Westcott başını sallayarak. "Çok güzel bir kızdı. Tabii yeni öğrenciler çok genç oluyor ve her yıl biraz daha gençleşiyorlar." Kendi kendine küçük ve gevrek bir kahkaha attı. "Olaylardan aşırı derece etkileniyorlar. İnsan bakar bakmaz onun Okulların üstesinden gelebilecek durumda olmadığını anlıyordu."

Yüzümde şaşkın bir ifadeyle ona baktım.

"Önlisans öğrencilerinin girdiği final sınavlarının bir diğer adı da Okullardır. Finaller dendiği de olur."

Peki o zaman neden, diye söylendim içimden, sadece final sınavları demediniz?

"Üniversite, arkadaşına olanlar yüzünden Rebacca'nın zarar görmesini istemiyordu tabii ki. Ama diğer taraftan, onun Finallere girmemesine izin verip vermemek konusunda da kararsızdık çünkü diğerlerinin de onunla aynı yolu izleme tehlikesi vardı ve bütün okul için her şeyi bir yıl ertelememiz mümkün değildi. Rebecca, öğretmenler arasında bir destekçisi olduğu için şanslıydı. Öğretmeni çok etkili olmuştu."

"Öğretmeninin adı..."

"Doktor Faraday. Artık burada çalışmıyor."

Yanlış görmediysem Caspian Faraday konusu açılınca profesörün yüzü birden gerginleşmişti.

"Onu pek sevmiyorsunuz galiba."

"Hiç de değil," dedi Profesör Westcott tatlı bir sesle. "Çok başarılı bir tarihçidir."

"Okuldan ne zaman ayrıldı?"

"Ah, beş yıl kadar olmuştur. Belki de altı. Bildiğim kadarıyla şimdi Londra'daymış."

"Onu bulmam gerekecek."

Profesör kaşlarını kaldırdı. "Gerçekten mi? Bu sizce gerekli mi?"

"Onun neler anlatacağını duymak istiyorum, evet." Şansımı zorlamaya karar verdim. "Size Bay Faraday'in Oxford'dan neden ayrıldığını sorabilir miyim?"

"Kesinlikle sorabilirsiniz."

Kısa ve rahatsız edici bir sessizlik oldu. Profesör Westcott hafifçe öksürdü.

"Özür dilerim. Alışkanlık işte. Öğrencilerimi konuşturmak için kullandığım oyunlardan biri bu."

"Bir daha maruz kalmamaya çalışırım." Öne doğru eğildim. "Caspian Faraday'in Latimer'den neden ayrıldığını hâlâ öğrenmek istiyorum Profesör Westcott. Anladığım kadarıyla, oldukça önemli bir neden olmasa ayrılmazmış." Rebecca'nın üniversiteden arkadaşları sayesinde olanlarla ilgili bir fikir edinmiştim. Profesörün, bana anlatılanları, yani öğrenciyle öğretmeni arasındaki arkadaşça ilişkinin biraz fazla ileri gittiğini doğrulayıp doğrulamayacağını merak ediyordum.

Profesör Westcott uzunca bir süre arkamda bir yerlere dalıp gitti ve sonra sözlerime, soruma doğrudan cevap vermeden karşılık vermeyi başardı. "Biliyorsunuz, Adam Rowley'nin ölümünden sonra oldukça zor zamanlar geçirdik. Bu kurum ve üyeleriyle ilgili müdürün yönetiminde ayrıntılı bir inceleme gerçekleştirdik. İnceleme ve sonrasındaki işlemle-

5. KURBAN

rin ardından, Latimer'in her türlü denetlemeden başarıyla çıkacağına, saklayacak hiçbir şeyimiz olmadığına emin olduk. Sizinle konuşmak büyük bir zevk ama size daha fazla nasıl yardımcı olabilirim bilemiyorum."

İşareti almıştım. Ben istesem de istemesem de görüşme bitmek üzereydi. Ama profesörü kitaplarıyla başbaşa bırakmadan önce ona sormak istediğim son bir şey daha vardı. "Rebecca'nın en iyi arkadaşını hatırlıyor musunuz? Louise North. Hukuk okuyordu."

Profesör bir an düşündü ve sonra omuz silkti. "Üzgünüm ama hayır. Eğer hukuk okuyorsa büyük olasılıkla zamanının çoğunu hukuk fakültesinde ya da üniversite kitaplığında geçirmiştir. Gündüz saatlerinde ortalarda göründüğünü hiç sanmıyorum. Hukuk çok emek ve zaman gerektiren bir daldır."

Ve söylemeye gerek bile yoktu ama Louise, Rebecca gibi zor zamanlar geçiren güzel bir ön lisans öğrencisi değildi. Zavallı Louise her zaman Rebecca'nın gölgesinde kalmıştı. Ben olsam bu duruma biraz bozulurdum. Profesör Westcott ayağa kalkmış, oturduğu iskemleyi tekrar eski yerine, duvarın dibine yerleştiriyordu. "Sizi acele ettirdiğim için özür dilerim ama beş dakika sonra bir dersim var."

"Hayır, geç kalmanıza neden olduğum için asıl ben özür dilerim. Benimle görüşmeyi kabul ettiğiniz için teşekkürler." Aceleyle eşyalarımı topladım, profesörün elini sıktım ve gitmek için arkamı döndüm. Kapıya gelmiştim ki bir an durdum ve döndüm. "Gitmeden önce, üniversitedeki ayrıntılı incelemenizin ne zaman tamamlandığını ve saklayacak hiçbir şeyiniz olmadığına ne zaman emin olduğunuzu öğrenebilir miyim?"

"Ah, beş yıl kadar olmuştur. Belki de altı," dedi profesör ve kalın gözlüklerinin ardında tek gözünün göz kırpar gibi hızla kapanıp açıldığını gördüm.

LOUISE

Gil, Londra'ya dönüş yolunda beni etkilemek için elinden gelen her şeyi yaptı ve ben daha yolun başında, kendimi utanç içinde söylediği bir şeylere kahkahayla gülerken buldum. O andan sonra onunla hiçbir şey olmamış gibi konuşmak, konuşmadan camdan bakmaktan daha kolay gelmeye başladı. Aradan çok zaman geçmeden evimin önüne gelmiştik.

Bir an öylece durdum. Kapıyı açmak istemiyordum. Arabanın içi başka bir dünyaydı; dışarı çıktığımda Gil'le yolculuk sırasında yakaladığımız bu yakınlığı kaybedecektik. Bana oyun oynayıp oynamadığı umurumda bile değildi, onunlayken eğlenmiştim. Rebecca'yla birliktelerken Rebecca'nın onda dış görünüşünden başka ne bulduğunu bir türlü anlamıyordum ama o zamanlar bana ne kadar sıcak, eğlenceli ve sempatik olabileceğini henüz göstermemişti. Yola konsantre olduğu için bana bakamaması işime gelmişti, onu rahatça izleyebiliyordum. Ona baktığımı fark etmemiş gibiydi ya da belki bunu umursamıyordu. Benimle neden ilgilendiğini çözmeye çalıştım ama bir türlü anlayamıyordum; benimle her zaman Rebecca'dan daha çok ilgilendiği hikâyesine bir an için bile inanmamıştım.

Gil kontağı kapattı ve yanımda sessizce oturdu. Gitmeliydim. Bütün gece arabanın içinde böylece oturamazdım.

5. KURBAN

"Beni bıraktığın için teşekkürler," dedim nazikçe. "Kapıya kadar getirmene gerek yoktu ama yine de çok incesin."

"Bu konuyu saatler önce hallettiğimizi sanıyordum. Ayrıca seninle yolculuk etmek benim için bir zevkti." At kuyruğumun ucunu parmağıyla hızlıca yuvarladı. "Saçını açık bırakmalısın." Başımı iki yana salladım. "Dağınık olur."

"Özgür olur," diye karşı çıktı. Uzanıp elimi tuttu, üzerini inceledi ve sonra çevirip avcuma baktı. "Uzun bir hayat çizgin var. Şanslısın."

"Kristal küren de mi var senin? Yoksa Tarot mu bakıyorsun?"

"Şşş." Kaşlarını çattı. "Bir şey görüyorum. Yarın gece, koyu renk saçlı bir erkekle akşam yemeğine çıktığını görüyorum."

"Saçmalama." Elimi geri çekip anahtarlarımı bulmak için çantamın içinde eşelenmeye başladım.

"Zorsun." Başımı kaldırdığımda bana bakıyordu. Yüzündeki ifadeyi gördüğümde az kalsın nefesim kesilecekti. O an sanki benden nefret ediyor gibiydi ama bir saniye sonra üzgün üzgün gülümsedi. Bir an önce gözlerinde gördüğüm karanlık birden yok olmuştu. "Seninle sonuna kadar böyle uğraşmam gerekecek, değil mi?"

"Neymiş o son?"

"Akşam yemeği. Yarın gece. Bana eşlik ederseniz çok memnun olurum," dedi sesine abartılı bir resmi hava katarak.

Ona hayır demeliydim, bunu biliyordum ama yemek teklifini ve beni yedi buçukta almasını fazla düşünmeden kabul edivermiştim.

"Nereye gidiyoruz?"

"Oraya vardığımızda sana söylerim."

"Bundan hiç hoşlanmadım." Yüzüne ters ters baktım. "Nereye gittiğimizi söylemezsen ne giyeceğime nasıl karar vereceğim? Bu çok küstah ve kibirli bir tavır."

"Ben romantik olduğunu düşünmüştüm," dedi Gil pis pis sırıtarak. Geri adım atmayacaktı.

"İyi o zaman. Yarın gece, yedi buçukta, burada. Ama kapıyı eşofmanlarımla açarsam bunun suçlusu sen olacaksın. Ya da pijamalarımla."

"Yarın gece ne olursa olsun pijamaya ihtiyacın olmayacak."

"Yarın gece hiçbir şey olmayacak." Arabanın kapısını açıp dışarı adımımı attım. "Akşam yemeği. Sadece akşam yemeği teklifini kabul ettim. Hepsi bu."

"Göreceğiz."

Başımı iki yana sallayarak arabanın kapısını hızla kapattım, eve doğru yürüdüm ve hâlâ orada mı diye arkama dönüp bakmamak için büyük bir çaba sarfederek kapıdan içeri girdim. Saatin geç olduğunu sanıyordum ama daha altıyı biraz geçiyordu. Gil ayrılırken beni öpmemişti. Ama yarın yine görüşecektik. Belki de beni öpmek istememişti. Ama bugün o da benim kadar iyi vakit geçirmemiş olsa, beni yine de yemeğe çıkarmak ister miydi? Başparmağımın kenarını kemirerek mutfakta aşağı yukarı dolaşıyordum. Kıyafet konusunu hiç umursamayabilir ya da elimden gelenin en iyisini yapabilirdim. Gil, duruma uygun giyinemeyeceğimi düşünüyor olmalıydı; güzel görünmek istiyordum. Işıkları yakmadan koridorda ilerleyip aynada karanlığın içinde parlayan yüzüme uzun uzun baktım ve yüksek sesle sordum: "Rebecca olsa

5. KURBAN

ne yapardı?" Şanslıydım. Kuaförümün bir randevusu iptal olmuştu ve yarın sabah ilk iş beni alabileceklerdi. Merdivenleri ikişer ikişer tırmanarak yatak odama çıktım. Askıları ileri geri kaydırarak dolabımdakileri hızla gözden geçirdim. O kadar kıyafetin arasında giyilebilecek hiçbir şey yoktu.

Sorunum ertesi sabah, tül kurdeleden bir fiyonkla süslenmiş kocaman bir kutu getiren kargocu tarafından çözüldü. Kutunun içinde siyah renkli sade bir elbise duruyordu. Elbisenin markasını gördüğümde gözlerim yuvalarından fırlayacak gibi oldu; bu ona bir servete mal olmuş olmalıydı. Hemen denedim. Bedenimi doğru tahmin etmişti. Elbise dar değildi ama vücudumu sarıyordu, etek kısmı dizlerimin hemen üzerine kadar dar iniyor, yakası ön ve arkada bollaşarak aşağı sallanıyordu. Elbiseyle birlikte incecik yüksek topuklu ve altı kırmızı ayakkabılar ve mürdüm eriği rengi ipek bir şal da almıştı. Şal boynumdaki morlukla aynı tondaydı. Bu rengi özellikle seçip seçmediğini düşündüm. Muhtemelen özellikle seçmişti. Bu tam Gil'e göre bir hareketti.

Yakından bakmak için şalı elime aldığım sırada kucağıma bir parfüm kutusu düştü ve kutunun üzerindeki yazıyı görür görmez keyfim birden kaçtı. Bu Rebecca'nın her zaman kullandığı parfümdü; o gün dairesinden çıkarken yanıma almıştım. Gil'in neden bunu kullanmamı istediğini bilemiyordum ama bu durum beni rahatsız etmişti. Diğer yandan, bu iki kişilik bir oyundu. Böyle düşününce yüzüme tekrar bir gülümseme yayıldı. Bu kıyafetin tek bir eksiği vardı ve ben de onun ne olduğunu gayet iyi biliyordum. Yemeğe hazırım dedim içimden; vücudum heyecanla ürperdi. Ne olursa olsun gecenin çok ilginç geçeceğinden emindim.

Dokuzuncu Bölüm

MAEVE

Caspian Faraday'i DVLA veritabanında arattığımda karşıma çıkanlar beni hiç şaşırtmadı. En azından beş sıfırlı fiyatlarla satıldığından emin olduğum ve her araba tutkununun hayali olan siyah bir 1971 Aston Martin DBS V8 kullanıyordu. Ayrıca yeşillikler içindeki, sessiz ve sakin Highgate Village'da, çift cepheli, altı yatak odalı bir evde yaşıyordu. Sonuçta yazdığı üç tarih kitabı da büyük ses getirmiş, son derece popüler olmuştu ve bir türlü geçmek bilmeyen Yılbaşı öncesi dönemde her kitapçının vitrininde ciltli bir baskısı bulunan son kitabının televizyon programları da yapılıyordu. Ayrıca Google, Faraday'in bir hazır yemek şirketi patronunun kızıyla yaptığı hayırlı evlilik konusunda beni en ince ayrıntıya kadar bilgilendirmişti.

    Onun hali vakti yerinde, gösterişten hoşlanan bir tip olacağını zaten tahmin ediyordum. Tahmin edemediğim şey, aydınlık ve soğuk bir günün öğleden sonrasında onunla görüşmek için gittiğim Highgate'te, beni yanında avukatıyla birlikte bekliyor olduğuydu. Üstelik bu kötü başlangıç yet-

5. KURBAN

mezmiş gibi, konuşma ilerledikçe işler daha da uygunsuz bir hal almıştı.

Tarihçi, telefonda hem gergin hem de kendini savunmaya çalışır gibiydi. Bu ikisi, görüştüğüm kişilerde karşılaştığıma en çok memnun olduğum duygulardı çünkü karşınızdaki kişinin saklayacak bir şeyleri olduğunu gösterirlerdi. Ayrıca bu olayda, bu saklanan şeyin ne olduğu hakkında oldukça parlak bir fikrim de olduğu için özellikle avantajlı bir konumdaydım. Bir dedektif için en iyi soru, cevabını zaten bildiği sorudur çünkü bazen yalanlar, gerçeklerden çok daha aydınlatıcı olabilir.

Caspian Faraday'in rahat ve zarif döşenmiş oturma odasına girdiğimde bu ikisini de duyma ihtimalimin pek yüksek olmadığının farkına vardım. Orta yaşlı, kilolu bir adam gömüldüğü koltuktan çatık kaşlarla bana bakıyordu. Adamın boynu bir Bulldog'unki gibi kat kattı.

"Avukatım, Avery Mercer," dedi Faraday arkamdan. Sesinde, kapıyı açıp beni görür görmez neredeyse sürükleyerek içeri soktuğu sırada fark etmediğim bir kendini beğenmişlik vardı. Üniformalı olmamasına rağmen, komşular kapıda duranın bir polis olduğunu anlasa neler olurdu maazallah. Ve tatlı, zengin Delia Faraday alışverişten işimiz bitmeden dönse. Kadının, benim eşiyle konuşmaya geldiğimden de, ne konuda konuşacağımdan da haberi olmadığından ve Faraday'in, günü kazasız belasız atlatmayı başarırsa ona ben gittikten sonra da bir şey söylemeyeceğinden neredeyse emindim. Bir eşin asla öğrenmemesi gereken şeyler vardı. Özellikle de bu eş, Caspian'ın Londra'daki ev, Fransa'nın güneyindeki villa, Lake bölgesindeki malikane, New York'taki dubleks daire ve House & Garden'da resimleri yayınlanan, Paris'teki Place des Vosges meydanına bakan ev arasında gidip gelebilmesinin teminatıyken. Tarih o kadar da iyi kazandırmıyordu sonuçta.

Bu duruma bozulmuş gibi görünmeye çalışarak söze başladım. "Telefonda bunun sıradan bir görüşme olduğunu açıkladığımı sanıyordum, Bay Faraday. Yasal olarak temsil edilmeniz gerekmiyordu. Siz şüpheli değilsiniz." Bir an durdum. "En azından şimdilik."

Bulldog hareketlendi. "Müvekkilim onunla neden konuşmak istediğinizi tam olarak anlayamadığı için benim de burada bulunmamı rica etti. Eminim varlığımla ilgili yanlış sonuçlar çıkarmanıza gerek olmadığını siz benden daha iyi biliyorsunuzdur."

Avukata boş gözlerle bakıp gülümsedim ve ışık arkasından gelsin diye pencerenin yanındaki bir sandalyeye oturmuş olan Caspian Faraday'e döndüm. Yine o eski numara diye geçirdim içimden. Ama bunu suçlu olduğu için değil, alışkanlıktan da yapmış olabilirdi çünkü kapıyı açtığında ilk dikkatimi çeken şey, kitabının arkasındaki fotoğraf çekildiğinden beri bir hayli yaşlanmış olduğuydu. Kısa kesilmiş açık renk saçları kırlaşmış, klasik M şeklinde dökülmeye başlamıştı. Daha önce gördüğüm fotoğrafında da geniş bir alnı vardı ama şimdi alnı iyice açılmıştı; kelleştiği belliydi. Bronz bir teni vardı ama bu, çarpıcı mavilikteki gözlerini çevreleyen kırışıklıkları gizlemeye yetmiyordu ve siyah dik yakalı kazağı da sarkık boynunu ve göbeğini saklamayı başaramıyordu. Fazla iyi yaşamış diye geçirdim içimden. Bütün bunlara rağmen yine de hâlâ çekici bir adamdı. Boyu uzundu, geniş omuzları,

5. KURBAN

çok güzel elleri vardı ve sesindeki derinlik son derece etkileyiciydi. Ehliyet kayıtlarından öğrendiğim kadarıyla kırk dört yaşındaydı. Ayrıca dokuz ceza puanına bakılırsa hız limitini aşmak gibi de bir huyu vardı.

Bu aynı zamanda, onun düşünmeden ve hızlı hareket etmeye meyilli biri olduğunu da gösteriyordu ve ben bunu ona karşı kullanmayı umuyordum. Bu arada Avery Mercer'ın, büyük bir zevkle müvekkilini her fırsatta frenleyeceği belli oluyordu. Nereye oturacağıma karar vermeye çalışırken derin bir nefes aldım. Kapının yanında ufak bir sandalye duruyordu. Onu alıp pencerenin yanına, Faraday'in oldukça yakınına yerleştirdim.

"Böyle oturmamın sakıncası var mı? Yazdıklarımı görebilmek için ışığa ihtiyacım oluyor da," dedim yüzümde kocaman bir gülümsemeyle.

Faraday bir an için ne söyleyeceğini bilemeden odadaki diğer iyi ışık alan yerlere baktı ve sonra tahmin ettiğim gibi kibarca cevap verdi. "Lütfen. İstediğiniz yere oturabilirsiniz. Ama daha rahat saldalyelerimiz de var."

"Bu gayet iyi," dedim ağırlığımın etkisiyle esneyen sandalyeye otururken. "Eski mi?"

"Saltanattan. Ama bu kadar zaman dayanabildiğine göre, eee, ne demiştiniz, sıradan görüşmemizi de atlatacağına eminim."

"Dikkat edeceğim."

Faraday yüzüme bakıp nazikçe gülümsedi ve hemen ardından belli etmemeye çalışarak aceleyle avukatına baktı. Endişelenecek bir durum olup olmadığını anlamaya çalışıyor gibiydi. Bir süre bekleyip ilk sorumu sordum.

"Buraya sizinle Rebecca Haworth hakkında konuşmaya geldim. Bana onunla nasıl tanıştığınızı anlatabilir misiniz?"
"Onunla ilk defa o Oxford'a başvurduğu sırada karşılaştık. Mülakatını ben yaptım. Üniversiteye başlamasından önceki Aralık ayıydı; yani aradan on yıldan fazla zaman geçmiş." Faraday bir an şaşırmış gibi baktı. "Bu kadar zaman geçtiğinin farkında değildim."
"Onunla ilgili ilk izleniminiz neydi, hatırlıyor musunuz?"
"Çok zekiydi. Çok bilgili ve kendini yetiştirmiş bir kızdı. Aktif ve sorgulayan bir zihni vardı, ki Oxford'da öğrencilerimizde aradığımız özellik tam olarak buydu. Birine bir şeyler öğretebilirsiniz ama o kişi bu bilgilerden kendi muhakemesiyle yeni sonuçlar çıkaramıyorsa, Oxford'da okumasının da pek bir anlamı yok demektir."
"Ama Rebecca bunu yapabiliyor muydu?"
"Kesinlikle. Onun kendine olan güveninden çok etkilendiğimi hatırlıyorum. Ama yeni fikirlere anında verdiği yanıtlar da en az kendine olan güveni kadar etkileyiciydi. Birçok insan fikirlerine meydan okuduğunuzda dağılır gider ama Rebecca tartışmaktan keyif alıyordu. Onun Latimer'e kabul edilmesi konusunda hiçbir şüphem yoktu. Gerçekten de bir sonraki Ekim ayında okula gelir gelmez kolayca uyum sağladı."
"Ve siz onun danışman öğretmeniydiniz."
"Danışman öğretmenlerinden biriydim. Tarih bölümünde üç kişiydik ve bu görevi aramızda paylaşmıştık. Rebecca'nın diğer fakültelerde, bizim uzman olmadığımız konularda da danışman öğretmenleri bulunuyordu. Ayrıca bir de tarih bölümünün hazırladığı ders programı vardı. Ama korkarım bu

5. KURBAN

derslere katılımının nasıl olduğu konusunda size yardımcı olamayacağım çünkü bunlara katılım isteğe bağlıydı."

Tavırları, sanki saklayacak hiçbir şeyi yokmuş gibi rahat ve açıktı. Bir an için ona inanacak gibi oldum ama hikâyenin şu anda anlattığı kadar olmadığını çoktan öğrenmiştim.

"Rebecca'yla ilişkinizi nasıl tanımlardınız?"

"Ona ders veriyordum. Gerek gördüğüm zamanlarda onu destekliyor ve ona yol gösteriyordum."

"Sınavlarını ertelemek istediğinde onu desteklemişsiniz, bildiğim kadarıyla."

"Hangi öğrencim olsa aynısını yapardım." Sesi hâlâ sakin geliyordu ama öne eğilmiş, dizlerine dayadığı ellerini düşünceli bir şekilde birbirine kenetlemişti.

"Latimer'de konuştuğum kişinin anlattığına göre herkesi siz ikna etmişsiniz."

"Kimle konuştunuz?"

"Üniversitenin üst düzey bir yetkilisiyle," dedim yumuşak bir sesle. Ona daha fazla ayrıntı vermeme gerek yoktu.

Faraday derin bir nefes aldı. "Hepsi çok mantıksız davranıyordu. Rebecca çok iyi, hatta bana kalırsa birinci sınıf bir öğrenciydi. Zor bir dönem geçiriyordu. Arkadaşının ölümünün üzerinden daha sadece üç hafta geçmişken finallere girmesini bekleyemezlerdi; bu ona haksızlık olurdu."

"Adam Rowley'yi tanıyor muydunuz?"

"Kimi? Ah, şu ölen çocuk. Hayır. Onu hiç görmemiştim. Benim öğrencim değildi. Şimdi siz söylemeseniz adını bile hatırlayamazdım."

Caspian Faraday'in hayatını konu alan oyunda Adam'ın

ancak bir yan rol olabileceği çok açıktı. Kadroda sadece tek bir başrole yer vardı ve Caspian'a göre bu ancak kendisi olabilirdi.

"Sınavlara o sırada girmek zorunda bırakılması, Rebecca'ya haksızlık olurdu dediniz ama ertesi yılki sınavlarda da pek iyi bir sonuç alamadı, öyle değil mi? Not ortalaması 2.2'ydi."

Bunun hiçbir önemi yok der gibi elini salladı Faraday. "Bir yıl ara verdikten sonra dönüp finallere girmek kolay değildir. Zorlanması beni hiç şaşırtmadı. Özellikle de geçirdiği çöküntüyü atlatması o kadar uzun sürmüşken bu çok normaldi."

"Sanıyorum ona fazladan ders vermişsiniz."

Faraday soruma cevap vermeden önce aceleyle avukatına baktı. Tehlikeli sulara giriş yapmıştık.

"Onunla birkaç kez görüştük, evet. Rebecca'ya resmen ders verdiğim söylenemez çünkü üniversite, final sınavlarını bir yıl ileriye atması nedeniyle fazladan ders almaması gerektiği konusunda son derece ısrarcıydı. Ama bana göre o daha fazlasını hak ediyordu ve ben onların kölesi değildim. Latimer'i son derece boğucu bulmamın nedenlerinden biri de buydu. Kurallara ve düzenlemelere saplantı derecesinde bağlıydılar. Gelenekleri bir kenara bırakıp öğrencileri insan olarak görmeyi bir türlü beceremiyorlardı."

"Ama siz onu sadece bir öğrenci olarak görmüyordunuz, öyle değil mi?"

"Ne ima etmeye çalışıyorsunuz?" Gerildiği sesinden anlaşılıyordu.

"Rebecca Oxford'a döndükten sonra onunla yakınlaştığı-

5. KURBAN

nızı öğrendim. Anladığım kadarıyla onunla birlikte oluyormuşsunuz. Bu genellikle hoş karşılanmaz, öyle değil mi?"

"Bunu bilmeniz beni şaşırttı." Hâlâ bir şey olmamış gibi ve rahat görünmeye çalışıyordu ama ne kadar gergin olduğu, birbirine gittikçe daha sıkı kenetlediği ellerinin bembeyaz olmuş boğumlarından belliydi. "Teknik olarak yanlış bir şey yapmıyorduk. O bir yetişkindi ve artık resmen benim öğrencim değildi. Aramızda bir çekim vardı, bunu kabul ediyorum ama onun sınavlar için Oxford'a dönmesinden önce aramızda hiçbir şey olmadı. Ve olduğunda da bunu başlatan Rebecca'ydı."

Rebecca'nın bardaki arkadaşları bana başka bir hikâye anlatmışlardı. Onların söylediğine göre Faraday, önce Rebecca'yla yakından ilgilenerek onun güvenini kazanmış ve sonra da onu uzun yemek ve içki seansları için Cowley'de kiraladığı eve davet ederek Latimer'deki arkadaşlarından uzaklaştırmıştı. Ve sonunda hâlâ önceki yılın etkisinden kurtulamamış olan Rebecca, yakışıklı öğretmeninin cazibesine kapılarak ona baştan beri istediği belli olan şeyi vermişti.

"İlişki ne kadar sürdü?"

"Birkaç ay. Ben Berkeley'de bir yaz okulunda ders verecektim ve o da sınavları biter bitmez Oxford'dan ayrılmayı planlıyordu. Orayı pek sevmiyordu sanırım. Orada çok fazla anısı vardı." Faraday yüzüme baktı. "İlişkinin uzun sürmeyeceğini ikimiz de biliyorduk. Kısa süreli bir ilişkiydi ama ikimiz de büyük keyif almıştık."

"Eminim öyle olmuştur." Debs, hayranlık dolu gözlerle Leo'ya bakmaktan fırsat bulduğu bir arada Caspian Faraday'e esaslı bir küfür göndermiş ve onun Rebecca'yı nasıl hiçbir açıklama yapmadan terk ettiğini ve aynı gün eşyalarını toplayıp Kaliforniya'ya giden uçağına yetiştiğini anlatmıştı. Güvendiği ve hayranlık duyduğu biri tarafından bir anda terk edilen Rebecca bekleneceği gibi çok zor günler geçirmişti. Şimdi bunu Faraday'in yüzüne vurmanın bir anlamı yoktu. Birinin kalbini kırmak suç değildi ama bu yaptıklarından sonra ondan hoşlanmamak da benim en doğal hakkımdı. "Peki sonra ne oldu?"

"Ne demek istediğinizi anlamadım." Temkinli bir hali vardı.

"Siz Amerika'ya gittiniz ve Rebecca da Oxford'dan ayrıldı. Görüşmeye devam ettiniz mi?"

"Sınav sonuçları açıklandığında Rebecca'dan bir e-posta aldım. Not ortalaması onun için tam bir hayal kırıklığı olmuştu tabii ki. Gerçek kapasitesini yansıtmıyorlardı." Faraday omuz silkti. "Yine de hiç yoktan iyiydi. Uzun vadede, not ortalamasının düşük olmasının herhangi bir dezavantajıyla karşılaştığını sanmıyorum. Not ortalaması ne olursa olsun, Oxford Oxford'tur."

"İlişkiniz bununla mı sınırlı kaldı? Yazışmaya devam etmediniz mi?"

"Ben meşgul bir adamım. Belki o zamanlar şimdikinden daha çok boş zamanım vardı ama o dönemde her hafta saatlerce ders veriyor ve bir yandan da kendi araştırmama devam ediyordum. Öğrencilerimin ya da eski kız arkadaşlarımın neler yaptığıyla ilgilenecek kadar boş zamanım yoktu."

"Ve sonra Latimer'deki işinize geri döndünüz."

"Evet. Ama bir sonraki yılın sonunda oradan tekrar ayrıldım."

5. KURBAN

Gözünün içine baktım. "Yılın ortasında ayrılmışsınız diye duydum."

"Birinci dönemin sonu da olabilir. Tam olarak hatırlamıyorum."

"Neden ayrıldınız?"

"Bir çok neden vardı." Faraday yine gerginleşmişti. "Sorumluluklarım fazlasıyla zahmetli olmaya başlamıştı. Kendime ve öğrencilerime gerektiği kadar zaman ayıramıyordum. Öğretmenliği bırakıp yazmaya yoğunlaşmanın benim için daha iyi olacağına karar verdim."

"Bu kararı verirken biraz yardım aldığınız söylenebilir herhalde, öyle değil mi?" Yüzüne bakıp keyifle gülümsedim. "Üniversite yetkililerini, sizin değiminizle Rebecca'yla aranızdaki kısa süreli ilişkiden haberdar eden kimdi?"

Dudakları çizgi gibi olmuştu. "Bunu hiçbir zaman öğrenemedim."

"Onlar sizden oldukça farklı düşünüyorlardı, öyle değil mi? Bu ilişkiyi yanlış buluyorlardı."

"Daha önce de anlattığım gibi, Latimer'deki hava beni boğuyordu. Kurallara fazla bağlıydılar ve ben orada mutlu olamıyordum." Gülümsemeye çalıştı. "Ben her zaman sınırları zorlayan biri olmuşumdur ama bu olayda gerçekten de yanlış bir şey yaptığımı düşünmüyordum. Oxford'dan ayrıldım çünkü artık orada olmak istemiyordum. Önümde değerlendirilecek başka fırsatlar vardı. Ve sanırım oradan ayrılmanın benim için doğru bir karar olduğunu bugün artık hepimiz görebiliyoruz."

"Anladığım kadarıyla," dedim, yumuşak bir sesle ve bu kendinden son derece memnun halini görmezden gelerek,

"Sizden Latimer'den ayrılmanız istenmiş ve üniversite içinde herhangi bir eğitmenlik görevine başvurmamanız konusunda da uyarılmışsınız. O günden beri de öğretmenlik yapmamışsınız. Kara listeye mi alınmıştınız?"

"Bu gerçekliği olmayan bir varsayım. Ben diğer alanlarda ilerlemeyi tercih ettim. İnsanların olanlar yüzünden bana iş vermemesi gibi bir durum söz konusu değildi." Faraday'in sesi yükselmeye başlamıştı. O ana kadar adeta bir Buda sessizliğiyle yanımızda hareketsizce oturan avukat hafifçe öksürdü. Ne yazık ki Faraday hemen mesajı almıştı.

"Sonuç olarak bir daha herhangi bir eğitmenlik görevi için başvurmadınız." Aslında dünyadaki bütün İngilizce konuşulan eğitim kurumlarıyla görüşemeyeceğime göre bu bilgiyi doğrulatmamın imkânı yoktu, ama Faraday bunu bilmiyordu.

"Birkaç tanesine başvurmayı düşündüm ama sonuçta kariyerimin bu aşamasının sonuna geldiğimi hissediyordum. Ben ne yapacağımı düşünürken olaylar kendiliğinden gelişiyordu. Bir daha eğitmenlik teklifi almamış olmam beni hiç şaşırtmadı aslında. Artık kalbimden geçenin bu olmadığını herkes açıkça görebiliyordu." Faraday'in gururunun kırıldığı belli oluyordu; üniversite çevresinden resmen sürülmüştü ve bütün bu zenginliğe ve üne rağmen hâlâ kırgındı.

"Rebecca'yla en son ne zaman görüştünüz?"

"Yüz yüze mi?" Tanrım." Bir an durup düşündü. "Üç yıl ya da hayır, dört yıl kadar önceydi. İmza günüme geldi ve birkaç dakika ayaküstü sohbet ettik. Kitabını imzaladım, ona harika göründüğünü söyledim ve hepsi bu kadar. Sıradaki lütfen."

Tarihçiye bakıp gülümsedim. "Bu doğru değil, öyle değil

5. KURBAN

mi? Bir daha denemek ister misiniz?"

"Anlamıyorum," dedi sıkıntılı bir sesle ve bir kez daha dönüp Mercer'a baktı. Avukat ellerini incelemekle meşguldü.

"Bildiğim kadarıyla Rebecca'yla tekrar görüşmüşsünüz. Hem de oldukça kısa bir süre önce. Üç yıl değil, beş ay önce mesela."

"Bu doğru değil. Ben, yapmadım..."

"Ah evet, yaptınız. Onu Marylebone'da küçük bir İspanyol lokantasına akşam yemeğine götürdünüz." Ve ne kadar şanslıyım ki Rebecca bunu ajandasına yazdı. "Temmuz ayıydı, değil mi? Bir Perşembe günüydü. O gece eşiniz neredeydi? Yoksa eşiniz o gece nerede olduğunuzu sanıyordu diye mi sormalıyım?"

Faraday sandalyesinde çökmüş halde oturuyor, sıkıntıyla dudağını kemiriyordu. Kış güneşi, alnındaki boncuk boncuk terleri ve terden ıslanmaya başlayan saçlarını aydınlatıyordu. "Tamam tamam, beni yakaladınız. Onunla yemeğe çıktık. Ama bu sadece bir kere oldu."

Başımı iki yana salladım. "Korkarım, öyle olmadı. Bu birincisiydi. İki hafta sonra onunla bir daha görüştünüz. Ve ondan sonraki hafta bir daha. Ağustos'un beşinde ofisine çiçek gönderdiniz." Bu küçük dedikoduyu Jess'ten almıştım.

"Bütün bunları zaten biliyorsanız bana neden soruyorsunuz ki?" Faraday neredeyse bağırıyordu.

"Çünkü aranızda gerçekten neler yaşandığını öğrenmek istiyorum. Kim kimi aradı? İlişkiniz ne zaman başladı?" Notlarımı gözden geçiriyormuş gibi yaparak, bildiğim başka bir şey olmadığını düşünmesi için ona biraz zaman verdim ve hiç beklemediği o anda öldürücü darbeyi indirdim. "Ve neden iki ay önce Rebecca'nın banka hesabına on bin pound gönderdiniz?"

"Müvekkilim bu sorunuza ancak söylediklerinin gizli kalması şartıyla cevap verecektir. Ortada bir suç olduğu doğru ancak bu olayda kurban Bay Faraday'dir," dedi Avery Mercer monoton bir sesle.

"Bu doğru mu?"

"Evet, doğru." Faraday meydan okur gibi bakıyordu; Mercer'in müdahalesi sayesinde kendini toplamıştı. "Bakın size geçen yıl Rebecca'yla aramızda geçenlerden söz etmek istemedim çünkü bununla hiç gurur duymuyorum. Ben asla karımı aldatmak istemedim. Kesinlikle Rebecca'yla bir ilişkiye başlamak gibi bir niyetim yoktu. Rebecca benimle bağlantıya geçtiğinde sevindim çünkü ondan her zaman hoşlanırdım, aramızda gerçek bir bağ vardı. Onu görmek güzeldi. Akşam yemeğinden çok keyif aldım. Onu tekrar görmemde bir sakınca olmadığını düşünüyordum. Ve sonra işler kontrolden çıktı."

"Sizi neden aradı?"

"Erkek arkadaşından yeni ayrıldığını söyledi. Nerede yanlış yaptığını bulmak için hayatındaki bütün önemli ilişkileri gözden geçirdiğini anlattı. Ama dürüst olmak gerekirse, duyduğumda bunun bir bahane olduğunu düşündüm."

Dürüst olmak Caspian Faraday'e göre değildi. "Bu durumda, Rebecca Temmuz ayında sizinle buluşmak istedi."

"Evet. Ondan sonra birkaç kez daha yemeğe çıktık. Ağustos ayında birlikte olmaya başladık; o çiçekleri de ilk seferden sonra gönderdim. Çok çılgınca ve yanlıştı ve bunu yapmamam gerektiğini biliyordum. Yani benim gibi herkesin

5. KURBAN

tanıdığı biri yakalanmadan, öyle kolayca gizli işler çeviremez. Ama bu da işin heyecanını artırıyordu."

"Rebecca'nın bu işten kazancı neydi?" diye sordum soğuk bir sesle.

Faraday, gözümün içine bakamıyormuş gibi bakışlarını boşluğa çevirdi. "Bütün mesele bu, öyle değil mi? Onun tekrar benimle olmaktan keyif aldığını sanıyordum. Yani, seks harikaydı. Rüya gibiydi. Bana eski günlerimi hatırlatıyordu. Ama sonradan öğrendim ki meğer o baştan beri planını uyguluyormuş."

"Neler oldu?"

"Bana şantaj yapmaya başladı. Olanları eşime anlatacağını söyledi." Faraday dişlerini sıkıyordu. "Amacının baştan beri benden para sızdırmak olduğunu fark ettim."

"Çok üzülmüş olmalısınız," dedim ruhsuz bir sesle. Sonuçta kimse onu eşini aldatmaya zorlamamıştı. "Sizden ne kadar istedi?"

"Beş bin pound."

"Ama siz iki katını verdiniz."

"Onunla bir anlaşma yaptım. İstediğinin iki katını verecektim ve o da beni her ne olursa olsun bir daha asla aramayacak ve eşimle bağlantıya geçmeye kesinlikle teşebbüs etmeyecekti. Sonuçta param vardı. Ondan kurtulmak için daha fazlasını vermek benim için sorun değildi."

"Anlaşmaya uyacağını gerçekten düşünüyor muydunuz?" Bunu gerçekten merak ediyordum.

"Evet. Ve hâlâ da öyle düşünüyorum. Şunu anlamalısınız ki Rebecca özünde iyi bir insandı. Bu şantaj işi ona göre değildi. Acilen paraya ihtiyacı olduğunu ve başka nereden para bulabileceğini bilmediğini söylemişti. Ama bu yaptığından memnun olduğunu hiç sanmıyordum. O günden sonra bir daha asla duygusal bir bağ kuramadık."

Mercer'la birbirimize kuşkucu gözlerle baktık. O nasıl istiyorsa öyle düşünmeye devam edebilirdi. Dünyada tek bir vuruşla yetinen tek bir şantajcı bile yoktu. Rebecca, Caspian Faraday'i ayaklı bir banka gibi görüyor olmalıydı.

"Ona tehlikeli bir oyun oynadığını söyledim. Delia bunu öğrenirse ikimizi de öldürürdü."

"Lafın gelişi böyle söyledi," dedi Mercer aceleyle. "Öyle demek istemedi."

"Kasım'ın yirmi altısında Delia neredeydi?"

"Yurtdışındaydı. Sanırım New York'ta." Konuşan yine avukattı.

Defterime not aldım. "Bunu kontrol edeceğiz. Eşiniz araba kullanıyor mu?"

Faraday başını iki yana salladı. "Ehliyeti yok. Zaten Rebecca'yı öldürmek için bir nedeni de yoktu. Rebecca'ya istediği parayı verdim ve o da Delia'ya hiçbir şey anlatmadı."

En azından Faraday'in bildiği kadarıyla böyle olmuştu.

"Esas kötü olan şuydu ki, eğer benden istemiş olsaydı ona o parayı zaten verirdim. Ondan hoşlanıyordum. Ondan çok hoşlanıyordum. Beni anlıyordu." Tekrar yüzüme baktı. "Evli misiniz, Dedektif Kerrigan?"

"Hayır."

"O zaman belki de anlamazsınız ama benim Rebecca'ya ihtiyacım vardı. Evliliğimin dışında bir şeylere ihtiyacım

5. KURBAN

vardı. Olay sadece seks değildi. Asıl mesele heyecan eksikliğiydi. Onu görmek eğlenceliydi. Onunla olmak eğlenceliydi. Gerçek dünyadan bir kaçış gibiydi o adeta."

Delia Faraday'in nasıl biri olduğunu merak etmiştim. Çok çalışıyor olmalıydı. Caspian'ın arkasında, onun gümüş çerçeve içinde yakın çekim bir fotoğrafı duruyordu; aynı fotoğrafı internet aramalarım sırasında da görmüştüm. Bakımlı, şık ve hafif suratsız bir görüntüsü vardı. Babasının sattığı hazır yemeklerin ona kazandırdıklarından memnun olduğu kesindi ama bir kez olsun, onlardan herhangi birinin tadına baktığını sanmıyordum.

"Rebecca sizi aptal yerine koydu, öyle değil mi? Bunun gerçekten sizi sinirlendirmediğini mi söylüyorsunuz?"

"O sırada sinirlenmiştim," dedi kısık bir sesle Faraday. "Ona ağzıma geleni söyledim. Ama alttan alta hep onunla farklı şartlar altında tekrar karşılaşabileceğimizi ve o zaman onu affedebileceğimi düşünüyordum. Böyle birden öleceğini hiç düşünmemiştim."

"Onu öldürmek için bir gerekçeniz olduğunun farkındasınız."

Caspian yüzünde şaşkın bir ifadeyle kaşlarını çatıp baktı. "Ama Rebecca bir seri katil tarafından öldürülmedi mi? Şu Ateşçi dedikleri adam tarafından?"

"Belki öyle, belki de değil." Bunu düşünmesi için ona biraz zaman tanıdım. "Bana Rebecca'yla ilgili söylemek istediğiniz başka bir şey var mı?"

"Sanmıyorum." Faraday ayağa kalktı ve kollarını önünde kavuşturup camdan dışarı baktı. Sonunda konuşmaya başladığında çok dalgın görünüyordu. "Biliyor musunuz, Rebecca şu hayat dolu insanlardandı. O adeta parlardı. Öldüğünü duyduğumda aklıma hemen Cymbeline'deki o satırlar geldi. Çok klişe ama doğru. O oyunu bilir misiniz?"

"Bildiğimi söyleyemeyeceğim. Siz beni aydınlatın lütfen."

Üzülmüş gibi bakıp gülümsedi. "Aydınlatırdım ama içten içe ben hâlâ bir eğitmenim. Bu yüzden aynen bir öğretmenin yapacağı gibi davranıp sizden bunu araştırmanızı isteyeceğim. Dördüncü bölümdeki cenaze şarkısı."

Avukat ayağa kalktı, Faraday'e olduğu yerde kalması için sinirli bir bakış fırlattı ve sonra bana hole kadar eşlik edip Faraday'in beklediği oturma odasının kapısını sertçe kapattı. Nefes nefese bir halde, kan oturmuş gözleriyle bir süre yüzüme baktıktan sonra konuşmaya başladı.

"Onun bir katil olmadığını siz de gayet iyi biliyorsunuz. O aptalın tekidir ama o kızı öldürmüş olamaz."

"Bunu şu anda bilemiyorum."

"Biliyorsunuz ama bunu bana söylemezsiniz." Pis pis sırıtarak baktı. "Bırakın o ufak akılsızlığını kendine saklasın, Dedektif Kerrigan. Eminim bir daha yapmayacaktır."

"Öyle mi? Deneyimlerime dayanarak size onların asla tek bir akılsızlıkla yetinmediklerini rahatlıkla söyleyebilirim. Bu işler alışkanlık yapar."

Avukat umursamıyormuş gibi omuz silkti. "Bu eşiyle onun arasındaki bir mesele, öyle değil mi?"

Tam cevap vermek üzereydim ki dışarıdan önce şiddetli topuk sesleri ve ardından ön kapıda dönen anahtarın sesi duyuldu. Kapı açılıp karşımda beklediğimden çok daha zayıf

5. KURBAN

ve güzel Delia Faraday'i gördüğümde istemsizce bir adım geriye çekildim. Eğer yüzü doğasına uygun şekilde hareket edebiliyor olsaydı, o an bana alaycı bir gülümsemeyle bakıyor olacaktı.

"Bu da kimin nesi?"

Mercer ne kadar gergin olduğunu belli etmeden yumuşak bir sesle cevap verdi. "Merak etme, Delia. O muhasebecilerden biri."

"Peki o zaman holümde ne halt ediyor? Çekil yolumdan." Delia beni itip geçti ve az önce çıktığımız odaya girdi.

Bir an içimden, onun peşinden odaya girip kimliğimi göstermek ve burada tam olarak ne işim olduğunu ona ayrıntılarıyla anlatmak geçti ama ortada hiçbir neden yokken bu kadar acımasız davranamazdım.

"Teşekkür ederim," dedi Avery Mercer sessizce ağzını oynatarak. Soğuk bir bakışla başımı salladım ve dönüp gittim.

Caspian Faraday'in evinden, onun kendisinin ne kadar zeki olduğunu anlamam için sözünü ettiği belli olan Cymbeline'in dördüncü bölümüne bakmayacağım konusunda kesin kararlı bir şekilde çıktım. O gece saat sabaha karşı ikiye yirmi kala olduğundaysa yataktan kalkmış, bilgisayarımın başına çökmüş, istemeye istemeye de olsa içimde devasa bir öğrenme isteğiyle söz konusu cenaze şarkısını arıyordum. Bulduğumda, onun ne demek istediğini anladım.

Altın kızlar ve oğlanlar,

Baca temizleyiciler gibi toz olmalılar.

Ertesi gün çalışma ofisinde oturmuş boşluğa bakarak elimdeki kalemle oynarken hâlâ bu satırları düşünüyordum.

Toz olmak. Küller küllere, tozlar tozlara. İki adımda yanma konusuna dönüvermiştik.

Caspian Faraday'i, Rebecca'yı öldüresiye döverken gözümde canlandırabiliyor muydum? Onu, Ateşçi'nin çalışma yöntemine uydurmak için olay yerini sistemli bir şekilde düzenlerken hayal edebiliyor muydum? Tuhaftı ama onu gerçekten de bunu yaparken, özellikle de ikincisi yaparken hayal edebiliyordum.

Highgate'teki evde fazlasıyla düzenlenmiş ve ne yaptığını bilen bir hava hakimdi. Mobilyaların tümü doğru dönemden seçilmiş, her parça erkeklerin gerçek birer erkek olduğu ve kadınların yerini bildiği o eski güzel günlerde olduğu gibi sevgiyle yerleştirilmişti.

Faraday profesyonel hayatında son derece titiz ve detaycıydı ve polislere bir gösteri hazırlamış olmaktan keyif alacak tipte birine benziyordu. Bizi kandırmak da hoşuna gidebilirdi. Ve Rebecca'yla yaptığı anlaşma hakkında ne söylerse söylesin, onu öldürmek için kesinlikle yeterli nedeni vardı.

"Meşgul görünüyorsun." Rob kendini hemen yanımdaki sandalyeye atmış geriniyordu.

"Düşünüyorum. Bu sana biraz yabancı bir şey olabilir," dedim soğuk bir sesle.

"Fazla abartılan bir eylemmiş diye duydum," dedi ve birbirine zımbalanmış birkaç kâğıt uzattı. "Gil Maddick'in polis kayıtlarının çıktısını istemişsin. Adamları gerçekten de gözünden tanıyorsun."

Sayfaları hızlı hızlı çevirdikçe yüzüme yayılan kocaman gülümseme gittikçe büyüyordu. "Ah, Tanrım. Eski kız arkadaşı dört yıl önce onun için bir uzaklaştırma emri çıkartmış."

5. KURBAN

"Biliyorum," dedi Rob sabırla. "Okudum. Sonra Gil kararı ihlal etmiş, kızın evine gitmiş ve tutuklanmış."

Hakim karar verirken oldukça cömert davranmıştı; Gil suçlu bulunmuş ve ceza ödemişti. Kâğıtları elimden bıraktım. "Onun belalı bir tip olduğunu biliyordum. Şiddete eğilimi varmış gibi görünüyor. Bahse girerim, Rebecca'nın kırık elmacık kemiği hakkındaki hikâyesine inanmamakta da haklıydım."

"Bu kesinlikle araştırmaya değer bir konu. Bence gidip Bayan Chloe Sandler'la bir konuşsak çok iyi olacak. Sen ne dersin?"

"Kesinlikle aynı fikirdeyim."

Chloe hâlâ Gil Maddick'in kayıtlarında geçen adreste oturuyordu. Kısa bir telefon görüşmesiyle onun evde olduğunu öğrendik; bizimle konuşmak ve bize elinden geldiğince yardım etmekten çok mutlu olacaktı. Kapıyı açıp, bugün her zamankinden daha iyi ve daha az bakımsız görünen Rob'a bakarak gözlerini kırpıştırırken, bizimle konuşmaya telefondakinden daha da istekli görünüyordu. Bu benim arka planda kalıp işe fazla karışmayacağım görüşmelerden olacaktı. Kapının yanındaki bir sandalyeye oturup yumuşak beyaz koltukta, Chloe'nin yanındaki yeri Rob'a bıraktım.

Rob ona bizim kim olduğumuzu ve onunla ne hakkında konuşmak istediğimizi açıklarken ben de fırsattan istifade oturma odasına bir göz atmaya karar verdim. Raflardaki romantik komedi DVD'lerine ve odanın her yerine yayılmış şirin süs eşyalarına bakılırsa Chloe, on üçüne yeni girmiş, otuz bir yaşlarında bir genç kadındı. Şöminenin üzerine minik müzik aletleri çalan bir kedi yavruları orkestrası yerleşmiş, pencere içindeki kristal taşlarla kaplı tarifsiz çirkinlikteki bir kertenkelenin yanına yaldızlar içinde bir kurbağa çömelmiş, kesme camdan bir minik penguenler ailesi televizyonun üzerinde yürüyüşe çıkmıştı. Chloe oval yüzü, hafif ayrık büyük gözleri ve Louise Brooks modeli kısa saçlarıyla çok hoş görünüyordu. Sesi fısıldar gibi ve yumuşaktı ve duymakta zorlanıyordum.

"Gil'le yıllardır konuşmadım. Yani aslında onu duruşmadan sonra arayıp başını derde soktuğum için özür dilemiştim ama bunun dışında onunla herhangi bir iletişimim olmadı."

"Genellikle ortada önemli bir olay yokken uzaklaştırma emri çıkarmazlar," dedi Rob nazikçe. "Sizin için çıkarmış olmalarının bir nedeni olmalı. Bize o gün olanları anlatmanız mümkün mü acaba?"

Chloe kırpıştırdığı güven dolu gözleriyle Rob'a bakarken içimden ona biraz acele etmesini söylemek geldi.

"Muhtemelen aşırı tepki verdim. Yani böyle şeyler olur, öyle değil mi? Ama o sıradaki ev arkadaşım son derece aktif bir feministti. Daha doğrusu gerçek bir feministti o. Bilirsiniz işte, şu Sokakları Geri Alalım yürüyüşlerine falan gidenlerdendi. Bana yardım etti ve sonra da onu şikayet etmemi istedi."

"Neler oldu?"

"Gil'le birkaç aydır çıkıyorduk." Ufak bir gülümseme. "Her şey çok güzel gidiyordu. Çok ilgili ve kibardı ve inanılmaz zekiydi. Yani, hâlâ öyle. Ondan gerçekten çok hoşlanıyordum."

Gil'in de bu koşulsuz hayranlıktan çok hoşlandığına emindim.

5. KURBAN

"Daha birbirimizi tanıma aşamasındaydık. Bir barda tanışmıştık. Barmen onu görmezden gelip benim siparişimi sorduktan sonra sohbet etmeye başlamıştık. Ben çok telaşlanmıştım ama o çok hoş karşılamıştı bu olayı. Tam bir beyefendiydi." Chloe'nin olanlara hâlâ inanamadığı sesinden anlaşılıyordu. Konuya gelmesini sabırsızlıkla beklerken kalemimi defterimdeki kırışıklıklara saplayarak oyalanmaya çalışıyordum.

"Arkadaşlarını ya da çevresini tanımadığım için, Gil bana çıkma teklif ettiğinde içgüdülerimle hareket etmek durumundaydım. Ondan gerçekten hoşlanmıştım ama bilirsiniz işte, biraz ağırdan almak istiyordum. İşleri aceleye getirmek istemiyordum ama bir yandan da onu sıkmaktan çekiniyordum."

"Tabii ki." Rob, yirmili yaşlardaki bekâr kadınların, düşmanca ilişki ortamlarında yapmak zorunda oldukları zor seçimlerden haberdarmış gibi başını sallıyordu. Ve belki de gerçekten haberdardı. Özel hayatından söz etmekten fazla hoşlanmazdı ya da en azından bunları benimle paylaşmıyordu.

"Biz henüz -bilirsiniz işte."

"Yatmamış mıydınız?" Kendimi tutamayarak birden söyledim. Artık konunun etrafında dolaşıp durmasından sıkılmaya başlamıştım. Bir an için yüzüme hakarete uğramış gibi baktı ve sonra başıyla onayladı.

"Bu olay çıkmaya başlamanızdan ne kadar sonra oluyor?"

"Üç ay." Chloe yüzünde masum bir ifadeyle gözlerini kırpıştırarak baktı. Yatak odasında bir yığın kişisel gelişim kitabı olduğuna ve aralarında en sık başvurduğu kitabın ise Kurallar olduğuna bahse girebilirdim. Gözü dönmüş bir koca avcısının bütün özelliklerini gösteriyordu. Eğer ineği satmak istiyorsanız, sütü bedava vermezdiniz.

"Erkek arkadaşlarıyla dışarıya çıkmıştı. Ben de evde kalıp tırnaklarıma oje sürmek gibi kızsal işlerle uğraşıyordum." Kusursuz French manikürünü göstermek için elini Rob'a doğru uzattı. "Bir ilişki yaşarken insan böyle şeyler yapmak için pek zaman bulamıyor." Ufak bir sessizlik. "Şimdi bir ilişkim yok, o yüzden..."

"Çok güzel olmuş," dedi Rob nazikçe. "Gil eve geldi, değil mi?"

"Sabahın ikisinde." Chloe yüzünü buruşturdu. "Onu o kadar geç bir saatte beklemiyordum. Kapıyı yumruklayıp bağırmaya başlayınca korkudan ne yapacağımı bilemedim. Beni gerçekten çok korkuttu ve komşularımı uyandırdı. Ev arkadaşım Sonia öfkeden deliye dönmüştü. Hafta sonu bile değildi; bir Salı gecesiydi. Okul günlerinde böyle şeyler yapılmaz."

"Ne yaptınız?" diye sordum.

"Onu içeri aldım." Fener gibi gözlerini bir an için bana çevirdi. "Onun kim olduğunu zaten biliyordum. Sonia'nın odasında kalıp kalmayacağından emin olamadığım için onu doğruca yatak odama götürdüm. Bir anda içeri gelip onu salonda ya da mutfakta görürse olay çıkarabilir diye endişelenmiştim. O gece Gil'e çok sinirlenmişti ve açıkçası zaten önceden de pek anlaşamıyorlardı. Her neyse, kapıyı kapatır kapatmaz Gil beni kollarımdan yakalayıp yatağa yatırmak için zorlamaya başladı."

Sesi birden düştü; olayı bize anlatmak için bir kez daha yaşarken gerçekten altüst olduğu belliydi. Bu kadar sabırsız davrandığım için kendimden utanıyordum.

5. KURBAN

"Hayırdan anlamıyordu. Aslında sarhoştu yani büyük olasılıkla ne yaptığını bilmiyordu. Bana tam olarak şiddet uyguladığını söyleyemem ama sürekli itip duruyordu. Sonunda beni bırakıp oradan gitmesi için bir çığlık attım. Benden çok daha güçlüydü ve elinden bir türlü kurtulamıyordum. Küfürler ediyor, onu çok beklettiğimi ve artık bundan sıkıldığını söylüyordu." Chloe gözlerini kapattı ve ağlamamaya çalışarak elinin arkasıyla ağzını kapattı. Rob yapma der gibi kaşlarını kaldırıp yüzüme baktı.

"Acele etme, Chloe," dedim. "Zamanımız var."

Gözlerini açmadan elini sağa sola salladı. "Özür dilerim. "Bu benim için çok zor. Yani aslında her şey sadece birkaç saniye içinde olup bitti ama kendime gelmem aylar aldı." Gözlerini sıkıca kapattı ve birden tamamen açtı. Upuzun ıslak kirpikleri bir papatyanın yaprakları gibi görünüyordu. "Nerede kalmıştım? Ah evet. Sonia tabii ki olanları duymuştu. Aceleyle içeri girdi. Neyse ki sağlam bir hokey oyuncusuydu ve odama gelirken sopasını da almıştı. Gil'e sopayla birkaç kez vurdu ve onu evden dışarı attı. Aslında o hemen polisi aramak istedi ama ben ona engel oldum. Bu konuda resmi bir şikayette bulunmak istememiştim. O hafta, beni ikna edip Gil için bir uzaklaştırma emri çıkarttırmamı sağladı."

"Bunu yaptığınıza göre Maddick'ten oldukça korkmuş olmalısınız."

Chloe cevap vermeden önce oturduğu yerde biraz kıpırdandı. "Ee. Evet. Yani sanırım öyle oldu. Aslında Sonia bu işin bir türlü peşini bırakmıyordu. Sürekli internetten eski sevgilileri tarafından öldürülen kadınlarla ilgili haberler bulup bunların baskılarını alıyordu. İşten eve geldiğimde bunları odamın kapısının altından atılmış halde buluyordum. Çöpçatan sitelerinde tanışıp erkekler tarafından takip edilen ve polisin, çok geç olana ve kadınlar tecavüze uğrayana ya da öldürülene kadar, adamları durdurmak için hiçbir şey yapmadığı olaylarla ilgili haberlerdi hepsi. Gerçekten sinir bozucuydu."

"Eminim öyledir." Rob bir erkek olarak üzerine düşeni yaparak onu rahatlatmaya çalışıyordu. Chloe ona sevgi dolu gözlerle baktı. Rob dikkat etmezse birazdan Chloe'yi kucağında otururken bulacaktı.

"Sonunda uzaklaştırma emri için mahkemeye başvurdum. Gil de kendini savunmak için oradaydı. Onun için gerçekten çok üzülmüştüm çünkü bu çok utanç verici bir durumdu. O gece çok sarhoş olduğunu anlattı ve benim fazla tepki vermiş olabileceğimi düşündüğünü söyledi." Chloe olanları tekrar hatırlayınca gözlerini kıstı. "Benim yapabileceğim başka bir şey yoktu. Böyle söylediği için başvurumu geri alacak değildim. Sonuçta Sonia o gece evde olmasa, neler olmuş olabileceğini ne ben ne de o, ikimiz de bilemiyorduk."

"Böylece uzaklaştırma emri çıkartıldı. Peki Gil kararı ne zaman ihlal etti?"

"Üç ay sonra." Chloe yine huzursuz olmuştu. "Aslında bunun tamamen onun suçu olduğunu söylemek Gil'e haksızlık olur. Polisin bu uygulamayı ne kadar ciddiye aldığını o zamanlar bilmiyordum."

Uzaklaştırma emri ve benzeri kararlar biraz önce sözünü ettiği tarzdaki olaylar sayesinde yüksek öncelik kazanmıştı. Metropolitan Polisinin üst düzey yöneticileri, çok fazla kadının tacizcileri tarafından öldürülüyor olmasının nedenleriyle

5. KURBAN

ilgili bahaneler uydurmaktan yorulmuştu. Chloe ev içi şiddetin fazla önemli bir konu olmadığını düşünüyor olabilirdi ama biz, çok daha iyilerine layık, birçok korunmasız kadının hayatını kaybetmesiyle, bu konudaki dersimizi son derece acı bir şekilde almıştık.

"Neler oldu?"

Chloe uzun kirpiklerinin arasından Rob'a bakıp cılız bir sesle cevap verdi. "Bana gerçekten çok tatlı bir mektup gönderip, o gece olanlar için benden özür dilemiş ve onu affetmemi istemişti. Mektubu okur okumaz katlayıp bir çekmeye kaldırdım ama yazdıklarını bir türlü aklımdan çıkaramıyor, mektubu çıkarıp çıkarıp tekrar okuyordum. Sonunda onu arayıp evdeki eşyalarını almak için gelebileceğini söyledim. Atmamın doğru olmayacağını düşünerek bütün eşyalarını bir kutuya doldurup yatağımın altında saklamıştım. Sonia kıyafetlerini bir yardım kuruluşuna verip geri kalan eşyalarını da yakmamı istemişti." Bir an kıkırdayarak güldü ve sonra tekrar ciddileşti. "Tabii eşyalar sadece bahaneydi. Onu görmek istiyordum. İlişkimizin böyle kötü bir şekilde bitmesini istemiyordum. Uzaklaştırma emri yüzünden ona karşı kendimi mahçup hissediyordum ve aramızı düzeltmek istiyordum. Bir sorun çıkmayacağını düşünüyordum."

"Ama çıktı," dedi Rob yumuşak bir sesle.

"Hayır, çıkmadı. Yani çıkmayacaktı. Sonia o gece dışarıda olacağını söylemişti ama eve erken döndü. Dışarıda Gil'in arabasını görünce polis çağırmış. Sanırım herkes onun eve gelmek için beni ikna ettiğini, beynimi yıkadığını ya da beni yönlendirdiğini düşünüyordu. Ama aslında öyle bir şey olmamıştı. Gil polisler gelir gelmez gitti ve ben de onlara hiçbir şey olmadığını, onun beni tehdit falan etmediğini anlattım. Söylediklerimin yeterli olacağını sanıyordum. Yine de duruşmaya çıkması gerekeceğini bilmiyordum."

"Duruşmaya gittiniz mi?"

Chloe başını telaşla iki yana salladı. "Hayır. Bunu görmeye dayanamazdım. Ama polisler bana onun suçlu bulunduğunu söyledi. Hafif bir ceza almıştı. Aslında buraya gelmesine rağmen yanlış bir şey yapmadığını onlar da biliyordu sanırım."

"O günden sonra bir daha görüştünüz mü?"

Chloe'nin yüzü hafifçe kızardı. "Çok rahatsız edici bir durumdu. Olanlar yüzünden kendimi gerçekten çok kötü hissediyordum ama bunlar aslında onun suçuydu. Yani herkes bana özür dilenecek hiçbir şey olmadığını söyleyip duruyor ama ben bu işte benim de bir sorumluluğum olduğunu düşünmeden edemiyorum."

"İnsan yaşadıkça öğreniyor," dedim. "Fazla kafana takmamaya çalış."

Gözlerini bir an için Rob'dan ayırıp bana baktı. "Teşekkür ederim."

"Rica ederim." Ayağa kalktım. "Sanırım başka bir konu kalmadı. Ben arabada olacağım."

Rob dönüp dehşet dolu bir ifadeyle yüzüme baktı ama durup onu beklemedim. Eğer Etkileyici Dedektif rolünü oynamak istiyorsa, bunun sonuçlarına da katlanması gerekecekti. Ve Chloe Sandler'ın oturma odasından yardımım olmadan kurtulmak da işin parçasıydı.

Arabada Rob'u beklerken cep telefonumu kontrol ettim.

5. KURBAN

Annemden bir mesaj daha vardı ama kendimi hâlâ söylediklerini dinleyecek kadar güçlü hissetmiyordum. Tam o sırada kapı açıldı ve Rob içeri girip sürücü koltuğuna oturdu. Kulakları kıpkırmızı olmuştu.

"Bir sorun mu var?" diye sordum tatlı bir sesle.

"Halledemeyeceğim bir konu değil."

"Bundan eminim. Hatta bana kalırsa halledilmeye oldukça hevesli görünüyordu. Ama tabii bir noktaya kadar."

Tekrar ciddileşip esas konuya geri döndüm. "Bu işle ilgili ne düşünüyorsun?"

Rob karar vermeye çalışıyormuş gibi çenesini kaşıdı. "Önemli olabilir de olmayabilir de. Kız Gil'i kendi davet ettiğini söyledi ama yine de..."

"Yine de onun dünyadaki en güçlü insan olduğunu söyleyemeyiz," diye cümlesini tamamladım. "O klasik bir kurban, sence de öyle değil mi? Adam neredeyse ona tecavüz edecekmiş ve o hâlâ bunun kendi suçu olduğunu düşünüyor."

"Evet. Ama bu durum, aradığımız katilin Gil olduğunu gösterir mi bilmiyorum." Rob yan gözle bana baktı. "Bildiğim tek bir şey var, o da hokey sopası yanında olsun ya da olmasın, hiçbir şekilde karanlık bir sokakta Sonia'yla karşılaşmak istemediğim."

"Seni kesinlikle perişan ederdi," dedim onu onaylayarak. "Sonia'yı sevdim. Aklı başında birine benziyor."

Sonia, Gil Maddick'le zavallı küçük Chloe'nin arasına girmiş, geri adım atmamıştı. Kibarlık edip, olay çıkarmamak için aradan çekilmemişti. Ve belki de böyle yaparak oda arkadaşının hayatını kurtarmış olabilirdi.

LOUISE

Kapıyı açıp Gil'in yüzündeki şaşkınlığı görür görmez harcadığım emeklere değdiğini anladım. Bir süre hiçbir şey söylemeden öylece bana baktı.

"Nasıl? Olmuş muyum?"

"İltifat mı bekliyorsun?" Bir kahkaha attı ve sonra yumuşak bir sesle devam etti. "Çok güzelsin."

"Hiç sanmıyorum." Evden çıkıp kapıyı kilitledim. "Ama yemek için fena sayılmam."

Aslında fena sayılmazdan çok daha iyi göründüğümün farkındaydım. Açık bıraktığım saçlarım, yüzümün iki yanından kıvrılarak inip omuzlarıma dökülüyordu ve kuaförüm büyük bir özenle saçımı iki ton daha açık bir sarıya boyamıştı. Aldatıcı bir şekilde basit görünen düz siyah elbise, üzerimde harika duruyordu.

Ve son olarak Rebecca'nın peridot küpeleri gözlerimin yeşil rengini öne çıkarıyordu. Kendime çok güvendiğim söylenemezdi ama güveniyormuş gibi göründüğüm kesindi ve şu anda asıl önemli olan da buydu.

"Boynun nasıl?"

Bakması için başımı yana çevirip saçlarımı kaldırdım.

"Neredeyse görünmüyor." Gil'in sesi hayal kırıklığına uğramış gibiydi.

"Çünkü üstünü makyajla kapattım." Görünmüyordu ama ben hâlâ anlam veremediğim bu olayın küçük hatırasını, başımı her çevirişimde acıyla hatırlıyordum.

"Bunları nereden buldun?" Gil küpelerimden birine par-

5. KURBAN

mağıyla hafifçe dokundu. Sallanıp durmasını engellemek için elimle küpeyi tuttum. "Rebecca hediye etmişti."

Kaşlarını çatarak yüzündeki zafer dolu gülümsemeyi bastırmaya çalıştı. Tahmin ettiğim gibi onları hemen tanımıştı. Bu küpeleri Rebecca'ya onun aldığını biliyordum. Saçlarımı tekrar yüzümün iki yanından aşağı doğru sallandırdım ve gülümsedim.

"Gidelim mi? Geç kalmak istemiyorum."

Gil Chelsea'ye kadar nehir boyunca ilerledi ve fazla bir şey vaat etmeyen, gri bir binanın önündeki arka sokağa girip arabayı park etti. Gelip kapımı tuttu ve dışarı çıkmam için bekledi. Şüpheli gözlerle ona baktım.

"Gideceğimiz yer burada mı?"

"Kesinlikle öyle."

"Pek restorana benzemiyor."

"Bu da işin bir parçası." Gil elimi tutup beni arabadan çıkardı ve yüzünü saçlarıma gömüp birkaç saniye bekledi. "Mmm. Çok güzel kokuyorsun."

"Bu senin en sevdiğin parfüm, öyle değil mi?"

"Sana yakışacağını düşündüm."

"Çok garip ama bana hep Rebecca'yı hatırlatıyor."

"Bana hatırlatmıyor." Gil elimi bırakıp bir adım geri çekildi ve ben birden üşüdüğümü hissettim. Rüzgâr, incecik ipek şalın içinden sanki hiç orada yokmuş gibi geçiveriyordu.

"Hep bunu kullanırdı." Konuyu kapatmam gerektiğini biliyordum ama içimden bir ses devam etmemi söylüyordu. "Daha doğrusu seninle tanıştıktan sonra hep bunu kullanmaya başlamıştı."

"Böyle davranma."

"Nasıl davranmayayım?" Birden gerilmiştim.

"Kıskançlık bu." Gil yüzünde soğuk bir ifadeyle bana bakıyordu. "Bu tip şeylere hiç dayanamıyorum. Böyle yapmana gerek yok. Ve hayatımda yemeğe çıkardığım ilk kız senmişsin gibi davranmak da istemiyorum."

"Özür dilerim," diye söze başladım ama başını sallayarak beni susturdu.

"Özür dileme. Sadece sana dürüst davranmak istiyorum. Biriyle görüşmeye başlar başlamaz ilişkiyi saran o her zamanki saçmalıklarla uğraşmak istemiyorum. Eğer bunu yapacaksak, bu konularda birbirimize sataşmayacağımız konusunda anlaşalım."

"Seninle sadece bir akşam yemeği yemeyi kabul ettim," diye itiraz ettim. "Hayat boyu bağlılık yemini etmiyoruz. Bu sadece bir yemek."

"Öyleydi ama sonra sen kapıyı bu şekilde açtın." Gil gözlerime baktı. "Gitmene izin vermeyeceğim, Louise."

Rüyadaymışım gibi bir hisle Gil'in hemen arkasından restorana girdim. Kapının ardında, içinde sadece sekiz masanın bulunduğu ufak bir oda vardı. Masaların üzerindeki küçük spot lambalar, masada oturanların yüzünü karanlık lekelere dönüştürmüştü. Masalar tertemiz ve kusursuz görünüyordu. Baş garson, Gil'i hemen tanıyıp onu aşırıya kaçmayan bir saygı ve ilgiyle, eski bir arkadaşı gibi karşıladı. Gil bana hızlı bir bakış attıktan sonra bir şampanya istedi ve içkimiz yanında iki uzun kadehle birlikte hemen geldi. Menüyü alıp sıkıntılı gözlerle incelemeye başladım.

"Yemediğin bir şey var mı?"

5. KURBAN

"Sözlerim var." Yüzümü buruşturdum. "Neyse. İşkembe var sanırım. Ve istiridyeden de pek hoşlandığım söylenemez."

"Ben istiridyeye bayılırım. Senin de sevmen gerekecek."

"Hiç sanmıyorum."

"Göreceğiz." Gil tekrar menüyü incelemeye başladı.

"Eğer istediğin bu değilse, hayır cevabını asla habul etmiyorsun, öyle değil mi?"

"Genellikle. Neyse, zaten bunun bir önemi yok çünkü bence şefin menüsünden almalıyız ve bugün şefin menüsünde istiridye yok. Altı servisten oluşuyor. Var mısın?"

Menüye bakmadım bile. Bu meydan okuyan soruya evetten başka verebileceğim bir cevap yoktu.

Altı yemek olabilirdi ama neyse ki porsiyonlar küçüktü. Garsonumuz küçük sanat eserlerini andıran minik tabakları masaya getirmeye başladı. Açık yeşil sakız kabağı püresi yatağında servis edilen yuvarlak ve tatlı, etli beyaz deniz tarakları. Rengi incileri hatırlatan mantarlı rizotto. Buzlu kupada servis edilen ekşi mi ekşi greyfurt sorbesi. Patates püresinden bir bulutun yanında koyu renk bir sosla servis edilen yumuşacık, gül pembesi bir biftek. Bitter çikolata denizinde yüzen vanilya mus. Tombul ahududularla süslenmiş güneş ışığı kadar sarı bir limonlu tart.

Gelen yemekleri büyük bir keyifle yedim. Bütün tedirginliğimi, Gil'in yanında her zaman temkinli davrandığımı ve beni böyle davranmaya iten nedenlerin tamamını unutmuştum. Gil gece boyunca genellikle sessizdi ve başımı neredeyse her kaldırışımda beni inceleyen gözleriyle karşılaşıyordum. Benimle ilgili bir şeyleri anlamaya çalışıyor gibiydi.

Yemeklerimizi bitirmiş minik fincanlardan vizon rengi

köpüklü, gece gibi simsiyah espressolarımızı içiyorduk ki konuyu tekrar açtım. "Buraya hiç Rebecca'yla gelmiş miydin?"

"Ne?"

"Belli ki buraya daha önce de birkaç kez gelmişsin. Onunla gelip gelmediğini merak ettim."

"Hayır, gelmedim." Gil arkasına yaslanıp kaşığıyla oynamaya başladı. "Neden? Bunun ne önemi var?"

Güldüm. "Rebecca'yı düşünmüyormuş gibi davranmamın hiçbir anlamı yok. O olmasa şimdi burada birlikte oturuyor olmayacaktık."

"İnsanlar farklı şekillerde tanışırlar. Ben olsam, bizi onun bir araya getirmiş olmasına fazla anlam yüklemezdim." Sıkılmış gibi başını çevirip odayı incelemeye koyuldu.

"Konuyu öylece kapatamazsın. O bizi bir partide falan tanıştırmadı. Ayrıca, ben bu konuda konuşmak istiyorum."

"Söylenecek ne var ki?"

"Benimle ilgilendiğini ve tam da bu yüzden bana öyle korkunç davrandığını anlatırken aslında ne demek istediğini söyleyebilirsin mesela." Nabzımın boynumda attığını hissedebiliyordum. Ellerimin titremesini engellemek için önümde duran sudan bir yudum aldım.

"Korkunç, doğru bir kelime sayılmaz," diye karşı çıktı Gil. "Seninle fazla konuşmadım, hepsi bu. Ortada esrarengiz bir durum yok. Sen müsait değildin. Öylece Bex'i bırakıp sana geçemezdim. Böyle bir şeyi hayatta kabul etmezdin."

"Ama şimdi o öldü ve..."

"Bu seninle bağlantıya geçebilmem için bana bir fırsat sağladı. Hepsi bu kadar." Başımı iki yana salladım. "Sana inanmıyorum. Özür dilerim."

5. KURBAN

"Neden?"

"Yanımda Rebecca varken kimse benim farkıma bile varmaz da ondan." Fazla üzerinde durmadan bir anda söyleyivermiştim.

"Bu onların aptallığı." Gil bir kez daha bakışlarını üzerimde gezdirdi. "Onların benim gördüğümü görmedikleri çok açık."

"Neymiş o gördüğün?"

"Vaat ettiklerin." Bana doğru eğildi. "Sen çok güzelsin, Louise. Gerçekten çok güzelsin. Özellikle de artık arkadaşının arkasına saklanmıyorken. Rebecca güzel ve eğlenceli bir kızdı ama aslında çok sıkıcıydı. Sen onu taparcasına sevdiğin için farkında değildin ama ayrıldığımız sırada artık ona dayanamıyordum bile."

"Standartların çok yüksek, değil mi?"

"Sadece onun sürekli beni memnun etmeye çalışmasından sıkılmıştım. Senin en sevdiğim özelliğin özgürlüğüne düşkün oluşun. Senin sevilmeye ihtiyacın yok. Bildiğini okuyorsun."

Bir kahkaha attım. "Bir kedi gibi."

"Kedileri severim." Masanın üzerinden uzanıp elimi tuttu.

Bu andan sonra, artık zihnimin içinde beni sıklaşan aralıklarla uyarıp duran aklımın sesini dinlemeli ve eğleneceğim kadar eğlendiğimi ve bir daha Gil Maddick'le görüşmemem gerektiğini kabul etmeliydim. Elimi tutmuyor olsaydı bunu gerçekten yapabilirdim de ama teninin tenime dokunuşu içimi ürpertiyordu. Onu istiyordum ve bunun karşısında sağduyunun hiçbir şansı yoktu.

Onuncu Bölüm

MAEVE

Fare deliğinin başındaki bir kedi gibi masamda oturmuş, başkomiserin günlük basın toplantısından dönmesini bekliyordum. Aslında onunla toplantıdan önce konuşmayı tercih ederdim. Basın toplantıları artık cinayet soruşturmalarıyla ilgili her şeyi Prime Suspect'in tekrar bölümlerinden öğrenmiş olan ve katili hâlâ neden bulamadığımızı bir türlü anlayamayan gazetecilerin saldırgan sorularıyla dolup taşmaya başlamıştı. Godley, başarılı iletişime ve halkın doğru bilgilendirilmesinin gerekliliğine içten bağlı bir insan olarak basını bilgilendirmeye devam ediyordu ama bu yine de onun bu işten zevk aldığı anlamına gelmezdi.

Godley, hızlı adımlarla ve peşinde Judd'la birlikte çalışma ofisine geri döndü. Yüzlerindeki ifadeden işlerin pek de iyi gitmediğini anlayabiliyordum. Bir an tereddüt ettim ve sonra aceleyle yanlarına gittim. Ya şimdi ya hiç.

"Rebecca Haworth'la ilgili bir şey söyleyebilir miyim, efendim?"

Godley, yanında Judd'la birlikte ofisinin bir duvarını ta-

5. KURBAN

mamen kaplayan büyük panoya, kızların bulunduğu yerlerin işaretlendiği dev şehir haritasına ve kurbanların hemen haritanın yanına sıralanmış korkunç fotoğraflarına bakıyordu. Tarihler, isimler, mekânlar.

Sanki Godley, olayları sıraya dizerek hepimizin atladığı noktayı yakalayacak ve bunu katilin nerede ve nasıl köşeye sıkıştırılabileceğini tahmin etmekte kullanabilecekmiş gibi her şey düzgünce panoya yazılmıştı. Arkasını dönüp kaşlarını kaldırarak baktı.

"Şimdi mi Maeve?"

"Eğer sizin için bir sakıncası yoksa."

"Başla bakalım."

Judd hiçbir yere gitmediğini açıkça belli etmek için kendini Godley'nin masasının yanındaki sandalyelerden birine attı. Hafifçe öksürdüm ve anlatmaya başladım.

"Sadece, son kurbanla ilgili endişelerimizde haklı olduğumuzu düşündüğümü söylemek istemiştim. Kızın hayatında tuhaf şeyler oluyormuş. Onu öldürmek için nedenleri olan insanlar var. Katilin çalışma yöntemindeki farklılıkları da düşününce bu son olayın bir kopya cinayet olma ihtimali bana daha yüksek geliyor."

"Bunu duymak istemiyorum," dedi Judd kulağımı tırmalayan sesiyle. "Dikkatleri kendi üzerine çekmeye çalışıyorsun, Dedektif Kerrigan ama böyle yaparak mahkemede her şeyi mahvedebilirsin."

Yüzümün kıpkırmızı olduğunu hissedebiliyordum. "İnanın bana, onun da seri katilin kurbanlarından biri olduğunu bulmayı her şeyden çok istedim."

"Kanıtları görmezden gelemeyiz," dedi Godley. "İşimize gelmiyor olabilir ama yine de işin peşini bırakmamalı ve kanıtların bizi nereye götürdüğüne bakmalıyız."

Judd patronuna döndü. "Eğer o haklıysa ve bu, diğerleriyle bağlantılı bir olay değilse, en azından davayı başka bir dedektife verelim ki tek bir olaya konsantre olabilelim."

Godley başını iki yana salladı. "Böyle devam etmek istiyorum. Medyanın daha fazla üstümüze gelmememesi için bu olaya fazla dikkat çekmek istemiyorum. Ayrıca, bu cinayetin de adamımızla bağlantılıymış gibi gösterilmesi işimize yarayabilir. Bu durum onu sinirlendirip tek olduğunu kanıtlamak için kendini göstermek zorunda bırakabilir. Aynı şekilde devam edelim, lütfen."

Müfettiş birden ayağa kalktı. "Aynı fikirde değilim." Yüzüme baktı. "Ama zamanını neyle harcadığın umurumda değil."

Odadan çıkana kadar ona herhangi bir karşılık vermemek için dudağımı ısırarak kendimi tuttum. Beni herhangi bir işte kullanmayı reddetmesi çok sinir bozucuydu. Rebecca'nın başına gelenlerle ilgileniyor olmama rağmen bir yandan da önümüzdeki iki gece boyunca gerçekleştirilecek olan gizli operasyonla ilgili hazırlıkları takip etmeyi ihmal etmemiştim. Orada olmak istiyordum ama eğer görev yerlerini Tom Judd belirleyecekse, böyle bir şansım olmayacağını gayet iyi biliyordum.

"Sen Tom'u kafana takma. Ara sıra gergin oluyor. Özellikle de fazla ilerleme kaydedemediğimiz böyle zamanlarda."

Şimdi ona yakından bakınca başkomiserin ne kadar yorgun olduğunu görebiliyordum. Gözlerinin altında morarmış gibi görünen kırmızı ve mavi-gri gölgeler oluşmuştu. Zayıflamış, gömleğinin yakası bollanmıştı. Özellikle bütün ekibin yeni bir cinayet beklediği şu günlerde, onunla bu şekilde konuşma fırsatı yakalamak neredeyse imkânsızdı.

Başımla haritayı işaret ettim. "Sizce bir yere varabiliyor muyuz?"

"Pek sayılmaz. Bugün bütün günümü bir kriminal psikoloğun katilimizin kadınlardan nefret ettiğini anlatmasını dinleyerek harcadım. Çok ilginç, öyle değil mi? Sanki ben bunu kendi kendime anlayamazdım."

"Hafta sonunda gizli bir operasyon yapılacağını duydum. Sivillerin çalıştığı bölgede mi olacak?" Haritanın üzerinde Lambeth'ten geçip Walworth Caddesi'ne devam eden ve oradan Camberwell Green'e inen ve sonra Stockwell'den geçerek Nine Elms'e vardıktan sonra Albert Bendi boyunca nehirden yukarı çıkan kırmızı bir çizgi vardı.

"Evet orada. Coğrafi profile göre kendi bölgesi olarak algıladığı alan burası. Psikolog onun herhangi bir araç kullanmadığını düşünüyor çünkü kurbanlar, yürüdükleri yerden fazla uzağa atılmamışlar. Bu bilgi alanı biraz daraltıyor. Ayrıca adamın kendini burada güvende hissettiği de belli. Bu nedenle onun bu bölgede yaşadığını düşünüyorlar. Clubs ve Vice'tan yem olarak kullanmak için birkaç polis memuru aldık."

Onlar bunun için eğitilmişti. Ben böyle bir eğitim almadığım için memnundum. Hiçbir zaman polisliğin bu dalına ilgi duymamıştım. Her tarafımı açıkta bırakan kıyafetlerle sokak köşelerinde dikilip baştan çıkarıcı görünmeye çalışmak hiç bana göre değildi.

Godley ümitsiz görünüyordu. "Onu bu şekilde bulamayacağımızı düşünmekten kendimi alamıyorum ama yine de bunu denemek zorundayız. Başka çaremiz kalmadı."

"Adam çok zeki," dedim yumuşak bir sesle ve başkomiserin ters bakışıyla irkildim.

"O çok şanslı, hepsi bu. Bu seri katilin, dürtüsel ve şiddetle hareket eden ve suçlarını işlediği sırada yakalanmadığı için fazlasıyla şanslı olan, bencil ve sapık ruhlu biri olduğu konusunda herkesi ikna etmeyi başardığımı sanıyordum. Eğer kurbanlarının güvenini nasıl kazandığını bilebilsek onu şimdiye kadar çoktan yakalamış olurduk. Zaten onunla ilgili tek dikkate değer konu da bu. Yoksa bir suç üstadının peşinde falan değiliz."

Ağzımın içinde bir şeyler geveledim. Kendimi aptal gibi hissetmiştim. Godley, medyanın katilimize bir takma isim vermiş olmasından hiç memnun değildi. Bu takma isim, onu ünlü bir şahsiyete dönüştürüyor, ona şöhret kazandırıyor, onun da suçları kitaplara geçmiş seçkin katiller kulübüne katılmasına yol açıyordu. Bu tam olarak katilin istediği şeydi ve başkomisere göre, oldukça tehlikeli bir durumdu.

Godley tekrar haritanın başına geçmiş düşünüyordu. Kendi kendine konuşur gibi boğuk bir sesle mırıldandı. "Bunu nasıl yaptığını öğrenmek zorundayız. Yaptığı her neyse, bu konuda son derece ustalaşmış olmalı." Godley, göz ucuyla bana bakıp gülümseyince kalbim yerinden çıkacak gibi oldu; herkese bunun doğru olmadığını söyleyip duruyordum ama içten içe patronuma fena halde abayı yakmış durumda olduğumun farkındaydım. "Belki de bizden daha zekidir."

"Hiç sanmıyorum. Onu yakalayacağız," dedim sanki ken-

5. KURBAN

dine güvenmekle her şey hallolacakmış gibi, kendinden emin bir sesle.

"Rebecca Haworth'la ilgili ayrıntıları mı anlatmak istiyordun?"

Bir an tereddüt ettim. "Anlatılacak çok şey var, biraz uzun sürebilir. Eğer eve gidecekseniz yarın da anlatabilirim."

"Dinlemek istiyorum." Godley oturdu ve bana karşısındaki sandalyeyi gösterdi. "Hadi. Anlat bakalım. Artık gerçek Rebecca'yı tanımış olmalısın."

Ona hemen cevap vermeden önce biraz düşündüm. Günlerdir insanların Rebecca Haworth hakkında anlattıklarını dinliyordum ve artık onu hiçbir zaman tam olarak anlayamayacağımı düşünmeye başlamıştım. Onu tanıyan ve seven insanlardan öğrendiğim tek şey, Rebecca'nın onların zihinlerinde nasıl bir yer tuttuğuydu. Herkes Rebecca'nın farklı bir yönünü biliyor ve gerçek olanın bu olduğuna inanıyordu.

"Anladığım kadarıyla gerçek şu ki, Rebecca bile gerçek Rebecca'nın kim olduğunu bilmiyormuş. O kaybolmuş. Sanırım durumu en iyi bu şekilde özetleyebilirim. O yolunu kaybetmiş. Ve her geçen gün, olması gereken yerden biraz daha uzaklaşıyormuş. İşlerin tamamen kontrolden çıkması an meselesiymiş. Ama neden öldürüldüğünü hâlâ tam olarak çözemedim."

Godley ellerini birbirine kenetleyip arkasına yaslandı ve yüzünde düşünceli bir ifadeyle Rebecca Haworth'ın yirmi sekiz yıllık üzücü hayat hikâyesini dinledi.

"Sanırım çok çaresizmiş," dedim sözlerimi tamamlarken. "Hayatındaki felaketler Adam Rowley'nin boğulmasıyla başlamış. Rebecca oldukça ciddi bir sinir krizi geçirmiş, üniversiteden geçici olarak ayrılmış, bir yeme bozukluğu geliştirmiş ve arkadaşı Tilly'nin anlattığına göre Adam'a olanlarda kendisinin de sorumluluğu olduğunu düşünüyormuş. Zamanla tekrar kendini toplamayı başarmış. İyi bir iş bulmuş ve işinde oldukça başarılı olmuş. Tekrar ondan beklendiği gibi bir altın kıza, ailenin yıldızına dönüşüyormuş ki her şey birden altüst olmuş. Önce ilişkisi travmatik bir şekilde sona ermiş, ardından işini kaybetmiş ve sonra da Faraday'le kısa süreli ilişkisi ve devamındaki ufak şantaj olayı yaşanmış. Uyuşturucu bağımlısıymış ama kullandığı uyuşturuculara ödeyecek parası yokmuş. Hayatının bir başarı öyküsü olduğu illüzyonuna tutunmak için elinden gelen her şeyi denemiş. Ve sonra ölmüş."

"Onun bizim adam tarafından öldürüldüğünü düşünmüyorsun."

"Hayır. Başka biri yapmış ve sonra da olay yerini onun işiymiş gibi görünmesi için düzenlemiş. Bunu kimin yaptığını bildiğimi sanıyorum ama ne yazık ki kanıtlayamıyorum."

"Kimin yaptığını düşünüyorsun?"

Soru öylesine sorulmuş gibiydi ama Godley'nin beni ciddiye aldığını biliyordum. Cevap vermeden önce bir an durdum; yanlış cevap vermek kritik bir hata olurdu.

"Eski erkek arkadaşı, Gil Maddick."

"Böyle düşünmenin nedeni ne?"

Bilmiyorum der gibi omuzlarımı kaldırdım. "Elimde herhangi bir kanıt yok ama böyle hissediyorum. Olanları tekrar gözden geçirerek bir şeyler bulmaya çalışıyorum."

"Ben olsam olayları kronolojik olarak sıralayıp bazılarını elemeye çalışırdım. En başta şu boğulma olayı var. Rebecca'nın bu konuda ne bildiğini öğrenmelisin. Oxford'daki

5. KURBAN

arkadaşlarından bazılarıyla konuştun, öyle değil mi? Onlarla bir daha konuş ve bak bakalım sana bu sefer neler anlatacaklar?"

"Rebecca'nın en iyi arkadaşına bu konuyu sormamıştım. Belki bir şeyler biliyor olabilir." Henüz Louise'e ulaşmayı başaramamıştım.

Godley önündeki deftere not aldı. "Eski erkek arkadaşın üzerine daha fazla gitmeliyiz. Tom'dan onun için bir arama emri çıkartmasını isteyeceğim ki adli tıp ekibini, evini ve arabasını araştırmaya gönderebilelim. Böylece biraz canını sıkmış oluruz. Sen de onunla bir daha görüşüp bu işten rahatsız olup olmadığına bakabilirsin. Hatta belki bir itiraf bile alırsın."

"Oldukça soğukkanlı ve kendine hakim biri. İtiraf edeceğini pek sanmıyorum."

"Belki itiraf etmez ama en azından bir hata yapabilir." Başkomiser yüzüme bakıp gülümsedi. "Böyle bir şey olursa hemen fark edeceğin konusunda sana güvenebileceğimi biliyorum."

"Peki ya hata yapmazsa?"

"Bekleyip ne olacağını görmen gerekecek. Bazen olay senin beklediğin noktada çözülmez. Ama er ya da geç çözüleceğine inanıyorum." Godley bir refleksle tekrar duvardaki panoya baktı ve sandalyesini hızlı bir hareketle yerine itti. "Hepsi bu kadar mı?"

Bir an duraksadım ve sonra aceleyle konuya girdim. "Aslında, yarınki operasyon ekiplerinden birine katılabilir miyim diye sormak istiyordum. Operasyona katılmayı gerçekten çok istiyorum. Rebecca olayına konsantre olmam gerektiğini biliyorum ama asıl soruşturmadan da tamamen kopmak istemiyorum. Ama Müfettiş Judd beni dahil etmeye pek hevesli görünmüyor."

Godley'nin kaşlarının arasında ufacık, ince bir çizgi belirdi. Arkasını dönüp bir süre masasındaki kalemle oynadı.

"Bakarız."

İçimi birden bir korku sardı. Müfettişle ilgili şikayetimi paylaşarak onu zor durumda bırakmadığımı ümit ediyordum. Artık beni dinlemiyordu. Ona teşekkür ettim ve konuştuklarımızın üzerine biraz düşünmek için aceleyle masama döndüm. Başmüfettiş odadan ayrılırken ben de masamdaki dosya tepeciğinin arkasında görünmez olmaya çalışıyordum. Godley'nin adımları bana doğru yaklaşıp yavaşladı ve yanımda durdu.

"Yarın gece görev için hazır ol. Operasyon ekiplerinden birine katılmanı sağlayacağım."

Ağzımın içinde bunun için ona ne kadar minnettar olduğumla ilgili birkaç sözcük geveledim ve sonra Godley, başı önünde, dünyanın tüm yükü omuzlarında, çıkıp gitti. Başkomiser God en iyisiydi; her zaman detaylarla nasıl ilgileneceğini bilirdi. Benim kadar değersiz ve küçük olanlarla bile.

Louise North'un Viktoryen tarzdaki teraslı evi tam tahmin ettiğim gibi son derece temiz ve düzenliydi. Gelmeden önce aramıştım yani geleceğimi biliyordu ama son yarım saatini ortalığı toplamakla harcamış gibi görünmüyordu.

Evin geometrik döşenmiş taş yolunun sağında kalan küçük ön bahçesi yol yol taranmış beyaz çakıl taşlarıyla kaplanmıştı ve bahçede, kapının iki yanındaki çinko saksılara yerleştirilmiş olanlardan başka bitki yoktu. Kapı, ben hâlâ

5. KURBAN

saksılara göz atarken, daha zili bile çalmaya fırsat bulamadan açıldı.

"Dedektif Kerrigan. İçeri gelin. Bir fincan çay ister misiniz?"

"İsterim ama eğer bana çay yapacaksan kesinlikle adımla hitap etmelisin."

"O zaman, içeri gelsene Maeve."

Louise'i ilk defa ev ortamında görmüştüm ve bu hali çok ilgimi çekmişti. Çok farklı görünüyordu; sanki daha sakin ve yumuşaktı. Açık bıraktığı saçları yüzünün iki yanından omuzlarına dökülüyordu. Saçları hatırladığımdan daha açık renkti. Solmuş eski bir kot pantolon, gökkuşağı renklerinde çizgili çoraplar ve üzerinde un lekesi olan, kolları erimiş, gökyüzü mavisi bir eşofman üstü giyiyordu. Daracık koridorda mutfağa doğru ilerlediği sırada sırtındaki LATIMER yazısını fark ettim. Mutfak, sapsarı duvarları ve pencere içindeki ufak baharat saksılarıyla küçük ama sıcak görünüyordu. Fırından gelen güzel kokular içeriye yayılmıştı. Ocağın yanında sadece ciddi bir aşçının ihtiyaç duyabileceği tarzda mutfak aletleri duruyordu. Louise'e duyduğum saygı kesinlikle artmıştı.

"Yoksa kek de mi yapabiliyorsun?"

"Arada sırada yaparım. Hatta biri şu anda fırında pişiyor ama hemen yemek istersen sana ev yapımı brownie verebilirim."

Öğle yemeği yememiştim. Brownie düşüncesi bile ağzımı sulandırmaya yetti. "Neden olmasın. Sağol."

"Otur lütfen."

Odanın ortasında tertemiz, yuvarlak bir masa ve etrafında

dört tahta arkalıklı sandalye duruyordu. Sandalyelerden birinin arkasına ceketimi atıp diğer sandalyeye oturdum, elimi çeneme dayayıp Louise'in mutfakta koşuşturup durmasını izledim.

"Senin şu hamarat ev kadınlarından olacağın hiç aklıma gelmemişti."

"Pek öyle olduğum söylenemez. Ama yemek yapmak kolay."

"Öyle diyorsan," dedim ev ekonomisi dersinde yaptığım kurşun gibi sünger keki ve betonu andıran çörekleri düşünerek, ikna olmamış bir sesle. O günden sonra bir daha asla marketten birkaç dolara alabileceğim bir şeyi pişirmeye kalkışmamıştım. Bana göre hayat, malzemeleri ölçüp biçmek için fazla kısaydı ve daha önce kolayca berbat edemeyeceğim bir yemek tarifiyle hiç karşılaşmamıştım. Ama Louise bu tip şeylerden keyif alan insanlardandı. Dikkatli. Becerikli. Bu konuda olmak isteyebileceğim ama olamadığım her şeydi o.

Etrafa göz atarken, bulaşıklıkta kaldırılmayı bekleyen iki kahve fincanı, iki tabak ve iki kadeh durduğunu fark ettim. Koridordan geçerken de merdiven trabzanında asılı bir erkek ceketi görmüştüm. Yanılmıyorsam Louise artık yalnız değildi. Anma töreninde, boynunda gördüğüm aşk ısırığını, içimde hiç de hoş olmayan bir hisle hatırladım. İlişkisi olmasında bir sorun yoktu tabii ama eğer ilişkinin başladığı yer orasıysa, şartları da düşününce ortaya son derece korkunç bir durum çıktığı da bir gerçekti. Yüzümde masum bir gülümsemeyle Louise'e bakarken içimden, bu konuda bir şeyler öğrenmeden oradan ayrılmayacağıma söz verdim.

Brownie ağızda eriyordu ve çok lezzetliydi. Aceleyle bi-

5. KURBAN

tirip tabağımda kalan kırıntıları da topladıktan sonra arkama yaslanıp derin bir nefes aldım.

"Muhteşem. Eğer bir gün avukatlıktan sıkılırsan kesinlikle kendi pastaneni açmalısın."

"Bunu düşünmedim sanma. Bir sürü acıkmış turistin olduğu güzel bir kasabada kendi çay evimi açmayı hayal ediyorum. Muhtemelen güney sahilinde bir yerlerde."

"Oxford gibi bir yere ne dersin? Orada da oldukça fazla turist var."

"Hayır. Orada olmaz."

Ben hâlâ sohbet ettiğimizi sanıyordum ama Louise'in sesi birden gerginleşmişti. Başımı kaldırıp yüzüne baktım. Bir kez daha, önceki görüşmemizden hatırladığım o temkinli maskenin arkasına çekilmişti.

"Orada mutlu olduğunu sanıyordum."

"Öyleydim. Ama ne derler bilirsin, aynı nehirde iki kere yıkanılmaz."

"Neden?"

"Bilmiyorum." Hafifçe güldü. "Bunu hiç düşünmemiştim. Nehirdeki su her zaman akıp gittiği için sanırım. Su hiç durmaz. Bu yüzden, sen aynı yerde dursan bile, o artık aynı nehir değildir. Bu açıklama aklına yattı mı?"

"Sanırım," dedim kuşkulu bir sesle. "Aslında ben de seninle bu konuda konuşmak istiyordum."

"Oxford hakkında mı?"

"Evet. Daha doğrusu nehir hakkında. Adam Rowley'ye ne oldu Louise?"

Louise dudağını ısırmayacak ya da yaşadığı gerginliği

hareketleriyle belli etmeyecek kadar soğukkanlı ve kendine hakim biriydi ama bir anda bembeyaz olan yüzü konusunda yapabileceği hiçbir şey yoktu. "Bunun Rebecca'yla ne ilgisi olduğunu anlamadım. Adam Rowley boğuldu. Bu bir kazaydı."

"Olabilir. Ama duyduklarıma bakılırsa, cinayet olma ihtimali de varmış."

"Sana bunu kim söyledi?" Telaşlı görünmüyordu ve sorumu komik bulmuş gibiydi. Saniyeler içinde tekrar kendini toplamıştı.

"Birçok insan. Peki ya sen -sen ne düşünüyorsun?"

"Adam öldürülmedi. Öldüğü gece alkol ve uyuşturucular yüzünden zil zurna sarhoştu. Nehre düştü. Ve açıkçası bunu daha önce kimsenin yapmamış olmasına şaşırıyorum. O zamanlar nehrin kıyısı tamamen açıktı. İnsanların düşmesini engelleyecek bariyerler yoktu. Tipik Latimer. Güzel göründüğü sürece başka hiçbir şeyin önemi yoktur. Güvenliği de sağduyuyu da boşver gitsin." Sesindeki kin şaşırtıcıydı.

"Oxford'u seviyordun. İlk karşılaşmamızda bana öyle söylemiştin. Hatta şu anda bile üniversitenin eşofman üstünü giyiyorsun," diye itiraz ettim.

Louise umursamıyormuş gibi omuzlarını kaldırdı. "Evet, orayı seviyordum ama sonra aslında nasıl bir yer olduğunun farkına vardım. Öğretmenler odası adeta daimi öğrenciler için bir huzurevi gibidir orada.

Gerçek dünyayla baş etmek istemezler. Ve çoğu zaman da bunu yapmak zorunda kalmazlar. Oradayken gerçeklikten bu kadar uzak olmak, bana cennette olmak gibi gelirdi. Ama artık bundan pek emin değilim. Nasıl insanlar olduklarını an-

5. KURBAN

lamak için Adam'ın ölümüne verdikleri tepkiye bakmak bile yeter."

"Nasıl tepki verdiler?"

"Adeta bir cadı avı başlattılar. Tek amaçları bu olaydan sorumlu olmadıklarını kanıtlamaktı. Kötülükler, ayakkabıların üzerindeki kirler gibi kesinlikle dışarıdan gelmişti. Görseniz cennet bahçesindeki kahrolasıca yılanı arıyorlar sanırdınız. Oraya uygun olmadığını düşündükleri herkes, onların gözünde otomatikman bir şüpheliye dönüşüyordu."

Louise'in konuşması hızlandıkça, kusursuz aksanı bozulmaya başlıyor, kelimeler ağzında yuvarlanıyordu.

"Senin gibiler mi?"

Louise güldü. "Ben mi? Onlar benim farkımda bile değildi. Ben değil ama bir arkadaşım okuldan gönderildi ve bu olay onun kariyerini altüst etti. Alex harika bir kimyagerdi. Bilimsel araştırmalar yürütebilir, gerçekten önemli işler yapabilirdi. Latimer'de olanlardan sonra bir daha mesleğine dönmedi. O günden beri hiç gerçek bir işi olmadı; sadece ayın sonunu getirebilmek için geçici işlerde çalışabildi. O olması gerektiği gibi görünmüyordu ve onlar da kendilerini daha iyi göstermek için onu kurban ettiler."

"Rebecca da sorunlar yaşadı, öyle değil mi?"

"Sadece kendisi öyle istediği için. Acı çekme düşüncesine aşıktı o. Dikkatlerin üzerinde olmasını isterdi." Louise, yüzümdeki dehşet dolu ifadeyi görmüş olmalıydı ki hafifçe gülümsedi. "Ah, Rebecca'yı çok seviyordum ama o gerçekten hep ilgi çekmeye çalışır, olayları dramatize ederdi. Zaten oldukça sıkıntılı bir dönem geçiriyordu. Dersleri pek iyi gitmediği için Finaller konusunda endişeliydi. Pek yemek yemiyor ve uyumuyordu, yani aslında şartlar hazır gibiydi. Ve sonra Adam öldü. Bu olay onun kurtuluşu oldu. Sınavlara girmemesi için gereken bahaneyi bulmuştu. Bu işten sıyrılmasında parmağında oynattığı danışman öğretmeni de ona çok yardımcı oldu."

"Rebecca'nın Adam'ın ölümüne gerçekten üzülmediğini mi söylüyorsun?"

"Beni yanlış anlama, o içten ve samimi biriydi. Rebecca hissetmediği bir şeyi asla söylemezdi. Ama bu olay aynı zamanda işine de yaramıştı. Rebecca, Adam'ın hayatının aşkı olduğuna ve bir anda onu sonsuza dek kaybettiğine kendini inandırmıştı ama aslında Adam, onunla sadece onu kolay bulduğu için ilgilenen lanet olasıca hergelenin tekiydi. Adam'ın gidişi kimse için önemli bir kayıp değildi. Rebecca için de değildi çünkü Rebecca ondan kendi iradesiyle uzak durmayı bir türlü berecemiyordu."

"Ah."

Louise kararlı bir ifadeyle yüzüme baktı. "Onu hiç sevmezdim."

"Hayatta inanmam." Louise'in, arkadaşı Rebecca için hiçbir erkeği yeterince iyi bulmadığını düşünmeye başlamıştım. Bir an durup konuya nasıl başlamam gerektiğine karar vermeye çalıştım. "Louise, sence Rebecca, Adam'a olanlardan kendisinin sorumlu olduğunu neden söylemiş olabilir?"

"Rebecca ne demiş?"

"Bir arkadaşı bana Rebecca'nın korkunç bir olaya karıştığını ve bunun bedeli olarak erken öleceğini düşündüğünü anlattı. Kullandığı ifade tam olarak, onun hayatını başka birinin hayatına borçlu olduğu şeklindeydi. Bahsettiği kişinin Adam

5. KURBAN

olduğu sonucuna varıyorum. Tabii sen bu konuda benim bilmediğim bir şeyler biliyorsan durum değişir."

Louise sessizce başını iki yana salladı.

"Rebecca neden Adam'ın ölümüyle bir ilgisi olduğunu düşünüyor olabilir? Olay olduğu sırada okulda bile değilmiş. Tanıkları var."

"Biraz önce anlatmaya çalıştığım, her şeyi dramatize etme huyu yüzündendir. Ben olsam Rebecca'nın bu konuda söylediklerine fazla güvenmezdim. Arabanın radyatör ızgarasına ölü kelebekler yapışmış olabilir diye yazın yapılan uzun bir yolculuktan sonra arabanın ön tarafına bile bakamazdı o. Kısaca söylemek gerekirse, biraz fazla hasssastı. Kontrol edebileceği ya da edemeyeceği her şeyden kendini sorumlu tutardı."

"Onun hiç Adam'la ilgili bir şey söylediğini duydun mu? Kendini suçlu hissetmesiyle ilgili? Ya da Adam'ın ölümüyle bağlantılı olabilecek herhangi bir konuyla?"

"Hatırladığım kadarıyla hayır. Ama zaten bana bu konulardan söz etmezdi. Adam'ın ölümünden sonra Rebecca'dan kendini toplamasını istemiştim. Bu olaya ne kadar üzüldüğüyle ilgili tek kelime bile duymak istemediğimi söylemiştim. Böyle davranmamın nedeni Rebecca'yı içinde bulunduğu durumdan çıkarmaktı ama o bana darıldı. Birkaç ay hiç konuşmadık."

"Geçirdiği çöküntüyü anlayışla karşılamadığın için mi?"

"Onu desteklemediğim için. Ben onun sınavlarına girip benimle birlikte mezun olmasını istiyordum. Bir yıl aradan sonra başarısının düşeceğini biliyordum. Ve haklıydım da. O kaçmaya çalıştı ama insan sonsuza dek kaçamaz. Seni korkutan şeyi er ya da geç yapmak zorundasındır."

"Korku bazen gereklidir," dedim yumuşak bir sesle. "Bazen kendi iyiliğin için kaçıp gitmen gerekir."

"Ama bu onun için iyi olmadı," diye üsteledi Louise. "Ayrıca onun hayatını düzene sokmasına yardım etmeye çalışırken bana kimse destek olmadı. Eğer ailesi beni desteklemiş olsaydı Rebecca bir daha oraya dönmek zorunda kalmayacaktı ve o iğrenç Caspian Faraday de onu taciz edemeyecekti. Bu arada yaptığı şey özünde buydu."

"Biliyorum."

"Peki o zaman." Louise'in enerjisi birden tükenmişti. Yüzüme baktı. "Caspian ve Rebecca'yı biliyor musun?"

"Caspian'la görüştüm."

"Ah. Peki ne anlattı?"

"Birkaç şey." Sorusuna umduğu gibi ayrıntılı cevap vermediğim için kızacağını biliyordum ama aynı zamanda daha fazlasını soramayacağının da farkındaydım.

Louise'in gözleri kısılmıştı. "Oxford'da olanlarla neden bu kadar ilgilendiğini anlayamıyorum. Bunun Rebecca'ya olanlarla hiçbir ilgisi yok."

"Öyle mi?"

"Belli ki öyle. Rebecca bir seri katil tarafından öldürüldü. Bu sadece kötü şans. Yanlış zamanda yanlış yerdeymiş, o kadar."

Artık ona elimi göstermenin zamanının geldiğine karar verdim. "Aslında, onun Ateşçi tarafından öldürüldüğünden emin değiliz. Rebecca'nın, bizi bunun seri katilin işi olduğuna inandırmaya çalışan, tanıdığı biri tarafından öldürülmüş

5. KURBAN

olabileceğini düşünüyoruz. Belki şantaj yaptığı biri. Belki de bir başkası. Öldüğü sırada çok fazla sorunla boğuşuyormuş ve etrafında onun ölmesini isteyebilecek birçok insan varmış."

"Kim mesela?" diye sordu Louise neredeyse duyamayacağım kadar cılız bir sesle. Dehşete kapılmış gibiydi.

Sorusuna cevap vereceğim sırada arkamda bir ses duydum ve oturduğum yerden kalkmadan dönüp sesin geldiği yere baktım. Gil Maddick kapının ağzında duruyordu. Çok yakışıklı ve bir o kadar da öfkeli görünüyordu. Ne kadar zamandır orada olduğunu ya da konuştuklarımızın ne kadarına kulak misafiri olduğunu bilmiyordum ama ayakları çıplaktı. Dağınık saçlarına ve kıyafetlerine bakılırsa yataktan yeni çıkmış olmalıydı.

"Bak sen şu işe, kimler gelmiş. Bayan polis memuru Meraklı ev ziyaretinde."

"Artık bize bu şekilde hitap edilmiyor," dedim sakin bir sesle. "Herkese sadece polis memuru deniyor. Ayrıca ben dedektifim, yani Dedektif Meraklı şeklinde hitap ederseniz sevinirim."

"Özür dilerim." Gil kollarını kavuşturdu. "Sizi burada göreceğim aklımın ucundan bile geçmezdi."

"Aslına bakarsanız ben de sizi burada görmeyi beklemiyordum." O gelmeden önce ne söylediğimi hatırlamaya çalışıyordum. Neyse ki henüz adı geçmemişti. Ama Louise'in evinde ne halt ediyordu bu adam?

Gil, aklımdaki soruyu duymuş gibi masanın etrafından dolaşıp Louise'in yanına gitti, tek elini eşofmanının yakasından içeri sokup eğilerek onu yanağından öptü. Bu sırada gözlerini benden bir an bile ayırmamıştı. Kendimi önce davetsiz bir misafir gibi hissettim ve hemen ardından bana kendimi böyle hissettirdiği için Gil'e öfkelendim.

"Bu kadar uyumama izin vermemeliydin, Lulu. Saat neredeyse üç olmuş."

Louise utanmış görünüyordu ama yüzünde aynı zamanda zafer dolu, tuhaf bir ifade vardı. Geldiğimde fark ettiğim yüzündeki ışıltı da geri gelmişti.

"Biraz dinlenmek isteyeceğini düşünmüştüm. Ayrıca Dedektif Kerrigan'la dikkatim dağılmadan tek başıma konuşmak istedim."

Louise'in yakasının içindeki el bir an kımıldadı ve sonra durdu. "O halde hemen ortadan kaybolayım."

"Sanırım konuşmamız bitti." Louise yüzüme bakıp kaşlarını kaldırdı.

"Bence de." Kendimi iyi hissetmiyordum. Bu sanki birinin açıkça gördüğünüz korkunç bir sona doğru yokuş aşağı koşmasını izlemek gibiydi. "Ama burada olduğunuza göre, sizinle de biraz konuşmak isterim Bay Maddick. Mümkünse özel olarak."

"Oturma odasını kullanabilirsiniz," dedi Louise hemen. "Ben burada ortalığı toplayacağım. Birkaç lamba yak, Gil. Güneş çekildiği için içerisi karanlık olmuştur."

Gil'in peşinden oturma odasına ilerledim. İçerisi küçüktü ve bütün dikkati şöminenin üzerindeki kocaman, dağınık mavi-gri fırça darbeleriyle insana ilk bakışta denizi hatırlatan soyut tablo çekiyordu. Odanın geri kalanı baştan aşağı IKEA'dandı. Louise sanki katalogdan bir sayfayı koparmış ve orada gördüğü her şeyi satın almıştı. İçerideki kullanışlı, rahat ve heyecansız mobilyalar hiç kullanılmamış gibiydi.

5. KURBAN

Louise'in, akşamları ve hafta sonlarını ofiste geçirdiğini söylediği geldi aklıma. Geri kalan zamanını da sevimli mutfağında geçiriyor olmalıydı. Oturma odası son derece kişiliksiz ve cansızdı ve Gil Maddick içeride fazlasıyla ilgisiz görünüyordu.

"Burada ne işiniz var?"

"Ben de size aynı soruyu soracaktım," dedim. Gil, Louise'in söylediği gibi lambaları yakmamıştı; kapının yanındaki düğmeye dokundum. Tepeden gelen sert ışık ağzının yanındaki çizgileri ortaya çıkarmış, gözlerinin altına gölgeler düşürmüştü. Daha az yakışıklı ve daha kambur görünüyordu. Suçluların nasıl göründüğü konusunda yapılan genellemelerin yanıltıcı olduğunu biliyordum ama Gil'in bu görüntüsü beni gerçekten son derece huzursuz etmişti.

"Belli değil mi? Louise'le aramızdaki sorunları halletmeyi başardık. Bizim için sevinmelisiniz, Dedektif Kerrigan. Bizi siz bir araya getirdiniz."

"Bunu nereden çıkardınız?"

"Sayenizde konuşacak bir şeylerimiz oldu." Gil tüylerimi diken diken eden bir gülümsemeyle yüzüme baktı. "Biz çok mutluyuz. Louise çok mutlu. Lütfen bunu tehlikeye atacak herhangi bir şey yapmayın."

"Nasıl bir şeyden söz ediyorsunuz? Eski sevgilinizin sizin için uzaklaştırma emri çıkarttığını ona söylemem gibi mi mesela?"

"Siz neden söz ediyorsunuz?" dedi ve sonra devam etti Gil. "Chloe'yi nereden biliyorsunuz siz?" Afallamış gibiydi ama öfkelendiği de belliydi. "Onunla konuştunuz mu? Her şeyin bir yanlış anlama olduğunu size anlatmadı mı?"

"Onunla konuştum, evet. Ve söz konusu olaylarla ilgili bazı sonuçlara vardım."

"Yine mi bu saçmalık. Bu işin kapandığını sanıyordum. Ortada hiçbir şey yoktu. Olayı abartmayın."

"Bana kalırsa Louise'in, partnerlerinize yönelik şiddet geçmişiniz olduğunu bilmesi gerekiyor. Ayrıca Rebecca'nın sizinle birlikteyken elmacık kemiğini kırdığını da öğrenmesi gerektiğini düşünüyorum."

"Size daha önce de söyledim. Rebecca o gün çok sarhoştu. Dengesini kaybetti, bir yere tutunmayı başaramadı ve yüzünü çarptı. Hastanede onunla birlikte beklemem ve iyileşene kadar ona bakmam dışında bu konuyla hiçbir ilgim yok benim. İstiyorsanız bunu Louise'e anlatabilirsiniz. İlişkimize olumsuz bir etkisi olacağını sanmıyorum. Ve ayrıca, bunu ben yapmış olsaydım, sizce de Rebecca en iyi arkadaşına bu konudan söz etmez miydi?"

"Etmemiş olabilir. Ev içi şiddet kurbanlarının, başlarına gelenleri saklamaya çalışması oldukça yaygın görülen bir durumdur. Yaşadıklarından utanırlar. Olanlar yüzünden kendilerini suçlarlar."

"Benim bir suçlu olduğumu kanıtlamak için neden bu kadar uğraşıyorsunuz?" Gil üzerime doğru iki adım attı, iyice yaklaştı ve aramızda sadece birkaç santimetre kalana kadar eğildi. İrkilip geriye kaçmamak için kendimi zor tutuyordum. "Rebecca'ya olanlarla ilgili anlattığımdan daha fazlasını bildiğimi mi düşünüyorsunuz?"

"Bilmiyor musunuz?"

"Açıkçası hayır, bilmiyorum. Kendinize yeni bir teori bulun Dedektif Kerrigan. Bu artık çok bayatladı." Sakin bir

5. KURBAN

sesle konuşuyordu ama son derece tehditkârdı. İçimden, biraz daha ileri gitmesi, bana zarar vermeye çalışması için dua ediyordum. Böylece onu tutuklamak için bir nedenim olabilirdi. Onu bu evden çıkarmak, Louise'e Gil'in aslında nasıl bir insan olduğunu göstermek ve onun yüzüme dik dik bakan bu mavi gözlere kanmasını engellemek istiyordum. Tabii bunun için çok geç kalmadıysam.

"Sizinle açık konuşacağım, Bay Maddick. Rebecca'dan söz ediş şeklinizden ve bu soruşturmanın başından beri takındığınız tavırdan hiç hoşlanmadım. Bazı insanlar polisleri sevmez. Bunu anlayabilirim. Ama eğer biri, ortada hiçbir neden yokken, en başından beri düşmanca davranıyorsa, bu benim dikkatimi çeker. Ve şu anda, dikkatim sizin üzerinizde."

Gil geri çekildi. "Benim kötü biri olduğum sonucuna nasıl vardığınızı anlayamıyorum. Aradığınız kişi ben değilim. Ben sadece kız arkadaş seçimlerimde biraz şanssızım, o kadar."

"Kız arkadaşlarınız da en az sizin kadar şanssızmış anlaşılan." Bu sefer ben ona doğru yaklaştım. Hep sen mi saldıran tarafta olacaksın. "Gözüm üzerinizde. Louise'e bir şey olursa, sizin yaptığınız ya da yapmadığınız herhangi bir şey yüzünden tırnağını bile kıracak olursa, sizi derhal yakalar ve yaptığınızın bedelini ödediğinizi görene kadar kadar bu işin peşini bırakmam."

"Louise'e Chloe'den söz etmeyin." Kelimeler Gil'in ağzından bir anda, düşünmeden dökülüvermiş gibiydi ve artık yüzündeki endişeli ifadeyi saklamaya çalışmıyordu. "Lütfen. Daha değil. Şimdi anlamaz."

"Eğer ona ve ilişikinize önem veriyorsanız, bunu zaten ona anlatmanız gerekmez mi?"

Gil umut dolu gözlerle baktı. "Ona kendime göre uygun bir zamanda söylememe izin verir misiniz?"

"Eğer bu hemen anlatacağınız anlamına geliyorsa, evet."

"Harika." Sesi boğuktu.

"Daha sonra öğrenirse, açıklamak daha zor olacaktır."

"Ama bu arada belki bana güvenmeyi öğrenebilir," dedi Gil cılız bir sesle. "Çünkü ne yazık ki şu anda pek güvendiğini söyleyemeyeceğim."

"Aferin ona," dedim sertçe ve cevap vermesine fırsat vermeden hızlı adımlarla odadan çıktım.

Veda etmek için evin içinde Louise'i aradım. Ön kapı aralıktı ve Louise dışarıda, lastik eldivenler ve çizmelerle gümüş renkli bir BMW Z3'ü yıkamakla meşguldü.

"Çok hoş."

"Teşekkürler, yeni aldım." Louise'in yüzü kıpkırmızı oldu. "Kulağa garip geldiğini biliyorum ama birden bir çılgınlık yapmak istedim. Rebecca'nın hoşuna gidecek bir şey. Eski arabam gözüme fazlasıyla mantıklı görünüyordu."

"Eski araban neydi?"

"On dört yıllık bir Peugeot 306. Lacivert. Çok kullanışlı." Eldivenlerini çıkarırken yüzüme bakıp gülümsedi. "Yani, araba kullanmayı seviyorum ve böyle bir arabayı karşılayabilecek param da var. Peki neden bu kadar zaman bekledim ki? Bazen biraz fazla tedbirli ve ölçülü olduğumu düşünüyorum."

"Tedbirsizliğin de bir yeri ve zamanı vardır." Ona biraz yaklaşıp sesimi alçalttım. "Ama Louise...aptallık etme, tamam mı? İlk karşılaştığımızda Gil ve onun Rebecca'ya yapmış olabilecekleri hakkında endişelerin vardı. İçgüdülerine güvenmelisin. Böyle hissetmenin bir nedeni olmalı. Onun böyle birdenbire sana yaklaşmasına izin veriyorsun ve bu beni gerçekten çok endişelendiriyor."

Gözlerimin içine bakmıyordu. "Ben ne yaptığımı biliyorum."

"Öyle mi? Arkadaşının bildiği gibi mi?" Louise dudağını ısırdı. "Rebecca'yı öldürenin Gil olduğunu söylemiyorum ama onun temize çıktığını da kesinlikle söyleyemem. Ben sana onun bu olayla bir bağlantısı olmadığını hiçbir şüpheye yer kalmayacak şekilde, kesin olarak söyleyene kadar, ondan uzak durabilirsen gerçekten çok sevinirim. Gil'in daha önceki ilişkilerinde, karşısındakilere bazı zararlar vermiş olabileceğini gösteren bazı izler var Louise ve senin de incindiğini görmek istemiyorum. Bir şey yapmış olsa da olmasa da, o belalı bir tip ve senin ona ihtiyacın yok."

"Onu tanımıyorsun." Louise başını kaldırıp yüzünde inatçı bir ifadeyle gözlerime baktı. "Ve beni de tanımıyorsun. Endişelenmene gerek yok. Bana bir şey olmaz."

Hızlı bir kararla elimi cebime atıp kartımı çıkardım. "Tamam. Bak, bu benim cep telefonu numaram. Eğer bir şey olursa beni ara."

"Nesin sen, annem mi?" Kartımı hemen elinden atmak istermiş gibi parmaklarının ucuyla tutuyordu.

"Sadece senin için endişeleniyorum Louise ve bu konuda yapabileceğim fazla bir şey yok. Bunu arkadaşça bir ilgi olarak düşünebilirsin." Yüzüme şaşırmış gibi baktı ve sonra gülümsedi. "Teşekkür ederim, Maeve. Uzun süredir kimse bana göz kulak olmaya çalışmamıştı."

"Bu benim işim," dedim samimiyetle. Ayrıca Glen Hanshaw'un Louise'e yaptığı otopsiyi izlemek zorunda kalmak da istemiyordum. "Herhangi bir durumda, tehlikede olduğunu hissedersen beni arama. 999'u ara. Onlar sana daha çabuk ulaşır."

"Gerçekten buna gerek olacağını sanmıyorum." Gülmemek için kendini zor tutuyormuş gibi görünüyordu. "Ama yine de sağol."

Elimden geleni yapmıştım. Ona başımla selam verip arabama doğru ilerledim. Arabayla uzaklaşırken dikiz aynasından, yolda durmuş gidişimi izleyen Louise'e baktım. Louise küçüldü, küçüldü ve köşeyi dönmemle birlikte gözden kayboldu.

LOUISE

Kovayla süngeri bahçe kulübesine koymak için evin içinden geçip arka kapıya ilerlerken Gil'e seslendim. Cevap vermedi.

Dönüşte odalara teker teker baktım ve onu oturma odasındaki koltukta otururken buldum. Kollarını önünde kavuşturmuş boşluğa bakıyordu. Geçip yanına oturdum.

"Sorun nedir?"

"Hiç." Sesinin tonu bir uyarı gibiydi. Üzerine gitme.

Bunun aptalca olduğunu biliyordum ama ısrar ettim. "Maeve'in söyledikleriyle ilgili bir şey mi?"

"Kim? Ah, o polis mi? Senli benli olduğunuzu bilmiyordum."

5. KURBAN

"Bugün oldu. Ayrıca bak, bana cep telefonu numarasını verdi." Kartviziti ona doğru salladım.

"Neden?"

"Beni öldüresiye dövdüğünü söylemek için onu aramam gerekirse diye," dedim ama Gil gülmüyordu. Yüzümdeki gülümseme dondu ve sonra yavaşça kayboldu. "Gil..."

"Bu hiç komik değil, Louise." Ayağa kalkıp odada tedirgin adımlarla dolaşmaya başladı. Ufak tefek eşyaları eline alıp düşünmeden tekrar yerine koyuyordu. "O kadın benimle uğraşıyor. Benim şiddete başvuran biri olduğumu düşünüyor."

"Saçmalama." Ben de ayağa kalktım ve yürümeyi bırakması için kolunu tuttum. Geri çekilip bana dik dik baktı.

"Anlamıyorsun, Lou. Benim hakkımda bilmediğin şeyler var."

"Eminim senin de benim hakkımda bilmediklerin vardır."

"Belli ki öyle," dedi Gil öfkeyle. "Ama benim sözünü ettiğim konu son derece ciddi. Daha doğrusu, aslında ciddi değildi ama o öyleymiş gibi göstermeye çalışıyor."

"Sen neden söz ediyorsun? Bak, Maeve'i arayıp neler olduğunu ona mı sorayım yoksa sen bana anlatacak mısın?"

"O da bunu yapmanı istiyor." Gil tekrar yürümeye başlamıştı. "Sana anlatmamı istiyor ama bana bunun, benim hakkımdaki fikrini etkilemeyeceğine dair söz vermelisin."

Ellerimi çaresizce iki yana açtım. "Neden söz ettiğini bilmezken sana nasıl söz verebilirim?" Başını iki yana sallayıp bakışlarını yere çevirdi. Bir kez daha denedim. "Tanrı aşkına Gil, ortada dolaşıp durmayı bırak da ben gerçekten kötü bir şeyler olduğunu düşünmeye başlamadan bana seni bu kadar endişelendirenin ne olduğunu anlat."

Gil gelip koltuğa oturmak yerine tekli koltuklardan birine iki büklüm halde büzülüp, yüzüme bakmadan bana Chloe Sandler'la aralarında geçen acıklı ve aptalca olayı anlattı.

"Tam bir kâbus gibiydi ve ben işleri düzeltmeye çalıştıkça her şey daha da kötüleşiyordu. Asıl canımı sıkan neydi biliyor musun? İlk gece, yani ona saldırdığımı iddia ettikleri gece neler olduğunu hiçbir şekilde hatırlayamıyordum. Gerçekten çok sarhoştum ve eve girişimin öncesi ve sonrasındaki iki saat hafızamdan silinmişti. Hiçbir şey hatırlamıyordum. Onun anlattıkları ve ev arkadaşının zırvaları karşısında kendimi savunmak için söyleyebileceğim hiçbir şey yoktu. Onlara sadece, daha önce hiç böyle bir şey yapmadığımı ve ne kadar içki içersem içeyim böyle bir şey yapmış olamayacağımı düşündüğümü söyleyebildim."

"Peki polisler sana inanmadılar mı?"

"Sanırım inandılar." Bir an yüzüme baktı ve sonra gözlerini tekrar birbirine kenetlediği parmaklarına çevirdi. "Benimle ilgilenen adam, bunun bir saçmalık olduğuna inandığını ama patronları bu konuyu saplantı haline getirdiği için uzaklaştırma emrinin gereklerini yerine getirmek zorunda olduklarını söylemişti. Ve sonuçta ben kararı ihlal etmiştim. Onu görmeye gitmemeliydim. Oraya gitmem aptallıktan da öteydi ama olanları iki yetişkin gibi aramızda çözebileceğimizi sanmıştım. Sanırım bu konuda o da aynı fikirdeydi." Gil, ne düşündüğümü anlamaya çalışarak benim olduğum yöne doğru ufak bir bakış daha fırlattı. "Chloe gerçekten kuş beyinlinin tekiydi. Güzeldi ama kafası çalışmazdı. Şimdi dönüp baktığımda

5. KURBAN

ilişkimizin o dönemde bittiğine seviniyorum. Beni rahatsız eden tek konu, o ilişkiden kalan bu saçma sabıka kaydı."

Gil'in kendine gelmeye başladığı belliydi. Gözlerindeki hınzır parıltı geri gelmişti. "Ve sen bana bunların hiçbirini anlatmayacaktın." Bu bir soru değil sadece bir durum tespitiydi.

Gil, doğru kelimeleri bulmak için biraz bekledi. "Şu anda bilmen gerektiğini düşünmedim."

Demek doğru zamanı bekliyordun. Ne hoş." Sesimdeki alaycı tonu fark etmemiş olması imkânsızdı.

"İlişkimiz güçlenene kadar beklemek istedim. Henüz birbirimize yeteri kadar güvenmiyoruz." Omuz silkti. "Ayrıca eski kız arkadaşlarımdan bu kadar fazla söz etmemden hoşlanmazsın diye düşündüm."

"Geçmişinde olanları bilmiyorken sana güvenmem çok daha zor olur," dedim ayağa kalkarken. "Bunu bana hemen anlatmamış olmanı anlıyorum ama bundan sonra benden sakladığın herhangi bir şeyi, sırf polis öğrenip bana anlatman gerektiğini düşündü diye öğrenmek istemiyorum. Maeve'in güvenliğim konusunda neden o kadar endişeli olduğunu şimdi anlamaya başladım."

"Maeve benim Rebecca'ya da zarar verdiğimi düşünüyor. Bir keresinde düşüp elmacık kemiğini kırmıştı, hatırlıyor musun? Bu sadece bir kazaydı." Önemsiz bir şeyden söz ediyormuş gibi omuz silkti. "Böyle şeyler olur. O polis kadın beni bir şeytan gibi gösteriyor olabilir ama benim hakkımda yanılıyor. Ve beni tanımıyor. Ama sen tanıyorsun." Gil oturduğu yerden kalkıp yanıma geldi.

"Seni tanımaya başladığımı sanıyordum," dedim ve arkamı döndüm.

"Hiçbir şey değişmedi."

"Evet ama..." Bir an duraksadım.

"Aması falan yok." Gil kollarıyla beni sardı; nefesini yüzümde hissedebiliyordum. "Sen gerçeği biliyorsun. O bilmiyor. Metropolitan'ın zürafası benim senin için bir tehdit oluşturduğumu düşündüğü için sana kendimi açıklamak zorunda kalmış olmam dışında, onun hakkımdaki düşüncelerinin benim için hiçbir önemi yok. Ama senin ne düşündüğün benim için çok önemli." Yüzünü yüzüme yaslayıp beni kendine doğru çekti. "Ne düşünüyorsun, söyle bana."

"Bence," dedim, vücudunu vücudumda hissetmenin verdiği titreme hissini üzerimden atmaya çalışarak, "bence bunu sana göstermem söylememden daha kolay olur." Kapıya doğru gidiyordum ki Gil beni daha da sıkı tuttu.

"Burada göster." Arkamdaki pencereye baktım. "Ama günün ortasındayız. Biri bizi görebilir."

"Bu da eğlencenin bir parçası, öyle değil mi?"

Ciddi olup olmadığından emin olmak için arkamı dönüp yüzüne baktım. Hınzır bir gülümsemeyle bakıyordu.

"Risk al, Lulu. Sana meydan okuyorum."

Hayır demek istiyordum ama içimde Gil bunu kabul etmeyecekmiş gibi bir his vardı. Beni yine deniyor, ne kadar ileri gitmeye hazır olduğumu görmek istiyordu. Rebecca olsa bunu hiç düşünmeden kabul ederdi ama yine de onu elinde tutmayı becerememişti. Sonuçta karar vermek kolaydı. Henüz Gil'i elimden kaçırmaya hazır değildim. Aynı hınzır gülümsemeyle yüzüne bakıp duymak istediği şeyi söyledim.

"Bana meydan okunmasına hiç dayanamam."

On Birinci Bölüm

MAEVE

Başkomiser operasyonda görev alacağım konusunda bana söz vermiş de olsa, bunun gerçekten olacağına tam anlamıyla ikna olmamıştım. Bilgilendirme toplantısı sırasında odanın en arkasında, dikkat çekmemeye çalışarak oturdum. İlk defa olarak, odadaki tek kadın ben değildim ve üzerimdeki kot pantolon ve kazakla en göz alıcı kadın olmadığım da kesindi. Sivil polis memurları, kurbanların profiline uygun olarak seçilmiş uzun saçlı ve çekici genç kadınlardı. Her zamanki üniformalarını çıkarmış, yüksek topuklu ayakkabıları, dizüstü etekleri ve son moda aksesuarlarıyla parti kıyafetlerine bürünmüşlerdi. Önümde oturan dedektifler, onların her zamanki çalışma arkadaşları olmasına fazla aldırmamış olmalıydılar ki, böyle şeylere alışkın olmama ve pek hassas bir tip olmamama rağmen benim bile yüzümü kızartacak ifadeler kullanarak, uzun ve spekülatif bir sohbetin keyfini çıkarıyorlardı.

Oda çok sıcak ve çok kalabalıktı ve başarı şansımızla ilgili yapılan alaycı şakalar bile odadaki heyecan dolu uğultuyu azaltmaya yetmiyordu. Judd'un odanın ön tarafında zıplayıp

5. KURBAN

durmasını ve bir türlü sağlayamadığı sessizliği bekleyerek polis memurlarını öfkeli gözlerle süzerken yüzünün gittikçe kızarmasını büyük bir keyifle izliyordum. Godley ayağa kalkıp tek elini kaldırınca grup birden sustu.

"Evet, Mandrake Operasyonu'nun bilgilendirme toplantısındayız. Zaten hepiniz burada neden toplandığımızı biliyorsunuz," diye söze başladı Judd. Gergin görünüyor, her zamankinden daha yüksek bir sesle ve her zamankinden daha sert bir tonla konuşuyordu. "Kennington Bölgesi'nde faaliyet gösteren seri katili yakalamak için proaktif bir strateji izleyeceğiz. Doktor Chen'in bizim için hazırladığı profile göre katilimizin bu gece orada olma iktimali oldukça yüksek."

Kriminal psikolog odanın ön kısmında, yüzü bize dönük olarak oturuyor, başını yana eğmiş, gözleri yerde Judd'u dinliyordu. Geniş elmacık kemikleri ve sivri çenesiyle bir kediyi andıran üçgen yüzünde sıkıntılı bir ifade vardı. Küçük dudaklarını ve tırnaklarını kırmızıya boyamıştı ama sertçe birbirine bastırdığı için dudaklarındaki renk ince bir çizgi gibi görünüyordu. Onunla birkaç kez karşılaşmıştım ama orada karşımda otururken onu daha önce hiç gülümserken görmediğimi şaşırarak fark ettim. Bacak bacak üstüne atmıştı. Kendi beden dilini analiz etmesi istense durmadan salladığı bacağı için nasıl bir yorum yapardı acaba diye geçirdim içimden. Doktor Chen arkadaşlarının arasında değildi ve bunun fazlasıyla farkındaydı. Ona şahsen pek ısınamamış olmama rağmen, karşımızda bu kadar korunmasız bir şekilde oturmaya cesaret edebilmiş olmasını takdir ediyordum.

"Katilimizin bugüne kadar Perşembe, Cuma ve Cumartesi akşamları aktif olduğunu biliyoruz. Bu gece tekrar harekete geçeceğine dair kaygılarımız var. Sizin de bildiğiniz gibi, bu operasyonda gözetleme ekipleri, sokaklarda görev yapacak olan sivil memurların korunması açısından hayati önem taşıyor. Kendinizi çok belli etmemeniz ama bir yandan da çok dikkatli olmanız gerekiyor. İki kişilik ekipler halinde çalışacaksınız. Ekipteki iki kişinin aynı anda toptan, yani sivil memurdan gözünü ayırmasını istemiyorum ve birlikte tuvalete ya da yemek yemeye çıkmak da yok." Judd odaya hızlıca göz attı. "Unutmayın hanımlar, bu gece hayat kadını rolü yapmıyorsunuz. Katil, farklı işlerde çalışan ve biraz eğlenmek için dışarı çıkmış olan, güzel genç kızları hedef alıyor. Adamı korkutup kaçırmak istemeyiz, öyle değil mi?"

Sivil göreve çıkacak olan memurlar pek etkilenmiş görünmüyorlardı. Eğer bu müfettiş Judd'la ilk karşılaşmalarıysa, onunla ilgili, on günlük bayat bir uskumrunun doğal çekiciliğine sahip olduğu gibi, en önemli bilgileri çoktan öğrenmiş olmalıydılar. Judd konuşmaya devam etti.

"Kapalı bir kanaldan haberleşeceğiz ama konuşmaları minimumda tutmaya çalışın. Takip etmem gereken on üç ekip olacak, gereksiz sohbetler duymak istemiyorum. Sivil görevdeki memurlar kulak içi kulaklık ve gizli mikrofon kullanacaklar. Tahminlere göre hava yağışlı olacak ama sizden bölgenizi dolaşmanızı istiyorum. Lütfen zamanınızı kapı önlerinde ya da arabanın arkasında oturarak geçirmeyin. Katilimizin kadınları evlerine ya da toplu taşıma araçlarına doğru yürüdükleri sırada aldığını biliyoruz. Ayrıca onları bulduğu yerden fazla uzağa götürmediğini de biliyoruz ve bu nedenle herhangi bir araç kullanmadığını sanıyoruz. Özellikle bir kereden fazla gördüğünüz yayalara daha fazla dikkat edin.

5. KURBAN

Doktor Chen, bana onun harekete geçmeden önce uzun bir süre bölgesinde dolaşarak etrafı izliyor olabileceğini anlattı. Bu durumda, etrafta olup bitenlerle fazla ilgili gibi görünen birini arıyoruz. Hanımlar, sizinle sohbet etmeye çalışanlar olursa, tehdit olmadıklarından kesinlikle emin olana kadar dikkatli davranın. Bu çok hızlı hareket eden, çok tehlikeli bir adam ve her ne kadar dağınık ve dikkatsiz bir çalışma yöntemi varmış gibi görünüyorsa da daha önce bir kez bile yakalanma tehlikesiyle yüz yüze gelmedi. Dolayısıyla onun yaptığı işte başarılı olduğunu kabul etmeliyiz."

Doktor Chen öne doğru eğildi. "Araya girebilir miyim? Oluşturduğum profile göre oldukça işinin ehli ve kontrollü birini arıyoruz. Başarılı olmak için belli riskleri göze alan biri. Çok kapsamlı ve sofistike bir çalışma yöntemi olduğu söylenemez ama uyguladığı şiddetin derecesi oldukça yüksek ve yükselmeye de devam ediyor. Ayrıca kendisi son derece tehlikeli. Kurbanlarıyla rastgele karşılaştığını düşünüyoruz ama bu, cinayetlerin anlık bir kararla, düşünmeden işlendiği anlamına gelmiyor. O ne yapacağını planlıyor ve hazırlanıyor. Kendine güveniyor ve biz onu durdurana kadar durmayacak." Doktor Chen konuşurken dizlerinin üzerindeki ellerini sıkıp yumruk yapmıştı. Yüksek sesle konuşmuyordu ama etkili ve ikna edici bir konuşması vardı. Gerginliğini anlayabiliyordum. Geleceği, katilin bu ıslak ve soğuk gecede kendine bir kurban aramaya çıkmasına bağlıydı.

Judd, sabırsızlıkla yerinde duramayarak onun sözlerini tamamlamasını bekliyordu.

"Gözetleme ekipleri, size verilen bölgeyi tam olarak göremeyeceğiniz bir pozisyon almanız gerekebileceğini lütfen unutmayın. Fark edilmemeye çok dikkat etmenizi istiyorum. Ekipler şunlar. Dinleyin. Birinci ekip: Arabada Pollock ve Dornton, üniformalı memur Rossiter. Myatt's Field ve çevresindeki sokaklardan oluşan A bölgesinde çalışacaksınız. Çağrı kodunuz TA61. İkinci ekip: Arabada Elliot ve Freebody, üniformalı memur Fairchild. B bölgesindesiniz. Çağrı kodunuz TA62.

Ekipler açıklanırken adımı duymayı bekleyerek sakince dinledim. Sonunda Sam Prosser'le birlikte çalışacağımı ve bize Alice Fallon'un cesedinin bulunduğu park alanının verildiğini duyduğumda nedense hiç şaşırmadım.

Bizimle çalışacak olan genç üniformalı memur sonuçtan memnun değildi. "Daha önce bulunduğu bir noktaya yoğunlaşmanın ne anlamı var? Bir daha oraya dönme ihtimali pek de yüksek değil, öyle değil mi?"

"Tam tersine," dedi Doktor Chen. "Başarılı olduğu bir yere dönme ihtimali son derece yüksek. Belki avlanmak için değil ama bir önceki cinayetin anılarını tekrar canlandırmak için dönebilir. Seri katillerin, özellikle kendileri için önem taşıyan suç mahallerine dönmeleri çok sık karşılaşılan bir durumdur. Bu olay için konuşursak, katilin söz konusu bölgeleri tekrar ziyaret etmekten büyük zevk alacağını sanıyorum çünkü çalışmasının, yerdeki yanık izleri ve zarar görmüş otlar ve ağaçlar gibi belirgin izleri hâlâ duruyor. İlk bakışta anlaşılmıyor olmasına rağmen, bu suçların büyük olasılıkla cinsel bir boyutu da olduğunu unutmayın. Bu bölgelerde kendini teşhir eden ya da mastürbasyon yapan birini görürseniz özellikle dikkat etmelisiniz."

Bu lafın üzerine odadan bir kahkaha yükseldi. Doktor

5. KURBAN

Chen sinirlenmiş gibi görünüyordu. Judd ellerini birbirine vurdu.

"Tamam, bu kadar yeter. Doktoru duydunuz. Tutuklamaları, gizli operasyonu tehlikeye atmadan yapabilmek için bölgede birkaç üniformalı ekip de bulunduracağız. Bölgenizde teşhirci ya da sapık görürseniz hemen onlara haber verin ve gerisine karışmayın lütfen."

Judd seçilen bölgeyi küçük parçalara ayırarak, ekipleri ve görev yapacakları yerleri saymaya devam etti. Operasyon çok kapsamlıydı ve büyük bir bütçe ayrılmıştı. Muhtemelen tam bir zaman kaybı olacaktı ama en azından bölümü dışarıya iyi göstermeye yarayabilirdi. Haber, detaylar olmadan, sadece ekibi dinamik ve yaratıcı göstermeye yetecek kadar bilgi verilerek tanıdık bir gazeteciye sızdırılırdı ve herkes elinden gelenin en iyisini yaptığını bilerek eve huzurla dönebilirdi. Tabii biz de bu arada elimizden gelen tek şeyi yapmaya devam edecek, yeni cesedi bekliyor olacaktık.

Judd'un anlatacakları sonunda bitmişti. Godley, bir kurban etme törenindeki başrahip edasıyla son sözleri söyledi ve bize iyi şanslar diledi. Toplantı bitince yerimden kalkıp herkesle birlikte kapıya doğru ilerledim. Sam ve Katy'yi alıp çıkmadan önce son hazırlıklarımı tamamlamak, sessiz bir yerde toplantı notlarını tekrar gözden geçirmek ve kendime bir sandviç almak istiyordum. Toplantıda önümde oturan dedektifler için ise son hazırlıklar bir sigaradan ve berbat bir acı kahve içmekten ibaretti. Zaten toplantının yapıldığı Güney Londra karakolunda sadece bunlar bulunabiliyordu. Herkesin karakolu kendi zevkine göreydi anlaşılan.

Toplantı odasının dışındaki koridor kalabalıktı. Kimseye

çarpmamaya, ya da daha da kötüsü, yaşlıca dedektiflere sürünmemeye çalışarak yavaş yavaş ilerledim. Geçerken parça parça konuşmalarını duyuyordum.

"Bu kadın kocasının onu aldattığını düşünüyormuş..."

"...adamı emniyet kemeri takmadığı için durdurup..."

"...kıçı da güzelmiş..."

"...adamı iş üstünde yakalayacağını düşünerek eve erken dönmüş ama kocası koltukta oturmuş maç izliyormuş. Kadın yine de ikna olmamış. Bütün evi tepeden tırnağa aramış. Yatakların altına, dolaplara, tavan arasına, kilere..."

"...bagaja bakmış ve orada deli gibi büyük bir paket kokain bulmuş. Sürücüyü arabadan çekip çıkarmış, kelepçelemiş ve devriye arabasının arkasına..."

"...öğürüp duruyordu..."

"...kadın çok ciddi bir kalp krizi geçirmiş, birden fenalaşmış ve ölmüş. Cennete gittiğinde karşısında gördüğü ilk kişi yan komşusuymuş..."

"...koltuğun altına bir göz atınca dolu halde, kısa namlulu bir av tüfeği bulmuş. Devriye aracına dönüp arkadaşına demiş ki, başın büyük belada, dostum."

"Cyntia, demiş kadın, sen nasıl öldün? Ben dondum demiş. Peki ya sen? Böylece kadın ona bütün hikâyeyi, eve erken dönüşünü, etrafı aramasını falan anlatmış."

"Arkadaşı demiş ki, silahı boşver ama lisansımı mı kaybedeceğim?"

"...düz yürüyemez hale gelene kadar..."

"Cynthia demiş ki, kahretsin, ne şanssızım. Keşke buzdolabına da baksaymışsın."

5. KURBAN

Üzerime doğru hızla gelen yetişkin bir gergedan büyüklüğü ve şeklindeki dedektifi görünce kendimi kenara attım. Yanımda tanıdığım biri duruyordu.

"İyi misin, Rob? Hangi bölge çıktı?"

Rob arkasını dönüp gözlerinde tarifsiz bir utançla yüzüme baktı. "Ah. Maeve. Ee...selam."

Biraz önce konuştuğu iki dedektif, Harry Maitland ve Ben Philipps gülmekten neredeyse bayılmak üzereydiler. Onları pek tanımazdım ama bildiklerime dayanarak neşelerinin kaynağının ben olduğumu tahmin edebiliyordum.

Saniyeler önce duyduğum sözcükler birden zihnimde Rob'un sesiyle tekrarlanıp durmaya başladı. ...düz yürüyemez hale gelene kadar... Cümlenin geri kalanının insan içinde kolay kolay tekrar edilemeyecek sözcüklerden oluştuğundan neredeyse hiç şüphem yoktu.

Rob'un da onlar gibi olması beni şaşırtmamalıydı aslında ama nedense şaşırtmıştı. O hangi üniformalıları beğendi acaba diye geçirdim içimden.

"Daha giyinmedin mi, Maeve? Senin de diğerleri gibi süslenip püsleneceğini sanıyordum." Maitland, etkileyici olduğunu sandığı her halinden belli olan, sapsarı dişlerini ortaya çıkaran gülümsemesiyle sırıtarak yüzüme baktı. Bizi hayal kırıklığına uğratıyorsun."

"Bunun için üzgünüm," dedim. "Biliyorsunuz hayattaki tek amacım size kendimi beğendirebilmek."

Maitland'ın gülümsemesi yüzüne iyice yayıldı. İki azı dişinin arasında bir zamanlar ekmek olduğunu tahmin ettiğim beyaz ve yapışkan bir madde vardı. "Langton da bize yarı çıplakken ne kadar hoş göründüğünü anlatıyordu. Belki seni ikna edebilirsek daha sonra bizim için de bir gösteri yaparsın."

Böyle imalı sözler karşısında her zaman uyguladığım duymamazlıktan gelme taktiği bu sefer işe yaramayacaktı anlaşılan. "Evet tabii, ya da belki sen siktirip gitsen daha iyi olur." Maitland bana ne cevap vereceğini düşünürken ben fazlasıyla rahatsız görünen Rob'a döndüm. "Biraz konuşabilir miyiz?"

"Tabii ki," dedi Rob sözcükleri ağzının içinde geveleyerek ve koridorun boş bir noktasına kadar yanımda yürüdü.

"Bu da neyin nesiydi böyle?" Hâlâ gülümsüyor ve sakin görünüyordum. Dışarıdan belli olmasa da içim öfkeyle titriyordu.

"Ne demek istiyorsun?"

"Üniformalılara yönelik bu seksist saçmalığa katılmak isteyip istememen gerçekten hiç umrumda değil. Bu senin bileceğin iş; benimle hiçbir ilgisi yok. Ama Maitland'ın beni aşağılamasına izin verip hiçbir şey söylememen beni fena halde ilgilendiriyor."

"Bir şey söylemeye fırsatım olmadı ki." Rob incinmiş gibiydi. "Sen hemen işe el koydun."

"Peki yarı çıplak olmamla ilgili söyledikleri neydi? Onlara evime geldiğini mi anlattın? Tanrı aşkına, onlara üzerimde ne olduğundan mı söz ediyordun?"

"Pek sayılmaz. Hayır. Ben sadece -konu bir anda oraya geldi işte." Rob elini başına götürdü, saçlarını düzeltip arkaya yatırdı. "Kahretsin. Bak Maeve-"

"Hayır, asıl sen bak. O gece hakkında onlara hiçbir şey anlatmamalıydın. Çalışma saatleri içinde ya da görevde de-

5. KURBAN

ğildik ve sen benim evime konuk olarak gelmiştin. Bu konuda insanlara hava atmamanı beklemek hakkım sanıyorum." Ne diyeceğimi bilemeyerek yüzüne baktım. "Ve eğer gördüklerini hava atmaya değer buluyorsan, Tanrı gerçekten yardımcın olsun. Birlikte bir pizza yedik. Böyle dedikodu mu olur? Onlara erkek arkadaşımın sen varken eve döndüğünü de anlattın mı?"

Rob arkaya doğru bakarak yüzünü buruşturdu. Bütün çabalarıma rağmen sakin tavırlarımı sürdürmeyi başaramamıştım ve sesim sonunda yükselmişti. Fazla dikkat çekiyorduk. Rob kolumdan tutup beni birkaç metre daha ileriye götürdü. Köşeyi dönüp koridorun gözden uzak bir noktasında durduk.

"Bak, ben hiçbir şey söylemek istemedim. Senin kısa etekle nasıl görüneceğin hakkında atıp tutuyorlardı, tamam mı? Buradakilerin hiçbiri seni üzerinde ceket ve pantolondan başka bir kıyafetle görmedi ve bunu ciddiye alınmak için özellikle yaptığını biliyorum ama giydiklerin gerçekten de vücut hatlarını gizlemekte çok iyi bir iş çıkarıyor. Phipps çirkin bacakların olduğunu düşündüğünü söylüyordu çünkü ona göre leylekler hep öyle olurmuş. Ben de onlara onun bu konuda yanıldığını söylüyordum, hepsi bu. Senin bacakların harika."

Koridorun ışığı yeterli değildi ama bu sözlerden sonra Rob'un kıpkırmızı olduğundan neredeyse emindim. "Üzgünüm ama fark etmiş bulundum."

"Tanrı aşkına," diye söze başladım bir kez daha ama öfkemin ateşi sönmüştü. İstemesem de Rob'un yüzüne sırıtarak bakıyordum. "Bu durumda, iltifatın için sana teşekkür mü etmeliyim?"

"Hayır." Aynı zamanda hem utangaç hem de hınzır bir gülümsemeyle yüzüme baktı Rob. "Biliyorum sana bir özür borçluyum ama bunun yerine bir kahveye ne dersin?"

Saatime baktım. "Zamanımız yok."

"Şimdi değil. Sonra. Görev yerimiz senden çok uzak değil. Saat iki gibi gelirim."

"Gelirken üç kahve getirsen iyi olur," dedim. "Zira kafein takviyesinden sadece benim yararlanmam, Sam ve Katy'nin pek hoşuna gitmeyebilir."

"Sorun değil. Gerçekten üzgünüm. Artık gitsem iyi olacak." Yüzünde aynı hınzır gülümseme, dağılmış saçları ve bir ucu pantolonundan dışarı sarkmış t-shirt'üyle geri geri yürürken on dokuz yaşında bir oğlan gibi görünüyordu. "Çok yazık oldu doğrusu. Odadaki en güzel bacaklar sendeydi. Üniformalılar yanına bile yaklaşamıyordu."

"İşine bak, Langton," dedim mümkün olduğu kadar sert bir tonla. Garip bir şekilde, bana bakıp sırıttığında içimde tuhaf bir karıncalanma hissettim. Arkasından bakarken yüzümdeki gülümsemenin yerini çatık kaşlarım aldı.

Ondan hoşlanmış olamazdım. Bu mümkün değildi. Başka bir şey olmuş olmalıydı. Gizli operasyonun heyecanı ya da Rebecca'nın katilinin ve Ateşçi'nin peşinde olmanın verdiği gerginlik olmalıydı bu. Dedektif Langton'la hiçbir ilgisi olmadığından kesinlikle emindim.

Öyle olmalıydı.

Judd'un gözetleme ekibimiz için haritadaki en iç karartıcı, kasvetli ve sıkıcı yeri kasıtlı olarak seçip seçmediğini bilmiyordum ama eğer bizim için geceyi geçirebileceğimiz en kötü yeri bulmak gibi bir niyeti olmuşsa gerçekten çok

5. KURBAN

başarılı olduğu ortadaydı. Sam arabayı Alice Fallon'un olay yeri fotoğraflarından tanıdığım parka bakan bir ara sokağa park etmişti. Cesedi, parkın diğer ucundaki duvarın dibinde bulunalı tam dokuz hafta geçmişti. Infrared dürbünümle olay yerine bir göz attım. Alevlerin bıraktığı izler, tuğla duvarda hâlâ görülebiliyordu. Çocuk parkında, bir yanı zincirinden ayrılmış bir salıncak tek tarafından asılı öylece duruyor, alt tarafı parçalanmış plastik kaydırak, yarım daire şeklindeki keskin kenarlı kırığıyla oldukça tehlikeli görünüyordu. Yerlerde fotoğraftakilere göre daha fazla yaprak vardı ve durmadan yağan yağmur, çimleri çamur gölüne çevirmişti. Bunun dışında her şey dokuz hafta öncesiyle aynıydı.

"Onu bıraksan iyi olur. Bizi ele vermeni istemeyiz." Sam koltuğunu sonuna kadar yatırmış, kocaman kollarını önünde kavuşturmuş, kısık gözlerle ön camdan dışarıyı izliyordu. Üzerinde oldukça eskimiş ve artık Sam'in son yediklerinin gayriresmi bir arşivini oluşturmak gibi son derece yararlı bir görev üstlenmiş olan siyah bir kazak vardı. Yumurta sarısı (geceyarısı atıştırdığı sandviçten) ve geniş bir alanda sergilenen cips kırıntıları.

"Tabii, sanki hiç dikkat çekmiyoruz."

"Ne demek istediğini hiç anlamıyorum. Yaşlı ve şişko bir adamın, kışın ortasında, geceyi iki güzel kızla birlikte bir arabanın içinde, giyinik halde olmasına rağmen kemikleri donarak geçirmesi tamamen normal bir durumdur." Uzanıp kaloriferi çalıştırdı.

"Cam yine buhar oluyor." Penceremi biraz araladım. Buz gibi hava ufacık aralıktan girip keskin yağmur damlalarıyla birlikte yüzüme çarptı. Çenemi göğsüme doğru çekip burnumu sıcak tutmaya çalışarak atkımı yüzüme doladım. Kuş tüyü bir ceket giymiştim ama arabanın içinde hareketsiz geçirdiğim saatlerin de etkisiyle soğuk iliklerime kadar işlemişti.

"Atmosfere katkısı oluyor ama, öyle değil mi? Sanki pencereleri buharla kaplamam için bana bir neden verecekmişsin gibi."

"Iyy." Katy arabanın arkasında dizinde bir battaniyeyle oturmuş titriyordu. "Bu dünyanın en kötü işi. Biri bana neden burada olduğumuzu hatırlatabilir mi acaba?"

"Proaktif güvenlik operasyonu," dedik Sam'le aynı anda.

"Tam bir saçmalık," dedi Katy. Ona katılmamak elde değildi.

"İki dakika daha ama sonra sokağa geri dönsen iyi olur," dedi Sam, arabanın ön panelindeki saate eliyle hafifçe vurup. "Bütün geceyi arabada geçirmen doğru değil. Judd'u duydun. Şansını kaybedebilirsin."

"Bahse girerim ki Tom Judd daha önce hiç üzerinde file çorap ve miniyle bir parkta gezinmek zorunda kalmamıştır," dedi Katy üzüntülü bir sesle. "En azından bunu kışın ortasında yapmamıştır."

"Ama evindeyken böyle şeyler giydiğine eminim."

Bir an hepimiz sustuk ve tarif ettiğim manzarayı zihnimizde canlandırdık. Sam söylenmesi gerekeni üçümüz adına söyledi. "Tanrım."

Yağmur damlaları hızla cama vurmaya başlayınca Katy irkildi. "Sulu kar mı o?"

Kucağımdaki gözetleme tutanağını inceliyormuş gibi yapıp kötü haberi verme işini Sam'a bıraktım.

5. KURBAN

"Aynen öyle ve bana kalırsa geldikleri yerde bunlardan daha çok var. Ben bu havada köpeğimi bile evden çıkarmam, ya sen Maeve?"

"Kapa çeneni, Sam," dedim sakin bir sesle. "Katy, bir tur daha atabilecek durumda mısın? Geçen seferkinin üzerinden oldukça fazla zaman geçti."

"Tabii, neden olmasın." Katy çantasını elini alıp dikiz aynasında makyajını kontrol etti ve homurdanarak ekledi. "Tam da ayaklarımı tekrar hissetmeye başlamıştım. Bu hisse fazla alışmasam iyi olur."

"Boş ver, tatlım." Sam oturduğu yerde gerinip göbeğini kaşıdı. "Eğer istersen döndüğünde seni ısıtabilirim."

Katy arabadan çıkıp kapıyı arkasından o kadar sert çarptı ki ikimiz de yerimizden zıpladık. Etraftaki evlerde yaşayan insanları uyandırmamış olmasını umarak arkasından ters ters baktım. Burası konutlarla endüstriyel binaların iç içe geçtiği tuhaf bir bölgeydi ve en önemli özelliği Blitz sırasında atılan bombalarla paramparça olmuş olmasıydı. Yarı kapalı terasları olan konaklar, oldukça prestijli bir geçmişin izlerini taşıyorlardı ama zamanla çoğu küçük dairelere bölünmüş ve pek iyi korunamamışlardı.

"Etrafta kimse yok. Bu havada çok normal," dedi Sam.

"Evet ama seri katilin etkisini de unutmamak lazım. Muhtemelen bir sürü mahalle sakini, çıkacakları gece gezmesinden onun yüzünden vazgeçmişlerdir."

Katy, gideceği yere kestirmeden ulaşmak istiyormuş gibi parkın ortasından ilerledi ve orta yerde biraz durup sigarasını yaktı. Üzerindeki mikrofon çakmağın sesini ve üzerindekilerin hışırtısını alıyordu. Sigaradan bir nefes çekerken uzun

uzun etrafına baktı ve eli hâlâ ağzındayken mikrofona fısıldadı. "Hâlâ bir şey yok."

Yavaş adımlarla ilerlerken onu izledik.

"Bu nedir?" Sam oturduğu yerde doğrulmuş, parkın diğer tarafındaki caddede neredeyse 10 km hızla, yavaş yavaş ilerleyen arabayı işaret ediyordu. "İçinde bir kişi olan gümüş renkli bir sedan. Ford Focus ya da öyle bir şey. Neyin peşinde bu adam?"

Tekrar dürbünü elime alıp sürücüyü görmeye çalışırken kalbim küt küt atıyordu. Haftalarca izleyip durduğum güvenlik kamerası kayıtlarında birçok gümüş renkli sedan görmüştüm. Belki de bir şeyleri atlamıştık. Sürücünün yüzü, navigasyon cihazından vuran ışıkta ürkütücü görünüyordu. Kırklı yaşlarının ortalarında, beyaz, yer yer kırlaşmış sık saçlı ve gür sakallı bir adamdı. Bir süre sonra araba hızlanmaya başladı ve parktan çıkan sokaklardan birine girip Stockwell'e doğru gözden kayboldu.

"Hiçbir şey yapmıyor," dedim dürbünü elimden bırakırken. "Ama onun etrafta dolaştığını telsizden diğerlerine söylesen iyi olur sanırım. Belki şüpheli hareketler yaparken gören başka biri daha olur. Dürüst olmak gerekirse Katy'yi gördüğünü bile sanmıyorum. Park tarafına pek bakmıyordu."

Aniden esen rüzgâr parkın etrafındaki çalıları etrafa savurup kırık salıncağı anlamsızca sallıyordu. Ön cama vuran yağmur birden hızlandı ve arabanın dışındaki dünya bulanıklaştı. Sam ağzının içinde bir küfür geveleyerek ön camın sileceklerini çalıştırdı. Sileceklerden biri her gidiş gelişte gıcırdıyor, dişlerimi kamaştırıyordu. Katy parkın diğer tarafına geçmiş, sokakta başı önünde dolaşıp duruyordu. Yağmura

5. KURBAN

karşı, yanında sadece parlak renkli şemsiyesi vardı. Ağaçların arasından geçerken zaman zaman gözden kayboluyordu. Bir varmış, bir yokmuş.

Arkamdaki kapı birden açılıp içeri buz gibi hava dolunca yerimden zıpladım. Kahve kokusunu alabiliyordum. Rob, kartondan küçük kahve tepsisini tek elinde tutmaya çalışarak arka koltuğa otururken dönüp baktım. Saçlarından ve burnundan yağmur suları damlıyordu. Üzerinde sırılsıklam olmuş lacivert bir anorak vardı ve kot pantolonu tamamen ıslanmıştı.

"Dışarısı biraz nemli, öyle değil mi?"

"Sadece biraz," dedi keyifli bir sesle ve bir karton bardak uzattı. "Seninki sütsüz. Sam, kahven sütlü mü olsun, sütsüz mü?"

"Sütlü, iki şekerli."

Rob elini ceketinin cebine daldırıp bir avuç dolusu şeker, küçük süt kartonları ve birkaç kahve karıştırma çubuğu çıkardı ve hepsini el freninin yanındaki tepsiye bıraktı. Sam tepsiye bakıp tek kaşını kaldırdı. "Arka koltukta bir Starbucks şubemiz olduğunu bilmiyordum. Bir ihtimal, yaban mersinli muffin de olabilir mi acaba?"

"Elindekilerle yetinmesini bil. Burada gecenin bu saatinde kahve bulmanın ne kadar zor olduğundan haberin var mı?"

"Pek zor olmasa gerek. Bunları yolun aşağısındaki garajdan almışsın," dedim. "Oradan buraya yürümen en fazla üç dakikanı almıştır."

"Evet ama fark etmediysen belirteyim, dışarıda yağmur yağıyor ve hava buz gibi."

"Zavallı meleğim benim."

"Bu şerefi neye borçluyuz?" dedi Sam. "Canın mı sıkıldı?"

"Birine kahve sözüm vardı." Rob hızlıca bana bakıp göz kırptı ve ben bir kez daha midemdeki o tuhaf karncalanmayı hissettim. Benim sorunum neydi böyle? "Ayrıca Andrews gaz çıkarıp duruyor. Dışarı çıkmasaydım bayılacaktım."

"Bizde de aynı sorun var. Üzgünüm Maeve ama gerçek bu. Sana akşam yemeğinde kuru fasulye yememeni söylemiştim."

"Defol git, Sam," diye başladım ama başka bir şey söylemeye fırsat bulamadan Rob eliyle omzumu tutup sertçe sıktı.

"Dur biraz. Bu nedir?"

Gümüş renkli araba geri dönmüş, farları kapalı halde caddenin sonunda ilerliyordu. Stop lambaları parladı ve araba durdu. Motoru hafifçe homurdanarak çalışmaya devam ediyordu. Sürücü karanlıkta tam olarak görünmüyordu ama sakalını ve sokak lambasının ışığında parlayan kır saçlarını seçebiliyordum. Bütün dikkati, parkın diğer ucunda, parlak renkli bir şemsiyenin, fazlasıyla üşümüş polis memurunun hızlı adımlarıyla birlikte inip kalkarak ilerlediği noktadaydı. Telsizi elime aldım.

"Katy, parkın batı tarafında park etmiş gümüş renkli, dört kapılı sedanın içinde bir adam var. Plakayı henüz tespit edemedik ve adam muhtemelen seni izliyor. Birkaç dakika müdahale etmeden bekleyip ne yapacağına bakacağız."

Katy konuştuğunu belli etmemeye çalışır gibi gizlice ve boğuk bir sesle bizi duyduğunu söyledi. Yakınlarda bir yerlerden bir moped motorunun şiddetli sesi yükseldi. Ses önce

5. KURBAN

arabanın açık olan penceresinden gelmiş ve sonra Katy'nin mikrofonundan tekrar duyulmuştu. Parkın o tarafına doğru ilerliyor olmalıydı. Artık arabanın gerçekten bir Ford Focus olduğunu görebiliyordum.

"Veritabanında arama yapmak için plakasına ihtiyacımız var."

Rob bu sırada çoktan kapıyı açmış, fazla dikkat çekmemeye çalışarak arabadan iniyordu. "O işi ben hallederim. İki dakikaya dönerim." Durdu. "Telsizim bozuk, bu arada. Aramayı siz yapabilir misiniz?"

"Yaparız," dedi Sam. "Sen git."

Moped motorunun sesi değişmişti. Artık bir eşekarısının kekelemesini andırıyor ve Katy'ye doğru yaklaştıkça mikrofondan daha net duyuluyordu. Rob dikkatli adımlarla sokakta ilerleyip, kendini göstermeden Ford'u görebileceği bir noktada durdu. Birkaç saniye sonra tekrar yanımıza geldi. Sam camı açıp Rob'un uzattığı kâğıt parçasını aldı.

Tango Alfa Altı Beşten Merkeze," dedi boğuk bir sesle telsize doğru. "Merkez dinlemede, devam edin." Metropolitan ana kumanda odasındaki görevlinin sesi, hareketli bir gece geçirmiş gibi bitkin geliyordu.

"Bir aracı veritabanında aratmanızı rica edecektim." Sam, sıradan bir iş yapıyormuş gibi sakin bir sesle görevliye arabanın bulunduğu yeri ve plakasını söyledi. Benim ise telaştan boğazım ağrımaya başlamıştı.

"Bir saniye." Görevli kısa bir süre için kayboldu. "Plaka gümüş renkli bir Ford Focus'a ait. Trafik muayenesi zamanında yapılmış, sigortası tamam, kayıtlı mal sahibi Sunday Courier. Hakkında ihbar yok. Anlaşıldı mı?"

"Tango Alfa Altı Beş, anlaşıldı, teşekkürler." Sam, penceresine yaslanmış bekleyen Rob'a döndü. "Şansını sokakta deneyen lanet olasıca bir haber avcısıymış. Gidip iki çift laf etmek ister misin, yoksa ben mi gideyim?"

"Eğer senin için de bir sakıncası yoksa bu beyefendiyle konuşmaktan keyif duyarım."

"Tabii ki yok," dedi Sam ve Rob gölgelerin içinden geçerek kendini neredeyse hiç göstermeden sokakta ilerledi. Arabanın arkasından yaklaşıp yolcu tarafına geçti ve elinin tersiyle cama iki kez sertçe vurdu. Ses sakin sokakta yağmurun gürültüsünü bastırıp bize kadar geldi. Rob'un orada olduğundan tamamen habersiz olan muhabirin oturduğu arabada şok edici bir yükseklikte duyulmuş olmalıydı. Adam oturduğu yerde birden zıpladı ve kafası komik bir şekilde sağa sola sallandı. Rob adamın yeteri kadar korktuğuna karar vermiş olmalıydı ki eğilip kimliğini adamın görebileceği şekilde tuttu ve ardından pencereyi işaret etti. Açsana, salak herif.

Telsizden boğuk bir ses geldi. Telsizi alıp kulağıma yaklaştırarak konuşulanları anlamaya çalıştım.

"Selam," dedi Katy gülerek. Sesi keyifli geliyordu ama karşısındakinin söylediklerini duyamıyordum. Muhabirin pantolonunun Rob'u gördükten sonra aldığı şekille ilgili uzun bir açıklamaya girişmiş olan Sam'i susturmak için elimle işaret ettim.

"Evet, geç oldu. Erkek arkadaşımı bekliyorum. Burada buluşacaktık ama geç kalacakmış." Katy, önceden hazırladığımız öyküyü son derece etkileyici bir içtenlikle, harika bir şekilde aktarıyordu. "Şimdi mesaj gönderip yirmi dakika daha gecikeceğini söyledi."

5. KURBAN

Telsizden boğuk sesler gelmeye devam ediyordu. Yağmur, arabanın tavanını delip geçecekmiş gibi gürültüyle yağıyordu.

Rob, üzerini aramak için muhabiri arabadan dışarı çıkarmıştı.

"Biliyorum. Hava buz gibi."

Boğuk sesler, homurtular.

"Pizza severim." Katy güldü. "Aslına bakarsan, şu anda pek aç değilim ama teşekkürler."

Boğuk sesler.

"Gerçekten aç değilim. Sorduğun için sağol."

Bir sessizlik oldu. Rob fenerini gümüş renkli arabanın arkasına tutuyor, adam yanında durmuş sinirli hareketlerle bir şeyler anlatıyordu.

Mopedin sesi gittikçe yükseldi ve sonra sessizliğin içinde kayboldu. Katy mikrofona doğru bir kahkaha attı. "Bunu duydunuz mu? Pizzacı çocuk bana bedava pizza vermek istedi. Biri sipariş vermiş ama çocuk adrese gittiğinde evde kimse yokmuş. Bu geceki son siparişiymiş ve pizzayı bana vermek istemiş."

Katy'nin söylediklerinde beni huzursuz eden bir şeyler vardı ama tam o sırada aklıma bir kez daha Rob'la yaptığımız konuşma gelince dikkatim dağıldı. Diğer dedektiflere benimle ilgili ne anlatmıştı acaba? Telsize döndüm. "Yazık oldu. Bir şeyler atıştırmak fena olmazdı."

"Bir daha gelirse yakalarım."

"Sen nasılsın?"

"İdare eder. Beklendiği üzere biraz üşüdüm ve ıslandım."

Katy'nin sesi ciddileşti. "Gümüş renkli arabadaki adama ne oldu? Buradan geçerken gördüm."

"Muhabirmiş. Dedektiflerden biri konuşmaya gitti." Katy boğuk bir ses çıkardı. Bir sözcüğe benziyordu ama ne dediğini anlayamamıştım. "Tekrar eder misin?"

Cevap vermesini beklerken telsizden önce hafif bir cızırtı ve hemen ardından parazit duyuldu.

"Katy, son cümleni tekrar edebilir misin?"

Hiç ses yok.

"Katy, beni duyabiliyor musun?"

Telsizden bir hışırtı geldi ve sonra arabanın içini korkunç bir boğulma sesi kapladı. Ses yavaş yavaş azalırken kapıya doğru atıldım ve düşünmeden arabadan dışarı fırlayıp Sam'i bile beklemeden yağmurda koşmaya başladım. Katy'yi son gördüğüm yer parkın kenarından birkaç yüz metre içerideydi. Oraya bana saatler gibi gelen saniyeler içinde varmayı başardım. Telsizimden birbirine çarpan metal parçaların tıngırtısından başka hiçbir ses gelmiyordu. Bütün dikkatimle onu görmeyi umduğum yere yoğunlaşmış halde köşeyi döndüm ve gördüğüm üç şey karşısında bir an donup kaldım.

Esen rüzgârla ıslak kaldırımda tembel tembel daireler çizen hâlâ açık, parlak renkli bir şemsiye.

Sokağın sonuna park edilmiş, arkasına kırmızı bir bidon takılmış ve plakasının sol üst köşesinin bir parçası kopmuş, L plakalı küçük bir moped.

Parkın kapısı açıktı.

Bir an orada öylece durup gördüklerime bir anlam vermeye çalıştım. Parçalar yavaş yavaş birleşiyordu.

5. KURBAN

Öncelikle bu Katy'nin şemsiyesiydi ve yağmur başımın üzerindeki dallara hâlâ patır patır yağmaya ve metal sokak lambalarının üzerinde müzik çalmaya devam ederken onu elinden bırakmış olması mümkün değildi.

İkinci olarak, şu an önümde duran mopedi, izlediğim güvenlik kamerası kayıtlarında pek çok kez gördüğümü hatırlıyordum. Dikkatimi çekmişse bile önemsememiş, üstünde durmamış olmalıydım. Bir pizzacı motorsikletinden daha sıradan ne olabilirdi ki? Onlar günün her saatinde ve her hava koşulunda, dekorun neredeyse görünmez bir parçası gibiydiler. Plakasının kenarı kırılmış bu mopedi birkaç kez gördüğümü hatırlıyordum. Hem zaten potansiyel kurbanın güvenini kazanmak için, ona bedava bir pizza teklif etmekten daha iyi ne yapılabilirdi ki? Her şey korkunç bir şekilde anlam kazanmaya başlıyordu.

Dikkatimi çeken en son ve en önemli nokta, son gördüğümde sıkıca zincirlenmiş olan park kapısının şu anda tamamen açık oluşuydu. Bunu yapmak istemesem, korkuyor olsam da o kapıdan geçmek zorundaydım. Kendimi tekrar toplayıp harekete geçtim. Sadece birkaç saniye durmuş olmalıydım ama şu anda bu bile çok uzun bir zamandı. Tek elimle ceketimin cebindeki göz yaşartıcı spreyi çıkardım ve diğeriyle telsizimdeki acil durum düğmesine bastım. Bu düğmeye basarak o kanaldaki tüm diğer konuşmaların üzerine geçen bir acil yardım çağrısı yapmış oluyordum. Bu polislerin 999'u gibiydi. Katy'nin bu düğmeye basmayı neden başaramamış olduğunu düşününce içimi bir kez daha büyük bir sıkıntı kapladı. Ama belki de buna ihtiyacı olmamıştı, kötü durumda değildi ya da ben tamamen aşırı tepki vermiştim.

Eğer aşırı tepki vermiyorsam, burada destek gelmesini bekleyerek oyalanamazdım. Karanlıkta daha iyi görebilmek için gözlerimi iyice açarak kapının ötesine baktım ama bütün görebildiğim sırılsıklam ve yer yer çatlamış beton yoldu ve o da sokak lambasının ışığından uzaklaşır uzaklaşmaz karanlığın içinde gözden kayboluyordu. Yapraklarının üzeri benek benek lekelenmiş defne ağaçları girişin etrafını kapatıyor, parkın geri kalanını görmemi engelliyordu. Göz yaşartıcı spreyin ağzını, bana dönük olmaması için bir kez daha kontrol ettim ve keşke copumla kelepçelerimi arabada bırakmasaydım diye düşünerek kapıdan içeri girdim. Elimde sadece bu lanet göz yaşartıcı sprey vardı. Doğru yere sıkmayı başarsam bile eğitimlerde öğrendiğim kadarıyla gaz herkesi etkilemiyordu. Ne kadar şanslı olduğum düşünülürse, Ateşçi'nin de gazdan etkilenmeyenler arasında olacağından neredeyse emindim. Bunun yerine yanımda -başımı hızla iki yana salladım. Konsantre ol. Zihnim hiç durmadan çalışıyor, karanlığı konuyla tamamen ilgisiz görüntülerle dolduruyor, kıvılcım gibi birden görünüp kaybolan düşünceler üretiyordu. Toplantı odasındaki parlak ışığın, önümde oturan dedektifin kepçe kulaklarındaki pembe yansıması. Doktor Chen'in dişindeki ruj izi. Arabada oturmuş, istemeye istemeye Sam'in peynirli-soğanlı iğrenç cipslerinden yemem. Cipsin tadı hâlâ ağzımdaydı. Alt dudağımı sertçe ısırdım ve yürümeye devam ettim. Saniyeler arka arkaya geçerken, Katy'yi aramaya devam ediyordum.

Adım adım ilerle. Çabuk olmaya çalış. Ama dikkat et. Düşme. Fazla ses çıkarma. Sol mu sağ mı? İki yol var. Hangi tarafa? Dur. Dinle...

5. KURBAN

Yakınlarda bir yerlerde, sessiz olmak için hiçbir çaba sarf etmeden, sert adımlarla hızla ilerleyen, nefes nefese kalmış biri vardı.

"Maeve! Maeve!" Bu boğuk fısıltı, parkın sessizliğinde kulağıma akıl almaz derecede yüksek gelmişti. Sam'in sesiydi bu. Bakışlarımı göğe doğru kaldırıp içimden onun sesini kesmesini diledim. Katy'nin sesini bir duyabilseydim...onu bir görebilseydim...onu doğru yerde aradığımdan bir emin olabilseydim...

Parkın ortasına, içinde tuvaletlerin bulunduğu küçük, kasvetli tuğla binanın yanına gelmiştim. Eğer o an düşünseydim, bu binanın hava şartlarına karşı az da olsa koruma sağladığını fark edebilirdim. Yağmurlu bir gecede birini öldüresiye dövüp ardından da cesedini yakmak gibi bir niyetiniz varsa, en önemli önceliklerinizden biri böyle korunaklı bir yer bulmak olurdu. Tuvaletlerin yanından koşarak geçip gidiyordum ki önce hemen yanımdan gelen inlemeyi andıran bir ses ve sonra da arkamdan gelen bir bağırış duydum. Olduğum yerde hızla döndüm ve bir şeyin havayı delip geçerek başıma doğru hızla yaklaştığını hissettim. Darbeyi aldığımda acı duymadım. Sadece bütün bedenimi saran bir güçsüzlük ve baş dönmesi hissediyordum. Hareket etmem ve oradan hemen uzaklaşmam gerektiğinin farkındaydım ama bacaklarım artık beni taşımıyordu ve biri arkamda bağırmaya devam ediyor, hiç durmadan haykırarak adımı söylüyordu. El yordamıyla göz yaşartıcı spreyi sıkmaya çalıştım ve tenekenin ellerimin arasından kayıp yola düşerken çıkardığı sesi duydum. Yavaş yavaş acıyı hissetmeye başlamıştım ve darbeler almaya devam ediyordum. Başımın yanında bir acı hissettim ve sonra dizlerimde.

Bir şeyler yapmam gerek diye düşünüyordum. Annemi ve babamı hayal kırıklığına uğratacağımı, Ian'ın haklı çıkacağını, Rob'un çok kızacağını düşünüyordum. Daha iyisini yapmak istiyordum. Daha iyisini yapacağımı umuyordum. Dünya yavaş yavaş kayboluyor ama anlamsız düşünceler zihnimde dönüp durmaya devam ediyordu. Yere doğru yaklaştığımı ve yüzümün üzerine sertçe düştüğümü hissettim. Gözlerimi açtığımda yüzüme doğru son sürat yaklaşan çizmeyi gördüm ve sonra birden,
 her şey
 sustu.

LOUISE

Maeve gittikten sonra Gil bana karşı çok, hatta biraz fazla nazik davrandı. Evin içinde odadan odaya peşimde dolaşıp yaptıklarımı izledi. Her zaman tek başıma olmaya alışkın olduğum kendi evimde, sıkışmış ve klostrofobik hissetmeye başlamıştım kendimi. Ertesi gün akşama doğru gittiğinde rahat bir nefes aldım. Halletmesi gereken birkaç iş olduğunu söyledi ve ben de ne işi olduğunu sormadım. Düşünmek ve nefes almak için biraz yalnız kalabileceğim için çok mutluydum.

Yalnız kalmaya ihtiyacım vardı ama evde oradan oraya dolaşırken içime tekrar bir mutluluk yayılmaya başlamıştı. Her yerde Gil'den izler vardı. Etrafı toplarken keyifle bir şarkı mırıldandım. Kendime gül kokulu bir banyo hazırladım ve elimde bir kadeh yakut kırmızısı Avustralya Şiraz'ıyla su-

5. KURBAN

yun içinde uzun süre hareket etmeden uzandım. O yokken ev sessizdi. Rahatlamaya başladığımı hissediyordum. Ilık suyun içinde neredeyse kendimden geçmiş bir halde yatıp zihnimi tamamen serbest bıraktım. Düşüncelerim dönüp dolaşıp yine Gil'e, söylediklerine ve yaptıklarına geliyordu. Bir ara Rebecca'yı düşündüm.

Gil'le beni o bir araya getirmişti ama Gil haklıydı, hayatta olsa bizi ayrı tutacaktı o. Ölümü bizi özgürleştirmişti. O öldüğünden beri ben de değişmiştim. Kendime gelmiştim. Artık hiç olmadığım kadar huzurluydum.

Şarap kadehini küvetin yanından alıp yukarı doğru tuttum. "Şerefine, sevgili Rebecca. Her şey için teşekkürler."

Şarap böğürtlen gibi kokuyordu ve tadı harikaydı. Küvetteki su soğuyana kadar keyfini çıkararak, yudum yudum kadehteki tüm şarabı içtim.

Gil ona verdiğim anahtarla kapıyı açıp eve girdiğinde tekrar giyinmiş akşam yemeğini hazırlıyordum.

"Burnuma harika kokular geliyor." Gil, yüzünde sanki bir ödül kazanmış gibi kibirli ve kendini beğenmiş bir ifadeyle mutfağa girdi. Ayakta durmuş brokolileri doğruyordum. Doğruca yanıma geldi. Bıçağı elimden bırakıp ellerimi saçlarında gezdirdiğim sırada beni birden kucaklayıp döndürerek sanki aylardır birbirimizi görmüyormuşuz gibi tutkuyla öptü.

"İçki içmişsin."

"Bir şişe şarap açtım." Bir kadeh, masanın üzerinde onu bekliyordu.

"Bak sen." Gil diziyle bacaklarımı araladı. Kısa kot eteğim yukarı doğru sıyrılıyordu. "Akşam yemeğinde ne var?"

"Et ve püre." Omzumu öpüyor, çıplak tenime ulaşmak için üzerimdekini aşağı doğru çekiştiriyordu. Tezgâha yaslanıp kendimi onun kollarına bıraktım.

"Fırını kapat." Gil birden geri çekildi. "Saatlerdir sana yapmak istediklerimi düşünüp duruyorum ve acele etmek istemiyorum."

"Bunu kimse istemez," dedim kendinden emin bir sesle ve elimdekileri bıraktım. Yemek bekleyebilirdi.

Mutfaktan çıkarken masanın üzerinde, ipekten örülmüş sapları olan, kare şeklinde küçük ve parlak bir çanta durduğunu fark ettim.

"Bu nedir?"

Gil önce yüzünü buruşturdu; yolundan çevrildiğine pek memnun değilmiş gibi görünüyordu. Sonra fikrini değiştirdi ve bir kahkaha attı. "Bunu yapmamalıydım. Bir kuyumcu çantasının yanından öylece geçip gitmeni beklemem çok saçmaydı."

"Kuyumcu mu?" Çantayı elime aldım. "Nedir bu?"

"Bak bakalım."

"Benim için mi?" Çantayı dikkatli bir şekilde tutuyordum.

"Sadece ve sadece senin için." Gil kapının kenarına yaslandı ve deri kaplı küçük kutuyu çantadan çıkarıp avcuma alırken beni izledi. Kutunun kapağını yavaşça açtım.

"Ah, Gil. Bunlar çok güzel." Bezelye gibi dolgun ve yuvarlak iki elmas, siyah satenin üzerinde pırıl pırıl parlıyor, altlarından gözyaşı şeklinde birer inci sallanıyordu. "Deneyebilir miyim?"

"Lütfen." Koridordaki aynaya doğru aceleyle koşarken

5. KURBAN

Gil beni sakin bakışlarla izledi. Saçımı arkamda toplayıp başımı sağa sola çevirerek kendime farklı açılardan baktım. İncilerin neredeyse pembeye çalan son derece sıcak bir rengi vardı ve elmaslar, etraftan topladıkları ışıkla havaifişekler gibi ışıldıyordu. "Buna inanamıyorum. Ama neden?"

"Kendine ait bir şey takmanı istedim." Gil bana doğru yaklaşıp arkamda durdu; aynadaki yansımasını görebiliyordum. "Başkasının eskilerini değil. Beğendin mi?"

"Bayıldım."

"Tamam o zaman, onlar senin. Ama bir şartım var."

Yüzümdeki gülümseme birden dondu. "Nedir o?"

"Rebecca'nın küpelerini bana geri ver. Onları taktığını görmek hoşuma gitmiyor."

Ona daha yakından bakabilmek için arkamı döndüm. "Neden?"

Gil öfkelenmişti. "Bunun bir önemi var mı?"

"Evet, açıkçası var." Ellerimi belime koydum. "Hadi ama, Gil. Onlar benim için sadece Rebecca'yı hatırlamanın hoş bir yolu. Neden bende kalamıyorlar?"

"Çünkü Rebecca öldü." Gil yüzünde anlaşılmaz bir ifadeyle dik dik bakıyordu. "Ve sen o değilsin."

Yanından uzaklaşmak için harekete geçmiştim ki kolumdan yakalayıp beni kendine doğru hızla çekti.

"Sen o değilsin, Lou ve olmanı da istemiyorum. Senin sen olarak kalmanı istiyorum. Biliyorum onu hatırlamak istiyorsun, o senin arkadaşındı. Ama lütfen bırak artık, gitsin. O öldü." Gil beni hafifçe sarstı. "O öldü, Lou. Bırak öyle kalsın."

"Öldüğünü biliyorum ve artık ondan söz etmiyorum. Farkında mısın bilmiyorum ama bu sefer konuyu kendin açtın," diye itiraz ettim haklı olarak.

Gil birden çıldırmış gibi bağırmaya başladı. "Tanrı aşkına, bir kere de ne diyorsam yap. Lanet olsun. Bu kadar zor bir şey mi bu?"

"Gil!" Yüzümde şaşkın bir ifadeyle ona ters ters baktım ama bu onu daha da sinirlendirmişti. Hâlâ tuttuğu kolumdan beni sertçe çekip koridor boyunca sürükledi ve merdivenlere doğru fırlattı. Yere kapaklandım.

"Hadi. Hemen git ve getir onları."

Bir an hareket etmeden, orada öylece yattım. Dudağım kanıyordu ve halıya sürtünen sağ gözümün üstü yanıyordu. Tek elimin üzerinde doğruldum ve yüzüne baktım.

"Hayır.

"Ne dedin sen?"

"Hayır dedim. Hayır, gidip onları getirmeyeceğim." Konunun küpelerle bir ilgisi yoktu; bunu biliyordum. Bu tamamen üzerimde baskı kurmak istemesiyle ilgiliydi. Ve ben buna izin vermeyecektim.

Merdivenin altında durmuş, öfkeden deliye dönmüş bir halde derin derin nefes alıp veriyordu. Bunun farkında olup olmadığını bilmiyordum ama iki yanında tuttuğu yumruklarını sürekli sıkıp bırakıyordu. Saçları darmadağın olmuş, gözleri donuklaşmıştı; sanki beni görmüyor gibiydi. Üzerime doğru atıldığında bana vuracağını sandım ama o ellerini eteğimin altına daldırıp beni kalçalarımdan tuttu ve kendine doğru çekti. Sağa sola dönüp elinden kurtulmaya çalıştım ama çok güçlüydü. İç çamaşırımı çekip çıkarmış, onu itme-

5. KURBAN

mem ya da yüzünü tırmalamamam için bileklerimi tutuyordu. Ne kadar uğraşırsam uğraşayım bir türlü elinden kurtulamıyordum. "Neden benimle mücadele edip duruyorsun? Bana karşı koymayı bırak."

Bıraktım. Bırakmak zorundaydım. Üzerime doğru gelirken bana zarar verebileceğini düşündüm korku içinde. Hem ayrıca bu Gil'di. Yatağımı paylaşan Gil. Onunla zaten birçok yerde ve birçok şekilde isteyerek beraber olmuştum. Bunun da onlardan hiçbir farkı yoktu.

Ama bu farklıydı. Bu bir şiddet ve güç gösterisiydi. Kulağımın dibinde hızlı hızlı nefes alıp vererek, üzerimde gidip gelirken, ne yaptığını düşünmemeye çalışarak gözlerimi koridorun ışığına diktim.

Sonunda hırıltıya benzer bir ses çıkararak üzerime yığıldı; yüzüme bulaşan teri buz gibi olmuştu.

Canımı yakmış, benimle zorla birlikte olmuştu. Şimdi o hiçbir şey olmamış gibi beni bacağımdaki ıslaklıkla başbaşa bırakarak eski haline dönerken, benim içim acıyordu. Basamaklar sırtıma batmış, kalçam ve kolum altında sıkışmıştı. Üzerimden çekilince rahat bir nefes aldım. Hafifçe doğrulup yanıma oturdu. Nefesi hâlâ düzelmemişti.

"Tanrım, Lou. Bu olağanüstüydü."

Tepkimi anlamaya, üzülüp üzülmediğimi çözmeye çalışarak yüzüme bakıyordu.

Tepki göstermedim. Hiçbir şey söylemedim. Sadece gülümsedim ve dudağımdaki yırtık gerilmenin etkisiyle biraz daha ayrıldı. Kazanmanın tek yolu, onu yenmenin tek yolu, ona umursamadığımı göstermekti.

ROB

Teoride, son derece çalışkan ve tehlikeli bir katili tuzağa düşürmeyi amaçlayan gizli bir operasyona katılmak heyecan verici olabilirdi. Gerçekte ise, gecenin bir yarısı yağmurun altında dikilip zatürre olmaya tercih edebileceğim başka birkaç şey hemen aklıma geliyordu. Tıkalı bir kanalizasyon borusunu çıplak ellerimle temizlemek gibi şeyler mesela. Ya da siyah beyaz televizyonda bilardo izlemek gibi. Ya da bir Cumartesi sabahında, akşamdan kalmalığın dibine vurmuşken kapınıza bir Yehova Şahidi'nin dayanması gibi. Gözetleme operasyonu kendi başına zaten tam bir saçmalıktı ama Sunday Courier'in birden ortaya çıkışı duruma tuz biber ekmiş ve hava da bardağı taşıran son damla olmuştu. Yağmur altında bütün gece Güney Londra'da dolaşıp durmaktan sırılsıklam olmuş ve keyfim tamamen kaçmış bir halde gümüş renkli Ford'un yanına yaklaştım. Yağmurla ilgili söylenebilecek tek iyi şey beni neredeyse görünmez yapmış olmasıydı. Ayrıca arabaya yaklaştığımda sürücü zaten yanlış yöne bakıyordu. Yolcu koltuğu tarafındaki cama iki kere, sertçe vurdum ve adamın yüreğinin ağzına gelişini zevkle izledim. Kimliğimi görebileceği bir şekilde cama doğru tuttum ve parmağımla aşağıyı işaret ettim. Sonunda mesajı alıp pencereyi araladı.

"İyi akşamlar, efendim. Size nasıl yardımcı olabilirim?"

Seçtiğim kelimeler onu şaşırtmış olmalıydı. Orada olmasını açıklayacak bir bahane bulmaya çalıştığını yüzünden anlayabiliyordum. "Şey, eee, ben sadece bir adres arıyordum. Navigasyon cihazımı düzeltmeye çalışıyorum, anlarsınız ya. Beni sürekli buraya getiriyor."

5. KURBAN

"Nereye gitmeye çalışıyorsunuz?"

Cevap vermek için ağzını açtı ve kapadı; afallamıştı. Yaşadığı sorunun farkındaydım. Pek iyi tanımadığı her halinden belli olan bu bölgede bulunan bir yerin adını söylemeliydi ama burası fazla bilinen bir yer de olmamalıydı çünkü bu durumda orayı bulmak için navigasyon cihazına ihtiyacı olmazdı. Hâlâ ne cevap vereceğini düşünürken gözlerinin içine bakıp başımı iki yana salladım.

"Uğraşmayın. Sizin gazeteci olduğunuzu ve burada ne yaptığınızı biliyoruz."

Omuzları bir an için düştü ama beklediğim gibi kendine gelmesi fazla uzun sürmedi. "Bütün bunları bildiğinize göre burada olmaya hakkım olduğunu da biliyorsunuzdur."

"Evet ama şu anda bir operasyonun tam ortasındayız ve siz her şeyi berbat etmek üzere olabilirsiniz. Sizden güzellikle rica ediyorum. Lütfen buradan uzaklaşın."

"Burası halka açık bir cadde. Beni buradan gönderemezsiniz."

"Peki o zaman," dedim. "Dışarı."

"Ne?"

"Arabadan çıkar mısınız, lütfen. Ayrıca üzerinizde sürücü ehliyetiniz ya da herhangi bir fotoğraflı kimlik kartı varsa, onu da görmek istiyorum."

"Neden?"

"Gece yarısı tek başınıza arabayla dolaşıyorsunuz. Bana burada olmanızı açıklayacak geçerli bir neden veremiyorsunuz. Sizin çalıntı mal ya da illegal maddeler bulundurduğunuzdan şüpheleniyorum ve bu nedenle Polis Kanunu Madde

1'e dayanarak üzerinizi ve arabanızı arayacağım." Söylediklerimin hepsi araçların durdurulması ve aranması konusundaki ders kitabından alınmıştı ve şu andaki tek amaçları adamı sinirlendirmekti. Tabii bunu o da en az benim kadar iyi biliyordu.

"Bunu yapamazsınız."

"Bana zorluk çıkarırsanız merkeze götürüleceksiniz," dedim yüzümde son derece ciddi bir ifadeyle. Etrafta arabanın tavanına vuran yağmurun patırtısından başka hiçbir ses yoktu.

"Tanrı aşkına." İstemeye istemeye arabanın kapısını açıp eliyle ceplerini karıştırarak dışarı çıktı. "Basın kartım. Sürücü kimliğim. Başka ne istiyorsunuz?"

Yanına gidip onu arabadan bir iki adım uzaklaştırdım ve arkası duvara dönük olacak şekilde çevirdim. "Burada kalın, lütfen."

Fenerimi üzerine tuttuğum kartlarda, haber avcısı Spencer Maxwell'in daha genç bir hali görülüyordu. Sakalları ve göbeğiyle şu anda karşımda duran gerçeği ise pek etkileyici sayılmazdı. Adresi Hackney'deydi. Kaşlarımı kaldırıp yüzüne baktım. "Evinize dönüyordunuz, öyle mi? Kestirmeden gitmeye mi karar verdiniz?"

"Araştırma yapıyordum. Cinayetler hakkındaki yazımı renklendirmek için buradaki atmosfere bir göz atmak istemiştim." Elini yana doğru hafifçe sallayarak sokağı ve parkı gösterdi. Saçları kafasına yapışmaya başlamıştı ve cekedinin omuzları siyah görünüyordu. Tamamen sırılsıklam olması için birkaç dakikaya daha ihtiyacım olduğuna karar verip fazla detaya girmeden arabasını aramaya başladım. Yanımda

5. KURBAN

dikilmiş, bunun bir rezalet ve taciz olduğu ve hemen adımla numaramı istediğiyle ilgili bir şeyler söyleyip duruyordu. Onu veritabanında aratmak gece için hoş bir final olabilirdi ama bu arada telsizim tamamen bozulmuştu. Koltukların altını ve bagajı kontrol etmekle yetinip gözlerimi hiçbir şey söylemeden bagajdaki ıvır zıvıra diktim. Sonunda kendini bir açıklama yapmak zorunda hissederek arabayı kullananın sadece kendisi olmadığını ve onların orada olduğundan haberi olmadığını anlattı.

"Çalıntı değiller, öyle değil mi?"

Ortaya çıkardığım fare yuvasına öfkeli gözlerle baktı. Plastik poşetler, bir çekme hâlâtı, kenarından sızdıran bir motor yağı şişesi, cips paketleri, sandviç naylonları ve birkaç eski ve yırtık Courier sayfası. "H-hayır. Yani, bunlar çöp, öyle değil mi?"

"Öyle görünüyor." Bagajı kapayıp ona doğru döndüm ve feneri gözüne tuttum. "Orada olduklarını bilmediğinizi iddia etmeniz tuhaf geldi, hepsi bu."

Aslında bu o kadar da tuhaf değildi. Polise herkes, her zaman, her konuda yalan söylerdi.

Pasaklının teki olduğu için onu tutuklayacak değildim ama bu pisliği kendi başına yaptığını itiraf etmesi hoşuma giderdi. Tekrar konuşmaya başlayacaktı ki susması için elimi kaldırdım.

"Tamam. Plakanızı kaydettim, Bay Maxwell. Şimdi buradan defolup gidin yoksa sizi polise mukavemetten içeri atarım ve gecenin geri kalanını karakolun sarhoş deposunda geçirmek zorunda kalırsınız. Gazetenizin pahalı avukatı, eminim sizi sabah ilk iş olarak dışarı çıkaracaktır."

Bu ihtimali düşünmek, onu oldukça rahatsız etmiş gibi görünüyordu. "Buna gerek yok. Gidiyorum."

"Bu çok iyi olur," diye söze başlamıştım ki sol tarafımdan gelen sesle irkildim ve ne olduğuna bakmak için döndüm. Sam koşuyordu. Telsizine nefes nefese bir şeyler söyleyerek, park boyunca koşuyordu.

"Sam!" Beni duymamış ya da duyduysa da dönüp bakmamıştı; koşmaya devam ediyordu. Maeve'in ya da sivil görevdeki memurun orada olup olmadığını kontrol etmek için telaşla arabanın olduğu yöne baktım ama ön kapıların ikisi de ardına kadar açıktı ve içeride yanan ışık sadece boş koltukları aydınlatıyordu. Aklıma gelen ilk düşünce, bu olayın neden, benim dünyanın en işe yaramaz ve acemi muhabiriyle uğraştığım anı bulduğuydu.

Daha fazla zaman kaybetmeden hemen harekete geçtim. Parka ulaşmanın en kestirme yolu parmaklıkların üzerinden atlamaktı. Atlayıp parkın içine geçtim ve ileride bir yerlerden gelen boğuşma seslerini duyunca o yöne doğru hızla koşmaya başladım.

Arka arkaya, oldukça ağır bir şeyin kas ve kemiklere vururken çıkardığı sesi andıran patırtılar duyuluyordu. Çocuk parkının ortasından ilerleyip, alçak dallı iki ağacın altından çömelerek geçerek açık bir alana vardım ve birden kâbus gibi bir sahneyle karşılaştım.

Maeve'in ekibinde görev alan üniformalı polis, tuvaletlerin bulunduğu binanın duvarına kırık bir oyuncak bebek gibi yaslanmış, kafası yana doğru düşmüş yatıyordu. Dehşete kapılmış bir halde, biraz ileride, yerde yatan büzüşmüş karaltının ise Maeve olduğunu fark ettim. Deri ceketli bir gölge

5. KURBAN

tepesinde dikiliyordu. Gözlerimin önünde hız almak için geri çekildi ve tam kafasını hedef alarak tekmesini salladı.

Zaten son süratle koşuyordum ama sanki bir anda daha da hızlanmıştım. Çimlere doğru uçarcasına ilerledim. Destek gelene kadar beklemek daha akıllıca olabilirdi ama biraz ilerideki ağaçların arasından bize doğru yaklaşan fenerleri görmüştüm ve neredeyse gelmek üzere olduklarını biliyordum. Ayrıca bu bir acil durumdu. Tabii ki çok geç kalmıştım. Montlu karaltının savurduğu tekme, ben bir kurşun gibi üzerine atılıp onu yere devirmeden bir saniye önce, korkunç bir şiddette Maeve'in kafasına ulaştı. Aldığım eğitim ve öğrendiğim teknikler aklımdan uçup gitmişti. Düşünebildiğim tek şey onu öldürene kadar dövmek istediğimdi. Yüzüne birkaç kısa yumruk indirdim ve dirseğimi burnuna geçirdim ama sonra adam karşı koymaya başladı. Güçlü ve çaresizdi. Bütün gücümle dövüşmeme rağmen adamla baş etmekte fena halde zorlanıyordum. Kafama, kulaklarımı çınlatan ve başımın etrafında yıldızlar uçuşturan birkaç darbe aldıktan sonra baş parmağımı adamın gözüne soktum ve kolumla boğazına sertçe bastırdım. Bu hareketin onu yere sermeye yeterli olacağını düşünüyordum ama tam o anda dişlerini sertçe koluma geçirdiğini hissettim. Neyse ki sonunda, hırıltılı nefeslerin eşlik ettiği copların tatlı sesini duyabiliyordum. Tam desteğin gelmesiyle rahatlamak üzereydim ki bacağımda keskin bir acı hissettim.

"Bana değil, Sam, Tanrı aşkına Ona vuracaksın!"

Sam ikinci denemesinde biraz daha iyi bir iş çıkarmayı başardı. Sonunda üniformalıların da koşarak yetişmesiyle rakibim bile her şeyin sona erdiğini kabul etmek zorunda kalmıştı. Elleri arkasından kelepçeli ve üzerinde iki iri polis memuru otururken yüzükoyun şekilde yere yatırıldığını görünce rahat bir nefes alıp yan tarafa devrildim. Yağmurun altında gözlerimi kapattım ve nefesimin düzelmesini bekleyerek birkaç saniye boyunca sırtüstü, öylece yattım. Yaralarım kendini hissettirmeye başlamıştı. Birden doğruldum. Benim bile canım yanıyorsa Maeve çok daha berbat bir halde olmalıydı. Adamla dövüşmeye o kadar dalmıştım ki, onun durumu aklıma bile gelmemişti. Şimdi ise tek düşünebildiğim oydu.

Acil yardım çağrısı yapılalı daha sadece birkaç dakika olmuş olmalıydı ama şimdiden iki ambulans ekibi olay yerine varmayı başarmıştı. Bir sağlık görevlisi sivil görevdeki memurun yanında diz çökmüş, bir yandan onunla konuşurken bir yandan da durumunu kontrol ediyordu. Üçü, hâlâ yerde hareketsizce yatan Maeve'in başındaydılar. Eldivenlerine kan bulaşmıştı ve Maeve'in başının altında da gittikçe genişleyen bir kan gölü oluşmuştu. Üzerine eğildikleri için yüzünü göremiyordum ya da ne kadar kötü yaralandığını kestiremiyordum ama onu kaldırdıklarında cansız gibiydi. Geldiğimden beri hiçbir ses çıkarmadığını birden dehşetle fark ettim. Ağzım kupkuru olmuştu; yutkundum. Eğer ağır yaralanmışsa...

Onu kaldırıp bir sedyeye yatırdılar. Şüpheli tamamen aklımdan çıkmıştı. Yerimden kalkıp Maeve'in nasıl olduğuna bakmak için ilerlerken sağlık görevlilerinden biri beni durdurdu. Kısa boylu, tıknaz ve meraklı bir tipti bu ve bir türlü yolumdan çekilmiyordu.

"İzin verir misiniz?" dedim, yanından geçmek için yaptığım üçüncü hamleden sonra. "Çalışma arkadaşımın durumuna bakmak istiyorum."

5. KURBAN

"Hastanedeki tedavinizin ardından bunun için bol bol zamanınız olacak."

"Ben hastaneye gitmiyorum." Omzunun üstünden uzanarak Maeve'i görmeye çalışıyordum. Sedyeyi ambulanslardan birine koyuyorlardı.

"Kesinlikle gidiyorsunuz. Kaşınızda dikiş atılması gereken derin bir yarık var ve başka şeyleriniz de olduğuna eminim. Keyifsizce bir şeyler mırıldandı. "Kendinize ne yaptınız siz böyle?"

Neden söz ettiğini anlamak için gözlerini diktiği yere baktım. Parmaklarımdan yere kan damlıyordu. Elimi açmaya çalıştım ve koluma saplanan ağrıyla yüzümü buruşturdum. "Pek bir şey yapmadım."

"Hadi. İtiraz istemiyorum. En azından sizi kontrolden geçirmeme izin verin."

"Bakın, hastaneye gidip bir doktorla görüşeceğime söz veriyorum, tamam mı? Bana Maeve'i nereye götürdüklerini söyleyin ve ben de oraya gideyim." Ambulans, dönüp duran mavi ışıklarıyla parkın kapısına doğru hareket etti.

"Çalışma arkadaşınız mı?" Gözlerini açıp yüzüme baktı. "Sizin için öğreneceğim. Ama söz sözdür. Acile gidip muayene olacaksınız."

"İzci sözü," dedim üç parmağımı yukarı doğru tutarak.

"İzci olmadığınızı biliyorum." Başını iki yana sallayarak yanımdan uzaklaştı. Bu konuda haklıydı ama Judd tam o sırada gözleri faltaşı gibi açılmış, heyecandan titreyerek yanıma gelmeseydi ben yine de sözümü tutmaya kararlıydım.

"Adam nerede?"

"Hangi adam? Ah." Tamamen unutmuştum. "Şurada."

"Üzerini aradın mı? Kimliğini kontrol ettin mi? Sabıka kaydına baktın mı?"

"Biraz meşguldüm," dedim alçak sesle. "Belki diğerleri buna fırsat bulmuş olabilir."

"Kimse ona haklarını okudu mu?" Cevap vermedim.

"Tanrım, her şeyi ben mi yapacağım? Gel benimle."

Neden, yoksa elini tutacak birine mi ihtiyacın var? Bunu yüksek sesle söylemedim. Acınacak haldeki kariyerinin en güzel gününde bile yapılmış olsa, Judd'un kendisine yönelik bu tip bir iğneli sözü unutacağını düşünecek kadar aptal değildim.

Şüpheli, iki kolunda birer üniformalı memurla, başı önünde duruyordu. Memurlar kollarını hafifçe yukarıda tuttuğu için omuzlarını rahatlatmak için öne doğru eğilmesi gerekmişti. Biraz acı insanı böyle bir anda uysallaştırıverirdi işte.

Ona doğru yaklaşınca, titrediğini fark ettim. Yağmur hızını biraz kesmişti ama hava hâlâ buz gibiydi. Bir an başını kaldırdı ve hemen ardından bakışlarını tekrar yere çevirdi. Psikoloğun çıkardığı profillere göre olmasını beklediğimizden çok daha gençti ve dehşete kapılmıştı.

Judd kibirli bir tavırla öne atıldı. "Tutuklamayı kim yaptı?"

Sessizlik. Yüzümü buruşturdum. Büyük olasılıkla formaliteleri benim yapmamı bekliyorlardı ama bu benim aklıma bile gelmemişti. Onu ilk yakalayan bendim ama bunu bir onur olarak görmemiştim. Yine de ortaya çıkmam gerekecekti. "Sanıyorum ben yaptım."

5. KURBAN

"Sanıyor musun?" Judd ellerini iki yana açıp kendi etrafında döndü. "Bana onu hâlâ tutuklamadığını mı söylüyorsun? Onu hiç kimse tutuklamadı mı?"

Acıyan omuzlarımı yukarı kaldırdım. "Belki onlar tutuklamış olabilir. Biraz önce de söylediğim gibi, ben biraz meşguldüm."

"Şimdi kalk ve yap şu işi." Judd dişlerini sıkarak konuşuyordu. Daha önce bunu gerçekten yapan birini hiç görmemiştim. Her zamanki gibi müfettişin yanında olmak çok eğitici bir deneyimdi.

"O işi sen yapsana, Tom." Başmüfettişin boğuk sesi arkamdan duyuldu.

"Sanırım sorun olmaz. Senin için bir sakıncası yoktur herhalde, öyle değil mi Rob?"

"Kesinlikle."

Godley ağrıyan omzuma hafifçe vurdu. "Aferin evlat. Tom, adam senin. İşi düzgün hallet."

Judd her şeyi kitabına göre yapardı; kâğıt işlerinde üstüne yoktu. Artık orada yapacak başka bir işim kalmadığına karar verip yanlarından ayrıldım. Yürürken, biraz önce konuştuğum sağlık görevlisi beni görüp, "St. Luke's," diye seslendi.

Ona elimle tamamdır işareti yaptım. Kaşlarını çattı. "Gitmeyi unutma."

"Gideceğim." Tedavi görüp görmeyeceğim başka bir meseleydi ama oraya kesinlikle gidecektim.

Birkaç metre ötede bir bankta çökmüş halde oturan Sam'i fark ettim. Perişan görünüyordu; Yanına gittim.

"Bana vurduğun için sağol. Ben sana ne yaptım? Bir ara,

copladıktan sonra da biber gazı sıkacaksın sandım. Bir dahaki sefere bana değil seri katile vur."

"Üzgünüm." Başını kaldırdı. "Sence iyileşecek mi?"

Kimden söz ettiğini sormama gerek yoktu. "Umarım iyileşir," dedim ve artık içimde tutamayarak devam ettim. "Çok kötü görünüyordu."

"Ona yetişmem bu kadar uzun sürmemeliydi. Ben ortada bir sorun olduğunu fark edene kadar o çoktan arabadan çıkıp yolu yarılamıştı."

Haklıydı ama kendini şimdikinden daha kötü hissetmesine neden olacak bir şey söylememin hiçbir anlamı yoktu. "Senin bir kısa mesafe koşucusu olduğun söylenemez, öyle değil mi? Ve Maeve'in de o bacaklarla haksız kazanç elde ettiği bir gerçek." Sam gülümsemedi. "Bak, o bir savaşçı, tamam mı? İyileşecek." Sesim hissettiğimden çok daha kendinden emin geldi kulağıma. Sam inatla başını iki yana salladı. "Kendimi asla affetmeyeceğim."

"Dur o zaman mendilimi hazırlayayım. Burada oturup mızmızlanacağına işe yarar bir şeyler yapmak ister misin?

Sam böyle bir soruya, üzüntüden perişan haldeyken bile düşünmeden evet demeyecek kadar kurnaz bir yaşlı tilkiydi. "Duruma göre değişir. Konu ne?"

"Maeve'i St. Luke's Hastanesi'ne götürdüler. Oraya nasıl ulaşabileceğimiz hakkında bir fikrin var mı?"

Sam yüzünde deminkinden çok daha neşeli bir ifadeyle ayağa fırladı. "Araba bende."

"Ben de bunu ne zaman hatırlayacaksın diye merak ediyordum." Parkın kapısına doğru yürümeye başladık. Genç

5. KURBAN

adamın, müfettiş ve Başkomiser Godley'nin karşısında sistemli bir şekilde üzerinin arandığı noktaya geldik.

Aynı anda durduk.

"Tanrım. Şunlara bak."

Genç adamın üzerinden çıkanlar bir yığın halinde önünde duruyordu. Bir cüzdan, evinin anahtarları, bir cep telefonu. Buraya kadar her şey normaldi. Normal sayılamayacak olanlar arasında ise, şok tabancası olduğunu bilgilendirme toplantılarında öğrendiğim, iki metal ucu olan küçük, siyah, dikdörtgen bir plastik nesne, bir levye, bir demir kesme aleti, bir rulo yeşil bahçe ipi ve siyah lastik saplı bir duvarcı çekici vardı.

"Sanırım bu onu bulduğumuz anlamına geliyor," dedi Sam boş gözlerle yüzüme bakıp.

"Evet. Seri katiller gözüne çocuk gibi görünmeye başlayınca insan yaşlandığını anlıyor."

Şüphelinin üzerinde sadece beyaz t-shirt'ü ve pantolonu kalmıştı. Çizmelerini, içlerini aramak için çıkarmışlardı ve buz gibi ıslak betona basan çıplak ayakları morarmaya başlamıştı. Başını kaldırıp yüzünde acıklı bir ifadeyle bize baktı. Çenesinin ortasında morarmış ve iltihaplı, kocaman bir sivilce göze çarpıyordu.

Boğuşma sırasında aldığı darbeler yüzünden gözlerinin çevresinde ve burnunun üzerinde kırmızı izler oluşmuştu. Uzun boylu ve yapılıydı ama yüzüne baksanız onun ancak bir delikanlı olduğunu söylerdiniz. Tabii ki bu doğru değildi. Neler yaptığını, uyguladığı şiddeti, öldürdüğü kadınları düşününce böyle olmadığı çok açıktı.

Arkamı dönüp yürümeye devam ettim ve Sam peşimden

geldi. Parktan çıkana kadar hiç konuşmadık. Ateşçi sonunda yakalanmıştı ama ikimiz de pek kutlama havasında değildik.

Hastaneye ulaşmamız çok uzun sürdü. Bekleme salonunda duvardan duvara bir korku atmosferi hakimdi sanki. Tavandan sarkıtılmış simli yeşil ve altın rengi kâğıt yıldızlar, insana yeni yıla yaklaşırken ortada neşelenecek çok az şey olduğunu hatırlatmaktan başka bir işe yaramıyordu. Plastik oturma yerleri, çılgın partilerden kurtulmuş yaralılar, sarhoş ofis çalışanları, üstü başı kir içinde serseriler ve güzel gecelerini kanlı bir kavgayla sonlandırmayı tercih etmiş delikanlılarla tıka basa doluydu. Kapıdan girer girmez bizi karşılayan kusmuk esintili ılık hava karşısında tiksintiyle durdum.

"Tanrım."

"Bana kalırsa O bile burayla uğraşmak istemezdi." Sam kendine gelmişti. İçinde en az beş çalışanın, önlerindeki kuyruğu başarıyla görmezden gelmekle meşgul olduğu camlı danışma masasına doğru hızla ilerledi. Sıradakilerin şaşkın ve öfkeli bakışları arasında en öne kadar ulaşıp cama vurdu ve kimliğini gösterdi. Kimliğini görünce, danışmadakilerin onun sorununu çözmek için birbirleriyle yarıştığı söylenemezdi tabii ama en sonunda baygın gözlü, koyu renk saçlı bir kadın pencereye yaklaşıp Sam'i dinledi. Kadın tekrar gözden kaybolduğunda Sam bana döndü. "Bakmaya gitti."

"Ben bu arada gidip üstümü başımı düzelteceğim. Beni almadan hiçbir yere gitme sakın."

"Asla."

Erkekler tuvaletinin haline bir göz attıktan sonra engelli tuvaletine girdim. Tek kişilik olması iyiydi. Başımı kaldırıp aynaya bakar bakmaz, sağlık görevlisinin canını sıkan, sağ

5. KURBAN

kaşımın orta yerindeki kesiği gördüm. Kanlar yanağımdan boynuma doğru akmıştı. Görüntü açısından bekleme salonundaki delikanlılardan aşağı kalır bir yanım yoktu. Biraz insana benzeme umuduyla bir parça tuvalet kâğıdını ıslatıp yüzümü sildim. Gözüm morarmıştı ve adamın beni gafil avlayarak bir sol kroşe indirdiği çenem fena halde ağrıyordu ama bunun dışında fazla bir şeyim yok gibi görünüyordu. Islak ceketimi çıkarıp yere attım ve kuruyan kan yüzünden koluma yapışmış olan kazağı çıkarmaya çalışırken söylenip durdum. Adamın ısırdığı yer hiç de iyi görünmüyordu; bunu ben bile görebiliyordum. Dişleriyle etimde hâlâ hafif hafif kanayan ay şeklinde iki yarık açmıştı. Yaranın ortası mosmor olmuştu ve bütün kolum ağrıyordu. İnsan ısırığı için tetanoz aşısı gerekip gerekmediğinden emin değildim ama içimde bu yarayı ihmal etmemem gerekiyormuş gibi bir his vardı. Bunu gidip doktora göstermeliyim diye geçirdim içimden, bunu ne zaman yapacağım konusunda herhangi bir plan yapmadan.

Yapışan yeri hızla çekip yaradan ayırdım ve kolumu dikkatle çıkararak t-shirt'ü üzerimden attım. Sağa sola dönüp vücudumda başka yara bere olup olmadığını kontrol ettim. Kaburgalarımda ve göğsümde birkaç morluk vardı ama üzerimde başka kesik görünmüyordu. Kolumdaki ısırık dışındakiler önemsizdi ve heyecanlanacak bir durum yoktu ama çok yorulmuş ve üşümüştüm. Kendimi ölü gibi hissediyordum; tekrar giyinebilmem için gereken enerjiyi toplamaya çalışarak birkaç saniye lavaboya dayanıp bekledim.

Boynumdan süzülen kanlar yağan yağmurla birleşmiş, t-shirt'ün yakası pembeleşmişti. T-shirt'ü çöp kutusuna fırlatıp daha derli toplu ve makul görünen kazağımı giydim.

Ceketimin ceplerini kontrol edip Maeve'le ikimizin telefonlarını pantolonumun cebine aktardım. Hastane yolunda Ian'ı onun telefonundan aramıştım. Ian önce sinirlenmiş, sonra meraklanmış ve son olarak da şu an benim de tüm vücudumu sarmış olan o dehşet verici korkuya kapılmıştı. Kendime onun bunları hissetmeye hakkı olduğunu hatırlattım. Gariplik bendeydi.

Ceketim elimde dışarı çıktığımda Sam gitmişti. Aklıma birden kötü düşünceler hücum etmeye başladı. Danışma masasına yaklaşıp baygın gözlü kadına işaret ettim.

"Arkadaşınız çoktan gitti. Kapıya doğru ilerleyin. Kilidi açıyorum."

Sam beni beklese ölürdü sanki. Acil servisin diğer tarafında da işler daha iyi sayılmazdı. Etrafta çok az görevli ve sedyelerde bekleyen çok fazla insan vardı. Sam'i bulmaya çalışarak bir süre dolaştıktan sonra yanımdan geçen zayıf, orta yaşlı ve bezgin görünüşlü bir hemşirenin koluna yapıştım.

"Ben polisim, tatlım. Kısa süre önce Kennington'dan getirilen meslektaşımı arıyorum. Saldırıya uğramıştı."

"Ah, evet. Şurada." Perdeleri çekilmiş bir kabini gösteriyordu.

"O iyi mi? Yani şey -onu görebilir miyim?"

"İyi. Perdeleri rahat etmesi için çektik. Burası bu gece berbat."

İçimdeki rahatlamayı anlatmaya kelimeler yetmezdi. Hemşireye bakıp sırıttım. "Ben de bu duruma alışıyorsunuz sanırdım."

"Böyle bir şeye asla alışamazsın." Kaşlarını kaldırıp,

5. KURBAN

gözlerini kafasında kocaman bir geyik boynuzuyla, tekerlekli sandalyede yanımızdan geçen tek gözü bandajlı adama çevirdi. Üzerinde dizine kadar çektiği beyaz çorapları ve yeşil iç çamaşırından başka hiç bir şey yoktu. Hemşirenin ne anlatmaya çalıştığını görebiliyordum.

Ona şans dileyip kabine yaklaştım ve perdeyi yavaşça araladım. "Tak, tak."

Yatakta yatan da yatağın hemen yanında oturan da Maeve değildi. Sivil görevdeki memur -adının Katy olduğunu hatırlıyordum- tek eli başında, solgun bir yüzle öylece yatıyor, başka bir üniformalı memur elinde bir bardak suyla yanında oturuyordu. Katy, beni görür görmez yattığı yerden doğruldu.

"Maeve nasıl? İyi mi?"

"Ben de bunu öğrenmeye çalışıyorum." Onunla ilgilenmeyerek kabalık etmiştim. "Ee, sen nasılsın?"

"Bok gibi," dedi Katy ve kendini tekrar yatağa bıraktı.

"Her tarafı morarmış," dedi arkadaşı. "Ama neyse ki adam, daha fazla ileri gitmeye fırsat bulamamış."

"Benim için öyle ama diğerlerine çok kötü şeyler yaptı," diye lafa karıştı Katy ve tekrar bana döndü. "Maeve'i bulduğunda nasıl olduğunu bana da haber ver."

"Veririm."

Kabinden çıkıp tekrar daha önce konuştuğum hemşirenin yanına gittim. İsim kartında "Yvonne" yazıyordu. "O değilmiş. Başka polis gördün mü?"

"Hayır ama seni gördüm. Gel benimle." Benim için bir kabin hazırlamıştı. İtiraz etmeye fırsat bulamadan kendimi sedyeye uzanmış, gözüme doğru tuttuğu parlak ışığa bakarken buldum. "Buna dikiş gerekiyor. Doktorun bakması lazım."

Yvonne yarayı temizlerken gözlerimi kapattım. Yorgunluktan bitkin düşmüştüm.

"Bunun nasıl olduğunu sorabilir miyim?"

"Birini tutukluyordum."

"Biriyle dövüşüyordum demek istediniz herhalde? Peki kim kaybetti?"

"Ben," dedim bezgin bir sesle. Ama benim bir ya da iki müebbet hapse mahkûm edilme tehlikem olmadığı için rakibimle aynı motivasyona sahip olduğum söylenemezdi.

"Şimdi biraz canın yanacak."

Doğru söylüyordu; yarayı temizlemek için kullandığı sıvı yaranın kendisinden daha çok acıtmıştı. "Aah."

"Cesur ol. Neredeyse bitti."

"Meslektaşıma ne olduğunu öğrenebilir misin? Adı Maeve Kerrigan." Gözlerinin içine baktım. "Lütfen?"

Başını tamam der gibi salladı. "Sana başka ne yaptı bu adam?" Ona diğer yarayı da göstermemin daha doğru olacağına karar verdim. T-shirt'ü sıyırıp ona kolumu gösterdim. "Sadece bu var."

Yvonne yarayı görünce yüzünü buruşturdu. "Ah, Tanrım. Hemen doktoru bulayım."

"Sadece temizleyip bir yara bandı yapıştırsan olmaz mı?"

"İnsan ısırıklarına çok önem veririz. Bu ne zaman oldu?"

Hiçbir fikrim yoktu. "Bir saat falan olmuştur herhalde."

"Bunun temizlenip toparlanması için ameliyathaneye gitmen gerekecek. Merak etme, hiçbir şey hissetmezsin."

5. KURBAN

Yarayı gösterdiğime pişman olmuştum. "Bak, bunun için kalmayı çok isterdim ama biraz meşgulüm ve-"

Kocaman, şişko bir kafa perdeden içeri uzandı. "Burada ne yapıyorsun, dostum?"

"Nereye kayboldun, Sam? Maeve nasıl? Onu bulabildin mi?"

"Hem evet hem de hayır. Onu henüz göremedim ama nerede olduğunu öğrendim. Acil serviste, koridorun en sonundaymış. İlk müdahale hâlâ bitmemiş." Yüzü bembeyaz olmuştu. Onu son gördüğümden beri on yıl yaşlanmış gibi görünüyordu. "Kafatasında kırık olduğunu düşünüyorlar. İç kanama tehlikesi var."

"İyileşecek mi?"

Çaresizce omuzlarını kaldırdı. "Ellerinden geleni yapıyorlar."

Yvonne'un ellerinden kurtulup ceketim elimde ayağa fırladım.

"Nereye gittiğini sanıyorsun?"

"Onu görmeye."

"Önce kolunun tedavi edilmesi gerekiyor."

Sam uzanıp yaraya yakından baktı. "Aaah. Bu iş risk almaya gelmez. East End'de bir kulübün önündeki bir kavgada ısırılan birini tanıyorum. Adam neredeyse elini kaybedecekti."

"Evet Sam, tamam, mesaj alındı." Hemşireye döndüm. "Bak, bu işe daha ne kadar zaman var? Yani, beni ameliyathaneye götürmen gerektiğini söyledin. Bu hemen şimdi olmayacak, öyle değil mi?"

Hemşire, bilmiyormuş gibi omuz silkti. "İçeriyi ayarlar ayarlamaz seni alacağız. İşleri biraz hızlandırmaya çalışırım."

"Önümüzdeki on beş dakika içinde içeriyi hazırlayıp beni alma ihtimaliniz yok, değil mi?"

"Hayır," dedi hemşire.

"Buraya hemen döneceğime söz verirsem gidip çalışma arkadaşımın durumuna bakabilir miyim?"

"Seni durduramam. Ama beş dakika sonra burada olmanı istiyorum ki doktor seninle ilgilenebilsin."

"On dakika." Fikrini değiştirmeyecek gibi görünüyordu. En ikna edici, yumuşak bakışımla gözlerinin içine baktım. "Lütfen, Yvonne?"

"Madem söz veriyorsun."

O son sözcüğünü söylerken ben çoktan oradan uzaklaşmıştım.

Yvonne, neden Maeve'i görmek istediğimle kesinlikle ilgilenmeyen Doktor Gibb'in yanında çocuk oyuncağı gibi kalırdı. Acil servisin, yani girmek istediğim yerin kapısından tam o anda çıkan Doktor Gibb koyu renk saçlı, ufak tefek, ciddi ve acımasız biriydi.

"Buraya giremezsiniz. Birinci derece yakınlarını hastanın durumu hakkında bilgilendireceğiz ama eğer siz sadece meslektaşıysanız-"

"Sadece meslektaşı değilim. Ben onun arkadaşıyım." Doktor Gibb beni hiç duymamış gibiydi.

"-tedavisi hakkında size bilgi vermem kişisel haklarının ihlali anlamına gelir."

"Nasıl olduğunu bilmek istiyorum."

5. KURBAN

"Ailesinin sizi bu konuda bilgilendireceğine eminim."

Çaresizce gülümsemeye çalıştım. Hiçbir şey işe yaramazsa cazibeni kullan... "Bak, bilirsin işte. Saldırıya uğradığında ben de yanındaydım. Ona gerçekten çok değer veriyorum ve iyi olduğundan emin olmak istiyorum. Lütfen, girebilir miyim?"

Doktor başını iki yana salladı. "Size yardımcı olamam. Bu şekilde ikimizin de zamanını harcamaya bir son vermenizi tavsiye ediyorum."

"Lanet olsun," dedim aniden; sinirim tepeme çıkmıştı.

Sam koluma yapıştı. "Hadi gel, dostum. Boş ver. İyi bir çocuk olup kabinine geri dönmelisin."

Gitmeliydim. Bir söz vermiştim ve zamanım dolmak üzereydi. Kolumdan çekiştirip duran Sam'in arkasından söylene söylene ilerledim.

"Kerrigan hakkında böyle hislerin olduğunu bilmiyordum."

"Ne? Ah, onu söylüyorsun. Bunu ciddiye alacak değilsin herhalde. Sadece beni içeri alması için doktoru ikna etmeye çalışıyordum."

"Tabii tabii." Sam hırıltılı, küçük bir kahkaha attı. Durup yüzüne ters ters baktım.

"Biraz kendine gelmişsin anlaşılan. Zaten doğrusu da bu. İki yüz metreyi yirmi dakikada kat ederek kendi rekorunu kırmış olmanda utanılacak bir şey yok ki."

"Böyle yapma Rob. Sadece orada söylediklerini duydum diye-"

"O anlamda söylemediğimi sana anlattım. Ve bunu herhangi birine -herhangi biri diyorum, Sam- anlatacak olursan, o geyik boynuzlu adamı bulur boynuzlarını ödünç alırım ve öyle bir yerine sokarım ki bir hafta düzgün yürüyemezsin."

"Sakin ol, sakin ol, şiddete hiç gerek yok..."

Kabine önden girip Sam'in peşimden gelmesini engellemek için perdeyi çektim. Bugünlük bu kadar Sam benim için yeterdi. Bitkin bir halde yatağın kenarına oturup sıradaki macerayı beklemeye başladım.

Yvonne sözüne sadık biriydi. Daha kabine gireli birkaç dakika olmuştu ki yanında kolumla ilgilenecek olan doktorla birlikte geldi. Perdeler açılınca söz konusu doktorun Doktor Gibb'den başkası olmadığını gördüm. Bu, tam da bu geceye göre bir olaydı.

Kolumla işleri bittikten sonra yaranın üzerini dirseğime kadar bir bandajla kapattılar ve bana içinde elimi bile sürmek istemediğim oldukça etkili ağrı kesiciler olan plastik bir poşet verip hastaneden ayrılmama izin verdiler. Çoğu insan böyle bir durumda doğruca eve giderdi -ben de eve gitmeliydim- ama aklım karakolda kalmıştı ve aslında alsam hiç de fena olmayacak bu ağrı kesiciler yüzünden zihnimin bulanıklaşmasını istemiyordum. Maeve hakkında tek kelime öğrenememiştim ve iş yerinde daha fazla bilgi alabileceğimi düşünüyordum. Ayrıca onun başının dertte olduğunu bildiğim sürece yatıp dinlenmem mümkün değildi. Düşünceler kafamın içinde dolanıp duruyordu. Biraz daha hızlı olabilseydim...O gazeteciye takılmasaydım... Katy'nin peşinden koşmadan önce bana seslenmiş olsaydı...

Ayrıca neredeyse tutukladığım genç adama neler olduğunu da merak ediyordum. Olay yerinde gördüklerime bakılır-

5. KURBAN

sa, bu adamın peşinde olduğumuz katil olduğu kesindi. Ve tabii kesinlikle çok yanlış yolda olduğumuz da. Seri katillerin bir anda ortaya çıkmadığına, cinayete yükselmeden önce bir dizi farklı suç işlediklerine inanılırdı. Ama parkta dövüştüğüm adamın bir dizi suç işleyecek zamanı olmuş gibi görünmüyordu ve onu peşlerinde dolaşarak saatler harcadığımız sapıkların resimlerinden oluşan galeriden de tanımıyordum. Onun bugüne kadar soruşturma boyunca hiç gündeme gelmemiş biri olduğundan neredeyse emindim. Bu durumda ya o çok zekiydi ya da daha yüksek bir ihtimalle biz, ne aradığımız konusunda fena halde yanılmıştık.

Tutuklanmasından önce olanları düşününce doktorun onu bugün içinde sorguya göndereceğini sanmıyordum. Onun yerinde, ancak çok pişmiş bir brokoli kadar çevik ve güçlü olan ben olsam, bu kadar hızlı toplanamazdım. Ama belli ki o benden çok daha sağlam çıkmıştı çünkü saat altıda merkeze vardığımda Judd, koridorda Chril Pettifer'ı karşısına almış, ona uyarılarını sıralıyordu. Pettifer, takımın eğitimli sorgu memurlarından biriydi ve sabahın bu saatinde burada olmasının, şüphelinin sağlıklı ve konuşmaya hazır olmasından başka bir anlamı olamazdı. Hiçbir şey söylemeden yanlarından geçip gittim. Judd her zamankinden daha gergin görünüyordu. Adamdan itiraf almak gibi bir sorumluluğum olmadığı için çok şanslıydım.

Sorgu odasına girdiğimde tahmin ettiğim gibi Peter Belcott'la karşılaştım. İşler ilginçleşmeye başladığında ortaya çıkmak gibi ilginç bir yeteneği vardı.

"Olanları anlatsana, dostum. Adam kimmiş?"

"Ben senin dostun değilim," dedi Belcott ve sonra biraz

yumuşadı. "Adı Razmig Selvaggi." Adamın ismindeki seslerin tadını çıkararak her bir heceyi ağzında yuvarlayarak söylüyordu. "Yirmi dört yaşında. Annesi Ermeni, babası İtalyan. Evlere servis yapan bir restoranları olan ailesiyle birlikte Brixton'da yaşıyor. Paket servisi o yapıyor. Sabıka kaydı yok. Hepsi bu."

"İtiraf etti mi?"

"Onunla şimdi konuşacaklar. Eğer izlemek istiyorsan sorgu odasından dışarı canlı yayın yapılacak." Belcott başıyla toplantı odasını gösterdi; içerideki televizyonun titrek ışığını kapıdan görebiliyordum.

"Öyle yapayım." Odaya doğru ilerledim.

"Kerrigan onu yüzüyle durdurmuş diye duydum. Bir erkek üzerinde ilk defa böyle bir etki bıraktığını hiç sanmıyorum."

Kendime hakim olmaya çalışıyordum ama ellerim beni dinlemeden yumruk olmuştu. "Maeve başka bir polis memuruna destek için gittiği sırada yaralandı. O yüzden ben senin yerinde olsam bu konuda fazla şaka yapmazdım. Bu arada dün gece sen neredeydin? World of Warcraft'la ateşli bir randevun vardı herhalde."

"Defol git."

"Zevkle."

Toplantı odasına girdim. Birkaç kişi çoktan içeri yerleşmiş, herkes heyecanla gösterinin başlamasını bekliyordu. Arkalarına geçip duvara yaslandım. Kolum aptal bir şekilde sancıyordu ve kendimi tepeden tırnağa perişan hissediyordum. Selvaggi'yi tekrar görmek istiyordum ama aramızda bir engel olacağı için de memnundum.

5. KURBAN

Ekranda kapının açıldığını ve Pettifer'ın peşinde Judd'la birlikte odaya girdiğini gördüm. Televizyonun sesi kapalıydı ama müfettişin hâlâ konuşmaya devam ettiğini görebiliyordum. Ona işini kendi bildiği gibi yapmasına izin verecek kadar güvenmediği belliydi. Pettifer bu işten sıkılmış gibi görünüyordu ve böyle hissetmekte haklıydı. Önümde oturan dedektiflerden biri bir yuh çekip elinde buruşturduğu kâğıt topu ekrana fırlattı. Tutuklamayı Judd yapmış olabilirdi ama onun yakın zamanda bir popülerlik yarışması kazanamayacağı kesindi. Masada onlar için ayrılmış yere geçip oturdular. Pettifer arkasına doğru hafifçe dönüp kameraya baktı. İzlediğimizi biliyordu. İçimden, onu desteklediğimizi bilmek işini mi kolaylaştırıyor yoksa üzerindeki baskıyı daha da mı artırıyor acaba diye geçirdim.

Kapı bir kez daha açıldı ve içeri Selvaggi ve avukatı girdi. Bu arada toplantı odasına birkaç polis memuru daha doluşmuştu. Adamın ekranda görünmesiyle odadan hafif bir uğultu yükseldi. Yüzündeki morluklar iyice koyulaşmaya başlamıştı. Omuzları gerginlikten öne doğru eğilmiş, kamburlaşmıştı ve bu halde masada otururken hiç etkileyici görünmüyordu.

"Çok genç, öyle değil mi?" Colin Vale düşüncelerimi okumuştu sanki. Adam tırnaklarını yemeye başladığı andan beri yirmi dört yaşından da küçük görünüyordu.

Avukatı da çok gençti. Büyük olasılıkla yerel hukuk firmalarının birinden çağrılmıştı ve hafta sonunda olduğumuz düşünülürse, mesleğe yeni başlamış bir avukat olsa gerekti. Düz, uzun, kızıl saçları ve dikkat çeken bir kâhkülü vardı. Yüzü, sabahın bu saatinde bekleneceği gibi solgun görünüyordu. Kıyafetleri buruşmuştu. Selvaggi'nin yanında oturmuş, ona bir şeyler söylemek için kulağına eğilirken heyecanlı görünüyordu ve bu son derece normaldi. Gerçekten çok önemli bir dava olacaktı bu.

Odadaki herkes hafifçe öne doğru eğilmişti. "Şunun sesini açsana, Colin."

Pettifer her sorgunun başında belli bir sisteme göre verilmesi gereken bilgileri hızla sıralıyordu. Saati, tarihi, bulundukları yeri ve odadaki kişileri kayda geçirmek amacıyla saydı. Selvaggi'ye adını ve doğum tarihini sordu. Selvaggi duymakta zorlandığım boğuk ve kısık sesiyle cevap verdi. Yumuşak bir Güney Londra aksanı vardı ve kelimeleri ağzında yuvarlıyordu.

Avukatının adı Rosalba Osbourne'du. Avukat sanki her zamanki işini yapıyormuş ve ortada heyecanlanacak hiçbir şey yokmuş gibi, absürd derecede sakin bir sesle konuşuyordu. Teknik olarak, bu onun için gerçekten de sıradan bir iş günüydü ama bir yandan da içten içe, kalemiyle oynayıp durmasına neden olan telaşını kimsenin fark etmemesini ümit ettiği her halinden belli oluyordu. Pettifer sorguya geçmeden önce Selvaggi'ye son bir kez haklarını okudu. Her şeyi kitabına göre yapıyor, ortada hiçbir soru işareti kalmaması için uğraşıyordu.

"Evet," dedi Pettifer formaliteleri tamamladıktan sonra. "Bay Selvaggi, bu sabah neden tutuklandığınız hakkında bir fikriniz var mı?"

"Bir kimlik karışıklığı oldu."

"Ne demek istiyorsunuz?"

Selvaggi hafifçe öksürdü ama sesi hâlâ boğuk geliyordu. "Beni başka birisiyle karıştırdınız. Şu seri katille."

5. KURBAN

"Campbell Caddesi parkında tutuklandınız, öyle değil mi?"

Başıyla onayladı ve avukat dirseğine hafifçe dokununca, "Evet," diye ekledi.

"Orada ne yapıyordunuz?"

Selvaggi omuz silkti. "Sadece geziniyordum."

"Geziniyordunuz. Gece yarılarında sık sık gezintiye çıkar mısınız? Yağmurun altında?"

"Çalışıyordum ve biraz ara vermiştim."

"Peki bu gezintiler sırasında hep kadınlara saldırır mısınız?"

Selvaggi dönüp avukatına baktı ve avukat başını iki yana salladı. "Yorum yok."

"Bu sabah iki kadına saldırdığınız sırada, suç üstü yakalandınız, öyle değil mi? Aslında ikisi de polis memuruydu fakat siz o sırada bunu bilmiyordunuz."

"Yorum yok."

"Üzerinizi aradığımızda bunları bulduk." Pettifer, Judd'un kanıt poşetlerini Selvaggi'nin önündeki masaya dizmesini sabırla bekledi. "Bir şok tabancası. Bir çekiç. Bir levye. Bahçe ipi. Demir kesme aleti. Bunları nasıl açıklayacaksınız?"

"Hepsini buldum." Ondan bu konuya bir açıklama getirmesini istemek aptalcaydı. Rosalba bu durumdan rahatsız olmuş gibi görünüyordu ama yine de müdahale etmeden bekledi. "Yerde duruyorlardı, ben de aldım."

"Bu olay kadınlara saldırmanızdan önce mi oldu, yoksa sonra mı?"

"Ben öyle bir şey yapmadım. Onlar da yerdeydi."

"Peki onlara kim saldırdı, Bay Selvaggi?"

"Başka biri."

"Siz başka birini gördünüz mü? Çünkü biz o sırada, o bölgede bir operasyon yürütüyorduk ve orada sizden başka biri olsa görürdük." Selvaggi bir kez daha umursamazca omuz silkti.

"Kayıtlara geçmesi için söylüyorum, Bay Selvaggi omuz silkti." Pettifer suyundan bir yudum aldı. Sorgu fena gitmiyordu. Ama ben adamı suç üstü yakalamışken onun öylece işten sıyrılmaya çalışmasını izlemek biraz rahatsız ediciydi.

Judd, Chris'ten daha başarılı olacağı düşüncesiyle lafa karıştı. "Olay yerinde şans eseri bulunduğunuza inanmamızı gerçekten bekliyor musunuz? Mopedinizin arkasındaki benzin bidonunu nasıl açıklayacaksınız?"

"Benzinim biterse diye taşıyorum," dedi Selvaggi ölü gibi bir sesle ve bütün oda birden kahkahalara boğuldu. Judd o kadar şeyin arasından Selvaggi'nin rahatça cevaplayabileceği tek soruyu bulup çıkarmıştı.

"Evinizi arayacağız," diye atıldı birden Judd. Kulakları kıpkırmızı olmuştu. "Size, anne ve babanıza ve kız kardeşlerinize ait olan her şeyi didik didik edeceğiz. Oranın altını üstüne getireceğiz. Bakalım o zaman da sorularımıza böyle kolay cevap verebilecek misiniz?"

"Bir şeyler bulsak iyi olur," dedi yaşlıca dedektiflerden biri alaycı bir sesle. "Yoksa bu tehditin pek bir anlamı kalmaz."

Selvaggi'nin yüzünden kolay kolay ne düşündüğü anlaşılamıyordu ve kameranın açısı ve görüntü kalitesi, işi daha da zorlaştırıyordu.

5. KURBAN

"Evini ne zaman arayacaklar?" diye sordum birilerinin bu konuda bir şeyler biliyor olabileceğini umarak.

"Şimdi. Arama emrini ancak çıkartabildik." Başkomiser Godley başını kapıdan içeri uzatmıştı. "Seni burada bulacağımı tahmin etmiştim, Rob. Gelmek ister misin?"

"Kesinlikle." Sırtımı dayadığım duvardan hemen doğruldum ve dışarıda bizi Brixton'a götürmek için bekleyen arabaya kadar Godley'yi izledim. Bu, onun bana Selvaggi'yi durdurmayı başardığım için teşekkür etme yoluyduydu. Böyle şeyleri hiç atlamaz, bu gibi durumlarda çalışanlarını mutlaka bir şekilde memnun ederdi. Ama bu seferki memnuniyetimin tek nedeni Godley'nin düşünceli davranışı değildi. Maeve hakkındaki endişelerimden biraz uzaklaşabilecek olmak da beni rahatlatmıştı çünkü Judd'un Selvaggi'yle savaşını izlemek bile Maeve'i aklımdan çıkarmaya yetmemişti.

"Hâlâ haber yok," dedi Godley arabaya biner binmez. "Maeve'den söz ediyorum. Biraz önce hastaneyi aradım."

"Ah. Evet. Haber verdiğiniz için teşekkürler."

"Başka bir şey duyarsam sana söylerim."

"Çok naziksiniz," dedim. Ne kadar utandığım sesimden anlaşılıyordu. Godley telefonunu çıkarıp emniyet müdür yardımcısına son durumla ilgili bilgi verirken ben de boş gözlerle camdan dışarı, sokaklara baktım. Ekipteki herkesin Maeve'e karşı olan hislerimden haberdar olup olmadığını merak ediyordum. Belki de onunla ilgili duygularımı benden önce fark etmişlerdi.

Selvaggi'lerin evi bir yamacın ortasına inşa edilmiş, mütevazı bir Viktoryen binaydı. Önden bakınca küçük görünüyordu ama arkaya doğru uzayarak kendisi, anne-babası ve üç kız kardeşinin rahatlıkla yaşayabileceği büyüklüğe ulaşıyordu. Çatıdaki pencereler tavan arasının bir çatı katına dönüştürüldüğünü gösteriyordu ve Kev Cox'un anlattığına göre, Selvaggi bu bağımsız dairede kalıyordu.

"Aileyi evden çıkardık. Tabii bu duruma pek sevindikleri söylenemez ama yine de kalmak için Carshalton'daki akrabalarının yanına gittiler."

Ev şimdiden yaşanmaz hale gelmişti. Kev alt kattaki pencereleri muşambalarla kapattırmış ve ailenin yakınlardaki bir sokakta duran arabasının etrafını çevirtmişti. İnceleme ekibinin geri kalanı gibi onun üzerinde de beyaz tulum ve mavi eldivenler vardı. Eve girmek için muşambaların arkasında durup, kâğıttan kıyafetlerimizi ve mavi eldivenlerimizi giydik. Kanıtları tehlikeye atma ihtimalimiz varken kapıdan içeri burnumuzu bile sokamazdık. Komşular gazete ve televizyonları aramakla meşguldü ve kafamızın üzerinde vızıldayarak dönüp duran bir helikopter küçük bahçedeki arama işlemlerini görüntülüyordu. Sokak iki ucundan kordon altına alındığı için medyanın fazla yakına gelmesi konusunda herhangi bir endişemiz yoktu ama bulundukları yerden evi görebilen mahalle sakinleri her gördüklerini kaydediyorlardı ve bu görüntülerin kısa süre içinde haber kanallarına düşeceği belliydi. Davayla ilgili bir tutuklama olduğu haberleri, gerçekten heyecan vericiydi ve kanallar haberi sunarken gösterecekleri bir çeşit görsel malzemeye ihtiyaç duyuyorlardı. Kev, yüzü gerginlikten kırış kırış olmuş bir halde, gözlerden uzak çalışabilmek için bahçedeki arama bölgelerinin üzerine kapatılmasını istediği çadırları düzenlemeye çalışıyordu. Onu daha fazla meşgul etmemek için yanından ayrıldık ve

5. KURBAN

dikkatli adımlarla ön kapıdan geçip eve girdik. Üzerimizdeki kukuletalı tulumlar ve maskeler yüzünden kim olduğumuz belli olmuyordu.

"Yardımcı olabilir miyim?"

Bu Kev'in yardımcısı, Tony Schofield'ın sesiydi. Schofield sırık gibi ince uzun ve pek ikna edici sayılamayacak biriydi ama anlaşılan Kev, olay yerinin kontrolünü sağlama görevini ona vermişti.

"Başkomiser Godley ve Dedektif Langton," dedi Godley sabırsız bir sesle. "Kev burada olduğumuzu biliyor."

"Özür dilerim -ben bilmiyordum- yani-" Schofield'un gözleri korkudan faltaşı gibi açılmıştı. "Giren çıkanı kontrol etmem iyi olur diye düşünmüştüm."

"Doğru düşünmüşsün. Bize etrafı gösterebilir misin?"

"Tabii ki." Elindeki kutuyu telaşla bir yere bırakıp geri döndü ve eliyle ön odayı işaret etti. "Aramaya önce bu odadan başladık ama içeride fazla bir şey bulabileceğimizi sanmıyoruz. Anladığımız kadarıyla eşyalarının neredeyse tamamını üst kattaki kendi odasında tutuyormuş."

"Tavan arasından dönüştürülen çatı katında mı? Oradan başlayalım o halde."

Koridordan mutfaktaki çalışmayı görebiliyordum. Olay yeri inceleme ekibindeki memurlar buldukları her kavanozu açıyor, buzluktaki her kabın içine bakıyordu. Ev biz gelmeden önce oldukça düzenli bir yermiş gibi görünüyordu. Bayan Selvaggi, sonunda evine döndüğünde karşılaştığı bu manzara karşısında pek de memnun olmayacaktı.

Schofield ve Godley'nin peşinden ikinci kata çıktım. Odanın ortasında üçümüzün de ayakta durabileceği büyüklükte bir boşluk vardı ve sonra çatı birden sert bir açıyla alçalıyordu. İçeride tek kişilik bir yatak, bir şifoniyer ve duvardaki girintilere monte edilmiş birkaç raf vardı ama Selvaggi'nin eşyalarının çoğu, çatının zeminle birleştiği noktadaki dolaplarda duruyordu. Odanın kapıları, içeriden bir kasırga gibi gelip geçen olay yeri inceleme ekibinin işinin bittiğini anlatmak için ardına kadar açık bırakılmıştı. Gerçekten çok küçüktü ama sonuç olarak içinde duşlu bir tuvaleti olan, ailenin geri kalanından uzakta, tek başına bir daireydi.

"Zamanının büyük bir kısmını burada geçiriyor, burada yemek yiyor, burada uyuyormuş. Gündüzleri çoğunlukla burada oluyormuş. Kız kardeşlerinden birinin söylediğine göre insanlarla fazla ilişki kurmayan, içine kapanık bir tipmiş. Çoğu zaman onun evde olup olmadığından bile haberleri olmazmış. Sağlık merkezindeki spor salonunda da oldukça fazla zaman harcıyor, çoğunlukla ağırlık kaldırıyormuş. Resmi bir işi yokmuş ama eline biraz para geçmesi için ufak tefek marangozluk işleri yapıyormuş ve harçlığını da ailesine ait restoranın dağıtım işinden çıkarıyormuş. İş botlarını ve aletlerini bulduk ve inceleme için laboratuvara gönderdik."

"Başka bir şey yok mu?" Godley'nin sesi endişeliydi. Adamı suçüstü yakalamıştık ama jüri üyelerinin ne karar vereceği belli olmazdı. Selvaggi'nin bahaneler ileri sürüp geçiştiremeyeceği kanıtlar bulmamız gerekiyordu.

"Bu raflarda," diye eliyle gösterdi Schofield, "büyük suçlar bulunuyor. Özellikle kadınları öldüren seri katillerle ilgili birçok kaynak toplamış. Yorkshire Karındeşeni'yle ilgili iki, West'inkilerle ilgili birkaç, Suffolk katiliyle ilgili bir, Rachel Nickell cinayet soruşturmasıyla ilgili de bir kitap bulduk. Ayrıca yabancı ülkelerdeki seri katiller, yani Bundy, Green Nehri Katili, Andrei Chikatilo, Ed Gein, Hillside Katili ve Charles Manson hakkında da birkaç kitabı var."

"Hepsi önemli isimler," dedi Godley.

"Kendine yüksek bir hedef belirlemiş," diye homurdandım.

"Bana kalırsa işin püf noktalarını öğrenmek istiyormuş," dedi Schofield ciddi bir sesle. "Raflarda FBI'dan bir profil uzmanının anıları ile adli inceleme hakkında yazılmış bir kitap da bulduk. Suç nasıl işlenir ve yakalanmamak için neler yapmak gerekir. Duruma bakılırsa adam bu ikincisi üzerinde oldukça uzun bir süre kafa patlatmış. Ayrıca gizemli konularda da birkaç kitabı var. Aleister Crowley falan gibi şeyler. Amatör satanizm."

Selvaggi'nin okuma alışkanlıkları hakkındaki sohbetten sıkılmaya başlamıştım. "Başka ne var?"

"Şiltesinin altında birçok erotik dergi ve çoğunlukla sado-mazo temalı birkaç porno film bulduk. Bana sorarsanız etrafta görmeye alışkın olduklarımıza göre oldukça uzmanlaşmış ve özel bir koleksiyondu. Buradaki çekmecede ise," dedi yatağın yanındaki şifoniyerin alt çekmecesini göstererek, "içinde kadın mücevherleri bulunan bir kutu vardı."

"Kurbanların kayıp mücevherleri mi?" diye sordu Godley.

"Bunu şu anda kesin olarak söylemem mümkün değil. Ama kutunun içindekiler fotoğraflanıp DNA incelemesine tabi tutulmaları için laboratuvara gönderildiler. Evden ayrılmadan önce kız kardeşiyle görüştük ve o bunların kendisine ya da diğer kız kardeşlerine ve annesine ait olmadığını söyledi. Bu bilgiyi doğrulatmaya çalışıyoruz."

"Bu iyi işte," dedim. "Onu diğer kurbanlara bağlayan bir şeylere gerçekten ihtiyacımız var."

"Bu konuda işinize yarayacağını düşündüğüm bir şey daha var." Schofield'ın gözleri maskesinin altında birden parladı. "Arkanızdaki şu dolabın duvarla birleştiği noktada, içinde tamamen kanla kaplanmış bir gömlek ve iki çekiç bulunan plastik bir poşet bulduk. İzlerin kan olduğundan neredeyse eminiz ve ayrıca çekiçlerden birinin üzerinde birkaç uzun saç teli de vardı. Bunu nasıl açıklayacak çok merak ediyorum."

"Ben de." Godley'nin sesi, sanki uzun bir maratonun sonuna ulaşmayı başarmış gibi keyifli ama bir yandan da temkinliydi. "Sağol, Tony. Başka bir şey var mı?"

"Kanıtları yıkayıp yok etmeye çalışmış olma ihtimaline karşı duşun giderini ve pis su borularını kontrol ediyoruz. Bunun dışında ise, gözden kaçırdığımız hiç bir şey kalmaması için evin her yerini köşe bucak arayacağız."

"Güzel. Böyle çalışmaya devam edin," dedi Godley.

Schofield tamam der gibi başını salladı. "Başka bir şey yoksa..."

"Sen işine devam et lütfen. Tur için sağol."

Tony merdivenlerden aceleyle indi ve Godley dönüp bana baktı. "Ne düşünüyorsun?"

"Çekiç ve mücevherlerin en şüpheci jüri üyesini bile ikna etmeye yeteceğini düşünüyorum. Ama porno dergiler ve suç kitapları daha çok ikinci derece kanıt sayılır. Ekipteki bazı memurların bile benzer koleksiyonlara sahip olduğuna emi-

5. KURBAN

nim. Ama tabii Doktor Chen bunlara çok önem verecektir."

"Yanlış profil çıkarmasının nedenlerini bulmaya çalışırken bunlarla uğraşır artık."

"Çok haklısınız." Odaya, kapakları ardına kadar açılmış dolaplara, çarşafı sökülüp yatağın üzerine yanlamasına bırakılmış şilteye, boş raflara baktım. Her şey çok zavallı görünüyordu; sanki ortada hiçbir şey yoktu. "Tek adımda cinayet. Daha önce hiç suç işlememiş. Bu nasıl olabiliyor sizce?"

"Belki de suç işlemiş ama yakalanmamıştır. Ya da belki hayal gücü, aradaki basamakları onun yerine doldurarak onu bugüne kadar mutlu etmeyi başarmıştır."

"Ve sonra bir gün, hayal kurmanın artık ona yetmediği bir noktaya gelip dayanmıştır."

Godley birden dikkatsizce doğruldu ve kafasını tavana çarptı. "Ahh. Evet. Hadi merkeze dönelim ve görelim bakalım Pettifer yeni kanıtlarla daha iyi bir sonuç alabilecek mi. Selvaggi'nin öğlen olmadan itiraf etmiş olacağına bahse varım."

Başkomiser bir saat on dakika ile yanılmıştı. Selvaggi tam olarak saat 10.50'de dört cinayeti de itiraf etti. Kahve ve midemi bulandıran tek bir ısırıktan sonra yemeden bıraktığım domuz pastırmalı sandviçten oluşan kahvaltım için dışarı çıkmış ve Selvaggi'nin dağılışını izlemek için tam zamanında geri dönmeyi başarmıştım. Avukatı saatler süren sorgu boyunca ondan yavaş yavaş uzaklaşmış ve artık Selvaggi ile aralarındaki mesafe dikkat çekici bir boyuta ulaşmıştı. Sanki hayatı tamamen buna bağlıymış gibi kırmızı bir kalemle her şeyi not alıyordu; dikkati müvekkilinden çok önündeki deftere yönelmiş gibiydi. Judd hâlâ tepeden tırnağa gergin görünüyor, Pettifer ise yüzünde sakin ve rahat bir ifadeyle arkasına yaslanmış, Selvaggi'nin güvenini kazanmaya çalışıyordu.

"Bize ilk cinayetten söz edin. Nicola Fielding'den."

"Eylül ayıydı," dedi Selvaggi dalgın gözlerle. Sesi sakindi. "Ilık bir geceydi. Biraz gezinmek için çok uygun bir geceydi." Kıkırdayarak güldü. "Bunu o söylemişti. Onu görünce durdum. Bilirsiniz işte. Bir süre sohbet ettik. Bunu daha önce de birkaç kez yapmıştım. Yani, yalnız başına yürüyen bir kız görünce daha önce de durup konuştuğum olmuştu demek istiyorum."

"Bu sefer sohbet etmekten fazlasını yaptınız ama," dedi Pettifer. "Sizin için farklı olan neydi?"

"Aslında, hiçbir şey." Selvaggi bakışlarını yere indirdi. "Sadece, bunu yapmayı ona rastlamadan önce de düşünüyordum. Ve aleti yanıma almıştım, anlarsınız ya. İhtiyacım olan şeyleri. Başta onunla sadece konuşacaktım ama parkın hemen yanındaydık ve şok tabancası da elimdeydi. Aslında tabancayı sadece sohbet ettiğimiz sırada elimde tutup, bunun nasıl bir his olacağını hayal etmeyi planlıyordum ama birden yapıverdim işte." Bu cesur davranışının onu hâlâ hayrete düşürdüğü her halinden belliydi. "Sanki bir şey bedenimi ele geçirmişti. Şok tabancasını tuttuğum elimi cebimden çıkardığımı gördüm. O ne yaptığımın farkında bile değildi. Bana gecesinin nasıl geçtiğinden söz ediyordu ki bir anda kendini yerde buldu."

"Onu orada bırakmadınız, öyle değil mi? Parka taşıyıp ölene kadar dövdünüz onu."

"Bu asırlardır yapmak istediğim bir şeydi. Ve artık yapmak zorundaydım. Bu sırada kimse beni görmedi." Sesinde

5. KURBAN

utangaçlıkla karışık bir zafer sevinci hissedilebiliyordu. Sanki yaptığının yanlış olduğunu biliyor ama yine de bunu yaptığı için kendiyle gurur duyuyor gibiydi.

"Umduğunuz gibi bir his miydi?" Pettifer'ın bunu gerçekten merak ettiği sesinden anlaşılıyordu. "Planladığınız gibi miydi? Beklentilerinizi karşıladı mı?"

"Onu öldürmek mi?" Selvaggi'nin gözleri faltaşı gibi açılmıştı. "Daha iyiydi. Çok daha iyi."

Yine midem bulanmaya başlamıştı. Başımı çevirdim. Bu zor bir durumdu. Selvaggi suçlu bulunacak ve müebbet hapse mahkûm olacaktı. Bir daha özgür kalması mümkün değildi. Adalet yerini bulmuştu.

Ama bu noktaya gelmek için kurban ettiğimiz kişiyi düşündükçe kendimi bir türlü buna değdiğine ikna edemiyordum.

On İkinci Bölüm

MAEVE

Hayata dönmeyi Tanrının merhameti ve meleklerin yardımı sayesinde başardım. Sirenler eşliğinde hastaneye yetiştirilmem sırasında nefes almaya devam etmemi sağlayan sağlık görevlileri, toplanıp durumum hakkında tartışan doktorlar ve kimsenin sabaha kadar hayatta kalıp kalmayacağımdan bile emin olamadığı kritik saatler boyunca gözlerini üzerimden bir an olsun ayırmayan hemşireler. Hepsi benim gerçek meleklerimdi. Tabii anneme sorarsanız bana cennetin bütün melek ve azizleri yardım etmişti. Sonradan babamın anlattığına göre annem, Başkomiser Godley'den, zamanının çoğunu herkesten uzakta, bekleme salonunda geçirmeyi tercih eden Ian'a kadar herkesin içine korku salmıştı.

O sırada bunların hiçbirinden haberim yoktu, tabii ki. Başımdaki ve vücudumdaki ağrıdan ve nasıl geldiğimi bilmediğim bir hastane odasının aşırı sakinliğinde uyanmanın vermiş olduğu o tuhaf sersemlik hissinden başka hiçbir şeyden haberim yoktu. En son ne yaptığımı ya da bana ne olduğunu bilmediğim gibi, gece mi gündüz mü olduğunu ya da hayatta

5. KURBAN

kalıp kalmayacağımı da bilmiyordum. Ve aslında çoğu zaman, bunları düşünemeyecek kadar perişan haldeydim.

İlk kez tam olarak kendime gelip gözlerimi açtığımda, üzerime doğru eğilmiş ameliyat eldivenli bir doktorla göz göze geldim. Göz kapaklarımdan birini iyice aralayıp gözüme parlak bir ışık tuttu.

"Aah." Ses tellerim uzun süre kullanılmamaktan ve susuzluktan paslanmıştı. Canım yanarak hafifçe öksürdüm.

"Tekrar hoş geldin. Bana ismini söylebilir misin?"

"Evet, bunu yapabilirim. Peki ya sen?"

"Korkarım bunu gerçekten duymam gerekiyor."

"Maeve Aine Kerrigan. Şimdi sıra sende."

Doktor bir kahkaha attı. "Senin hiçbir şeyin yok, öyle değil mi?"

"Neyim olacaktı ki? Neden buradayım?"

"Neler olduğunu hatırlayabiliyor musun?"

Onu başımdan atmak için bu soruya hemen cevap vermek istiyordum ama ağzımı açtığımda söyleyecek hiçbir şey bulamadım. Yüzümü buruşturdum.

"Acele etme, zamanın var."

"Zamana ihtiyacım yok benim." Midemden yukarı doğru yayılan korku dolu bir ürperme hissettim ve battaniyeyi üzerime çektim. "Bir dakikada hatırlarım."

"Hmm." Doktor geriye doğru çekilip cebinden bir kalem çıkardı ve hasta takip çizelgeme bir şeyler karaladı. Kendimi önemli bir sınavda başarısız olmuş gibi hissediyordum.

"Başım acıyor."

"Bunda şaşılacak bir şey yok. Kafatasında kırık var."

"Ah."

Bu kulağa pek hoş gelmiyordu. Bunun ne zaman ve neden olduğunu hatırlamaya çalışarak gözlerimi kapattım. Bir araba kazası mı olmuştu? Bir arabanın içinde olduğumu ve arka koltukta oturan birine bakmak için arkamı döndüğümü hatırlıyordum. Ama araba hareket etmiyordu. Başka bir şey olmuş olmalıydı.

Tekrar gözlerimi açtığımda doktor gitmişti ve bu sefer, yatağımın iki yanında duran annem ve babam karşımdaydı. Yorgun ve bakımsız görünüyorlardı. Babamın üzerinde düğmeleri yanlış iliklenmiş bir hırka vardı ve annemin her zaman görmeye alışık olduğum kahverengi bukleleri bozulmuş, saçı düzleşmişti.

"Burada ne işiniz var?" Sesim neyse ki biraz düzelmişti. Daha güçlü çıkıyordu.

"Uyanmışsın." Annemin gözlerinde bir an için tarifi imkânsız bir rahatlama gördüm. Babama döndüğümde onun yüzünde de aynı ifade vardı.

"Kendini nasıl hissediyorsun, aşkım?"

"Başım acıyor, babacım." Çocukluğumdan kalma bu sözcük birden ağzımdan çıkıverdi ve o an birden kendimi gerçekten sevilmek ve sakinleştirilmek ve ilgilenilmek isteyen bir çocuk gibi hissettim. Sonra doktorun söylediği şeyi hatırladım. Onlara bana ne olduğunu söylemem gerekiyordu. "Kafatasımda kırık var."

"Biliyoruz. Doktorlar bize söyledi. Son otuz altı saattir gidip gidip geliyorsun." Annemin her zamanki iğneleyici konuşması geri gelmişti. Bunu fark edince birden rahatladım; demek durumum o kadar da kötü değildi. "Neler olacağını bekleyip görmek gerektiğini söylediler. Anlaşılan bir miktar bozulma olabilirmiş."

"Bozulma mı?"

Babam telaşla araya girdi. "Ah, Colette. Kızı üzmesene."

Babama döndüm. "Ne oldu?"

"Hatırlamıyor musun?" Babam gerçekten endişeli gözlerle yüzüme bakıyordu. Neler olduğunu onun için hatırlamak istedim.

"İşteydim..."

"Aynen öyle," dedi annem kızgın bir sesle. "İşmiş. Kendini tehlikeye atman karşılığında sana fazladan ödeme yapıyorlar mı? Orada olmamalıydın sen."

"Gizli bir operasyondaydık." Yavaş yavaş hatırlamaya başlıyordum. "Arabada oturmuş sokağa bakıyordum."

"Başka bir polis memuruna yardıma gitmiş ve orada saldırıya uğramışsın." Babamın sesi yumuşaktı ama yine de ağzından çıkan kelimeler beni dehşete düşürmeye yetimişti.

"Kime yardıma gitmişim? Neler olmuş? Bana saldıran seri katil miymiş?"

"Başka bir polis memurunun hayatını kurtarmışsın. Ve evet, onun peşinde olduğunuz adam olduğunu düşünüyorlar."

"Tutuklandı mı?"

"Sanırım," dedi babam tereddütle. "Haberleri izlemedik. İkimiz de burada kaldık."

"Senin iyileşmeni bekledik." Annem yorgunluktan bitkin düşmüş gibi arkasına yaslandı. "Maeve, özür dilerim ama neden bir polis olmak istediğini bir türlü anlayamıyorum. Bunu hiç anlamadım ve bundan sonra da anlamayacağım. Sen zeki bir kızsın, bir sürü iş yapabilirdin. Hâlâ da yapabilirsin. Hiç öğretmen olmayı düşündün mü? Ya da avukat? Avukatlar çok iyi kazanıyor."

Annem otuz yıldır bir doktorun sekreteri olarak çalışıyordu. Babam sigortacıydı. Onlara, özellikle de hastanede bu halde yatarken, işimi neden sevdiğimi anlatma düşüncesi beni fazlasıyla yoruyordu ama yine de denedim.

"Hiçbir şey polis olmaya benzemiyor, Anne. Özellikle de bir dedektifsen. En önemli suçları, olabilecek en kötü şeyleri ben soruşturuyorum ve işimi düzgün yaptığımda, bu suçları işleyen kişilerin halkın arasından uzaklaştırılmasını sağlayabiliyorum. Konu sadece adaletin sağlanması değil; asıl önemli olan, sokaktaki iyi kalpli insanların, kendilerini korku içinde yaşamak zorunda hissetmemesi." Tabii bir de adrenalin patlaması vardı; bunu da unutmamak gerekiyordu. "Bu önemli bir iş. Gerçekten önemli bir iş. İnsanların hayatlarını kurtarıyoruz. Eğer Ateşçi'yi yakalamayı başarmışsak-"

"Bir daha başka birini öldüremeyecek," diye cümlemi tamamladı annem bıkkın bir sesle. "Ama Maeve, adam neredeyse seni öldürüyordu."

Kısa bir sessizlik oldu. Aklıma, onun bütün çabalarına rağmen hâlâ burada ve hayatta olduğumdan başka söyleyecek hiçbir şey gelmiyordu ve bunun pek ikna edici bir cevap olacağını sanmıyordum. "Ian burada mı?" diye sordum sonunda.

Annem ve babam tedirgin gözlerle hızlıca birbirlerine baktılar. "Buradaydı," dedi babam dikkatle. "Bir süre bizimle birlikte burada bekledi. Ama sonra gitmesi gerekti."

"Yarın tekrar geleceğini söyledi," diye ekledi annem.

5. KURBAN

Ellerimi uzatıp gerindim ve koluma taktıkları tüpü fark ettim. "O halde benim için fazla endişelenmemiş olmalı."

"Yeteri kadar endişeliydi."

Annem kendini Ian'ı korumak zorunda hissettiğine göre gerçekten kırılmış olmalıydı. Onu üzgün görmekten nefret ediyordum ama polis olmak için gerçekten çok uğraşmıştım ve şu anda mesleği bırakmam söz konusu bile olamazdı. Tabii ciddi bir sakatlık yaşamayacağımı varsayıyordum.

Ertesi gün resmen Ian'ı beklediğim söylenemezdi ama gün sona ermek üzereyken onun hâlâ gelmediğinin farkındaydım. Annemle babamı biraz dinlenmek için eve gitmeye ikna etmiştim. Televizyonda ilgimi çeken hiçbir şey yoktu ve başım bir şeyler okumak için hâlâ fazlasıyla ağrıyordu. Yatakta öylece oturup düşündüm ve çok ilginç bazı sonuçlara vardım. Düşünürken uyuyakalmış olmalıydım çünkü tekrar kendime geldiğimde Ian yatağımın yanında durmuş beni izliyordu.

"Nasıl hissediyorsun?"

"Sinir uçlarımla tabii ki." Üzerinde ince çizgili, lacivert bir takım elbise ve yakası açılmış beyaz bir gömlek vardı.

"Selam."

"Sana da selam."

"İşte miydin?"

"Evvet."

"Kravatın nerede?"

"Cebimde." Çıkarıp gösterdi. "Dedektiflikten hiç vazgeçmiyorsun, öyle değil mi?"

"Neler olup bittiğini bilmek hoşuma gidiyor." Bir an durdum. "Hâlâ Pazartesi, değil mi?"

"Hâlâ Pazartesi." Ona bir servete mal olmuş olan Rolex Oyster saatine baktı. Annemle babamın birkaç yıl önce yılbaşında hediye ettiği ucuz Sekonda'nın yanında onunki gerçekten pahalı bir oyuncak sayılırdı. Saatini daha önce belki de milyonlarca kez görmüştüm ama şu anda her nedense gözlerimi bir türlü ondan alamıyordum. "Yediyi yirmi geçiyor. Ne yazık ki ziyaret saati sekizde sona eriyor. O yüzden uzun kalamayacağım. Çıkar çıkmaz buraya geldim."

Tek omzumu sorun değil der gibi kaldırdım. "Çalışman gerekiyordu. Anlıyorum."

"Evet. Zaten senin en iyi bildiğin şey çalışmak, öyle değil mi?" Yüzünde anlamını tam olarak çözemediğim, garip bir ifade vardı. Tek parmağıyla yanağıma dokundu. "Güzelsin."

"Ne zaman berbat görünsem böyle söylersin," dedim. Şüphelenmiştim.

"Berbat görünmüyorsun. Sadece rengârenksin, o kadar."

"Ah. Yüzüm."

"Evet, yüzün." Ian elleri cebinde, yatağımın yanında dikiliyordu. "İstediğin bir şey var mı?"

"Ne gibi?"

Omuz silkti. "Üzüm mesela? Ziyaretlerde hep üzüm getirirler, öyle değil mi?"

"Aç değilim." Ağzım kupkuru olmuştu. "Aslında, biraz su hiç fena olmaz."

Ian bir bardak alıp yatağımın yanındaki dolapta duran plastik şişeden su doldurdu ve yerimden biraz doğrulabilmem için bana yardım etti. Başımı yastıktan kaldırdığım anda oda

5. KURBAN

birden fırıl fırıl dönmeye başladı; sıkıntıyla inleyerek tekrar yatağa yığıldım.

"İyi misin?"

"Şu anda değilim ama birazdan düzelirim."

Endişeli görünüyordu. İçime birden ona karşı bir sıcaklık yayıldı. Ian gerçekten iyi bir insandı.

"Haklı çıktın, öyle değil mi? Polislik biraz tehlikeli bir meslek çıktı."

Ian güldü. "Şimdi sana söylemiştim demek için uygun bir zaman mı?"

"Sana söylemiştim demenin uygun zamanı olmaz." Cesaretimi toplayıp birden konuya girdim. "Tıpkı aramızdaki şeyin bittiğini söylemenin uygun bir zamanı olmadığı gibi. İlişkimiz yürümüyor, öyle değil mi?"

Ian'ın yüzündeki gülümseme birden kayboldu. "Maeve..."

"Şu anda yaralı ve güçsüz olduğum için bunu bana söylemeyeceğini biliyorum ama bu doğru. İşler yolunda giderken gerçekten harika şeyler yaşadık ama artık yürümüyor. Biz çok farklı insanlarız. Farklı şeyler istiyoruz."

"Buna ne zaman karar verdin?" Yüzündeki belirsiz ifadeden ne düşündüğünü anlayamıyordum.

"Burada düşünmek için biraz zamanım oldu diyebilirim ama bu konu zaten bir süredir aklımdaydı. Ve sen de benim gibi hissediyorsun, öyle değil mi?" Cevap vermesine bile gerek yoktu. Onun da aynı şeyleri hissettiğinden emindim ve doğru olanı yaptığımı biliyordum.

"Bunun ölümden dönmüş olmanla bir ilgisi var mı? Hayat

çok kısa, Bay Doğru'yu aramalıyım gibi bir şey mi bu?

"Açık konuşmam gerekirse, hayır, öyle değil. Bu daha çok ikimizin de son zamanlarda olduğumuzdan daha mutlu olmayı hak ettiğimizi düşünmemle ilgili. Ve seni mutlu edebileceğimi düşünmüyorum, Ian."

Ian buna itiraz etmedi ve, "Hemen taşınmana gerek yok. Ev arayabilecek durumda değilsin," dedi sakin bir sesle.

"İyileşene kadar evinde kalmamı istemezsin, sana ayakbağı olurum. Hem zaten annemle babam onlarla kalmamı istiyorlar." Ian yüzünü buruşturdu. "Eğer bu senin için sorun olmayacaksa..."

"Olmaz. Gerçekten. Benim için çok daha rahat olur," diye yalan söyledim ama sesimin kulağa hiç de ikna edici gelmediğinin farkındaydım.

"Anladım. Yine de acele etmene gerek yok. Tekrar etrafta koşturup durmaya başlamadan önce iyileşene kadar bekle. Kendini çok zorluyorsun."

Yüzüne bakıp gülümsedim. "Üzülmemiş olmana sevindim."

"Ben böyle bir şey söylemedim," dedi Ian tatlı bir sesle. "İlişkimiz yürümediği için üzgünüm. Ama ne yazık ki bu konuda yanıldığını söyleyemeyeceğim."

"Yürümediği için ben de üzgünüm. Darılmak yok ama."

"Kesinlikle yok."

Elimi uzattım ve Ian bir an için elimi iki elinin arasına alıp tuttu. Tam o anda kapı çalınıp hafifçe aralandı, Rob başını içeri uzattı ve el ele olduğumuzu görür görmez hemen geri çekildi.

5. KURBAN

"Pardon. Sonra yine gelirim."

"Bekle!" dedik Ian'la aynı anda ve Rob durdu.

"Ben gitsem iyi olacak." Ian elimi yavaşça yatağın üzerine bıraktı. "Sonra görüşürüz. Eşyalarını toplamaya başlamamı ister misin?"

"Hiç zahmet etme. Annemin eşyalarımı karıştırıp hayatıma burnunu sokma fırsatı yakaladığı için çok sevineceğine eminim," dedim bezgin bir sesle.

Ian göz kırptı. "Haklısın. Geleceği zaman dışarıda olmaya çalışırım."

"Korkak pısırık." Yüzüne bakıp pis pis sırıttım. "Ama seni suçlayamam. Beni ne zaman ziyarete gelse tansiyonum yükseliyor ve doktorlar her seferinde durumumun kötüleşmeye başladığını sanıyorlar."

Ian eğilip, dudakları neredeyse tenime dokunmadan, yanağıma küçücük bir öpücük kondurdu. "Çabuk iyileş." Arkasını dönüp kapıya doğru hızla yürüdü, yanından geçerken Rob'a alçak sesle bir şeyler söyledi ve gitti. Rob'un gözlerinde anlık bir pırıltı belirip kayboldu. Onu gerçekten dikkatle izlemiyor olsam bunu hayal ettiğimi düşünebilirdim. Kapı kapandı ve Rob yatağımın yanına gelip Ian'ın daha şimdi ayrıldığı noktada durdu.

"Oturabilir misin? Yukarı bakınca boynum tutuluyor."

"Bunu hiç istemeyiz." Rob etrafa bir göz atıp kendine bir sandalye buldu, yanıma getirdi ve derin bir iç çekip oturdu. Hastane odamın loş ışığında bile yüzünün ne kadar solgun olduğunu, gözlerinin altındaki koyu renk gölgeleri ve kirli sakalının altındaki kocaman morluğu görebiliyordum. Ayrıca bir kaşı da yarılmıştı.

"Berbat görünüyorsun," dedim. "Neler oluyor?"

"Bir şeyler olduğunu da nereden çıkardın?"

"Buraya geldiğimden beri gördüğüm ilk polis sensin. Herkesin gidecek daha iyi bir yeri var sanırım."

"İlk başlarda sadece aile üyelerini içeri alıyorlardı," diye karşı çıktı Rob. "Ama ilk fırsatta geldim."

"Şimdi burada olduğuna göre," dedim bakışlarımla onu süzerek, "bana geçen gece ne olduğunu anlatmaya ne dersin?"

"Bu cümleyi bir kadından her duyuşumda bir pound kazansaydım..."

"Tanrı aşkına!"

Ellerimi refleks olarak başıma götürünce kafamdaki bandajları hatırladım. "Hiç kesmişler mi, görebiliyor musun? Hemşire, ameliyatı yapan doktorun saçımı tıraş etmeyeceğine söz verdi."

Rob kahkahalarla gülüyordu. "Özür dilerim. Kendimi tutamadım. O sargı bezlerinin altında bir Vidal Sassoon reklamından fırlamış gibi göründüğünden hiç şüphem yok."

"Bunun beni neden bu kadar üzdüğünü bir türlü anlayamıyorum," dedim düşünceli bir sesle. "Normalde böyle şeylere hiç önem vermem."

"Belki de kafana aldığın darbe kişiliğini değiştirmiştir. Şanslıysan gerçek bir kıza bile dönüşmüş olabilirsin."

"Ben zaten gerçek bir kızım," dedim başımı gururla yukarı kaldırarak. "Sadece senin bundan haberin yok."

"Hiç belli etmiyorsun ama." Bozulduğumu düşünmüş olmalıydı çünkü sandalyesinden hafifçe doğrulup başımı okşa-

5. KURBAN

dı. "Şaka yapıyorum, Kerrigan. Sen gayet iyisin."

"Her neyse, geçen gece olanlara dönelim." Gözlerimi gözlerine dikip anlatmasını bekledim.

"Seninle iş hakkında konuşmamam gerekiyor."

Büyük bir hayal kırıklığıyla mızmızlanmaya başlamıştım ki Rob ellerini yukarı kaldırdı. "Tamam. Beni ikna etmeyi başardın. Ne kadarını hatırlıyorsun?"

"Katy," dedim birden. "O hâlâ-"

"O iyi. Hatta senden çok daha iyi. Birkaç şişlik ve morlukla şok tabancasının bıraktığı yanık izinden başka bir şeyi yok." Rahat bir nefes aldım. Bana cevap vermeyeceklerini bilmeme rağmen başka birine sormaya cesaret edememiştim. Ama Rob'un doğruyu söylediğinden emindim. "Demek adamımız oymuş."

"Ah evet. Kesinlikle o. Yirmi dört yaşındaki Ateşçi bütün haşmetiyle karşımızda."

"Şaka yapıyorsun."

Başını iki yana salladı. "Psikoloğun saatlerce anlatıp durduklarını hatırlıyor musun? Adamın otuzlu yaşlarının sonlarında ya da kırklarının başlarında olduğu, yalnız yaşadığı ve muhtemelen bir şiddet geçmişi olduğuyla ilgili bütün o anlatılanları? Hepsi yanlış çıktı."

"Peki kimmiş o?"

Rob bana Razmig Selvaggi hakkındaki her şeyi anlatırken ağzından çıkan her kelimeyi dikkatle dinledim.

"Hanım evladının tekiymiş. Mükemmel evlat. Kızkardeşinin anlattığına göre annesi onun her istediğini yapmasına izin verirmiş."

"Bunun nasıl bir his olduğu hakkında hiçbir fikrim yok," dedim ciddi bir sesle.

"Tavan arasından bozma, evin geri kalanından bağımsız bir çatı katında yaşıyor ve ailenin buraya girmesine izin vermiyormuş. Tamamen kendine ait bir alan. Anne ve babası gecenin geç saatlerine kadar restoranlarında çalışıyormuş ve kız kardeşleri de onu nerede olduğu ya da ne yaptığıyla pek ilgilenmiyormuş. Ve tabii kullandığı araç iş yerine ait olduğu için, benzine de para vermesi gerekmiyormuş."

"Bir katil başka ne ister?"

"Aynen öyle. Ayrıca ilk adımı atmak için pizzayı kullanıyormuş. Kızların durup onunla konuşmasını sağlamak için onlara bedava pizza teklif ediyormuş."

"İtiraf etti mi?"

"Başka seçeneği kalmamıştı," dedi Rob içtenlikle. "Evindeki aramada, kurbanlara ait mücevherelerin kayıp parçaları bulundu. Bir de kanlı çekiç var tabii."

"Tam ihtiyacımız olan kanıtlar."

"Kesinlikle. Buldukları kanıtların fotoğraflarını sorgu odasındaki masanın üzerine fırlattıklarında avukatının bile söyleyecek sözü kalmadı. Bu kadar berbat bir haldeyken yapılabilecek tek şey konuşmaktır. Razmig de aynen böyle yaptı."

Aklımda düşünceler uçuşuyordu. "Hepsini itiraf etti mi? Rebecca Haworth ne oldu?"

Rob arkasına yaslanıp sırıttı. "Beynine bir şey olmamış, ha? Hayır, Rebecca'yı öldürdüğünü itiraf etmedi. O gün için tanıkları var. Rebecca'nın öldüğü gün kuzeni evleniyormuş

5. KURBAN

ve Razmig akşam ve gece boyunca düğündeymiş. Videolar ve fotoğraflar da anlattıklarını destekliyor. Saat daha dokuz bile olmadan körkütük sarhoş olmuş ve ayrıca düğün Hertfordshire'da yapılmış. Bunu yapmış olabilmesi için ışınlanma konusunda da en az cinayette olduğu kadar ustalaşmış olması gerekir."

"Bunu biliyordum."

"Çalışma yöntemini çalan kişiye oldukça öfkelendiği her halinden belliydi. Rebecca'yı öldürenin kendisi olmadığını anlatmak için sabırsızlanıyordu."

Aklım yaşına takılmıştı. "Gerçekten yirmi dört yaşında mıymış?"

"Evvet. Ve hiç kız arkadaşı olmamış." Rob yana doğru eğilip elini cebine attı ve bir fotoğrafın renkli fotokopisini çıkardı. "Merkezde çekilen fotoğrafı. Razzi bu."

Yumuşak bakan hüzünlü, koyu renk gözleri ve bir çocuğunki gibi kıpkırmızı ve ıslak dudakları olan kalın boyunlu bir adamın yakın çekim fotoğrafıydı bu. Kısa siyah saçları ve dar alnının üzerine doğru taranmış jöleli kâhkülleri vardı ve burnu uzun ve inceydi. Ne tarafından bakılırsa bakılsın onun çekici olduğunu söylemek mümkün değildi ama çok çirkin de sayılmazdı. Yine de ona baktığınızda bir şekilde, bir şeylerin eksik olduğu duygusuna kapılıyordunuz. Gerçi kim dört cinayetten birden tutuklansa biraz keyifsiz görünürdü.

"Boş zamanlarında ağırlık kaldırıyormuş," dedi Rob fotoğrafı geri almak için uzanırken. "Bu boynunun kalınlığını açıklıyor. Kollarının halini bir görmelisin."

Benim aklım asıl Rob'un kollarının haline takılmıştı. Fotoğrafı almak için uzandığı sırada kolu sıvanmış, kolunun bileğinden dirseğine kadar olan kısmını tamamen kapatan bandaj dikkatimi çekmişti. "Sana ne oldu?"

Yüzünü buruşturdu. "Önemli bir şey değil. Yarayı kapatırken biraz fazla abarttılar."

"Başına ne geldi?"

"Geçen gece telsizimin çalışmadığını hatırlıyorsun, değil mi? Sen Rezmig'in büyük gecesini altüst edip telsizindeki kırmızı alarm düğmesine bastığında ben hiçbir şey duymadım. Ortada bir sorun olduğunu ancak bir deniz aygırı gibi sallanarak ve oflayıp puflayarak, yavaş çekimde yanımdan geçen Sam'i görünce anlayabildim. Senin geçtiğin kapıya doğru ilerliyordu. Ben de diğer taraftaki parmaklıkların üzerinden atlayıp parka girdim."

"Kolunu parmaklıklara mı taktın? Ah."

Rob başını iki yana salladı. "Daha bitmedi. Fazla ses çıkarmadan karanlıkta oraya buraya koşarak seni aramaya başladım. Nihayet bulduğumda yerdeydin ve üzerinde motorsikletçilerin giydiği şu deri ceketlerden olan bir adam başında dikiliyordu. Mantıklı bir şekilde yuvarlanıp tortop olmuş, hareket etmeden yatıyordun. Çimleri koşarak geçip yanınıza geldim ve adamın üzerine atladım ama ne yazık ki adam yüzüne tekme atmadan önce yetişemedim. Bunun için üzgünüm."

Elimi sağa sola salladım. "Bunun hiç önemi yok. Anladığım kadarıyla bugün oldukça güzel görünüyormuşum."

"Mmm," dedi Rob. "Son birkaç gündür hiç aynaya bakmadın, öyle değil mi? Bir süre daha bakmasan iyi olur."

"Koluna ne olduğunu hâlâ söylemedin," dedim anlatmaya devam etmesi için.

5. KURBAN

"Evet. Şey. Üniformalılar olay yerine ulaşana kadar adamın yüzüne birkaç esaslı yumruk indirdim. Açıkçası çok sinirlenmiştim. Katy kötü görünüyordu ve sen de orada öylece-" Cümlesini yarıda kesip başını iki yana salladı. "Çok geç kaldığımı sandım."

"Zavallı Rob."

"Biliyorum, çok acıklı. Her neyse, sonuçta Razzi'yle boğuşuyorduk ve o birden beni ısırdı." Sesi iğrenç bir şeyden söz ediyormuş gibiydi. Kendimi tutamayarak bir kahkaha patlattım. "Bunu komik bulmana sevindim."

Kollarım ve bacaklarım tekrar canlanmaya başlıyordu sanki. Kollarımı uzatıp gerindim. "Beni kurtardığın için sağol."

"Ne zaman istersen." Yüzümdeki şaşkın ifadeyi görünce devam etti. "Gerçekten. Eğer bir daha bir operasyona katılırsan benimle eşleşmeni istiyorum. İş Sam'e kalmış olsaydı şu anda morgdaydın. Her şey bitip ortalık sakinleştiğinde oturup dinlenmesi gerekti. Hatta biri ona bir fincan çay bile hazırladı."

"Seninle eşleşmeye çalışacağım. Ama Sam'i severim."

"Sam, fiziksel yeterlilik testinin neden her yıl tekrarlanması gerektiğinin ayaklı kanıtı," dedi Rob lafı dolaştırmadan. "Ne kadar çabuk emekli olursa o kadar iyi."

"Sonuçta her şey çözüldü." Tekrar gözlerimi kapatmıştım ki birden telaşla açtım. "Dur bir dakika. Bunu unuttuğuma inanamıyorum. Haworth davası ve Gil Maddick'e baskı yapma işi ne oldu? Evini aradılar mı?"

"Evet ama tuhaf bir şeye rastlamadılar. Birkaç parça kadın kıyafeti, bir saç fırçası ve bazı makyaj ürünleri buldular ama Rebecca'yla ilgili bir şey çıkmadı. Adam biraz çapkın bir tip, öyle değil mi? Yakışıklı mı?"

"Nasıl tiplerden hoşlandığına bağlı. Louise iyi mi?"

"Bildiğim kadarıyla bir şeyi yok."

Artık Selvaggi tutuklandığına göre ekibin dikkati Ateşçi cinayetlerinden Rebecca'nın ölümüne kayacaktı. Bu artan ilgi sayesinde, Gil Maddick'in tutuklanması için gereken kanıtların daha kolay toplanacağını umuyordum. Ayrıca Louise'in güvenliği hakkında endişelenen tek kişi olmadığımı bilmek de beni gerçekten rahatlatmıştı. Bir hemşire kapıdan içeri başını uzattı, Rob'u gördü ve ona anlamlı gözlerle bakıp bileğini gösterdi.

"Dışarı atılmadan buradan gitsem iyi olacak."

Farkına bile varmadan elimi uzattım.

"Hayır. Kal lütfen."

"Senin dinlenmen, benim de işe dönmem gerekiyor." Rob ayağa kalkmıştı bile; sesi yumuşak ama bir o kadar da kararlıydı. "Davada hiçbir açığımız kalmaması için son birkaç noktayı hallediyoruz. Savcılık davayı tehlikeye atacak en ufak bir ayrıntı bile görmek istemiyor."

"Doğru. Tabii ki." Yüzüm kıpkırmızı olmuştu. Her şeyden önce biz çalışma arkadaşıydık. İş konuşuyorduk. Rob muhtemelen bana daha önce hiç başka bir gözle bakmamıştı. İş konuşmaya devam etmek istediğimi düşünmesi normaldi. "Gitmen gerekiyorsa, gitmelisin. Keşke ben de seninle gelebilseydim."

"Buna daha vakit var. Seni ne zaman taburcu edecekler?"

Omuz silktim. "Kimse bana hiçbir şey söylemiyor."

5. KURBAN

"Primrose'a mı döneceksin?" Öylesine soruyormuş gibi bir hali vardı ama gözlerindeki pırıltı onu ele veriyordu.

"Senin de muhtemelen fark etmiş olduğun gibi Ian'la vedalaşıp ayrıldık. İyileşip kendimi toplayana kadar annemle babamın yanında kalacağım."

"Çok iyi bir fikir. Ev rahatlığı gibisi yoktur."

"Tek düşündüğüm oradan mümkün olduğunca çabuk ayrılmak olacağından hızla iyileşeceğime eminim."

"Seni taburcu ettiklerinde bana haber ver. İstersen annenle babanın yanına taşınmana yardım edebilirim."

Benim aklım başka bir yerde kalmıştı. "Rob, Ian odadan çıkarken sana ne söyledi?"

Rob'un yüzüne ufak bir gülümseme yayıldı. "Başka bir zaman söylerim."

"Rob!"

Eliyle elime birkaç kez hafifçe vurdu. "Heyecanlanma. Tansiyonunu düşün."

"Ahmağın tekisin, Langton."

Rob kollarını uzanıp gerindi. "Sen gerçek bir Gurkha'sın, öyle değil mi?"

Bu polis argosunda daha önce hiç tutuklama yapmamış olmasına rağmen inatla çabalamaya devam eden memurlar için kullanılan bir ifadeydi.

Kaşlarımı çattım. "Razmig Selvaggi'yi yakalayamadığım için mi böyle söylüyorsun?"

"Hayır. Bunu hiç vazgeçmeyeceğini bildiğim için söyledim." Üzerime doğru eğilip yüzüme dikkatle baktı. "Öpülecek tek bir morarmamış noktan bile kalmamış." Sonunda

Rob burnumun ucuna minik bir öpücük kondurdu ve ben uygun bir karşılık vermeye fırsat bulamadan odadan çıkıp gitti.

Ertesi gün arka arkaya gelen ziyaretçilerle oldukça hareketli geçti ama yine de taburcu edileceğim saat geldiğinde, hastanede olma düşüncesinden bu ortama bir saniye daha tahammül edemeyecek kadar sıkılmıştım. Nihayet, eczanenin yarısını satın almış olan ve hiç durmadan konuşan annemin eşliğinde, kolumun altına kıstırdığım kalın bir dosyayla hastaneden ayrıldım. Dosya Başkomiser Godley'nin beni görmeye geldiği sırada getirdiği geçmiş olsun hediyesiydi. Yatağımın yanında oturup, babamla sanki onu yıllardır tanıyormuş gibi sohbet etmişti. Oysa ki ikisi daha bu Cumartesi sabahı, Godley olanları anlatmak üzere annemle babamın evine gittiği sırada tanışmışlardı. Godley onları hastaneye kendi arabasıyla götürmüştü. Hayatımın birbirinden tamamen farklı bu iki alanının bu şekilde bir araya gelmiş olmasından pek hoşnut değildim. Annem, Godley'nin neden benden izinli olduğum süreyi dava dosyası üzerinde çalışarak geçirmemi istediğine bir türlü anlam verememiş, öfke dolu gözlerle etrafına bakıyordu. Halbuki aslında şu anda tek istediğim şey gerçekten de Rebecca Haworth'a neler olduğunun bulunmasına yardım etmek için bir şans yakalamaktı ve bu dosyadan daha güzel bir geçmiş olsun hediyesi düşünemiyordum. Dosya üzerinde çalışırken bir işe yaradığımı hissedecektim ve böylece, tamamen iyileşmeden işe dönmeye de kalkışmayacaktım. Godley insanı nasıl idare edeceğini gerçekten iyi biliyordu.

"Geri kalanları da kutulatıp sana göndereceğim. Ve gelip seni ziyaret edeceğim," diye söz verdi Godley. "Tartışmak istediğin bir konu olursa beni ara. Bir şeylerin araştırılma-

5. KURBAN

sı gerekirse, bu işlerle Peter Belcott ilgilenecek. Bu davayı ekipteki herkesten daha iyi biliyorsun. Oyuncular hakkındaki bilgine, karakterler hakkındaki fikirlerine ihtiyacım var. Onu öldüren kişiyle ilgili bazı tahminlerin olduğunu biliyorum ama eğer mümkünse bunların hepsini bir kenara bırak ve elimizdeki kanıtları ön yargısız olarak, bir kez daha değerlendir."

"Rebecca'nın ölümü hakkındaki soruşturmadan Müfettiş Judd sorumluydu," diye söze başladım ama başkomiser başını iki yana sallayıp beni susturdu.

"Tom'u merak etme. O başka işlerle meşgul. Zaten bu olayla senin kadar yakından ilgilenmediğini düşünmeye başlamıştım. Cevapları bildiğini hissediyorum Maeve. Sadece kendine bir şans tanı ki bunun sen de farkına varasın."

"Bana olan güveniniz beni çok mutlu etti ama cevapları bildiğimden pek emin değilim," dedim kekeleyerek. Kendimi hiçbir şey bilmiyormuş gibi hissediyordum.

"Kendi kendini şaşırtabilirsin." Godley birden annemle göz göze geldi. "Tabii çok fazla da çalışma."

Kendimi yormayacağıma söz vermiştim ama ne onu ne de kendimi hayal kırıklığına uğratmamaya kararlıydım. Eğer bu, annemin yok etmesini engellemek için arabada yol boyunca dosyanın üzerine oturmam ve uyurken onu yastığımın altına saklamam gerektiği anlamına geliyorsa, bunu da seve seve yapacaktım.

Annemle babamın Cheam'deki akıl almaz derecede temiz ve düzenli yarı müstakil evine ulaşır ulaşmaz gidip pek kullanılmayan yemek odasına yerleştim. Dosyanın içindekileri masanın üzerine yaydım ve sanki onları güzelce düzenlemem anlamamı kolaylaştırabilirmiş ya da böyle yaparak gerçeği görebilirmişim gibi, hepsini ilgili oldukları konulara göre küçük ve düzenli gruplara ayırdım. Ertesi gün iki kutu daha geldi. Kutuları getiren Rob, beni durduramayacağını bildiği için, yüzünde sakin ve uysal bir ifadeyle kutuların altını üstüne getirmemi izledi. Çalışmak için kendimi fazla zorlamamam gerektiğini düşünüyordu ve bunu bana annemin yanında söyleyerek onun hayranlığını kazanmayı başarmıştı. Rob'u bir fincan çay içmesi için annemin yanına gönderip çılgınca bir iştahla kutunun içindekileri düzenlemeye giriştim. Bir grupta, Judd'un diğer memurlara yaptırdığı, Rebecca'nın komşuları, eski müşterileri ve birkaç eski ev arkadaşıyla gerçekleştirilmiş görüşmeler duruyordu.

Diğer bir grupta Oxford'la ilgili olanlar vardı. Bu grubu oluştururken bir an tereddüt ettim. Oxford'da olanların bu kadar önemli olup olmadığı konusunda hâlâ kararsızdım ama sonunda Tilly Shaw'un sözleri ve ciddi yüzü gözümün önüne geldi. "Hayatını başka birinin hayatına borçlu olduğunu ve bunun bedelini bir gün ödeyeceğini söyledi." Eğer Rebecca'yı ölüme giden yola sokan olay, Adam'ın ölümü olmuşsa, onun bu yola girmeden önce attığı adımların da izini sürmek istiyordum. Bir diğer grupta, Rebecca'nın ölümü hakkındaki soruşturma dosyasındaki belge ve bilgileri toplamıştım. Adli tıp raporları, otopsi notları, fotoğraflar, güvenlik kamerası dökümleri, tanık ifadeleri, cep telefonu kayıtları ve mali konulardaki belgelerin tamamı bu gruptaydı. En sonda ise, kendi yaptığım görüşmelerde tuttuğum notlar yer alıyordu. Bunların hepsini tekrar gözden geçirmem gerekiyordu. Bir şeyleri fark edememiş ya da birilerinin söylediği bir şeyi anlamamış olabilirdim. Godley haklıydı. İhtiyacı olan cevapları bulabilecek tek kişi bendim.

Rob kapıdan başını uzattı. "Ben çıkıyorum."

"Ah." Hayal kırıklığına uğradığım sesimden belli oluyordu. Gülümsemeye çalıştım. "Tamam. Sıkıntıdan patlamak üzeresindir herhalde. Anneme uzun süre maruz kalan kişilerde sık görülen bir durumdur bu."

"Bunu da nereden çıkardın. O çok tatlı biri," dedi Rob sırıtarak.

"Öyle mi? Ian'la bir daha karşılaşırsan ona annemi sormayı unutma. O sana gerçeği anlatacaktır."

"Teşekkür ederim ama insanlar hakkındaki kararlarımı kendim vermeyi tercih ederim. Sana iyi şanslar, kendini fazla yorma." Rob, kapının önünde durup bana el salladı ve sonra gözden kayboldu.

Peşinden koşup, arabasına binmek üzereyken yetişmeyi başardım. "Ian'ın sana hastanede ne dediğini hâlâ söylemedin."

"Evet, söylemedim." Rob kısa bir süre gözlerimin içine baktı ve hiç beklemediğim bir anda eğilip beni öptü. Olduğum yerde sıçramadan durmayı başarmıştım yine de evde bizi gören biri olup olmadığını kontrol etmek için telaşla dönüp bakmaktan kendimi alamadım.

"Üşüme," dedi Rob hiçbir şey olmamış gibi sakin bir sesle. "Kıyafetlerin dışarısı için uygun değil." Sürücü koltuğuna oturup arabayı çalıştırdı.

Hırkama iyice sarındım. Onun kadar soğukkanlı ve sakin görünmeye çalışıyordum ama aslında tüm vücudumu bir karıncalanma kaplamıştı. "İyiyim ben. Bana onun ne dediğini söyle. Hadi ama Rob."

"Madem o kadar merak ediyorsun, söyleyeyim. Bana şans diledi ve buna ihtiyacım olacağını söyledi."

Buna ne cevap vereceğimi bilmiyordum ve Rob'un da bu konuda bana pek yardımcı olduğu söylenemezdi. Tek kaşı havada kapısını çekip kapattı, yola çıkmak için manevra yaptı ve beni kafamdaki milyonlarca soru ve okunacak bir yığın kâğıtla başbaşa bırakıp oradan hızla uzaklaştı.

Artık annemle aramızdaki bir geleneğe dönüşmüş olan atışmalarla sık sık bölünmeme rağmen, içtiğim fincanlarca çaydan aldığım enerjiyle belgelerin tamamını gözden geçirmeyi, önemli noktaları da not almayı ihmal etmeden, birkaç gün içerisinde başardım. Bu sırada babam, devasa bir televizyon ile Sky Sports kanalının bulunduğu ön odadan neredeyse hiç çıkmamıştı. Kendimi bir an için tekrar eski günlerdeki gibi hissettim. Annemin, Ian'ın dairesindeki eşyalarımı toplamasına yardım etmesi için ağabeyim Dec'i desteğe çağırmasıyla içimdeki bu tuhaf his daha da güçlendi. Hayatım poşetlere ve kutulara doldurulduğunda acınacak derecede az yer tutuyordu. Dec her şeyi eski yatak odama taşımıştı ama ben kutuları boşaltıp eve yerleşmeyi kabul etmediğim için hepsi, ufak bir yığın halinde orada öylece duruyordu.

Dec tabii ki beni evde kalmam için ikna etmeye çalışmıştı. "Seni daha sık görebilmek annemle babamı çok mutlu eder. Fazla görüşemiyorsunuz."

Dec, benden sadece dört yaş daha büyüktü ama şimdiden orta yaşlı bir adam gibi görünüyordu. Yirmi beş yaşında evlenmişti ve şu anda iki kızı vardı. Buraya oldukça yakın olan

5. KURBAN

Croydon'da oturuyordu ve benim, annem ve babamla daha fazla ilgilenmem gerektiğini düşünüyordu. Böyle düşündüğünü biliyordum çünkü bunu bana kendi söylemişti. Sonuçta onun sorumlulukları vardı. Benim ise, yoktu anlaşılan.

Başlarda torunların annemi oyalayacağını düşünmüştüm ama o her şeye rağmen, onu yeterince sık aramadığım zamanlarda sızlanıp söylenme huyunu kaybetmemeyi başarmıştı. Dec'in, onlara olan bağlılığına ve sergilediği özveriye yeteri kadar değer verilmediğini görüp üzüldüğünün farkındaydım ama yapacak bir şey yoktu; o bunu bir türlü öğrenemiyor da olsa hayat adil değildi işte. Dec'in sözlerini fazla dikkate almadım ve kendi kendime bir söz verdim. Evde geçici bir süre için kalacaktım. Nereye gideceğim hakkında en ufak bir fikrim olmasa da, çok yakında yine tek başıma olacaktım.

Aklımı kurcalayan tek konu bu değildi tabii ki. Genel olarak hem kişisel hem de profesyonel hayatımda, bildiklerim bilmediklerimin yanında oldukça az sayılırdı. Ama polislikle ilgili bilinmeyenlerin diğer bilinmeyenlerden ayrıldığı en önemli nokta, onların başımı daha az ağrıtıyor oluşlarıydı. Yine de zihnim sürekli okuduğum, gördüğüm ya da duyduğum bir şeyle meşguldü.

Nihayet üçüncü günün sonunda, son kâğıt yığınını da okumayı tamamladığımda, önümde notlar ve sorularla dolu bir kâğıt ve içimde bir cevap bulmaya artık çok yakın olduğuma dair gittikçe artan bir his vardı. Rebecca Haworth'ı öldürmek için açık gerekçeleri olan kişilerden oluşan bir liste yapmıştım. Rebecca'nın yirmi sekiz yaşındaki herhangi birine kıyasla çok fazla düşmanı vardı. Bazılarının defalarca yalan söylediğini biliyordum ve gerekirse bunları tek tek ortaya çıkarabilirdim. Ama içlerinden hangisinin onu öldürdüğünü hâlâ ortaya çıkaramamıştım.

Eşyalarımın durduğu kutuları alt üst edip, Dedektif Garland'ın Adam Rowley hakkındaki notlarından oluşan, sayfa uçları kıvrılmış, şişkin dosyasını bulup çıkardım. Müfettişin, Adam Rowley'nin erken gelen ölümüne kadarki hayatı ve özellikle de ailesi hakkındaki açıklamalarının bulunduğu bölümü açtım. Bir süre yazdıklarını merakla okudum ve sonra telefonumu elime aldım. Belcott ikinci çalışta telefonu açtı.

"Belcott."

"Peter, ben Maeve Kerrigan. Haworth cinayetiyle artık senin ilgilendiğini öğrendim. Mümkünse araştırmanı istediğim bir şey var." Benim için çalışıyor olmanın onu nasıl çileden çıkaracağını bildiğimden en yumuşak ses tonumla konuşmaya çalışıyordum.

"Tabii ki," dedi Belcott soğuk bir sesle. "Neyi araştırmamı istiyorsun?"

"Adam Rowley adında yirmi yaşında bir adam." İsmini kodlayarak tekrarladım. "2002 yılında Oxford'da boğularak ölmüş. Onun ağabeyine ulaşmak istiyorum. Adını bilmiyorum ve hakkında herhangi bir bilgim yok ama olay sırasında Nottingham'da yaşıyormuş ve anne ve babasının isimleri Tristan ve Helen Rowley. İşine yarar mı bilmiyorum ama Tristan Rowley bir doktormuş."

"Aslında pek yaramaz. Anne ve babasının hâlâ Nottingham'da yaşayıp yaşamadığı hakkında herhangi bir bilgin var mı?"

"Hayyır," dedim neşeli bir sesle. "Ve onunla ilgili bir şeyler bulduğunda beni arayabilir misin? Eğer ona ulaşabilir-

5. KURBAN

sem, görüşmek istediğimi de ilet, lütfen." Adam'ın ölümüne Rebecca'dan başka kimlerin üzüldüğünü öğrenmek istiyordum. Kimin onun öcünü almak istemiş olabileceğini bilmek istiyordum. Belcott hoşça kal bile demeden telefonu birden yüzüme kapatmıştı ama şu anda bu hiç umrumda değildi. Defterimi önüme çekmiş Caspian Faraday'le görüşmem sırasında aldığım notları bulmaya çalışıyordum ki telefon çaldı. Belcott şaşırtıcı derecede hızlıydı.

"Adam Rowley'nin abisi Sebastian otuz bir yaşında, evli ve Edinburgh'da yaşıyor. Eşiyle konuştum. Seb şu anda ameliyattaymış ama eşi, onun işi biter bitmez seni arayacağını söyledi. Adam bir veteriner. Küçük hayvan pratisyeni."

"Ne kadar çok şey öğrenmişsin." Gerçekten etkilenmiştim.

"Bayan Rowley oldukça konuşkan biri. İstediğin başka bir şey var mıydı?"

"Evet. Caspian Faraday'in eşi Delia Faraday hakkında bulabildiğin her şeyi bilmek istiyorum. Özellikle de Kasım'ın yirmi altısı ile öncesindeki günlerde nerede olduğu ve nasıl bir araba kullandığını merak ediyorum. Ve ilgimi çekebilecek diğer şeyleri de."

"Tamam." Belcott bir an duraksadı. "Gerçekten onun bu işle bir ilgisi olduğunu düşünüyor musun?"

"Birkaç noktayı aradan çıkarmak istiyorum." Sorusuna özellikle üstü kapalı bir cevap vermiştim. Henüz aklımdakileri başkalarıyla paylaşmaya hazır değildim. Ayrıca hazır olsaydım bile ne düşündüğümü, fikirlerimi kaşla göz arasında çalmaktan hiçbir zaman çekinmeyen Belcott'a anlatacak değildim.

"Hizmet için buradayım," dedi Belcott ve telefonu kapattı.

Birkaç saat sonra hoş sesli Seb Rowley aradı. Sesi oldukça neşeli ve ilgili geliyordu. Metropolistan Polisi'nin kendisine ulaşmaya çalışması onu biraz bile olsa şaşırtmamıştı. Ona kardeşinin ölümüyle ilgili birkaç soru sordum ancak yeni bir bilgi almayı başaramadım. Yine de Adam'ın zor bir çocuk olduğunu, sürekli surat astığını ve abisiyle pek geçinemediğini öğrenmiştim.

"O yaşlarda üç yıl çok uzun bir zaman sayılır. Belki biraz daha uzun yaşamış olsaydı birbirimizi iki yetişkin olarak daha iyi tanıma fırsatı yakalayabilirdik." Omuz silktiğini neredeyse telefondan bile duyabiliyordum. "Ama olmadı."

Bu konuda sorular sormaya devam ettim. "Ailede Adam'ın özellikle yakın olduğu biri var mıydı? Bir kuzen, ya da başka biri örneğin?"

"Hayır. Biz geniş bir aile değiliz. Hem annem hem de babam tek çocuk olduğu için kuzenlerimiz yok." Şaşırmıştı ama bir şey saklamaya çalıştığını sanmıyordum ve söylediklerinin doğru olduğunu kabul etmekten başka çarem yoktu. Son olarak, Gil Maddick diye birini tanımıyordu. Çıkmaz sokak.

Seb Rowley'yle yaptığım görüşmenin sonlarına doğru Belcott'un bana bir sesli mesaj bıraktığını fark ettim. Delia Faraday'in ehliyeti yoktu ama Highgate'teki adreste Aston Martin dışında bir de siyah Range Rover kayıtlı görünüyordu.

Güvenlik kamerası dökümlerine bakmak için tekrar masanın başına döndüm. Bir ipucu bulabilmek için çok geniş bir alanda, çok ayrıntılı bir araştırma gerçekleştirmiştik ve elimizde olay yerinin yakınındaki sokaklardan toplanmış çok

5. KURBAN

sayıda güvenlik kamerası kaydı vardı. Yıllardır güneş yüzü görmemiş gibi görünen uzun boylu ve solgun yüzlü dedektif Colin Vale, haftalarını Mandrake Operasyonu kapsamında ele geçirilen güvenlik kamerası kayıtlarındaki plakaları, ulusal emniyet ve trafik veritabanlarında aramakla geçirmişti. Daha sonra sürücülerin izini sürüp, Ateşçi cinayetleri sırasında tanıkları olanları elemiş ve ardından Godley'nin, Rebecca'nın öldürülmesinin asıl soruşturmadan bağımsız olarak yürütülmesine karar vermesiyle, aynı şeyleri Rebecca için bir kez daha tekrarlamak zorunda kalmıştı. Bütün bunlara rağmen, Dedektif Vale'in bilgileri organize etmedeki başarısı olağanüstüydü. Hazırladığı güvenlik kamerası dökümleri adeta birer sanat eseriydi. Dosyayı incelediğim sırada dökümlerin tamamını gözden geçirmiştim ama bu sefer Range Rover'ı bulmaya çalışarak, özellikle yanında 'ilgisiz/sürücüye ulaşılmadı' açıklaması bulunanlara bir kez daha dikkatle bakıyordum. Dördüncü sayfanın ortalarına geldiğimde hiç beklemediğim ve kalbimi dehşetle yerinden oynatan bir şeyle karşılaştım. Bakmakta olduğum satırda yazılı olan, bu renk ve modeldeki arabayı tanıyordum ve görüntülerde arabanın içinde bir kişi olduğu görülüyordu.

"Godley ya da onun adına dosyayı hazırlayan kişi oldukça özenli bir iş çıkarmış ve üç güvenlik kamerası diskini de dosyaya eklemeyi unutmamıştı. Vale ise hazırladığı dökümlerdeki her satırın yanına kaydın hangi diskin kaçıncı saniyesinde bulunabileceğini sevgi dolu bir dikkatle eklemişti. Doğru diski bulmam çok kolay, babamı beş dakika için uzaktan kumandasından ayırmak ise biraz daha zor oldu. "Neden? Ne var? Film mi bu? Sen otur ben koyarım." Ve kaydın ilgili kısmını bulmam sadece saniyeler sürdü. Kayıt New Covent Garden yakınlarındaki bir benzin istasyonundan alınmıştı ve kameranın dar açısı nedeniyle trafik akışı sadece birkaç saniyeliğine görülebiliyordu. Görmek istediğim araba ekranın altında belirdiği anda nefesimi tuttum. Arabanın içinde bir kişi vardı. Net görünmüyordu ama babamın dev ekranında kolaylıkla seçebildiğim hatlara bakarak karşımda duran kişinin kim olduğunu rahatlıkla anlayabiliyordum. Bu görüntü, jüriyi ikna etmek için yeterli olmayabilirdi belki. Ama beni ikna etmeye yeter de artardı.

Her şey altüst olmuştu.

LOUISE

Merdivenlerdeki olaydan sonra Gil'den ayrılmam gerektiğine karar verdim. Bunun nedeni, yaptıkları için onu affedememiş olmam değildi. Bana o şekilde davranmasını tuhaf bir şekilde normal karşılamıştım. Bu onun doğasında vardı. Onun ateş kadar tehlikeli olduğunu baştan beri biliyordum; kendime pervane rolünü seçmiş olmam ise tamamen kendi suçumdu. Biraz geç de olsa dersimi almıştım. Tam zamanında gelen bu uyarı, beni ona güvenmekten, hatta belki de aşık olmaktan kurtarmıştı.

Aslında bu ikincisinin gerçekleşme tehlikesi yok denecek kadar azdı; sadece iyi rol yapıyordum, o kadar. Ama artık bu oyunu oynamaktan, Rebecca'nın, Gil'in sonsuza dek sevebileceği hali olmaktan sıkılmıştım. İşin heyecanı kaçmıştı. Ayrıca buna bu kadar uzun bir süre devam ettiğim için de kendimden biraz utanıyordum. Onun kız arkadaşını oynamak

5. KURBAN

eğlenceliydi ama bu işe bir son verme zamanı çoktan gelmişti.

Kararımı ona açıklamadan önce yine de yirmi dört saat bekledim. Beni dize getirdiğini düşünmesi için upuzun bir gün. Boyun eğdirdiğini, bir ders verdiğini sanması için. Buna gerçekten de inandı. Onu boş yatak odasında, kendi evindeymiş gibi keyifle ıslık çalarak çerçeveleri zımparalarken buldum. Bir zımpara kâğıdını eskilerin yaptığı gibi tahtaya sarmış, yıpranmış çerçevenin hiçbir girintisini gözden kaçırmadan zımparalıyor, sararmış boyayı hiç iz kalmayacak şekilde yok etmeyi başarıyordu.

"Ne yapıyorsun sen?"

"Senin için bu işi hallediyorum. Son zamanlarda pek ilerleme kaydettiğin söylenemez."

Haklıydı. Halıyı dışarı attıktan sonra odanın kapısını çekip çıkmıştım. İçeride cilasız döşeme tahtaları ve tümsek tümsek olmuş, kirli beyaz, eski badanalı duvarlardan başka hiçbir şey yoktu. Odanın yeniden dizayn edilmiş hali zihnimde kalmıştı.

"Devam etmeye fırsatım olmadı. Meşguldüm."

"Meşguldün demek." Yüzünde pis bir gülümsemeyle hafifçe dönüp baktı. Ben gülmüyordum. "İyi misin?"

"İyiyim. Bak, şu işi bırakabilir misin? Başka bir zaman kendim yaparım."

"Bugünün işini yarına bırakma." O zımparalamaya devam ettikçe içimdeki öfke de gittikçe şiddetleniyordu. Nasıl kendi evindeymiş gibi davranabilirdi? Ona durmasını söylediğimde beni ne cüretle dikkate almazdı?

"İyi görünüyorsun," dedi arkasını bile dönmeden. "Üzerindeki rengi severim. Her zaman mavi şeyler giymelisin." Gökyüzü gibi masmavi t-shirt'ümü öfkeyle çekiştirdim. "Beğenmene sevindim. Bu Rebecca'nın en sevdiği renkti."

Bu son cümleyle dikkatini çekmeyi başarmıştım. Ian elindeki zımpara kâğıdını hiç acele etmeden pencerenin içine bıraktı ve dönüp yüzüme baktı.

"Bu konuyu hallettik sanıyordum. Neden sürekli ondan söz edip duruyorsun?"

"Çünkü onu düşünüyorum," dedim basitçe.

"Evet ama düşünmemelisin. O artık geçmişte kaldı. Sadece bugünü ve geleceği düşünmelisin." Bana doğru geldi ve t-shirt'ümü çekiştirerek başımın üzerinden geçirdi. "Sadece beni düşünmelisin."

Üzerimdekini çıkarmasına izin verdim çünkü karşı koysam da duracakmış gibi görünmüyordu. Ama çıkardığı t-shirt'ü sonunda yere atmak yerine, göğsüme doğru çekip elimle tuttum. "Aslında ben de seni düşünüyordum. Ve geleceği."

"Gerçekten mi?" Kafası karışmış gibiydi. Bunun arkasından ne geleceğini bilmediği için yüzünde temkinli bir ifadeyle bekliyordu.

"Üzgünüm ama senin bunun bir parçası olacağını sanmıyorum. Geleceğimin yani." En iyisi lafı dolandırmadan söylemekti.

"Ne demek istiyorsun?"

"Demek istediğim; bu ilişki benim için bitti. Artık oyun oynamak istemiyorum."

5. KURBAN

Gil öfkelenmişti. "Sence yaptığımız bu muydu? Oyun mu oynuyorduk?"

"Tabii ki." Omuz silktim. "Ciddi değildin herhalde, öyle değil mi?"

Ondan ayrıldığıma inanmak, Gil için neredeyse imkânsızdı. "Çok komiksin."

"Ben gülmüyorum," dedim alçak sesle. "Ve işini kolaylaştırmak için eşyalarını da topladım." Bana bir şey yapmaya kalkışabilir diye düşünerek bir adım geri çekildim.

"Ne?" Kollarını kavuşturdu. "Ne dedin sen?"

"Sen buradayken ben de senin eşyalarını topladım," diye açıkladım. "Şu anda kapının dışında, bir çöp poşetinin içinde duruyorlar. Yerinde olsam acele ederdim. Biri çöp sanıp atarsa çok kötü olur." Eşyalarını dışarı koymanın onun gitmesini hızlandıracağını düşünmüştüm.

"Bunu neden yapıyorsun?" Bana doğru birkaç adım attı. Onu durdurmak için elimi kaldırıp internetten sipariş ettiğim biber gazı spreyini gösterdim. Aslında bunu kullanmam için bana bir fırsat vermesini umuyordum. Dehşet dolu gözlerle elime baktı ve durdu.

"Bu işi tamamen bitirmenin en iyi yolunun bu olduğunu düşündüm." T-shirt'ü ona fırlattım. "Al bakalım. Rebecca'ya dönüştürmek istediğin yeni kızı bulduğunda bunu ona sevgilerimle ilet lütfen. Ve şans dilemeyi de unutma çünkü buna çok ihtiyacı olacak."

Onu ne yapacağını bilemez bir halde odanın ortasında öylece bırakıp arkamı döndüm ve kapıya doğru yürümeye başladım.

"Bunu yapamazsın," diye bağırdı arkamdan. "Sana izin vermem."

Kapıya geldiğimde durdum. "Hayır, Gil. Yapabilirim. Ama ne yazık ki, senin bu konuda yapabileceğin hiçbir şey yok. Sen de eğlendin, ben de. Şimdi fazla uzatmadan defol git buradan."

Gil baş belasının tekiydi ama aynı zamanda bir korkaktı da. Biber gazı, benimle tartışmaya başlamadan önce bir kez daha düşünmesi için yetiyor da artıyordu bile. Canının yanmasını göze alabilecek tiplerden değildi. Ona acıyordum. Onu en başta, hayatıma hiç sokmamış olmayı tercih ederdim. Ama bu hatayı yapmıştım ve şimdi bir kez daha yapmayacaktım. Arkamı dönüp odadan çıktım.

Üzerime başka bir şey giydiğim sırada yatak odamın önünden geçtiğini duydum.

"Gil."

"Evet?" Umutlandığı sesinden belliydi.

"Çıkarken anahtarı bırakmayı unutma."

Birkaç saniye sonra hızla çarptığı ön kapının sesini ve yerden aldığı poşetlerin hışırtısını duydum. "Hoşça kal," diye fısıldadım tatlı bir sesle.

On Üçüncü Bölüm

MAEVE

Godley, onunla tartışmak istediğim bir şey olursa aramamı söylemişti ama o gün hemen kalkıp beni görmeye gelmesini beklemiyordum. Aynı zamanda hem çok gurur verici hem de çok tedirgin edici bir durumdu bu. Yemek odasının kapısında durup önündeki manzaraya uzun uzun baktı. Annemle babamın evinde, eşyaların ortasında fazlasıyla uzun ve heybetli görünüyordu.

"Bakılacak çok şey var. Ne kadar süreceğini merak ediyordum."

"Olayı tamamen çözdüğümü söyleyemem," dedim anlatmaya başlamadan önce. "Ama elimizde, mahkûmiyet için değilse bile tutuklama emri çıkartmak için yeterli delil olduğunu düşünüyorum. Göstereceklerimin çoğu ikinci derece kanıtlar ama bulduğum şeyin başka bir açıklaması olduğunu sanmıyorum."

Godley paltosunu ve ceketini çıkarıp bir sandalyenin arkasına attı ve gelip tam karşıma oturdu.

Gömleğinin kollarını sıvadı ve not almak için önüne boş

5. KURBAN

bir kâğıt çekti. "En baştan başla o halde, Maeve. Ve hiçbir şeyi atlama."

"Tamam. Evet. Sizin de bildiğiniz gibi olay yerini incelediğimizde Rebecca'nın, Ateşçi'nin kurbanı olup olmadığından emin olamamıştık. Cesedin bırakılış şekli konusunda bazı şüphelerimiz vardı. Cinayeti işleyiş ve cesedi atış tarzı tıpatıp taklit edilmişti ama ortada doğru görünmeyen, aklımızı kurcalayan bir şeyler vardı. Cinayeti o değil, onun gibi olmaya çalışan biri işlemişti. Ve bu kişi Louise North'tu."

Godley hiçbir tepki vermemişti ama kafasında dönüp duran kuşku dolu soruları tahmin edebiliyordum. Aceleyle bulduklarımı anlatmaya başladım.

"Öldürülmesinden önceki yirmi dört saatlik zaman diliminde Rebecca Haworth'ın izine rastlayamadım. Onu gören ya da onunla konuşan olmamış. Ne komşuları, ne arkadaşları ne de ailesinden herhangi biri. Kontrol ettiğimiz güvenlik kamerası kayıtlarının hiçbirinde görünmüyor. Herhangi bir toplu taşıma aracında kartını kullanarak seyahat etmemiş. Şehirdeki bütün taksi şirketleriyle bağlantıya geçtik ancak onu bir yere bıraktığını hatırlayan kimse çıkmadı. Aslına bakarsanız, onunla ilgili bulabildiğim son somut iz, cep telefonu sinyali. Sinyal Perşembe gecesi, Londra Köprüsü civarında, evinin bulunduğu bölgede kesiliyor yani bu tarihte ya telefon kapatıldı ya da bir şekilde imha edildi. Ama bundan önce telefon Fulham'daymış. Louise'e en yakın baz istasyonunun yüz metre kadar yakınında."

"Arkadaşını görmeye gitmiş olabilir."

Başımı iki yana salladım. "Louise onu yıllardır görmediğini söyledi."

Tamam, o halde başka bir arkadaşını görmeye gitmiş olabilir."

"Kimi? Bildiğim kadarıyla Rebecca'nın bu bölgede yaşayan başka arkadaşı yok. Kapı kapı dolaşıp, onu Çarşamba akşamı ya da Perşembe günü gördüğünü hatırlayan biri olup olmadığını bakabiliriz. Ama bana kalırsa Louise ona tuzak kurdu ve onu Perşembe gününe kadar orada tutmayı planlayarak, Çarşamba akşamından evine çağırdı. Laboratuvar raporlarını gördüm; Doktor Hanshaw'un toksikoloji incelemesine gönderdiği vücut sıvılarında sakinleştirici bulunmuş. Ya Rebecca'nın işi, ev arkadaşı ya da bir erkek arkadaşı olmadığını bilen Louise, Rebecca'yı büyük olasılıkla kimsenin aramayacağını tahmin ettiğinden, onu orada hapis tuttuysa. Ya ona ilaç verdiyse? Ve onu öldürdüyse?"

"Kanıt, Maeve. Yüksek yapılaşma olan bölgelerde cep telefonu sinyallerine dayanılarak yapılan yer tespiti iyi sonuç vermez. Sinyal bir baz istasyonundan diğerine yansır. Bu sonuçlara bakarak, bölgeyi en fazla beş yüz metre çapındaki bir alanı kapsayacak şekilde daraltabiliriz."

"O zaman bunun, bize nereye bakmamız gerektiğini gösteren bir işaret olduğunu düşünün. Hepsi bu kadar değil." Godley'ye, Louise'in arabasını güvenlik kamerası kayıtlarında bulduğumu ve kontrol edince arabayı sürenin o olduğunu gördüğümü fazla ayrıntıya girmeden hızlıca anlattım. "Sabahın o saatinde orada olmasının hiçbir açıklaması yok. Rebecca'nın cesedinin nerede bulunduğunu söylediğimde de, bana oradan geçtiğini anlatmadı. Eğer masum olsaydı mutlaka bunun ne büyük bir rastlantı olduğuyla ilgili bir şeyler söylerdi. Ayrıca o günden sonra eski arabasından kurtulup

5. KURBAN

kendine yeni bir araba aldı. Bunun kendine verdiği bir hediye olduğunu düşünüyorum. Başarıyla yerine getirdiği bir iş karşılığında aldığı ödül belki de."

Tamam. Bu daha iyi. Onun söz konusu yer ve zamanda orada olduğunu kanıtlayabilmemiz hoşuma gitti. Ama eğer arabasını değiştirmişse, herhangi bir adli kanıt elde edemeyeceğiz demektir."

"Zaten araba değiştirmesinin asıl amacının bu olduğunu düşünüyorum. Bizim için oraya buraya birkaç sahte ipucu bıraktı. Rebecca'nın telefonuna sesli mesajlar bırakarak, öldüğü günden sonra ona ulaşmaya çalışıyormuş gibi bir görüntü yaratmaya çalıştı. Hatta Rebecca'nın eski iş numarasına bile bir mesaj bıraktı. Ama aslında Rebecca'nın işten ayrıldığından haberi vardı. İşten ayrılırken masasını toplamasına o yardım etmişti. Bugün Rebecca'nın asistanını tekrar arayıp Rebecca'ya yardım etmek için gelen kişinin adının Louise olup olmadığını sordum ve o da bunu doğruladı. Bizim, onun Rebecca'ya bir türlü ulaşamadığını düşünmemizi istiyor olmasa, cevap alamayacağını gayet iyi bildiği bir numarayı neden arasın? Ayrıca Rebecca'nın dairesine gittiğimizde Louise'i orada bulduğumuzu da unutmayın lütfen. Eminim o gün, Rebecca'yı ölmeden bir gün önce yemeğe davet ettiğini gösteren herhangi bir ipucu ya da onu öldürme gerekeçesini anlamamıza neden olabilecek herhangi bir not olmadığından emin olmak için etrafı toparlıyordu. Bize Rebecca'nın dağınık biri olduğunu söyledi. Halbuki Louise dışında herkes, Rebecca'nın ne kadar titiz ve düzenli olduğunu özellikle belirtti. Bunun Rebecca'nın ne kadar baskı altında olduğunu gösterdiğini düşünmüştüm ama meğer Louise bize yalan söylemiş."

"Öldürme gerekçesinden söz ettin -Louise onu neden öldürmüş olabilir?"

"Emin değilim. Ama belki de sadece, Rebecca'nın gölgesinde kalmaktan bıkmıştır. Bu arada, Adam Rowley öldüğü sırada Louise de Oxford'daymış. Bu konuda sorular sormam hiç hoşuna gitmedi ve konu açılınca birden gerginleşti. O sırada onun, Gil Maddick'in bizi duymasından endişe ettiği için böyle davrandığını düşünmüştüm ama artık, cevaplara fazla yaklaşmamın onu rahatsız etmiş olabileceğini düşünüyorum."

"Maddick." Godley yüzünü buruşturdu. "Aklım bu noktada biraz karışıyor. Louise'in potansiyel kurban olduğunu düşünürken birden onun katil olduğuna nasıl emin olabildiğini tam olarak anlayamıyorum."

"Onu bir kurban olarak görmemi istiyordu. Ve ben onu bir kurban olarak görmeye o kadar dalmıştım ki, bir şüpheli olarak değerlendirmek aklıma bile gelmedi. Planı buydu. Beni sürekli Gil Maddick'e yönlendiriyordu. O eski erkek arkadaştı, kız arkadaşlarına dönük şiddet geçmişi vardı ve Rebecca'yla yaşadıkları ayrılık, onu felakete götüren gelişmeleri tetikleyen asıl olaymış gibi görünüyordu. Bu olaydan sonra işini kaybetmiş, uyuşturucu bağımlılığı ve yeme bozukluğu ağırlaşmıştı. Maddick'in aşırı sahiplenici bir tip olduğunu söyleyen tek kişi Louise değildi. Anlatılanlara bakılırsa Maddick, Rebecca'yı arkadaşlarından uzak tutmaya çalışmıştı. Bu klasik bir kontrolcü davranıştır ama onun Rebecca'yı öldürmek isteyebileceğini göstermez. İkisinin Rebecca'nın ölümünden önce görüşüp görüşmedikleri hakkında herhangi bir kanıt bulamadım. E-posta, telefon kayıtları, mesajlar; hiç-

5. KURBAN

bir şey yok. Bana kalırsa Maddick onu unutup yoluna devam etmiş."

"Ama onun suçlu olduğundan tamamen emindin, Maeve," dedi Godley yumuşak bir sesle kibarca. "Şimdi Louise hakkında da aynı derecede emin olman beni biraz düşündürüyor."

"Onun, eski sevgilisi yeni bir hayata başladığı için öfkelenen kötü bir adam olduğunu düşünmüştüm ama gerçekler bu fikrimi desteklemedi. Maddick Rebecca'nın hayat sigortasından para alacak ama aslında zaten paraya ihtiyacı olan biri değil. Ayrıca ödeme yapılacaklar arasında kendi adının geçtiği hakkında en ufak bir fikri bile olduğunu sanmıyorum. Onun Rebecca'dan intikam almak isteyebileceğini de düşünmüştüm. Oxford'da ölen ve Rebecca'nın kendini suçlu hissetmesine neden olan şu çocukla aralarında şaşırtıcı bir benzerlik var. Ama bana kalırsa bu sadece bir tesadüf. Rebecca'nın Adam Rowley'yi saplantı haline getirdiği de düşünülürse, başka bir adamda da aynı özellikleri çekici bulması gayet normal."

"Rowley'nin ölümünün olanlarla bağlantısı nedir?"

"Bu konudan da tam olarak emin değilim," diye itiraf ettim. Godley gelmeden önce Dedektif Garland'la konuşmuştum. Aradığımda bir bardaydı ama eğer içki içmişse bile zihninin alkolden bir parça bile etkilenmediği her halinden belliydi.

"Ben de bir daha arayacak mısın diye merak ediyordum. Ne sonuca vardın? Cinayeti kimin işlediğini bulmaya yaklaştın mı?"

"Suçlama yapmak için yeterli kanıt bulunabileceğini sanmıyorum -en azından bu aşamada- ama evet, Adam Rowley'nin başına ne gelmiş olabileceğiyle ilgili bazı fikirlerim var."

"Devam et, aşkım. Dinliyorum."

Ona şüphelerimi anlattım: Rebecca ve Louise'in, Rowley'nin ölümüyle ilgili söylediklerinden çok daha fazlasını bildiklerini düşünüyordum. Onu ya Rebecca öldürmüştü ve Louise de ona delilleri ortadan kaldırmakta yardımcı olmuştu ya da ölümünde Rebecca'nın desteği ve suç ortaklığıyla birlikte Louise'in önemli bir rolü vardı. Louise olay sonrasında yürütülen soruşturmanın yarattığı baskıyla başa çıkmayı başarmıştı ama Rebecca dağılıp gitmişti. Bir süre görüşmemelerinin nedeni de buydu.

"Louise Adam'ın çok sarhoş olduğunu biliyor olmalıydı çünkü bütün gece barda çalışmıştı. Onu hafifçe itip nehre gönderen kişi ikisi de olabilirdi."

Telefonun diğer ucundan kısık bir gülme sesi geldi.

"İyi iş çıkardın, kız. Uzun bir zaman önce, ben de aynen bu sonuca varmıştım ama savcılığı soruşturmayı genişletmeye ikna edemeyeceğimi düşünüyordum. Louise North'a karşı her zaman dikkatli davrandım. Çok soğuk ve soğukkanlı bir tipti. Onu şaşırtmayı bir türlü başaramadım ve inan bana bunu çok denedim."

"Dedektif Garland'ın ondan hoşlanmamış olması ilginç," dedi Godley konuştuklarımızı dinledikten sonra. "Ama onu çocuğun ölümüne bağlayacak herhangi bir ipucu bulamamış, öyle değil mi?"

"Hayır ama adli tıp olayın kaza sonucu ölüm olduğuna karar verince cinayet soruşturması açılmamış. Adam'ın bir

5. KURBAN

şekilde, bilgisi dışında ilaç verilerek sersemletilmiş olma ihtimali varmış. Ama aynı zamanda ilaçları gönüllü olarak da almış olabilirmiş. Başının arkasında darbe sonucu oluşmuş olabilecek bir sıyrık varmış ama bu boğulmayla da uyumlu bir yaralanmaymış. Görünüşe bakılırsa suya düştüğünde çırpınmamış. Sağlıklı ve formda bir genç adammış ve sudan çıkmak için hiçbir çaba göstermemiş. O sırada sarhoşmuş ama yine de kurtulmaya çalışmamış olması bana tuhaf geliyor. Ayrıca ayrıntılar ne olursa olsun, o gece olanların Louise'e Rebecca'yı öldürmesi için ciddi bir neden verdiğini düşünüyorum."

"Devam et."

"Öldüğü sırada, Rebecca'nın hayatı altüst olmak üzereydi. Çok ihtiyacı olan işini kaybetmişti. O kadar çaresizdi ki fikrini değiştirmesi için patronuna kendisiyle birlikte olmayı bile teklif etmişti, ki eğer onu gördüyseniz bunun bu işi halletmenin kolay yolu olmadığını biliyorsunuzdur. İşsiz kaldığı gerçeğini ailesinden ve arkadaşlarından saklamaya çalışıyordu ve bu nedenle son derece pahalı evinde yaşamaya devam ediyor ve hayat tarzını değiştirmemek için uğraşıyordu. Bu arada onu mali anlamda iyice yıkan uyuşturucu bağımlılığı devam ediyordu ve aşk hayatı da en hafif ifadeyle karmaşık durumdaydı. Sevgilisine şantaj yaptığını ve olanları eşine anlatmayacağına söz vermesi karşılığında ondan on bin pound aldığını biliyoruz. Adamın bunu ve hatta daha da fazlasını hak etmediğini söyleyemem ama Louise'in Rebecca'nın yaptıklarını öğrendiğinde telaşa kapılıp kapılmadığını çok merak ediyorum doğrusu. Onun Rebecca'nın kendisine de şantaj yapabileceği tehlikesini göze alabileceğini hiç sanmıyorum."

"Elimizde bunu yaptığına dair bir kanıt var mı?"

"Hayır. Eğer ona para vermişse bile ödemeyi nakit olarak yapmış olmalı. Ayrıca onun Rebecca'nın istediği parayı ödeyebileceği konusunda da ciddi şüphelerim var çünkü iyi kazanıyor olmasına rağmen mortgage taksitlerini ödemesi gereken pahalı bir evi var. Tabii bir de koruması gereken itibarı. Louise şu anda olduğu yere gelebilmek için çok çalışmış. Bunun, en iyi arkadaşının işsiz bir kokainman olması yüzünden, gözlerinin önünde kaybolup gitmesine göz yumacağını pek sanmıyorum."

"Bu durumda, Louise ve Rebecca'nın Adam Rowley'yi öldürmek için bir anlaşma yaptıklarını düşünüyorsun ancak bunu kanıtlayamıyoruz; ayrıca bunu neden yaptıklarını da bilmiyoruz. Louise'in bu konuda şantaja maruz kalacağından korktuğunu düşünüyorsun; ki bunu da kanıtlamamız mümkün değil. Birkaç güvenlik kamerası kaydına ve cep telefonu yer tespit analizlerine dayanarak, Louise'in Rebecca'ya ilaç verdiğini, yirmi dört saat boyunca evinde tuttuğunu ve öldürdükten sonra da attığını düşünüyorsun. Bunların bazılarını kanıtlayabiliriz ancak Louise bizden oldukça erken davranıp kanıtların çoğundan kurtulmayı başarmış."

"Evet, aşağı yukarı böyle."

Başkomiser, düşünceli gözlerini yerden kaldırmadan uzunca bir süre sessizce durdu. Her şeyi berbat ettiğimi, çok açık bir noktayı gözden kaçırarak kendimi telafi edilemez bir şekilde rezil ettiğimi düşünmeye başlamıştım. Elimde teorimi destekleyen çok az kanıt olduğunu biliyordum ve zaten bunlar da ikinci dereceden kanıtlardı. Sessizlik artık dayanamayacağım kadar uzamıştı ki Godley nihayet başını kaldırdı

5. KURBAN

ve masmavi gözleriyle bana bakıp gülümsedi.

"Her şey parça parça ama şüphelerinde haklı olabilirsin. Ve eğer haklıysan, onun bu işten paçayı kurtarmasını istemiyorum." Ayağa kalkıp ceketini giydi. "Benimle gelebilecek kadar toparlandın mı? Bir acil durum toplantısı isteyeceğim. Bakalım Bayan North'u yenmenin bir yolunu bulabilecek miyiz?"

Ona tabii ki kendimi iyi hissettiğimi ve onunla gidebileceğimi söyledim. Çok yorgundum ve bacaklarım titriyordu ama bunu kesinlikle kaçırmayacaktım. Godley arabaya biner binmez Judd'u arayıp ekibin önemli üyelerinden birkaçını toplamasını söyledi ve hemen ardından, rekor denebilecek bir hızla karakola doğru yola çıktı.

Londra'nın merkezine yaklaşmıştık ki telefonum çaldı. Kimin aradığını görmek için ekrana baktım ve donup kaldım.

"Patron, Louise arıyor. Neden beni arıyor olabilir?"

Godley kaşlarını çattı. "Cevap verme. Mesaj bırakırsa hepimiz dinleyebiliriz."

Telefon hiç susmayacakmış gibi uzun uzun çaldı ve sonunda durdu. Birkaç saniye sonra bir bip sesi duyuldu: yeni sesli mesajınız var. Mesajın sesini hoparlöre verirken farkında bile olmadan tuttuğum nefesi serbest bıraktım.

"Dedektif Kerrigan -Maeve? Sana Gil'den ayrıldığımı haber vermek istedim. Yaralandığını haberlerde duydum...ve bir süredir hastanede olduğunu da biliyorum yani şu anda benden daha önemli sorunların olduğundan eminim ama yine de sana söylemek istedim." Konuşması her zamankinden daha tutuktu. "Ben sadece...ben Rebecca'nın dairesini topladığım sırada sehpanın üzerinde bir kalem bulduğumu bilmek istersin diye düşündüm. Üstünde Gil'in adının baş harfleri vardı -GKM. Kalemi bulduğumda, Gil'in Rebecca'nın ölümünden önce orada bulunduğunu düşünmüştüm. Bana oraya gitmediğini söyledi ama..." Louise bir an sustu ve ardından derin bir iç çekti. "Artık ne düşünebileceğimi bilemiyorum." Tık.

Kaşlarımı kaldırıp Godley'ye baktım. "Ne düşünüyorsunuz?"

Gözü yoldaydı. "Senin harika bir polis olduğunu ve sezgilerinin çok kuvvetli olduğunu düşünüyorum."

"Gidip Gil Maddick'i tutuklamamız gerektiğini düşünmüyor musunuz?"

"Sen öyle mi düşünüyorsun?"

"Hayır." Bu konudaki fikrim kesindi. "Bu son telefondan sonra Louise'in suçlu olduğuna iyice ikna oldum."

"O halde, onu nasıl yakalayabileceğimizi bulmaya çalışalım."

Godley'nin bunu yapmadan önce bir oda dolusu aşırı şüpheci polisi Louise North'a karşı bir dava açabileceğimize ikna etmesi gerekiyordu ve bu kulağa geldiği kadar kolay bir iş değildi. Başkomiser orada bulunmamızın amacını açıklarken ben de tedirgin gözlerle etrafıma bakındım. Üzerimde her zamanki takım elbisem yerine kot pantolonum ve kazağım vardı ve yüzüm hâlâ Selvaggi'yle karşılaşmamdan kalan morluklarla kaplıydı. Müfettiş Judd, Godley'nin yanında oturuyordu. Oldukça yorgun olduğu belliydi ama Peter Belcott'un aksine etrafa düşmanca gözlerle bakmıyordu. Rob da oradaydı. Cesaret verici gözlerle masanın diğer ucundan bana bakıyordu. Onun olduğu yöne hızlıca bir göz attım ve dikkatimin dağılacağını düşünerek bir daha ona bakmamaya karar

5. KURBAN

verdim. Ben Dornton ve Chris Pettifer takımın uzman sorgu memurları oldukları için oradaydılar ve Sam, Kev Cox ve Vale de grubun geri kalanını oluşturuyorlardı. Godley nihayet bildiklerimiz, düşündüklerimiz ve öğrenmemiz gerekenlerle ilgili konuşmasını bitirip sözü bana verdiğinde bu saydığım isimlerin hiç biri ikna olmuş görünmüyordu.

"Hepsi bu mu?" Peter Belcott'un üst dudağı alaycı bir ifadeyle geriye doğru çekilmiş, aşırı uzun ön dişleri ortaya çıkmıştı.

"Bu görüntünün başka bir açıklaması olabileceğini sanmıyorum. Louise North, Rebecca'nın öldüğü hafta oldukça gösterişli bir spor BMW aldı ve bana on dört yıllık oldukça eskimiş mavi bir Peugeout olduğunu söylediği arabasını elden çıkardı."

Uzaktan kumadayı alıp arkamdaki DVD'yi açtım. Diski önceden istediğim yere getirip hazırlamıştım.

"Burası Rebecca Haworth'un cesenınin bulunduğu yerin iki yüz metre uzağı. Görüntü Kasım'ın yirmi altısında, Cuma sabahı saat iki elli yedide kaydedildi. Bu" -parmağımla gösterdim- "içinde bir kadın sürücü bulunan mavi bir Peugeot. Rebecca'nın cesedinin atıldığı yöne gidiyor. Yüzünün bir bölümünü görebilirsiniz." Diski durdurdum ve yaklaşık bir dakika kadar sonra başka bir kameranın kaydettiği görüntüye kadar ileri aldım. Araba bu kez trafik ışıklarında dururken arkadan görülüyordu ama sürücü net olarak seçilemiyordu. "Arabayı burada tekrar görüyoruz. Arkasındaki araba kapatıyor da olsa plakanın bir kısmını görebiliyoruz. Louise'in eski arabasının plakasını buldum ve burada görülen numaralarla eşleştiğini tespit ettim." Diski bir kez daha ileri aldım. "Bu, yirmi dakika sonra, ikinci kameradan alınmış bir görüntü. Araba, cesedin atıldığı yönden dönüyor. Bu defa sürücüyü gayet net bir şekilde görebiliyoruz." Durdum ve herkesin Louise North'un bulanık ama kimliğini açıkça ortaya koyan görüntüsüne bakması için bekledim. "Eğer merak ettiyseniz, kendisi Fulham'da oturuyor. İlk görüşmemizde bana Rebecca'nın öldürüldüğü gece evde olduğunu söylemişti. Gecenin bir yarısı, nehrin güney yakasında gerçekeştirdiği heyecanlı gezintiden kesinlikle söz etmedi."

Colin Vale başını iki yana sallıyordu. "Profile uygun değildi. Eğer bilseydim..."

"Bu arabayla ilgilenmen için hiçbir neden yoktu," dedim onu rahatlatmaya çalışarak. "Hazırladığın dökümlerde tesadüfen görmesem ben de fark etmeyecektim. Ayrıca o sırada farklı bir aracı bulmaya çalışıyordum. Şans eseri Louise daha önce bana arabasını değiştirdiğini anlatmış ve rengiyle modelinden söz etmişti; diğer aracı ararken bir anda dikkatimi çekti."

"Şans," dedi masanın başında oturan Godley ve herkes birden kuzeye dönen pusula iğneleri gibi ona yöneldi. "Ama aynı zamanda iyi bir polis işi. Ayrıca Maeve'in de belirttiği gibi araç ve özellikleri dökümlerde belirtilmiş olmasaydı, onu fark etme şansımız da olmayacaktı."

"Bu görüntüleri inceleyebiliriz," dedi Colin, " ve arabanın cesedin atıldığı yöne giderken daha yüklü olup olmadığına bakabiliriz."

"Evet. Ve korkarım bütün yapabileceğimiz de bu çünkü Louise'in söylediğine göre araba hurdaya ayrılmış."

"O halde, yapabileceğimiz başka bir şey daha var," dedi

5. KURBAN

Kev Cox. "Arabayı takip edip nereye götürüldüğünü ve şu anda nerede olduğunu bulun. Preslenmiş bile olsa ayrıntılı bir incelemeyle bazı kanıtlara ulaşabiliriz."

"Bu çok zor bir iş," dedi Judd. "Ayrıca savunma, kanıtların bozulmuş olabileceğini iddia etme fırsatı yakaladığı için bayram edecektir."

"Daha iyi bir öneri gelmediğine göre, bunu bir deneyelim," dedi Godley kararlı bir sesle. "Colin bu tam sana göre bir işe benziyor."

Solgun yüzlü dedektif başıyla onayladı. İş onu pek heyecanlandırmışa benzemiyordu ve bu konuda haklıydı. Son derece titiz ve ayrıntılı bir çalışma yapması gerekecekti ve işe yarar bir şeyler bulma ihtimali gerçekten düşüktü.

"Dökümlerde aracın bilgilerini gördüğün sırada aslında ne arıyordun?" Müfettiş Judd kaşlarını çatmıştı.

"Rebecca öğrenciyken danışman öğretmeniyle uygunsuz bir ilişki yaşamış. Aralarındaki ilişki birkaç ay önce tekrar başlamış ancak bu sefer Rebecca adama şantaj yapmış."

"Akademisyenlerin pek parası olmaz," diye itiraz etti Judd.

"Bu akademisyenin var çünkü kendisi Caspian Faraday."

"Onun kitapları var bende. Televizyonda programlarını izlemiştim." Colin Vale dehşete kapılmıştı. Hayranlık duyulan birinin gözden düşüşüne tanık oluyordum; içimde ona karşı hafif bir sempati uyandığını hissettim.

"Caspian zengin bir ailenin kızı olan Delia Waynflete ile evli. Onunla gerçekleştirdiğim görüşme sırasında, hayattaki önceliğinin eşiyle olan ilişkisini sürdürmek olduğu izlenimini edindim. Onu eşinin sırtından geçinmekle suçlamak istemem ama kadının, Caspian'ın hayat standartlarında gerçekten önemli bir fark yarattığı da bir gerçek. Onu eşinin evlilik dışı ilişkisinden haberdar olması korkusuyla yaşayamayacağını düşünürken rahatlıkla gözümde canlandırabiliyor, Rebecca'nın cinayetini tasarlarken düşünebiliyordum. Rebecca'yı öldürürken hayal edemiyordum ama gerekli şartlar yerine geldiğinde, içinde gizlenen vahşeti pekâlâ ortaya çıkarabilirdi. Bu arada eşi, rakibini kendi elleriyle öldürmeyi tercih etmeyebilir ama bunu yapacak olan insanları tutacak mali güce sahip. Bu konuda Faraday'in de bazı şüpheleri olduğunu sanıyorum çünkü eşinin, Rebecca'nın öldürüldüğü gece ülke sınırları içinde olup olmadığını sorduğumda, avukatı bana yalan söyledi. Dedektif Belcott biraz araştırma yaptı ve ajanslarda, onun Rebecca'nın ölümünden bir gece önce Londra'daki bir yardım balosunda ve cesedin bulunmasından bir gün sonra da bir sanat galerisinde çekilmiş fotoğraflarına ulaştı. Güvenlik kamerası dökümlerinde onun ya da kocasının arabasını bulmaya çalışıyordum."

"İşin ucunda o kadar para varken insan uçkuruna hakim olur artık," dedi Ben Dornton.

Yüzümü buruşturdum. "Onu çözümlemek için fazla zaman harcadığımı söyleyemeyeceğim ama eşiyle eşit bir ilişki içinde olmamanın ona kendini güçsüz hissettirdiğini tahmin edebiliyorum. Aslında o da hayatta oldukça başarılı olmuş. Özellikle de akademik camiadan uzaklaştırılmasına rağmen geldiği yeri düşünürsek başarısı çok açık. Ama eşi gerçekten çok büyük bir servete sahip. Keyfini çıkardığı hayat tarzını öylece bırakıvermek Faraday için hiç de kolay olmasa gerek."

5. KURBAN

"Bence Doktor Chen'i gönderip onun işini Maeve'e verelim."

Rob'a ters ters baktım. "Öneriniz için teşekkürler, Dedektif Langton ancak sizin de bildiğiniz gibi bu sadece bir varsayım."

"Bunların hepsi varsayım," diye şikayet etti Belcott. "Akademisyenle eşinin olayla hiçbir ilgisi olmadığı sonucuna nasıl vardın?"

"Rebecca, Faraday'in hayatındaki heyecandı. Onun ölmesini istemiş olamazdı. Delia'nın ise rakibini öldürmekle uğraşacağını sanmıyorum. Kocasını bir süre farklı bir şehirde yaşamak zorunda bırakıp ona iplerin kimin elinde olduğunu kolayca hatırlatabilir." Ekranı gösterdim. "Şimdi geriye dönüp baktığımda düşünüyorum da, Louise'in davranışları en başından, onu Rebecca'nın dairesinde bulduğumuz günden beri hep şüphe uyandırıcıymış. Rebecca'nın adres defterini, ajandasını ve her zaman yanında taşıdığı günlüğünü bulamadık. İçimde üçünün de Louise'in Prada çantasıyla kapıdan çıkıp gittiği yönünde kuvvetli bir his var." Sam'a döndüm. "Birden gözyaşlarına boğulup kendine gelmek için tuvalete gitmek zorunda kaldığı o anı hatırlıyor musun? Bahse varım biz oturma odasında oturmuş konuşurken, o gözden kaçırdığı bir şey olma ihtimaline karşı evin altını üstüne getiriyordu."

"Buna hiç şaşırmam," dedi Sam. "Bunu atladık."

"Hem de tamamen atladık," diye onayladım. "Ama eğer oraya gitmemiş olsaydık, onun evde bulunduğundan haberimiz bile olmayacaktı." Bunu söylerken Godley'ye bakmamaya özen gösterdim. Kısa bir süre önce benden o gün bizi azarladığı için özür dilemişti; Sam'in özrü ise muhtemelen toplantıdan sonra gelecekti. "Neden bunu bir Ateşçi cinayetine benzetmeye çalışarak risk alsın?" diye sordu Judd.

"Sanırım böyle yaparak paçayı kurtarabileceğini düşündü. Rebecca'nın dairesine gidip temizlik yapmayı göze alabildiğine göre gerçekten fazlasıyla kibirli ve kendini beğenmiş bir tip olmalı. Eğer anlattıklarımın tamamı doğruysa, onun daha önce de bir cinayetten paçayı kurtarmayı başarmış olduğunu hatırlayın. Ayrıca bu olayda, son derece gösterişli, bana Gil Maddick'te fazlasıyla bulunan cafcaflı kendine güven duygusunu hatırlatan bir şeyler var. Louise baştan beri beni ona yönlendirmeye çalıştı. Rebecca'nın, seri katilin kurbanı olduğuna inanmama ihtimalimize karşı, suçu üzerine atmak için Gil'i en başından beri hazırda bekletiyordu. Tabii bu onunla bir ilişkiye başlamadan önceki planıydı. Başlarken onunla birlikte olmayı planladığını sanmıyorum çünkü bu gerçekten de çılgınca bir gözü karalık olurdu. Rebecca, arkadaşlıkları boyunca her zaman baskın olan taraftı. Güzeldi, popülerdi ve Louise her zaman onun gölgesinde kalıyordu. Rebecca'nın gidişiyle Louise'in öne çıkma şansı yakaladığını sanıyorum ve bana kalırsa, bu ne kadar aptalca olursa olsun, o şu anda bu şansını kullanıyor."

"Hâlâ anlamadığım bir şey var," dedi Judd. "Bize nasıl olduğunu anlattın ama nedenini söylemedin."

"Çünkü onunla konuşana kadar bu konuda kesin bir karara varmam mümkün değil. Tabii konuşana kadar derken, onun olanları anlatmaya karar vermesi ihtimalinden söz ediyorum, ki aslında böyle bir şey olacağından da kuşkuluyum. Her şeyden önce o bir avukat. Ve bir avukat olmakla gurur duyuyor. İsmi lekelenirse kaybedeceği çok şey var. Zaten Re-

5. KURBAN

becca'yı öldürmek zorunda kalmasının nedeninin de bu olduğunu düşünüyorum."

"İsmini tehlikeye attığı için mi öldürdü onu?" diye sordu Colin Vale.

"Bunun olma ihtimalini göze alamayacağı için. Louise'in bu konudaki tek güvencesi, Rebecca'nın da Adam Rowley cinayetine karışmış olması ve bu nedenle, kendini de işin içine katmadan Louise'e şantaj yapamayacak olmasıydı. Ama Rebecca artık beş parasızdı, her şeyi göze alabilecek kadar çaresizdi ve son zamanlarda oldukça berbat kararlar verdiği ortadaydı. Louise ona güvenemezdi. Yedi yıl önce işlediği cinayetten başarıyla sıyrılmayı başarmışken, aynı numarayı şimdi bir kez daha, kaybedecek çok daha fazla şeyi varken yapmaması için hiçbir neden yoktu."

"Bu davayı bir sesli mesaj ve birkaç güvenlik kamerası kaydına dayanarak mı savcılığa götürüyoruz?" diye sordu Judd Godley'ye.

"Elimizde tutuklama emri için yeterli kanıt var. Onu cinayetle suçlayıp suçlayamayacağımız ise sorguya bağlı. Bir itirafa ihtiyacımız var." Godley masaya bir göz attı. "Ben ve Chris, not aldınız mı? Bu davanın başarısı artık sizin ellerinizde."

Dornton ve Pettifer düşünceli gözlerle bakıp tamam der gibi başlarını salladılar. Louise'in sorgusunda gerçekten şansa ihtiyaçları olacaktı; onların yerinde olmak istemezdim. İkisine de şans dileyip notlarımı toparlamaya başladım. O kadar yorulmuştum ki neredeyse önümü bile göremiyordum. Godley'nin sesiyle kendime geldim.

"Maeve, ortadan kaybolma. Tutuklama için gereken işlemleri halledip doğrudan sorguya geçeceğiz. Benimle kalıp izlemeni istiyorum. Araba konusunda olduğu gibi, dikkatimizden kaçan bir şeyi sen yakalayabilirsin."

"Ah. Gerçekten mi? Ben-"

"Tutuklamayı yapmamız birkaç saat alır. Kendine yiyecek bir şeyler falan al ve dinlenmeye çalış. Kendini yorma."

"Ben aslında-" cümlemi tamamlamadan sustum. Godley dinlemiyordu. Beni çoktan unutmuş, Judd'la alçak bir sesle savcılığın bilgilendirilmesini tartışmaya dalmıştı. Orada yorgunluktan sağa sola sallanarak öylece durdum. Tek istediğim eve gitmekti.

Rob'un yerinden kalkıp gerindiğini ve hemen ardından salınarak bana doğru yaklaştığını gördüm. Bir yılı aşkın süredir tanıdığım ve varlığından hiçbir zaman rahatsız olmadığım Rob. Arabada, sorgularda ve toplantılarda sayısız sefer yan yana, omuz omuza oturduğum Rob. Sadece yanımda durup adımı söyleyerek, daha önce hiç kalbimin böyle sinir bozucu bir heyecanla çarpmasına neden olmamış olan Rob. Kızaran yüzümü fark etmemesini umarak yüzüne baktım ve gülümsedim.

"İyi misin?"

"Sadece yorgunum."

"Olmalısın da. O kadar konuştun."

"Ve düşündüm de. Düşünme kısmını unutma."

"Alışık değilsin tabii. Gidip bir kahve içelim mi? Sorguya daha birkaç saat olduğuna göre bol bol vaktin var."

Başımı iki yana salladım. Kafam o haldeyken kahveden daha kötü bir seçim yapamazdım herhalde. Zaten Louise'in

5. KURBAN

tutuklanacak olması yüzünden fazlasıyla gergin ve sinirliydim; bir şeyleri gözden kaçırmış ya da olmayan şeyler uydurmuş olmaktan endişe ediyordum. Üzerimde, uzun uçuşlardan sonra insanın üzerine çöken o tuhaf yorgunluk, dünyaya bir tünelin ucundan bakıyormuşum hissi vardı. Birden Rob bile çok uzağa gitmişti sanki.

"Böyle iyiyim." Acıklı gözlerle, dilediğim anda önümde birden bir yatak belirecekmiş gibi uzun uzun odaya baktım. "Şu anda istediğim tek şey biraz dinlenmek."

"Bunu halledebiliriz." Elini cebine daldırıp arabasının anahtarlarını çıkardı. "Seni eve götüreyim."

"Annemlerin evine mi? Orası çok uzak. Sadece gidip hiç durmadan dönsek bile sorguyu kaçırabiliriz."

"O halde seni başka bir yere götüreceğim. Gel bakalım."

"Nereye?"

Rob soruma cevap vermek yerine gülümseyerek odadan dışarı çıktı. Peşinden gittim; nereye gittiğimizi merak bile edemeyecek kadar yorgundum. Birilerinin binadan birlikte çıktığımızı görmesi umurumda değildi. Kimse bundan bir anlam çıkarmazdı çünkü sık sık birlikte bir yerlere giderdik. Ayrıca Rob, saklanacak bir şey varmış gibi davranmıyordu.

Düşünceler zihnimde akıp gidiyordu ki Rob dışarıdaki merdivenlerde aniden durup beni iyice süzdü. "Bir taksi bulsak daha iyi olacak. Köşeye kadar yürürsen bayılacakmışsın gibi görünüyorsun."

"Sen kullanmıyor musun?"

"Park yeri yok," dedi kısaca. Siyah bir taksiye işaret etti ve beni nereye götürdüğünü duymamam için adresi sürücünün camına doğru eğilerek söyledi. Trafik her zamanki gibi korkunçtu ve fazla uzakta olmamasına rağmen gideceğimiz yere varmamız oldukça uzun sürdü. Rob yol boyunca camdan dışarı baktı ve ben bu seferlik, her zaman yaptığım gibi ne düşündüğünü tahmin etmeye çalışmak yerine başımı koltuğa dayadım, gözlerimi kapattım ve biraz kestirdim. Louise, dışarıda bir yerlerde, benim ortaya attığım iddialara dayanılarak onu gözaltına almak amacıyla gerçekleştirilen hazırlıklardan habersiz, hayatına devam ediyordu. Midem bulanmaya başlamıştı; yutkunarak geçirmeye çalıştım. Eğer haklıysam bunu hak ediyordu. Yanılmışsam...ama yanılmış olamazdım.

Rob'un beni götürdüğü yer, Knightsbridge'in arka sokaklarından birinde, dükkânların arasına sıkışmış ufacık ama zevkle döşenmiş bir oteldi. Rob beni küçük bardaki şöminenin yanındaki berjer koltuğa oturtup resepsiyona gitti. Sıcaklık beni öyle canlandırmıştı ki geri döndüğünde ona hemen sataşmaya başladım.

"Bunu yapamazsın. Biraz dinlenmek istiyorum diye öylece bir otel odası tutamayız."

"Tutabiliriz. Tuttuk." Elindeki anahtarı havada salladı. "Odada minibar olup olmadığını merak ediyor musun?"

"Görev başındayız," dedim hiç düşünmeden.

"Mızıkçı."

"Bu saçmalık." Koluma girip koltuktan doğrulmama yardım etmesine ve beni asansöre kadar götürmesine izin verdim. Resepsiyon masasının yanından geçtiğimiz sırada, orada duran iki kız gözlerini devirip mesafeli bakışlarla bizi süzdü. "Ayrıca onlar hakkımızda ne düşünecek?"

"İstediklerini düşünebilirler," dedi Rob sertçe ve düğme-

5. KURBAN

ye basıp asansörü çağırdı. "Eğer merkeze dönmek istiyorsan sana hemen bir taksi çağırabilirim. Ama ben burada kalıyorum."

Dört numaralı odaya varana kadar yol boyunca söylendim durdum ve odanın kapısı açılır açılmaz birden sustum. Gül rengi duvarları, siyah beyaz fayanslı banyonun orta yerinde duran ayaklı küveti, aşağıda akıp giden trafiğin gürültüsünü azaltan, kat kat perdelerle süslenmiş kocaman pencereleri ve tombul yastıkları olan, saten yatak örtülü devasa yatağıyla harika bir odaydı bu.

"Vay be. Burayı nereden biliyorsun?"

Rob bir kahkaha attı. "Bunu gerçekten öğrenmek istediğine emin misin?"

Katışıksız bir kıskançlık krizinin içimde yükseldiğini hissediyordum ki benimle uğraşmayı bırakıp açıklamaya girişti.

"Düşündüğün gibi değil. Eskiden Metropolitan'ın Otel Suçları bölümünde çalışırdım. Burada birini tutukladım. Müdür yardımcısı Kosova'daki bir çetenin üyesiydi ve burada kendine tatlı küçük bir iş kurmuş, müşterilerin değerli eşyalarını çalıyordu. Yanlış hatırlamıyorsam dört yıl ceza aldı. Ve ben de yaptıklarımız için bize minnettar olan müdürden bugüne kadar kullanma fırsatı bulamadığım bir indirim kartı aldım."

"Ah. O halde romantik bir uğrak yeri değil burası."

"Hayır. Buraya daha önce kimseyi getirmedim. İlk sen geldin." Arkasını dönüp yatağı eliyle kontrol etti. "Umarım iyi bir yataktır. Uzanmak ister misin?"

İstiyordum. Ama tek başıma değil. Ona olan duygularımı, fazla bayağı görünmeden anlatmanın bir yolunu bulmaya çalışıyordum ki Rob önümde diz çöküp, hiç romantik olmayan bir şekilde hafifçe ıslık çalarak ayakkabılarımın bağcıklarını çözmeye başladı.

"Kendimi nalbanta gelmiş bir at gibi hissediyorum," dedim ayakkabımı çıkarmak için ayağımı kaldırdığı sırada.

"Hoo, Bessy." Rob diğer ayakkabımı da çıkardı ve hafifçe doğrulup birkaç santim ötemde durdu. O heyecan dalgasını ve beni tedirgin eden telaşı bir kez daha içimde hissettim. Öylece ağzına bakıyor, eğilip dudaklarımı dudaklarına dokundurmak istiyordum... Ona biraz daha yaklaştım; teninden yayılan sıcaklığı hissedebiliyordum. "Hafifçe öksürdü. "Maeve."

Hayal dünyamdan bir anda uyanıp yüzüne baktım. Kalbimin atışını yanaklarımda duyduğuma göre yüzüm duvarla aynı renk olmuş olmalıydı.

"Sadece dinlenmek istediğini düşünmüştüm. Başına aldığın darbe yüzünden beyninde hasar oluşmuş olabileceğinden haberim yok sanma."

"Ben iyiyim. Kendimi çok daha iyi hissediyorum. Gerçekten, yorgunum ama eski halime çoktan döndüm," diye hızlı hızlı konuşup duruyordum ki beni susturmak için parmağını dudaklarımın üzerine koydu.

"O halde, bu zayıf durumundan yararlanmak istemediğimi sanma. Tabii eğer bunu yapmamı sen de istiyorsan."

Elini tutup dudaklarımından çektim. "Bunu nasıl yapacakmışsın?"

"Öncelikle şöyle başlayabilirim diye düşünüyorum," dedi ve eğilip beni öptü. Her şey hem harika, hem tuhaf, hem de çok doğru geliyordu.

5. KURBAN

"Zayıf olan tek yerim," dedim bakışlarımı bacaklarıma çevirerek, "dizlerim."

"Öyle mi?" diye sordu Rob ilgiyle. "Bir bakalım."

Bunu yapmanın tek yolu, pantolonumu çıkarmak gibi görünüyordu. Ve aradan fazla zaman geçmeden başlardaki beceriksizliğimizi, kahkahaları ve oynaşmaları aşmıştık. Yaptığımız ciddi bir işti. Ama daha da önemlisi, doğruydu.

Ayrıca hayal edebileceğimden bile daha güzeldi.

"Bir daha?" diye sordu bir süre sonra aramızda on santimetre bile olmadan yüz yüze yatarken. Parmağını sırtımda aşağı yukarı yavaşça gezdiriyordu.

"Evet. Hayır. Daha değil." Gözlerimi açmak için kendimi zorladım. Kendini iyi hissetmenin sarhoş edici mutluluyla sersemlemiştim. "Rob."

"Maeve." Sesimi taklit etti. Sesi ve bakışlarındaki ciddiyet gülünçtü. Göğsüne hafifçe vurdum.

"Ciddiyim ben. Konuşmamız gerekiyor."

"Şimdi mi?" Yana doğru devrilip beni görmek istemiyormuş gibi koluyla gözlerini kapattı. "Gerçekten mi?"

"Gerçekten." Hafifçe doğrulup çarşafa sarındım. "Bunu yapmamalıyız. Keyifli bir iş ilişkisini zorlaştırmış olacağız. Ayrıca bölümden herhangi birine bundan söz edersen, utançtan bir daha çalışma odasına adımımı atamam."

Kolunu hafifçe yana kaydırıp tek gözüyle bana ters ters baktı. "İnsanlara bundan söz edeceğimi de nereden çıkardın?"

"'Maeve'in harika bacakları ve çok hoş, küçük bir kıçı var. İstediği her halinden belli. Onu düz yürüyemez hale gelene kadar becerrebilirim,'" dedim Rob'u taklit ederek. "Böyleydi, öyle değil mi? Unuttuğum bir şey var mı? Parça parça duyabildim ama ana fikri yakalamayı başardığımı sanıyorum."

"Bu tamamen başka bir şey. Bu sadece sohbet." Uzanıp beni kendine doğru çekti. "Ama yine de yapabilecek miyim bir deneyeyim bakalım."

"Tanrı aşkına," diye itiraz ettim, yarı-kızgın yarı-gülen bir sesle. "Birlikte çalışmak zorundayız. Şu anda burada yaptığımızın her neyse, muhtemelen her şeyi berbat edecek. Bu iş bir yerlere varsa da varmasa da, büyük ihtimalle en sonunda, ikimizden birinin takımdan ayrılması gerekecek. Çok sonraki zamanlardan söz ettiğimi biliyorum. Geleceği görmeye çalışıyor değilim ama bu konuda sorumlu davranmalıyız."

Rob kaşlarını çattı; başını eğdiği için gözlerini göremiyordum. "Neden olacaklar hakkında düşünmeyi bırakıp şimdi ve burada olana konsantre olmuyorsun?"

"Söylediklerimin senin için hiçbir anlamı yok mu?" Bu son cümle, bugün yaşadıklarımızı tek seferlik bir şey gibi gördüğü anlamına mı geliyordu?

Elleri hâlâ sarındığım çarşafın altında ilerlerken bir an düşündü. "Hayır. Kendini yılbaşı hediyem olarak paketleme çabanı çok takdir ediyorum ama ben bugün çok uslu bir çocuk oldum ve hediyemi birkaç gün erken açmak istiyorum."

Bir şekilde, içimdeki kuşkuları zihnimin derinliklerine göndermek çok daha kolay geliyordu. Kendimi tekrar onun kollarına bırakmak daha kolaydı. Ellerimi teninde gezdirmek, her bir santimini öğrenmek, dışarıda, pencerelerimizin altında söylenip duran gerçek dünyayı dışarıda bırakmak daha kolaydı.

5. KURBAN

Kendimi bırakmak daha kolaydı.

Beni uyandıranın ne olduğunu anlamak için gözlerimi açtığımda oda karanlıktı. Pencerenin yanındaki masanın üzerinde duran küçük lambanınki dışında hiçbir ışık yoktu. Şaşkın bir halde başımı çevirip Rob'un gözlerine baktım. Yatağın yanında, tepemde dikiliyordu. Yattığım yerden gördüğüm kadarıyla, duş almış, tamamen giyinmiş ve gitmeye hazırdı.

"Kalkmışsın," dedim yatakta doğrulurken. Hâlâ kendime gelememiştim ve o giyinmişken hâlâ yatakta olmak hoşuma gitmemişti.

"Evet. Üzgünüm sevgilim ama senin de acilen harekete geçmen gerekiyor." Elini açıp içinde tuttuğu cep telefonunu gösterdi; bu benim telefonumdu. Uzanıp telefonu hızla elinden çekip aldım ve ekrana baktım. Bir sesli mesaj.

"Godley'den."

Öfkeyle yüzüne baktım. Mesajımı dinlediği için ona çıkışacaktım ki ellerini kaldırdı.

"Dokunmadım bile. Çaldığını duydum ve ekranda numarasını gördüm." Omuz silkti. "Senin yerine cevaplamamı istemezsin diye düşündüm."

"Doğru düşünmüşsün." Onu susturup, başkomiserin beni gerçek dünyaya geri çağıran tatlı ve canayakın sesini dinledim.

Kısa bir mesajdı. Bittiğinde başımı kaldırıp Rob'a baktım. Söylemek istemiyordum ama o ne söyleyeceğimi zaten biliyordu.

Geri dönme zamanı gelmişti.

LOUISE

Masanın altından saatime çaktırmadan bir bakış fırlattım ve içimden acıyla inledim. Saat altıyı on geçiyordu ve müvekkilimle yaptığımız toplantı üç saati aşkın süredir devam ediyordu. Aslında bunda şaşılacak bir şey yoktu. Pientotel'in İngiltere'deki iştiraklerinin Kionacom'a satışı şimdiye kadar aracılık ettiğim en önemli anlaşmaydı ve bu nedenle bu toplantının beni fazlasıyla heyecanlandırmış olması gerekirdi. Preyhard Gunther'in vergi, emlak, finans, emeklilik ve istihdamdan sorumlu müdürlerinin, Pientotel'in malvarlığı hakkındaki durum değerlendirmemizi sunuşlarını çatık kaşlarla izleyen Kionacom'un kodamanlarına bir göz attım ve içimden keşke burada olmasaydım diye geçirdim.

Konferans odası binanın en üst katındaydı. Rüzgâr genellikle binanın etrafından eserdi ama bugün fırtına vardı ve şirketin, toplantıya başkanlık eden büyük ortağını duymakta zorluk çekiyordum. Ve masadan yükselen kâğıt hışırtılarına ve hareketlenmeye bakılırsa işinin başına dönmek isteyen tek kişi ben değildim. Ofiste haftalar önce yapıp bitirmiş olmam gereken bir sürü iş beni bekliyordu. İşini ihmal eden biri değildim ama aynı zamanda kendine uygun olmayan, ısrarcı bir adamla yanlış ve tutkulu ilişkiler yaşayan biri de değildim ben. Gil'i düşününce birden ürperdim. Üzerimde büyük bir baskı oluşmuştu. Doğruluğu tartışılabilecek bazı kararlar vermiştim ama neyse ki hepsi geride kalmıştı. Sonunda her zamanki düzenime geri dönmüştüm.

Silkinip kendime gelmek ve mümkün olduğu kadar dikkatimi toplamak için kendimi zorluyordum ki nihayet toplan-

5. KURBAN

tının sona yaklaştığını fark ettim. Yapılacakları önem sırasına göre listelemeye başladım ama altıncı maddeye (yan şirketler hakkındaki araştırmamı yenileyip yönetici ve ortaklarla ilgili bilgileri güncellemek) geldiğimde dikkatim yine dağılmaya başladı. Ofiste geçecek bir harikulade gece daha beni bekliyordu. Bunu istemiştim; daha doğrusu işte sorun yaşamamak için buna mecburdum. Gil'i neredeyse hiç özlemesem de, gerçek bir hayat yaşamayı şimdiden özlemeye başlamıştım.

Acınacak haldeydim.

Tekrar listeme dönüp aklıma gelen yapılmamış işlerle, yazılmamış e-postalarla, gözden geçirilecek dosyalarla ilgili notlar aldım. Önümde korkunç bir manzara duruyordu; bir gecelik çalışmayla halledilecek iş değildi bu.

Her zaman ofiste olmanın tek iyi yanı ulaşılamaz olmaktı. Ondan ayrılmamın ertesi günü hediyeler başladı. Hepsi pahalı ve çok güzeldi. İnci ve altından yapılmış çiçek şeklinde bir kolye ucu, buzun içinde donup kalmış bir hercaimenekşeyi andıran kabaca yontulmuş bir ametist parçası, sarı saçlı ve küçücük ağızlı bir kızın on sekizinci yüzyıldan kalma ufak minyatürü, muhtemelen ben çok inatçı olduğum için seçtiği eşek şeklinde bir biblo. Gönderdiklerini masamın altında, çöp kutusuna baştan çıkarıcı bir yakınlıktaki bir kutunun içinde biriktirdim. Eğer temizlikçilerden biri kutudakileri yanlışlıkla atsa pek üzülmeyecektim. Hediyeler dışında, bir de her gün gelen çiçekler vardı. Martine'den onları artık bana göstermemesini rica etmiştim. İlgilenmiyordum. Umurumda değildi.

Ayağımı hafifçe yere vuruyordum. Hadi, Louise. Dikkatini topla.

"Sanırım bugünkü işimiz bu kadar. Tabii kimsenin tartışmak istediği başka bir konu yoksa." Toplantıyı yöneten büyük ortak odaya bir şey bekler gibi hızlıca göz attı.

Tam o anda kapı vuruldu. Odadaki herkes gibi ben de ne olduğunu görmek için başımı çevirdim. Yüzünde acıklı bir ifadeyle kapıda duran Martine'i görünce şaşırdım.

"Böldüğüm için gerçekten çok özür dilerim," diye söze başladı Martine, "ama Louise'le görüşmem gerekiyor."

Onu görür görmez ayağa kalkmış kapıya doğru ilerlemeye başlamıştım. Ne olduğunu merak ediyordum ama bir yandan da biraz daha bekleyemediği için Martine'e sinirlenmiştim. Toplantı neredeyse bitmek üzereydi. Biri tarafından toplantıdan bu şekilde çağırılmak utanç vericiydi. Ne olmuştu acaba? Gil bu sefer ne yapmıştı?

Ve sonra onun hemen arkasında, Ateşçi cinayetleri ve Rebecca'nın olayıyla ilgilenen upuzun boylu polisi gördüm. Onu haberlerden tanıyordum. Hâlâ yürüyor, ona doğru yaklaşıyordum ama sanki zaman birden yavaşlamış, ona ulaşmak için geçmem gereken halı kilometrelerce uzamıştı. Sanki yeterince hızlı hareket edemiyordum. O konuşmaya başlamadan önce kapıya ulaşmak zorundaydım. O zaman onu ofisime götürüp kapıyı kapatabilirdim ve kimsenin onun benden ne istediğini bilmesi gerekmezdi. Bir şeyler uydururdum. Hem belki de buna gerek kalmazdı bile. Belki de buraya sadece beni soruşturma hakkında bilgilendirmek için gelmişti. Belki de ortada endişelenecek hiçbir şey yoktu.

Ümitlerim adamın Martine'in yanından o orada değilmiş gibi bir omuz atıp geçerek yanıma gelmesiyle tamamen kayboldu.

"Louise North," diye söze başladı. "Sizi Rebecca

5. KURBAN

Haworth'ı öldürme şüphesiyle tutukluyorum. Sessiz kalma hakkına sahipsiniz ancak sorguda belirtmediğiniz bir hususu daha sonra mahkemede kullanmanız savunmanızı olumsuz şekilde etkileyecektir." Konuşmaya alışıldık cümlelerle haklarımı okuyarak devam etti. Söyleyeceğim her şeyin mahkemede aleyhime delil olarak kullanılabileceğini söylüyordu ama artık onu dinlemiyordum. Olduğum yerde başımı çevirip çalışma arkadaşlarıma, grup şirketlerin yöneticilerine ve büyük ortağa baktım. Yüzlerini görmek istemiştim. Hepsi yüzlerinde aynı dehşet dolu ifadeyle, ağızları açık, donmuş halde bana bakıyordu. Komik bir manzara sayılırdı.

Tekrar başımı çevirip yürümemi bekleyen kır saçlı polise döndüm. Kolumu tutmak için elini uzattı ama hayır der gibi başımı iki yana salladım. Buradan kelepçeler ve kolumdan tutan biri olmadan, tek başıma yürüyerek çıkacaktım. Kariyerimin oldukça dramatik bir şekilde son bulduğu ortadaydı ama hiç olmazsa çıkışımı şerefimle yapacaktım.

On Dördüncü Bölüm

MAEVE

Louise'in sorguda çözüleceğini baştan beri düşünmüyordum. Sorular ne kadar profesyonelce yöneltilirse yöneltilsin, onun suçunu itiraf edeceğini düşünecek kadar saf değildim. Ama diğer yandan, onun suçlu olduğu bariz şekilde ortada olan her azılı suçlunun yaptığını yaparak kendisine yöneltilen her soruya sadece "cevap yok" yanıtını vermesini de beklemiyordum.

"Bu yılın Kasım ayının yirmi altısında Rebecca Haworth'ı öldürdünüz mü?" Chris Pettifer, her zamanki sakin ve ölçülü sesiyle sordu.

"Cevap yok."

"2002 yılının Nisan ayının on üçünde Adam Rowley'yi öldürdünüz mü?"

"Cevap yok." Her soruya, sohbet edermiş gibi bir ses tonuyla, sanki her şey bir oyunmuş gibi cevap veriyordu.

"Rebecca'nın, Ateşçi'nin kurbanı olduğu izlenimini yaratmak için, cesedinin bulunduğu olay yerini düzenlediniz mi?"

5. KURBAN

Hiçbir endişe belirtisi göstermiyordu. "Cevap yok."

Başkomiserin yanında oturup, sorgu odasında olanları izledim. Godley, neredeyse gözünü bile kırpmadan hareketsizce durmuş, bütün dikkatiyle sorguyu takip ediyordu. Polis memurları gelip gidiyor, arkamızda birkaç dakika ya da birkaç saat dikilip, Louise North'un, en ciddi suçlarla suçlanan kişilerle başa çıkmak üzere özel olarak eğitilmiş en iyi sorgu memurlarımızın çabalarını başarıyla savuşturmasını izliyorlardı. Sorgu memurları önlerinde oturan kadının dikkatini dağıtmak, çözülmesini sağlamak için sırayla uğraşıyor ancak onu terletmeyi bile başaramıyorlardı.

"Çok zorlu biri," dedi Bill Pollock arkamdan. "Saçının bir teli bile yerinden oynamadı."

"O hep böyle," dedim başımı çevirmeden. "İşi bu."

Sesimdeki umutsuzluğu fark eden Godley, gözünü bir an için ekrandan ayırıp yüzüme baktı. "Kendinden şüphe etme, Maeve. İşin başında seni kandırmış olabilir ama en sonunda onun ne işler karıştırdığını sen fark ettin. Kanıtlar burada. Gerçekler yalan söylemez. Geri kalanlar varsayımsal olabilir ama hepsi de gayet mantıklı ve ikna edici."

Godley'nin böyle olumlu konuşması çok hoştu ama aslında tutuklamanın savcılıkça pek de desteklenmediğini biliyordum. Rebecca'nın cinayetinin kesin ve geri dönüşsüz şekilde Razmig Selvaggi'nin işlediği iddia edilen suçlar arasından çıkarılmasından sonra Haworth davasına atanan savcıyı tanımıyordum. Adı Venetia Galloway'di ve kırklı yaşlarının ortalarındaki bu fazlasıyla bakımlı kadının tek gösterişli ve eğlenceli yanı adıydı. Bunun dışında fazlasıyla mantıklı biriydi ve bildiğim kadarıyla espri anlayışından tamamıyla yoksundu. Dava, ortada bir itiraf olmaması nedeniyle çatırdamaya başladığı sırada, Godley'nin ofisinde ellerini sıkıca kavuşturmuş, dudaklarını ipli bir çantanın ağzı gibi büzmüş öylece dikiliyordu.

İtiraf alamayacaktık. Louise'in keyfi yerindeydi. En kişisel, en rahatsız edici sorular bile onu heyecanlandırmaya yetmiyordu. Bir karakolda bu kadar uzun bir süre geçirmeye alışık olmadığı belli olan avukatı, üzerinde ince çizgili takım elbisesi, sağ elinin küçük parmağında son derece kaba görünen altın mühür yüzüğü ve bütün heybetiyle Louise'in hemen yanında oturuyordu. Adam, genellikle en iyiler arasında sayılan ağır ceza avukatlarının oluşturduğu bir grubun başkanıydı ve hukuki danışmanlık alanında kesinlikle ülkede en iyi kazananlardan biriydi. Louise'in avukat olarak Thaddeus Sexton'ı ayarlamış olması ne yaptığını bildiğini gösteriyordu. Sexton'ın ünü de en az kendisi kadar heybetliydi. Yine de şu anda kendisine ödenen parayı hak etmek için pek bir şey yaptığı söylenemezdi. Savile Row'daki lüks butiklerden giyinmiş bir ayıbalığı gibi, yarı kapalı gözlerle oturmuş, sorularla uğraşma işini müvekkiline bırakmıştı.

"Rebecca'yı kıskanıyor muydunuz?" Dornton meslektaşından daha saldırgan bir yaklaşım deniyordu ama Louise üzerindeki etkisi tamamen aynıydı.

"Cevap yok."

"Rebecca'nın eski erkek arkadaşıyla birlikte olduğunuz konusunda yanılıyor muyum?" diye sordu alaycı bir sesle.

"Cevap yok."

"Herkes ona bayılıyordu, öyle değil mi? Sizi kimse sevmiyor muydu?"

5. KURBAN

"Cevap yok."

Aldıkları eğitim, Dornton ve Pettifer'ın Louise'in inatçı tavırları karşısındaki öfke ve hayal kırıklıklarını, onun karşısında belli etmelerini engelliyordu ama sorgu odasının dışında duygularını dışa vurabilirlerdi ve bunu kesinlikle yapıyorlardı. Louise ve Sexton, zamanımız hızla azalırken sorgu sırasında verilen araların gittikçe sıklaşmasından, yapacak fazla bir şeyimiz kalmadığını anlamış olmalıydılar. Tutuklamadan sonraki yirmi dört saat içinde ona ya bir suçlama yöneltmeli ya da onu serbest bırakmalıydık ve her iki seçeneğin de kendine göre riskleri vardı.

"Bir yere varamayacağız," dedim ekran sorguya verilen yeni bir ara nedeniyle karardığı sırada. Godley'ye baktım; yüzünde düşünceli bir ifade vardı.

Godley cevap vermeye fırsat bulamadan kapı açıldı ve normalde ekibin en sakin ve yumuşak başlı üyesi olan Chris Pettifer kıpkırmızı olmuş yüzüyle içeri girdi. Kapıyı o kadar hızla itmişti ki, kapı duvara çarpmış ve duvardaki badanadan kopan birkaç ufak parça yerdeki halının üzerine dökülmüştü. "Lanet olasıca kadın."

"Sakin ol, Chris," dedi Godley. "Otur da biraz dinlen."

"Orada öylece oturup gülümsüyor. Beni deli etti."

Dornton, Pettifer'ın hemen ardından, küfür bile edemeyecek kadar sinirli bir halde odaya girdi. "Şurama kadar geldi patron. Her şeyi yaptık, öyle değil mi? Denemediğimiz hiçbir şey kalmadı. Kadın konuşmayacak."

"Maeve de böyle düşünüyor." Godley ayağa kalkıp gerindi. "Tamam. Zaman kaybediyorsak bu işe bir son vermeliyiz. Saat kaç?"

"Dörde yirmi var," dedim duvardaki büyük saate bir göz atıp.

"Tam o anda Judd kapıdan başını uzattı. "İki saatten az zamanımız kaldı, patron. Ne yapmayı düşünüyorsun?"

"Henüz emin değilim. Venetia buralarda mı?"

"Yarım saat içinde gelecek. Biraz önce telefonda konuştum." Judd yüzünü buruşturdu. "Duyduklarına pek sevinmedi."

"Güzel," dedi Godley ruhsuz bir sesle; savcının yolda olduğunu duyduktan sonra dinlemeyi bırakmış olmalıydı. "Evet. Planımız şu. Venetia'ya ne yapmamızı istediğini soracağız ve cevabı ne olursa olsun Louise North'u tutuklayacağız."

"Bunu nasıl halledeceksin? Ya onu bırakmamız gerektiğini söylerse?"

"Sen o işi bana bırak, Tom. Ben onu ikna ederim."

Judd'un bakışları her şeyi anlatıyordu: şüphe, korku ve endişe. "Bunu nasıl yapmayı planladığını düşünmek bile istemiyorum."

"Bunu düşünmen gerekmiyor," dedi başkomiser. "Sadece Bayan North'u tutuklamak için gereken her şeyin hazır olduğundan emin ol ve bekle."

"Emin misiniz?" Paniğe kapılmaya başlamıştım. "Yani, bunu yaptığını söylemesine gerçekten ihtiyacımız vardı, öyle değil mi? Bu konuda hepimiz hem fikirdik. Kendiniz söylediniz. Bir itirafa ihtiyacımız var."

"Ve sen de daha şimdi ondan bir itiraf alamayacağımızı söyledin. Açıkçası ben de seninle aynı fikirdeyim. Ama aynı

5. KURBAN

zamanda sorgu odamızda oturan o kadının suçlu olduğu konusunda da oldukça güçlü hislerim var ve böyle insanları serbest bırakmaktan hiç hoşlanmam." Godley omuz silkti. "Davanın görülmesine daha çok var. Her şey olabilir. Eğer onu tutuklayabilirsek, içeride tutabilir ve cezaevinin onu etkileyip etkilemediğine bakabiliriz. Holloway'de, Fulham'daki rahatlığı bulamayacağına eminim."

Louise'in evini, sıcak ve güneşli mutfağıyla buz gibi oturma odasını düşündüm. "Bakalım. Ama ben olsam bunun onu değiştireceğinden o kadar emin olmazdım. Bana kalırsa bu onu daha da kendine döndürecek, daha ulaşılmaz hale getirecektir. Ve bu olduktan sonra, onu nasıl geri getirebiliriz, hiç bilmiyorum."

"Şansla," dedi Godley ve gülümsedi. "Birazcık şansla."

Islık çalarak ofisine doğru ilerlerken Judd her zamanki gibi onu takip ediyordu. Arkalarından bakarken şaşkınlığım yüzüme yansımış olmalıydı ki her zamanki güler yüzlü ve keyifli haline geri dönmüş olan Pettifer bir kahkaha attı.

"Charlie'nin bu yanını bilmiyordun, öyle değil mi? Böyle durumlarda her zaman riskli olan yolu seçer o. Ve üstelik, bu çoğu zaman işe yarar."

"Umarım gerçekten öyle olur. Ama ben olsam Louise'e karşı bahse girmezdim. Ve unutma ki daha Venetia'yı ikna etmesi gerekiyor."

Bunu nasıl başardığını hiçbir zaman bilemeyeceğim ama Aralık'ın on sekizinde saat altıyı yirmi geçe, Başkomiser Godley, Louise North'u resmen Rebecca Haworth'u öldürmek suçuyla tutukladı. Başkomiserin daveti üzerine, o Louise North'a yöneltilen suçlamaları sıralarken gözaltı memurunun masasının yanından onları izleyen dedektiflerin arasında ben de vardım.

"Louise North, sizi şu suçlardan tutukluyorum:

"2009 yılı Kasım ayının yirmi dördü ve yirmi altısı arasında Rebecca Haworth'ı kanunlara aykırı olarak ve ona zarar verecek şekilde hapis tutmak ve onu rızası dışında alıkoymak.

"2009 yılı Kasım ayının yirmi altısında Rebecca Haworth'u öldürmek."

"Godley suçlamaları okurken, bir korku ya da öfke kıpırtısı yakalamaya çalışarak Louise'in yüzüne dikkatle baktım. Son derece sakin görünüyordu ama yüzü bembeyazdı. Sexton koluna tombul eliyle dokununca farkında olmadan hafifçe geri çekildi. Dokunma bana. Onun yanında ufacık, neredeyse hassas ve narin görünüyordu. Aynı yaşta olduğumuzu şaşkınlıkla hatırladım. Çok daha genç ve tamamen zararsız görünüyordu ama dış görünüşe aldanmamak gerekirdi. Bana bakması için bekledim ama sözlerini bitirene kadar bakışlarını Godley'nin yüzünden ayırmadı ve sonra da hücreye götürülene kadar, orada başka hiç kimse yokmuş gibi öylece önüne baktı.

Ertesi sabah erkenden, elimde köpük bardakta açık çayım ve başımda şiddetli bir ağrıyla Horseferry Road Sulh ve Ceza Mahkemesi'ndeydim. Thaddeus Sexton, Louise'i davası görülene kadar dışarıda tutmaya ne kadar kararlıysa, biz de onun kefaletle salıverilmesine izin vermemekte o derece kararlıydık. Bu bizzat katılma fırsatı yakaladığım ilk karşılaşma olacaktı. Louise'in nezarette tutulmayı nasıl karşıladığını merak ediyordum. Mahkeme binasındaki hücrelerin yanında,

5. KURBAN

karakolda gecelediği yer Savoy Oteli gibi kalırdı. Burası gürültülü ve karmakarışık ve Louise'in alışık olduğundan tamamen farklı bir ortamdı.

Elimdeki çayı atıp Louise'in çıkışını beklemek üzere mahkeme salonuna gittim. İçerisi çok sıcak ve kalabalıktı ve savcının önünde yığılmış duran dosyalara bakılırsa çok hareketli bir sabah olmuş gibi görünüyordu. İçimden Louise'in dosyasının başlarda olmasını diledim; orada oturup sulh ceza mahkemelerinin her zamanki müdavimleri olan sarhoş serserileri ya da adi suçluları izlemek istemiyordum.

Salonun ön kısmında asık bir suratla dikilen Sexton'ı gördüm. Sulh ceza mahkemesi onun için çok gerilerde kalmış olmalıydı; davaya katılmak için bizzat gelmesi şaşırtıcıydı. Ama bir yandan da Louise'in sansasyonel bir müvekkil olacağı belliydi. Burada olmasına değerdi.

Bu salonda görülen davalara bakan bölge hakimi gösterişsiz ama son derece hızlı çalışan bir kadındı. Listede yer alan ilk birkaç dosyayı bir an bile duraksamadan hızla sonuca bağladı. Mübaşir onun hızına yetişebilmek için bekleme salonuyla mahkeme arasında koşturup duruyordu. Nihayet mahkeme salonuna bir kez daha geri dönüp yüzünde kederli bir ifadeyle bağırdı. "Yedinci sırada Bay Sexton tarafından temsil edilen Louise North."

Mahkeme salonunda otururken hücrelerle sanık sandalyesi arasındaki ağır kapıların açılıp kapanırken çıkardığı gıcırtıları ve kocaman anahtarların şıngırtılarını duyabiliyordunuz. Açılan kilitlerin ve gürültüyle kapanan kapıların sesleri yaklaştıkça heyecan yavaş yavaş artıyordu. Salonda tanıdığım birileri olup olmadığını görmek için oturduğum yerde başımı çevirip etrafa bakındım. Salonun en arkasında tanıdığım bir yüz vardı: Gil Maddick. Gece hiç uyuyamamış gibi yorgun ve gergin görünüyor, gözlerini bir an bile ayırmadan sanık sandalyesinin arkasındaki kapıya bakıyordu. Önüme döndüm. Tam o anda kapı açıldı ve Louise iki kolunda iki görevliyle salona girdi. Beyaz bir gömlekle siyah bir etek giymişti ve yüzünde tamamen sakin ve anlamsız bir ifade vardı.

Bu davada tek yapması gereken adını, doğum tarihini ve adresini söylemekti. Bunları kısık ama anlaşılır bir sesle söyledi. Savunma Londra Merkez Ceza Mahkemesi'nde yapılacaktı. Yazman suçlamaları okurken birkaç kez takıldı, yargıç başını uzatıp dikkatle onu dinledi ve suçlamaların okunması tamamlanır tamamlanmaz başını salladı. Rutin uygulamaya uygun olarak dosya, savunma ve davaya ilişkin diğer işlemler için Londra Merkez Ceza Mahkeme'sine gönderilmişti.

"Duruşma altı hafta sonraya ertelenmiştir."

Thaddeus Sexton ayağa fırladı. "Kefalet başvurusu yapmak istiyoruz, sayın yargıç."

Yargıç, savcılıkça görevlendirilen avukata döndü ve adamın hızlı hızlı ve neredeyse duyulmayacak kadar kısık bir sesle, kısaca ve oldukça üstünkörü bir şekilde özetlediği davayı dinledi. "Mahkeme, Bayan North'un, hakkındaki suçlamaların ağırlığı ve muhtemel müebbet hapis cezası nedeniyle davaya katılmaktan kaçınabileceğini göz önünde bulundurarak kefalet talebinizi reddediyor. Ailesi ya da bağlı olduğu herhangi bir kurum yok. Hatırı sayılır miktarda tedbir konulmamış mali kaynağa sahip ve bu miktarla mahkemeden kaçması mümkün. Adalet önüne çıkarılmamak için sergilediği olağanüstü çabayı göz önünde bulundurarak aynı çabayı mahkemede hüküm giymekten kaçınmak için de tekrarlayacağını düşünüyorum."

"Müvekkilim saygın bir kişidir, sayın yargıç. Kendisi sabıkası bulunmayan ve çevresinde saygı duyulan bir avukattır," diye karşı çıktı Sexton. "Tutukluluktan başka seçenekler de var. Ev hapsinde tutulabilir ve elektronik kelepçeyle izlenebilir. Müvekkilim her gün düzenli olarak mahalle karakoluna rapor vermeye hazır. Kendisi ayrıca pasaportunu teslim edecek ve sürekli olarak ev adresinde ikamet edecektir." Sexton, ayaklarının üzerinde ileri geri hafifçe sallanarak, ikna edici bir ses tonuyla konuşuyor, yargıcın ileri sürdüğü üç gerekçeyi de savuşturmak için elinden gelen her şeyi yapıyordu.

"Kefalet talebi, davalının serbest bırakılması halinde davaya katılmayacağına dair somut gerekçeler bulunması nedeniyle reddedilmiştir. Götürün onu."

Louise'i tekrar hücresine götürecek olan gözaltı memurları yürümeye başlamıştı ama o bir an için orada öylece durup Gil'in olduğu yere baktı. Ne hissettiğini yüzünden anlayamıyordum. Oturduğum yerde dönüp Gil'e baktım; perişan görünüyordu. Louise götürüldüğü sırada ayağa fırladı ve ben ona seslenmeye fırsat bulamadan aceleyle salondan çıktı.

Birbiri ardına sanık sandalyesine çıkarılan tutuklular bir bir kaderleriyle yüzleşirken salonda oturup düşündüm. Gil'in Louise'e kızgın olması gerekirdi. İddia makamının sunuşunu ana hatlarıyla da olsa dinlemiş olduğuna göre artık Louise'in cinayet suçunu onun üzerine atmak istediğini öğrenmiş olmalıydı. Ama tamamen farklı hisler içindeymiş gibi görünüyordu. Ona bakarken, Louise'in gözlerinde en ufak bir aşk pırıltısı olmadığı kesindi ama Gil, tepeden tırnağa ve kesinlikle aşıkmış gibi görünüyordu. Derin bir iç çektim. İnsanlar tuhaftı. Aşk ise daha da tuhaf. Ayrıca iki gün önce otelden çıkıp kendi yollarımıza gittiğimizden beri Rob'dan hiç haber almamıştım.

Louise'in sulh ceza mahkemesindeki ilk davasıyla ikinci duruşması arasındaki altı hafta çabucak geçti. Bu arada Noel ve yılbaşı geceleri geride kalmış ve Godley'nin kredi kartını ortaya koyduğu ve ekiptekilerin kartın limitini doldurana kadar içmek için var güçleriyle çabaladığı unutulmaz ve çılgın bir gece yaşanmıştı. Razmig Selvaggi ve Louise North dosyalarını tamamlamak için hâlâ çalışıyorduk ve sürekli olarak ilgilenmemiz gereken yeni davalar gelmeye devam ediyordu ama bir şekilde üzerimizdeki baskı kalkmıştı. Artık göz hapsinde değildik. Üzerimize düşeni başarıyla yapmıştık.

Altı hafta kendi hayatım açısından da oldukça uzun bir zamandı. Öncelikle kendime kiralık bir ev bulmuş ve Camden'da bir eve taşınmıştım. Teorik olarak Primrose Hill'den bir adım geri gittiğim düşünülebilirdi ama ne kadar küçük ve sıkıcı olursa olsun bir kez daha tamamen kendime ait bir yerim olması harika bir histi.

Ayrıca bir de Rob vardı tabii. Tam olarak ne yaptığımızdan hâlâ emin değildim ve onun da benim gibi düşündüğünü sanıyordum. İkimiz de fazla hızlı gitmekten çekiniyorduk. O bana karşı bir şeyler hissediyor gibi görünüyordu ama ben kendimden emin olamıyordum.

Ona güvenmek, ekipteki yerimi tehlikeye atmak ya da Ian'ın hemen ardından yeni bir ilişkiye başlamak konusunda şüphelerim vardı. Rob'un bu konularda ne düşündüğü hakkında hiçbir fikrim yoktu ama ben kendime bile itiraf etmekten çekindiğim kadar uzun bir zamanımı onu düşünerek harcıyordum.

Yani çok şey olmuştu.

Ama Louise her zaman aklımdaydı. Onunla ilgili rüyalar görüyor, ağzım kupkuru, korku içinde uyanıyordum. Selvaggi'nin yakalandığı gece olanlar, zihnimde bir şekilde Louise hakkındaki endişelerim ve onun hakkında yanılmış olmamın verdiği şokla iç içe geçmişti. Rüyalarımda karanlık yollarda koşuyordum; ıslak dallar saçlarıma, kıyafetlerime takılıyor, yüzüme çarpıyordu. Onu yerde, sarı saçları başının üzerinde bir mum alevi gibi dalga dalga, çaresizce yatarken görüyordum. Yüzünü göremediğim korkutucu, karanlık bir gölge üzerine doğru eğiliyordu. Bazen uyanmadan önce ona ulaşmayı başarabiliyordum. Bazen ise oraya vardığımda kendimi yerde, onun yerinde yatarken buluyordum. Bir keresinde karanlık gölge birden dönüp mideme bir sustalı bıçak saplamıştı. Yakından bakınca gözlerinin Louise'inkiler gibi gümüş grisi olduğunu görebiliyordum. Ona bakmam ve kendime onun gerçekte ne olduğunu hatırlatmam gerektiğini hissediyordum.

En başta da suçlu olduğunu tabii ki.

Tahmin ettiğimiz gibi Louise, Londra Merkez Ceza Mahkeme'sindeki savunma duruşması sırasında bir kez daha kefalet talebinde bulundu. En sonunda yargılanacağı mahkeme salonu buydu. Güvenlik kontrolünden geçip bir numaralı salona doğru ilerlerken heyecandan titriyordum.

Daha önce hiç resmi bir görevle Londra Merkez Ceza Mahkemesi'nde bulunmamıştım. Binanın her bir köşesi adeta tarih kokuyordu. Ünlü suçlular, masumlar, deliler ve en kötüler benden önce yüzyıllar boyunca bu koridorlarda yürümüşlerdi. Çift kanatlı kapıdan geçip küçük ve duvarları meşe panellerle kaplı bir numaralı mahkeme salonuna girdim. Salon uzun süreli bir davaya ev sahipliği yaptığından yargıç kürsüsünün her yanı üst üste yığılmış kâğıtlar ve dosyalarla dolmuştu ve dosyaların bazıları Louise'in davasıyla ilgili evraklara yer açmak için kenara itilmişti. Salonun diğer tarafına geçip diğer polislerle birlikte avukatların arkasındaki sıralara oturmak yerine kapının hemen yanındaki oturma yerlerinden birine yerleştim. Oturduğum yer, oldukça yükseğe konmuş olan sanık sandalyesine çok yakındı ama önüm açık olduğu için Louise'i rahatlıkla görebilecektim.

Thaddeus Sexton alnında boncuk boncuk terlerle avukat sırasının arkasına eğilmiş Louise'i savunacak olan avukatla yardımcısına bir şeyler fısıldıyordu. Uzun boylu, kıpkırmızı yüzlü, yuvarlak kafasının üzerinde bir tutam gri saç uzanan avukatı salonun dışında görmüştüm. Yüzünde başarılı olacağından eminmiş gibi kendine güvenli bir ifade vardı. Onu öyle görünce bir an için kefalet talebinin reddedileceği konusunda şüpheye düştüm. Başımı kaldırıp yukarıdaki halka açık bölmeye baktım. Gözüme çarpan ilk kişi, ön sıranın en sonunda, Louise'in görüş alanı içinde oturan Gerald Haworth oldu. Sanırım aklındaki buydu ama onun kendi iyiliği için Louise'in getirilişi sırasında herhangi bir olay çıkarmamasını umuyordum. Üzerinde koyu gri bir takım ve sade mavi bir kravat vardı; her zamanki gibi kusursuz giyinmişti. Göze çarpıyordu ama bu haline bakıp onun kurbanla ve sanıkla olan ilişkisini tahmin edemez hatta onun davayla herhangi bir duygusal bağı olduğunu bile düşünemezdiniz. Tabii mübaşir salonda

5. KURBAN

sağa sola koşturup yerlerine geçmiş avukatlarla şakalaşırken gözünün etrafında oluşan gerginleşmeyi ve çenesinde kasılıp duran kasları fark edene kadar. Bu dengeli hali tamamen pamuk ipliğine bağlı gibiydi. Bir kişi için ölüm kalım meselesi olan bir konunun bir diğeri için herhangi bir gündelik olay olduğunu buradaki bir çok insandan daha iyi biliyordum tabii ki. Sonuçta işim buydu, ben de başka insanların trajedileri üzerinden para kazanıyordum. Ve sıradaki suçlama ne kadar ağır ve ciddi olursa olsun, mahkeme çalışanlarının sürekli saygılı ve ağırbaşlı olmasını bekleyemezdiniz. Aralarındaki konuşmalar arkadaşça ve rahatsız edici sayılamayacak şakalaşmalardan ibaretti ama yine de Gerald Haworth için üzülmüştüm. Bu onu gerçekten yaralamış olmalıydı.

Arkamdaki kapı sürekli açılıp kapanıyor ve ben her ses duyuşumda arkamı dönüp bakmaktan kendimi alamıyor, her dönüşümde bir adli muhabirle ya da at kılından peruğunu ustalıkla kafasına geçirmekle meşgul, siyah cüppeli bir avukatla karşılaşıyordum. Salonda birbirleriyle selamlaşıp konuşan bir çok gazeteci vardı. Böyle bir duruşma normalde bu kadar ilgi çekmezdi ama Louise North iyi bir haberdi ve Rebecca da çekici bir kurban. Haberin ertesi günkü gazetelerde yer alacağı kesindi.

Halka açık bölümün arkasındaki kapıdan gelen gürültüyle başımı o tarafa çevirdim ve ön sıraya doğru ilerleyen kişinin Gil Maddick olduğunu fark edince dikkatle baktım. Gerald Haworth'ın tersine, bu genç adamın yüzüne bakar bakmaz onun ne kadar gergin olduğunu kolaylıkla görebiliyordum. Onu son gördüğüm günden beri aradan geçen altı haftada zayıflamıştı ve gözleri çukurlaşmıştı. Yol boyunca herkesten izin isteyerek sıra boyunca yavaş yavaş ilerledi ve onu görünce başıyla selam verip yanındaki sandalyeye koyduğu ceketini kaldıran Gerald Haworth'ın yanındaki boş yere kadar ilerledi. Kısa süre sonra konuşmaya başlamışlardı; Gil'in Haworth'ları iyi tanıdığını ve birçok kez evlerine konuk olduğunu hafif bir şaşkınlıkla hatırladım.

O anda sanık sandalyesinin arkasındaki gösterişsiz kapı açıldı ve içimi bir heyecan kapladı. Louise dışarı çıkarılırken iki adam da onu daha iyi görebilmek için öne doğru eğildi. Louise saçlarını at kuyruğu yapmış ama sıkı toplamamıştı. Yüzünden arkaya doğru gevşekçe yayılan dalgalar onu her zamankinden daha ağırbaşlı, ciddi ve bir şekilde daha genç göstermişti. O da zayıflamıştı. İncecik yüzünde kocaman kalmış gözleriyle sanki bu dünyaya ait değilmiş gibi görünüyordu. Bir rahibe elbisesi gibi iki yandan aşağı doğru katlanarak inen, yünlü kumaştan barut rengi bir elbise giymişti. Kulağındaki küçük küpeler ve yüksek yakalı elbisesinin altından sallanan gümüş zincir dışında hiçbir süs eşyası kullanmamıştı. Zincir, üzerine vuran ışıkla, çıkık köprücük kemiklerinin üzerinde parıldıyordu. Cildi neredeyse saydam görünüyordu ama solgundu. Ona bakarken aklıma cildinin içtiği şarabın boğazından geçişini görebileceğiniz kadar saydam olduğu söylenen İskoç Kraliçesi Mary geldi. Louise'in yüzünde ciddi ve gururlu bir ifade vardı. Bir an durup büyük bir soğukkanlılıkla salona ve kendine dönen meraklı gözlere baktı ve sonra halka açık bölümdeki iki adamı gördü. Haworth ayağa kalkıyordu ki Gil elini uzatıp onu engelledi. Louise kederli gözlerle onlara uzun uzun baktı ve incecik yüzünden aşağı bir damla yaş süzülüverdi. Elbisesine düşen göz yaşı kumaşın üzerinde kömür rengi bir leke bıraktı. İçimden onu alkışlamak geldi; gerçekten görkemli bir oyunculuk sergiliyordu. Henüz salona gelmemiş olan yargıcın bu sahneyi kaçırmış olması onun için büyük şanssızlıktı ve üstüne üstlük içeride etkilyebileceği tek bir jüri üyesi bile yoktu. Daha da kötüsü yüzündeki bu ustalıkla hazırlanmış ifadenin beni gördüğü anda dağılıp gitmiş olmasıydı. Bana bakan gözlerinde en yumuşak ifadeyle buz gibi bir nefret vardı; yüzündeki bu bakışı görünce iyi bir iş çıkardığım için kendimle gurur duyarak arkama yaslandım.

Yargıcın kapısı aniden açıldı ve aynı anda siyah cüppesi ve peruğuyla zayıf ve kamburlaşmış yazman fazla yüksek olmayan bir sesle bağırdı. "Salon ayağa." Etrafa kalın camlı gözlüklerinin ardından bakan, şişman ve ufak tefek Sayın Yargıç Horace Fentiman aceleyle gelip yerine oturdu ve miyop gözleriyle salona bir göz attı. Yazman tam önünde oturan Louise'den ayağa kalkıp kendini tanıtmasını istediğinde şaşırmış gibiydi ama konuşmaya başlar başlamaz üzerindeki bu beceriksiz hava kayboldu.

"Evet, Bay Barlow," dedi, önünde duran büyük kırmızı defteri açıp dolmakalemini hazırlarken Louise'i temsil eden avukata. Kalın ve rahat duyulan bir sesi vardı ve anlaşılır konuşuyordu. Duruşmayı hemen aradan çıkarmak istediği belliydi ve savcı tarafları tanıtır tanıtmaz hiç zaman kaybetmeden konuşmaya başlamıştı.

"Sanığı mahkemeye çağırmaya hazır mıyız?"

Louise'in avukatı hafifçe yerinden doğruldu. "Evet, sayın Yargıç." Mahkeme salonuna girince yüzündeki o abartılı kendine güven ifadesi kaybolmuştu.

Yazmanın suçlamaları okuması ve Louise'e savunmasını sorması birkaç dakika sürdü. Louise her suçlamanın ardından kesin bir şekilde "masumum" dedi.

"Dava ne zaman görülebilir? Tahmini olarak bir zaman verebilir misiniz?" diye sordu yargıç ters bir sesle.

"Üç hafta," dedi savcı karşı taraftaki meslektaşıyla kısık sesle bir şeyler konuştuktan sonra.

"Gerçekten mi, Bay Barlow? Gazetelerde yazanları okudum ve bu tanıklara ne soracağınızı anlamadığımı itiraf etmeliyim. Savunmanız nedir?"

Louise'in avukatı bir an bozuldu ama hemen kendini topladı. "Suçlamaları tamamen reddediyoruz, sayın yargıç."

"Bunu müvekkilinizin masum olduğunu söylemesinden anladım zaten. Size savunmanızın ne olduğunu sordum?" Hughes, yargıcın sorduğu soruya hiçbir şekilde cevap vermeden daikikalarca ikinci derece kanıtlar ve cep telefonundan yer tespitinin kesin sonuç vermemesi üzerine konuşup durdu. Gerçekten etkileyiciydi. Yargıç pek etkilenmemişti; bu konunun üzerinde pek durmadı.

"Başka bir konu var mı?" diye sordu yargıç, formaliteler yerine getirildikten sonra.

"Sanırım davalı kefalet talebinde bulunmak istiyor," diye cevap verdi savcı, bu çılgınca bir fikirmiş ve bunu duyduğuna şaşırmış gibi bir ses tonuyla.

Yargıç Louise'in avukatına ters ters bakıp tekrar savcıya döndü. "Evet, Bay Barlow, bu durumda sanıyorum kanıtları ve savcılığın kefalet talebine itirazını kısaca özetlemeniz gerekecek. Herhalde itiraz edeceksiniz."

5. KURBAN

Barlow, esprinin yanında biraz abartılı kalan bir kahkaha attıktan sonra savcılığın itirazlarını sıralamaya başladı.

"Cinayetin işlenişiyle ilgili unsurların vahameti -premedikasyon, ayrıntılı planlama, kurbanın rızası dışında alıkonulması- nedeniyle davanın duruşma sonucunda en az bir müebbetle sonuçlanması muhtemel görünmektedir."

Aynen öyle diye geçirdim içimden. Yaptıkları gerçekten korkunçtu.

Louise'in avukatı itiraz etmeye çalıştı ama yargıç ilgilenmiyordu. Neyse ki buradan çıkıp hiçbir yere gidemeyecekti. Rahatlamıştım. Davayı da bu yargıç yönetse çok iyi olurdu.

Duruşma işlemleri tam olarak sona ermeden mahkeme salonundan çıktım. Koridorlardan koşarak halka açık bölümün çıkışına gittim ve Gerald Haworth ve Gil Maddick dışarı çıkana kadar bekledim.

Rebecca'nın babası, salondan çıkarken perişan haldeydi. Saçları dağılmıştı; farkında olmadan ellerini başına götürmüş olmalıydı. Elimi uzattım.

"Bay Haworth, beni hatırlıyor musunuz bilmiyorum ama Rebecca'nın geçen yılki cenaze töreninde tanışmıştık ve..."

Yüzündeki ifadeyi görünce cümlemi tamamlamadan sustum. Havada bıraktığı elim bir yumruk olup düşmüştü.

"Evet, sizi hatırlıyorum. Eşimle ve benimle kızım hakkında görüşmüştünüz. Size güvenmiştik, Dedektif Kerrigan."

"Bunun için size gerçekten minnettarım." Hâlâ Rebecca'nın babasının hemen yanında duran Gil Maddick'e hızlı bir bakış attım. "Yakalanan kişinin doğru insan olmadığını mı düşünüyorsunuz?"

"Tabii ki." Haworth başını iki yana salladı. "Bu tamamen bir saçmalık. Ayrıca onu yok yere hapiste tutuyor oluşunuz -bunu anlamıyorum."

"Cinayet çok ciddi bir suçlamadır." O kelimeyi özellikle kullanmış ve beklediğim etkiyi almıştım. "Ayrıca duruşma tarihi yakın sayılır."

"Hiç yakın değil. Onu siz de gördünüz. Olağanüstü derecede zorlanıyor."

"Onu ziyaret ettiniz mi?" Onun tek evlatlarını öldüren kadını görmek için Holloway'e gitmeye cesaret etmiş olabileceğine inanamıyordum ama Rebecca'nın babası evet der gibi başını salladı.

"Sadece bir kez. Ona benim ve Avril'in, bunu yapan kişinin o olmadığını bildiğimizi söylemek istedim." Hafifçe sallanıyor, elleri tir tir titriyordu. "Size onu ikinci kızımız gibi gördüğümüzü anlatmıştık. Nasıl bu kadar acımasız olabilir ve onu da bizden alabilirsiniz?"

"Bay Haworth, inanın bana Louise'in Rebecca'nın katili olmadığına inanmak için kendimi çok zorladım. Ama ne yazık ki kanıtlar yalan söylemez." Ama o hiç durmadan şakır şakır söyler, diye geçirdim içimden; bunu ona söylememek için kendimi zor tutmuştum.

"Buna jüri karar verecek," dedi sertçe. "Ve eminim, onun Rebecca'yı öldürmüş olamayacağını onlar da görecekler. Louise onu çok severdi. İddialarınız son derece yaralayıcı ve zalimce. Bir türlü anlayamıyorum. Bu yaptıklarınıza mesleğinizde ilerlemek istemenizden başka hiçbir mantıklı neden bulamıyorum. Bunun ne bana ne de Avril'e hiçbir yararı olmadı ama bize bunun için söz vermiştiniz, öyle değil mi?"

5. KURBAN

"Size gerçeği bulacağıma dair söz vermiştim," dedim sakin bir sesle. "Ve bunu da yaptığıma inanıyorum."

Başını iki yana sallayıp kendi kendine homurdanarak yanımdan uzaklaşıp gitti.

Gil Maddick'e dikkatlice baktım. "Peki ya siz? Siz onu görmeye gittiniz mi? Ona anlattığı hikâyeye inandığınızı söylediniz mi?"

Üzgün görünüyordu. "Hayır. Hayır, gitmedim. Bunu yapmayı istedim ama -doğruyu söylemem gerekirse ne düşüneceğimi bilemedim. Eğer haklıysanız, beni tuzağa düşürüp cinayeti üzerime atmak istemiş."

"Bu doğru." Ne düşündüğünü merak etmiştim. "Ama siz yine de onu görmek mi istediniz?"

"Onu seviyorum. Daha doğrusu, onu sevdiğimi sanıyordum. Ama sonra elinizdeki kanıtları duydum ve bunları nasıl açıklayabileceğimi bilemiyorum. Olayların sizin anlattığınız gibi geliştiğine inandığımı söyleyemeyeceğim ama onun bana gerçekte ne olduğunu anlatmasını istiyorum. Tabii benimle görüşmeyi kabul ederse. Biliyorsunuz, Louise benden ayrıldı."

"Bunu neden yaptığını sorabilir miyim acaba?"

"Bu da öğrenmek istediğim başka bir konu." Suratı iyice asılmıştı. "Hâlâ anlamıyorum. O da beni seviyormuş gibi davranıyordu ve sonra birden beni evden dışarı attı."

"Görünüşe bakılırsa kadınlar konusunda zorlanıyorsunuz, Bay Maddick." Aklımda Chloe Sandler ve çıkarttığı uzaklaştırma emri vardı ve yüzündeki ürkek ifadeye bakılırsa ne kastettiğimi Gil Maddick de gayet iyi anlamıştı.

"Şey, evet ama genelde ayrılan taraf ben olurum," dedi genç bir delikanlı gibi somurtarak. "Neler olduğunu hâlâ tam olarak çözemedim."

"Belki de ucuz kurtulmuşsunuzdur."

"Tehlikede olduğumu sanmıyorum." Kaşlarını çattı. "Sizce gidip onu görmeli miyim?"

"Bu konuda bir şey söylemem doğru olmaz. Ama eğer gidecekseniz...sorguda konuşmadığı aklınızda bulunsun. Yaptıkları hakkında herhangi bir açıklama yapmadı. Onun masum olduğuna inanmak isterdim ama o ne yazık ki bize konuşacak kadar güvenmiyor."

"Bunun için onu suçlayabilir misiniz?"

"Pek sayılmaz." Gözlerinin içine baktım. "Ama eğer sizinle konuşacak olursa, ne anlattığını bana söylemeniz mümkün olabilir mi acaba?"

"Kesinlikle olmaz." Sesi kararlı geliyordu ama ısrar ettim.

"Anlattıklarını dinledikten sonra onun suçlu olduğuna karar verirseniz muhtemelen serbest bırakılmasını siz de istemeyeceksiniz. Ama eğer onun masum olduğuna ikna olursanız, size söz veriyorum, şu andan başlayarak duruşma tarihine kadar Rebecca'yı kimin öldürmüş olduğunu bulabilmek için elimden gelen her şeyi yapacağım."

"Bunu düşünmem lazım."

Başını öne eğip kollarını kavuşturdu ve yanımdan birkaç adım uzaklaştı. Kendi kendisiyle mücadele ettiğini görebiliyor, araya girmeye çekinerek kararını bekliyordum. Birkaç dakika sonra tekrar yanıma geldi.

"Bunu yapmamı neden istediğinizi anlayabiliyorum. Ama

5. KURBAN

bunu yaparsam kendimi affedebilir miyim bilmiyorum. Bu ona ihanet etmek gibi olur."

"Böyle de düşünebilirsiniz. Ama benim öğrenmek istediğim ve sizin de öğrenmeniz gereken tek şey gerçekte ne olduğu ve eğer Louise masumsa, korkacak bir şeyi de olmamalı."

"Ya benimle görüşmek istemezse."

"İsteyecektir," dedim hissettiğimden daha kendine güvenli bir ses tonuyla. "Neden istemesin ki?"

"Benden neden ayrılmak istemiş olabilir?"

Aklıma bunun için milyonlarca sebep geliyordu ama Gil Maddick olanlara Atlantis efsanesi kadar gizemli bir konuymuş gibi yaklaştığı için, soruya cevap vermek yerine yüzüne içten bir bakış atıp omuz silkmekle yetindim.

"Bunu yaptığımı öğrenecek mi? Yani, sonradan?"

"Büyük olasılıkla hayır. Ama duruma bir de şöyle bakın; eğer bu sayede bu işten paçayı kurtarırsa size gerçekten minnettar olacaktır. Ve eğer suçlu olduğu ortaya çıkarsa da..."

"Umurumda olmaz," diye cümlemi tamamladı Gil. Karar vermeye çalışırken uzun uzun yüzüme baktı. Nefesimi tutmuş bekliyordum. Sonunda derin bir nefes verdi.

"Yapacağım."

"Harika."

"Doğru olan bu, öyle değil mi?"

"Kesinlikle."

Yüzünde kasvetli bir ifade vardı. "Peki o halde neden kendimi bu kadar kötü hissediyorum?"

Bunun gerçek bir soru olmadığına karar verip yumuşak ve anlayışlı gözlerle ona baktım; nihayet bu işten sıkılıp, Gerald

Haworth'un gittiği yöne doğru yanımdan uzaklaştı. Arkasından bakarken derin bir iç çektim. Eğer işimiz Gil Maddick'e kalmışsa başımız gerçekten büyük belada olmalıydı.

Duruşmadan sonra olanları anlatmak için karakola gittim. Başkomiser Godley kapıdan girdiğim an beni gördü ve ofisinin kapısına çıktı.

"Maeve bunu duyduğuna çok sevineceksin."

İçeri bakınca odada küçük bir toplantı yapıldığını fark ettim. Müfettiş Judd, Colin Vale, Peter Belcott, hepsi çok keyifli görünüyorlardı ve Judd ve Vale'in bu kadar neşeli görünmesi kesinlikle alışık olduğum bir durum değildi. Başkomisere döndüm.

"Neler oluyor?"

"Colin arabayı buldu." Davanın bütün gidişatını değiştiren üç kelime.

"Bunu nasıl başardın?"

"Birleşik Krallık sınırları içindeki bütün hurdalıklarla bağlantıya geçtim ve Louise North'un arabasını buldum. Kent'te, Ashford yakınlarında küçük bir yer."

"Onunla konuştuğum sırada bana arabayı haftalar önce hurdaya çıkarttıklarını söylemişti."

"Normalde birkaç gün içinde ezilip hurdaya çıkarılmış olması gerekirmiş ama çok iyi durumda olduğu için adam Louise'in arabasını kullanması için oğluna vermiş."

Belcott devam etti. "Geri almak için gittim ve görünüşe bakılırsa araba o günden beri hiç kullanılmamış. Çocuk daha on altı yaşında ve direksiyon derslerine birkaç hafta sonraki doğum gününden sonra başlayacak. Peugeot park yerinde, ofisin yanında öylece duruyordu. İnceleme için Kev Cox'u çağırdık ve o da kan buldu."

"Nerede?"

"Bagajda. İçeri Luminol püskürttü ve kan UV lambanın altında parladı. Çıplak gözle görülemiyor ama içeride gerçekten büyük miktarda kan var. Döşeme hepsini çekmiş. Louise temizlemeye çalışmış ama fazla da uğraşmamış gibi görünüyor. Sanırım arabayı bulamayacağımızı ya da bulabilsek bile o zamana kadar arabanın çoktan hurdaya çıkmış olacağını düşündü."

"Çok iyi iş, Colin." Belcott'u tebrik etmeye dilim varmamıştı. Aslında bir şey yapmış da sayılmazdı; sadece gidip arabayı getirmişti. Zaferden kendine pay çıkarmaya çalıştığına inanamıyordum ama bu tam ona göre bir hareketti. Her zamanki gibi doğru zamanda doğru yerde olmayı başarmıştı.

"Birkaç tel de saç çıktı. Ayrıca Kev'in söylediğine göre bagajdan çıkan ipliklerle Rebecca'nın elbisesinin üzerinde bulduklarımız arasında bir eşleşme yakalamamız mümkün olabilirmiş. Renkleri tutuyor."

Dönüp Judd ve Godley'ye baktım. "Bunun masum bir açıklaması yok, öyle değil mi? Ayrıca kanıtlarda değişiklik olmuş da olamaz çünkü Rebecca arabanın el değiştirmesinden günler önce ölmüştü."

"Evet. Yakaladık onu." Godley'nin yüzü zafer kazanmış gibi birden aydınlandı.

"Venetia'ya haber verdiniz mi?" Kendimi tutamamıştım.

"Şimdi söyleyeceğim." Godley telefonu kaldırdı. "Bu ona bana güvenmeyi öğretir."

Judd başını iki yana salladı. "Arabayı bulacağımızı bilmene imkân yoktu. Bu tamamen rastlantıydı."

"Bu iyi şans ve iyi polislikti. Ayrıca bunlardan herhangi birine sahipsen, diğerine zaten ihtiyacın kalmaz." Godley yüzümüze bakıp başını salladı. "Hepiniz çok iyi bir iş çıkardınız. Haberi dışarı vermek için adli tıptan gelecek sonuçları bekleyeceğiz ama bu arada ekibin gelişmelerden haberdar olmasında bir sakınca olduğunu sanmıyorum. Herkes kesinlikle bir iki içkiyi hak etti."

Gidip masama oturdum ve boş gözlerle etrafa baktım. İyi bir iş çıkardığım için memnundum ama bir yandan da üzerimdeki tedirginliği bir türlü atamıyordum. Louise'in bu sefer paçayı kurtarabileceğini hiç sanmıyordum. En kalın kafalı yargıç bile bu kanıtların ne anlama geldiğini anlardı. Ama her şeyin bu kadar kolay çözüleceğine bir türlü inanamıyordum.

Sonra Rob büyük bir gürültüyle kapıdan içeri girdi. Beni görünce kaşlarını kaldırıp gülümsedi ve Louise North'la ilgili her şey o anda birden kafamdan uçup gitti.

LOUISE

Yanlış olduğunu bile bile Gil'le görüşmeyi kabul ettim. Bunun nedeni belki hapishanenin sıkıcılığı ve bu bezdirici rutinden çıkmamı sağlayacak bir şeyler arıyor oluşum, belki dış dünyadan gelen ve avukat olmayan birileriyle görüşme ihtiyacımdı ya da belki de sadece benden ne istediğini merak ediyordum. Ama geldiğini söylediklerinde hiç tereddüt etmeden hücremden çıkıp daracık koridorlardan geçerek beni

5. KURBAN

beklediği odaya gittim ve ayağımdaki spor ayakkabılar sayesinde sessizce kapıdan içeri süzüldüm. Düşüncelere dalmış halde sessizce oturuyordu. Kabarmış pembe boyalı, sıkıcı tuğla duvarın önünde fazlasıyla yakışıklı görünüyordu. Onu önce profilden gördüm ve her şeye rağmen, ne zaman doğal bir güzellikle karşılaşsam içime yayılan o basit zevk dolu ürpertiyi engellemeyi başaramadım. Başını çevirip beni gördü ve aniden, hafifçe ayağa kalkar gibi beceriksizce bir hareket yaptı.

"Kalkma." Gil'in karşısında, masanın diğer ucunda duran sandalyeyle ilgilenmeden kapının yanında bekledim.

"Lou. Tanrım."

Bana bakıyor, aradan geçen zamanda geçirdiğim ve düşünmek bile istemediğim fiziksel değişiklikleri inceliyordu. Soluk tenim. Kaybettiğim kilolar. Uykusuzluktan gözlerimin altında oluşan morluklar. O da en az benim kadar gergin ve yorgun görünüyordu. Dişlerini sıkıyordu; kendine hakim olmaya çalıştığını düşündüm.

"Uzun zaman oldu."

"Neredeyse iki ay." Masanın üzerinden bana doğru eğildi. "Benimle görüşmeyi kabul edip etmeyeceğinden emin olamadım."

"Ama işte buradayız," dedim oldukça soğuk bir sesle.

"Seni görmeye dayanabileceğimi sanmıyordum," dedi Gil zorlu bir görevden söz edermiş gibi ve bir karşılık vermemi bekleyerek yüzüme baktı.

"Anlıyorum. Bunu benim yaptığımı düşünüyorsun," dedim sakin ve keyifli bir sesle.

Çok üzgün görünüyordu. "Ne düşüneceğimi gerçekten bilemiyorum. Neden bana gerçekte neler olduğunu anlatmıyorsun?"

Gülmemek için kendimi zor tutuyordum. "Sana anlatmak mı? Bunu neden yapacakmışım ki?"

"Sanırım bunu bana borçlusun."

Bunun üzerine kendimi tutamayarak benim bile kulağımı tırmalayan bir sesle bir kahkaha attım.

Gil elini bana doğru uzattı. "Hadi ama, Louise. Bu benim için hiç kolay değil. Seni burada, bu halde görmek beni perişan ediyor. Seni mahkemede görmek berbattı. Her şey çok yanlış."

"O zaman neden geldin?"

"Çünkü seni görmem, bunun gerçek olduğunu anlamam gerekiyordu. Her şey kötü bir kâbus gibi."

"Zavallı Gil. Ne kadar zor günler geçirmişsindir kim bilir." Sesim buz gibiydi.

"Senin için daha zor olduğunu biliyorum tabii ki," dedi aceleyle. "Kahretsin, bir türlü anlatamıyorum, öyle değil mi? Söylemeye çalıştığım şu ki, senin suçlu olduğuna ikna olmuş değildim. Sadece ne düşüneceğimi bilemedim o kadar. Bunu yapmış olabilir misin diye düşündüm ve Tanrı aşkına, eğer yapmışsan ve Rebecca'nın cinayetini üzerime atmaya çalışmışsan -bu gerçekten çok kötü."

"Peki ne düşünüyorsun?"

"Bilmiyorum." Gil yüzünde çaresiz bir ifadeyle yüzüme baktı. "Gerçekte ne oldu, Louise? Bana ne olduğunu anlat?"

"Gerçek..." Bir an duraksadım. "Gerçek şu ki, sana ne bu

5. KURBAN

konuda ne de başka bir konuda söyleyeceğim hiçbir şey yok. Sadece beni yalnız bırak. Kendi iyiliğin için beni unut." Arkamı dönüp kapıya birkaç kez vurdum.

"Hemen gitme," dedi Gil yalvarır bir sesle, bana doğru bir adım atarak. "Sana dokunamadım bile ve seni gerçekten çok ama çok özledim. Hâlâ gecenin bir yarısı seni düşünerek uykumdan uyanıyorum. Yaşadıklarımıza bir anlam veremiyorum. Bana bir çeşit oyun oynamışsın gibi bir his var içimde ama ne olduğunu bir türlü çözemiyorum."

"Özür dilerim." Onun afalladığını, ayaklarıma kapandığını görmek istemiştim ve aslında hedefime ulaşmıştım da. Ama tuhaf bir şekilde, bundan hiçbir keyif almamıştım. Gerçi içinde bulunduğum şartlar düşünülürse, belki de böyle hissetmem normaldi.

Kapı açıldı; çıkmak üzere birkaç adım atmıştım ki durdum. "Bir gün, sana Rebecca'yla aramızdaki ilişkiyi ve işin iç yüzünü anlatacağım. Bir gün sana aslında neler olduğunu anlatacağım. Ama bunu şimdi yapamam."

Ben kapıdan çıkıp giderken Gil arkamdan seslendi ama durmadım. Arkama bile bakmadan öylece yürüyüp gittim.

On Beşinci Bölüm

Sevgili Gil,

Sen bu satırları okurken ben çoktan ölmüş olacağım. İntihar mektupları hep böyle başlar, öyle değil mi? Amacın açıkça belirtildiği bir satırla. Ve ben de ne istediğimden kesinlikle eminim. Bu dünyadan gitmek istiyorum.

Sözlerime birkaç hafta önce beni görmeye geldiğinde istediğin gibi gerçeği anlatarak başlamalıyım. Evet, ben yaptım. Rebecca'yı ben öldürdüm. Ve ne yazık ki haklıydın; Ateşçi'yi taklit etmem işe yaramazsa, niyetim suçu tamamen senin üzerine atmaktı. Senin bu suçtan hüküm giymen Rebecca'nın hoşuna gider miydi acaba diye düşünüyorum bazen. Aslında bunun sana haksızlık olacağını hiç düşünmedim. Bunu bilmiyor olabilirsin ama inan bana onun ölümünden manevi olarak sen sorumlusun.

Başta planım buydu. Senin bunu hak ettiğini düşünüyordum ama seni tanıdıkça, özellikle ihanet konusunda daha iyi bir dersi hak ettiğine karar verdim. Her şeyin mükemmel olması için elimden gelen her şeyi yaptım. Seni kendime aşık edebilmek için çok uğraştım ve sanırım sonunda bunu başardım da. Sana ne kadar aptal olduğunu ve benim hakkımda ne kadar yanıldığını göstermek için yakalanmaya neredeyse değerdi. Biliyorsun, beni her zaman çok hafife aldın.

5. KURBAN

Eminim bunu neden yaptığımı merak ediyorsundur. Kısa süre önce, eline yeni geçen dava dosyası özeti hakkında konuşmak üzere avukatımla bir araya geldik. Açıkça söylemedi ama dosyada yazanların ne anlama geldiğini anlamak benim için kolaydı. Beraat etme şansım yok. Sorun arabadan kaynaklanıyor. Aslında bunu hallettiğimi sanıyordum. Çoktan parçalara ayrılmış olduğunu, artık izinin bulunamayacağını, yok olup gittiğini sanıyordum. Ama bugünlerde kimse işini doğru düzgün yapmıyor, öyle değil mi? Bunu benim yapmam gerekirdi. Arabayı bir kanala atmalı ya da yakmalıydım ama bunu yapmayacak kadar zeki, bunu akıl edemeyecek kadar kurnazdım. Ya da fazlasıyla aptal.

Thaddeus suçlamayı kabul etmem gerektiğini düşünüyor. Zaten suçlu olduğum düşünülürse bu oldukça makul görünebilir ama ben bunu yapmak istemiyorum. Suçu kabul etmek hayatımın tamamını, ya da en azından büyük bir kısmını hapiste geçireceğim anlamına gelir. Belki de otuz yılını. En güzel yıllarımı. Hayata anlam katan her şeyi kaçıracağım. Seyahatler, iş, yeni deneyimler ve hatta belki de çocuklar. Kesinlik yok. Normallik yok. Aile hayatı yok. Teşekkür ederim ama almayayım. Kendi kararımı kendim verip buradan gitmeyi tercih ederim. Artık hukuk sisteminin bir parçası olmak istemiyorum. Bundan da ve geri kalan her şeyden de sıkıldım artık.

Ama gitmeden önce olanları ve bunların nedenlerini sana anlatacağım. Senden beni bağışlamanı istemiyorum. Benim için üzülmeni istemiyorum. Kalbin kırılmış gibi davranmaya kalkma sakın, çünkü ikimiz de bunun için gerekenlerin sende olmadığını gayet iyi biliyoruz. Beni anlamanı istiyorum çünkü gerçekte ne olduğunun farkına varmanı istiyorum. Paran var, gerçekten istediğinde çekici olmayı iyi biliyorsun ve güzel bir yüzün var ama bunların hepsi sadece vitrin süsü. Birlikte geçirdiğimiz her gün beni etkilemeye çalışıp durmanı izlemek beni gerçekten çok eğlendirdi. Dedektif Kerrigan, senin benim için tehlike oluşturduğunu düşündü ama aslında tam tersiydi. Sen tehlikeli olanın kendin olduğunu sanıyordun ama sen tehlike nedir bilmiyorsun bile. Sen sadece kadınlarla güç kullanarak birlikte olmaktan zevk alan kadın düşmanının tekisin. Bana tecavüz ettin ve Rebecca'ya da tecavüz ettiğinden eminim. Üzgünüm ama elmacık kemiğindeki kırığın sadece bir kaza olduğuyla ilgili hikâye bana da pek inandırıcı gelmedi. Bu seni özel yapmaz Gil. Bu seni zeki yapmaz. Ayrıca ne ben, ne Rebecca, ne de geçen yıllar boyunca yönlendirmeye çalıştığın diğer kadınların gözünde değerli de yapmaz.

Bunu ne zaman okuyacağını ya da okumana izin verip vermeyeceklerini bilmiyorum. Gitmeye hazır olduğumda, Dedektif Kerrigan'a da bir not yazıp ondan bu mektubun eline ulaşmasını sağlamasını isteyeceğim. İçimde bunu benim için yapacağına dair bir his var. Ya da daha doğrusu senin için. Büyük olasılıkla senden şüphelendiği için kendini suçlu hissediyordur. Ama bunun için onu suçlayamam. Gerçekten çok ikna edici olduğumun farkındayım. Artık senin de fark etmiş olabileceğin gibi iyi bir yalancıyımdır da.

Bunu doğru yazmaya çalışacağım. 'Hiçbir şey kötülüğü mazur gösteremez.' Böyleydi, değil mi? Othello'yu pek hatırladığımı söyleyemeyeceğim ama bu satırları hiç unutmadım. En sonunda geriye sadece gerçekler kalır. Artık saklamaya çalışmanın anlamı yok. Biriktirip durduğum antidepresanları içmeme sadece birkaç gün kaldı. Bunun için duruşmanın bitmesini bekleyemem çünkü o zaman herkesin gözü üzerimde olacak. Bunu şimdi yapmam gerekiyor. Gardiyanların güvenini ka-

5. KURBAN

zanmak için çok uğraştım. İnsanın sadece 'lütfen' ve 'teşekkür ederimle' neler başarabileceğini görmek gerçekten olağanüstü. Tutuklu olmak çok stres yaratan bir durum olduğundan cezaevi doktorunu bana antidepresan yazmaya ikna etmekte fazla zorlanmadım. Asıl zor olan onları içmeyip biriktirmekti çünkü bunun için gerçekten irade gerekiyordu. Ama ben, özellikle de bir şeyi çok istediğimde, kendime hakim olmasını iyi bilirim. Tıpkı seni istediğimde yaptığım gibi.

Ama şunu en başta açıkça belirtmeliyim ki, Rebecca'yı öldürmek istemiyordum. Bu benim için heyecan verici bir şey değildi. Eğlenceli değildi. Bunu kendimi kurtarmak için yapmak zorunda kaldım. Rebecca zayıftı. Benim hakkımda bildiği şeyi bilmek için fazla zayıftı. Güvenilemeyecek kadar zayıftı. Benim için benim ona olduğum gibi bir arkadaş olmayacak kadar zayıftı.

Beni anlaman için, anlatmaya en baştan başlamam gerekiyor ve bu benim için hiç de kolay değil. İnsanlara genellikle çocukluk yıllarımdan söz etmem, yani bunu daha önce hiç yapmadım. Büyüdüğüm kasabaya, oradan ayrıldığım günden sonra bir daha hiç dönmedim. Sana nerede doğup büyüdüğümü söylemeyeceğim çünkü bugün olduğum kişinin orayla hiçbir ilgisi yok.

Annem ve büyükannemle birlikte yaşıyordum. Babam yoktu. Nereye gittiğini bilmiyorum ama hiç ortalarda görünmezdi ve ben de onu özlemezdim. Bir manik depresif olan annem çoğu zaman perişan ve hiçbir işe yaramaz halde olurdu. Ya tamamen havalarda uçar ya da yerlerde sürünürdü ve ben her sabah kalkarken o gün bunlardan hangisiyle karşılaşacağımı bilemezdim. Ben dört yaşındayken, anneannemin yanımıza taşındığı güne kadar hayatta kalmayı başarmış olduğuma hâlâ inanamıyorum. Anneannemin gelmesiyle eve biraz düzen geldi. Dolaplarda yiyecek, yataklarda çarşaf olmasına dikkat ediyor, yeni ya da güzel ya da istediğim gibi olmasalar da kıyafetlerimin her zaman temiz olmasını sağlıyordu. Temizdim, kıyafetlerim vardı, karnım doyuyordu. Odamı Nana'yla paylaşmak aslında beni pek de rahatsız etmiyordu. En azından ilk zamanlar. Gecenin bir yarısı uykumdan uyanıp onun nefes alışı verişini dinler, yalnız olmadığımı hissederdim. Ama büyüdükçe onun uykusunda öfleyip püflemesinden, inleyip durmasından nefret eder olmuştum. Ondan bir türlü kurtulamıyor, hiçbir zaman yalnız kalamıyordum. Her zaman oradaydı. Her zaman beni izler, okuduğum, giydiğim ya da söylediğim şeyler hakkında beni eleştirip dururdu. Nana çok acımasız eleştiriler yapardı. Neyi, ne zaman sakıncalı bulacağını hiçbir zaman önceden tahmin edemezdiniz ama bir şeyin yanlış olduğuna karar verdiğinde bundan kesinlikle haberiniz olurdu. Zamanımın büyük bir kısmını onun gözüne fazla gözükmemeye çalışarak geçiriyor, yani çoğunlukla ya kütüphanede ya da okulda oluyordum. Gidebileceğim başka bir yer yoktu. Böylece çok okuyan ve çok çalışan biri oldum. Bu sayede, normal şartlarda yapabileceğimden çok daha fazlasını başardım, yani sanırım buradan sana teşekkür etmeliyim, Nana.

Nana'yla ilgili bir diğer konu, onun tam bir hastalık hastası olması ve doktorun muayenehanesinden neredeyse hiç çıkmamasıydı. Ne yapar eder mutlaka bir şeyler bulur, haftada en az iki kez muayenehaneye uğrardı. Elinde dünyada var olan bütün ağrı kesiciler için yazılmış bir sürü reçete vardı. Ayrıca sinirlerini güçlendirmek, uyuyabilmek ve uyanabilmek için de başka haplar alırdı... Sonunda ona romatizmal polimiyalji teşhisi koyan yeni bir pratisyen hekim buldu kendine. Çok memnun

5. KURBAN

olmuştu. Herkese adını bile tam öğrenemediği bu yeni romatizmal hastalığından söz ediyor, eski doktorun ona bir türlü teşhis koyamadığını anlatıyordu. Bir keresinde internette bu hastalığı aramıştım. Ne olduğunu biliyor musun? Açıklanamayan ağrı ve sızılar. Sırtım. Dizlerim. Aah, doktor, kalçam ağrıyor. Boynum. Bugün ayakta bile zor duruyorum.

Dert etmeyin. Birkaç ağrı kesici alın geçer.

Ah, madem ısrar ediyorsunuz."

Aslında Nana'dan yararlanmayı hiç düşünmemiştim ama sonra bir gün iki kat altımızda oturan Steve Wilmot, merdivenlerden çıkarken onu soymaya kalkıştı. Steve çok güçlü ve yapılı bir çocuktu ve Nana'nın çantasına sıkıca yapışmak konusunda, onun çantayı çalmak konusundan olduğundan daha kararlı olacağını hesaba katmamıştı. Yüzünü bir eşarpla kapatmıştı ama Nana yine de onun kim olduğunu kolayca anlamıştı çünkü Steve her gün aynı Russell Athletic eşofman üstünü giyerdi. Ona saldırmadan önce üzerini değiştirmeyi akıl edememişti. Nana onu tanıyınca, annesine söylemekle tehdit etmiş ve o da bunu duyar duymaz kaçıp gitmişti. Yaşça benden biraz daha büyük olmasına rağmen birbirimizi tanıyorduk. Bu olaydan sonra onu dışarıda futbol oynarken görünce yanına gidip ne yapmaya çalıştığını sordum. Nana'nın yanında fazla para taşımadığını o da en az benim kadar iyi biliyordu.

"İlaçların peşindeydim. Onda bir sürü ilaç var, öyle değil mi?"

"Ama sen ilaç kullanmazsın ki." Bu doğruydu. Steve bir atlet olmakla övünür, arada bir kullandığı esrar dışında illegal maddelerden uzak dururdu.

"Satacaktım. Eğer doğru malı, doğru insanlara ulaştırmayı başarırsan iyi para kazanırsın."

"Ne gibi?"

O ana kadar futbol istatistikleri ve her zamanki Çin yemeği siparişi dışında hiçbir şey hatırlamayan Steve birden bülbül gibi şakımaya başlamıştı. "Uyarıcılar. Sakinleştiriciler. Pelteler -bilirsin işte, Valium falan gibi şeyler. İçinde kodein olan ne varsa. Tramadol. Eğer ona gerçek morfin verdilerse, o da tabii ki."

Nana'nın yatağının yanındaki kilitli dolabı, her birinin içinde bir avuç dolusu hap olan küçük şişeler ordusunu ve karton kutulardan dışarı fırlamış, arkası folyolu, üzeri kabarcıklarla kaplı şeritleri düşündüm. Nana piyasaya çıkan her ilacı mutlaka alıp denemiş ve aldığı hiçbir ilacı atmamıştı. O güne kadar bunları sadece yaşlı kadın döküntüleri olarak görmüştüm ama artık gözüme el değmemiş bir hazine gibi görünüyorlardu.

İşe sağdan soldan birkaç hap alarak başladım. Böylece Nana da doktoru da ortada bir terslik olduğunu anlamıyor ve ben de biraz para biriktirebiliyordum. Reçeteli ilaçlarını almasına yardım ediyormuş gibi görünerek hepsinden biraz almaya başladım. Birden çok yardımsever oluvermiş, o televizyon seyrederken ilaçlarını koşup içerden ben getirmeye başlamıştım. Bu duruma hemen alıştı. İlaçlarını alıp gelmem, onun için eczaneye gidip gelmem hoşuna gitmişti. Tabii ben de bu durumdan çok memnundum. Paranın büyük bir kısmını Steve alıyordu ama bu umurumda bile değildi çünkü böylece kendimi fazla tehlikeye atmamış oluyordum. Odamda sakladığım para dolu eski bir zarfım vardı. Hayatta sahip olduğum en değerli şey buydu. Geceleri kalkar, Nana'yı uyandırmamak için nefesimi tutarak zarfı durduğu yerden çıkarıp yeni bir yere saklardım. Okulda bile sürekli onu düşünür, dersler bittikten sonra koşarak eve gelip güvende olup olmadığını kontrol ederdim.

5. KURBAN

Biriktirdiğim parayı hiç harcamadım. Bir kuruşunu bile. Yavaş yavaş ve küçük miktarlarda kazanıyordum ama üst üste eklene eklene çoğalıyordu.

Uyuşturucu satıcılığı hakkında istediğini düşünebilirsin ama ben Oxford'daki mülakata gidebilmem için gereken parayı böyle topladım. Benim gibi birinin, asla ama asla öyle bir yere gidemeyeceğini düşünürdüm ama bir gün, matematik dersinden sonra öğretmenimiz Bay Palmer beni bir kenara çekip yüzüme ekşi kahve kokan nefesiyle üfledikten sonra bana Oxbridge'ten söz etmiş ve mutlaka oraya başvurmam ve hiçbir şeyin yoluma çıkmasına izin vermemem gerektiğini söylemişti. Kendisi Cambridge'te okumuştu. Bana orayla ilgili her şeyi, Backs'i, Cam'i ve bataklıkları uzun uzun anlatmıştı. Böylece kararımı verdim; oraya gitmek istemiyordum. Bay Palmer'ın yeteri kadar başarılı olamadığını düşünüyordum. Ayrıca aynı yıl içinde ikisine birden başvurmuyordunuz ve birinden birini seçmek zorundaydınız. Oxford'u seçtim.

Ve Oxford da beni seçti. O sırada bilmiyordum ama aslında işim kolaydı çünkü o dönemde Oxford, başvuru yapan devlet okulu çıkışlı adaylarının oranını artırmak için canla başla uğraşıyordu. Büyük olasılıkla bütün sınav kâğıtlarını karalamalarla doldurmuş olsam bile yine de mülakata çağrılacaktım. Kasım ayında gelen mektubu görünce dehşete kapıldım. Mülakatlar Aralık ayının başındaydı. Latimer'de kalacak ama iki okulda daha mülakatlara girecektim. Mektupta ayrıca Oxford'a nasıl ulaşabileceğim, yanımda neler götürmem gerektiği, orada ne kadar kalmam gerekeceği ve başarılı olmam durumunda sonucu ne zaman öğrenebileceğimle ilgili bilgiler vardı. Bay Palmer, annemle büyükannemden para istememin bir anlamı olmayacağını düşünmüş olmalıydı ki bana bir miktar borç para vermeyi teklif etti. Yatağımın altında, duvara dayalı duran eski spor ayakkabının içinde sakladığım zarfı düşünüp, buna gerek olmadığını ve para işini kendi kendime halledebileceğimi söyledim ona. Zarf sürekli kontrol edilip oradan oraya taşınmaktan formunu kaybetmeye başlayıp kırış kırış olmuş, yırtılan kenarları tüylenip kadife gibi yumuşacık bir hal almıştı. İçinde neredeyse dokuz yüz pound vardı.

Onlara nereye gittiğimi söylemedim ve Annem de sormadı. Büyükannem nereye gittiğimle biraz daha ilgili görünüyordu ama onu da okulla birlikte coğrafya gezisine gittiğimi söyleyerek başımdan atmayı başardım. O dönem okulda coğrafya dersi almadığımdan bile haberi yoktu. Küçük asilikler, ufak yalanlar hayatı kolaylaştırır. Ve tabii ilaç sahtekârlıkları da. Bilmedikleri sürece kimse bir zarar görmezdi. Paranın bir kısmıyla mülakatta giymek için kendime sade siyah bir elbise, kalın çoraplar ve bir çift bağcıksız düz ayakkabı aldım ve paranın geri kalanını sırt çantama atıp yanıma aldım. Paramı arkamda bırakmayacaktım. Bir otobüse atlayıp önce Londra'ya ve oradan da başka bir otobüsle Oxford'a gittim. Otobüsten indiğimde güneş batmak üzereydi. Gökyüzü tamamen açıktı ve güneş tepede kıpkırmızı parlıyordu. Yaprakları dökülmüş ağaçların dalları arasından süzülen güneş ışınlarını ilk gördüğümde kalbim heyecandan neredeyse yerinden çıkacak gibi olmuştu. Üniversite binalarının duvarlarındaki eskimiş oyma yazılar, bir yay gibi mükemmel bir kavise sahip olan High Street kemeri, Magdalen Köprüsü'nün altından akıp giden gri-yeşil nehir; daha önce hiç bu kadar güzel şeyler görmemiştim. Hiçbir şey sıradan, sade ya da fazla yeni değildi. Gün batana ve altın rengi duvarlar griye dönene kadar bir süre daha etrafta dolaştım ve sonra Latimer'e gidip meşe ağacından yapılmış kocaman,

5. KURBAN

ağır kapıların ortasındaki küçük geçitten geçip içeri girdim. Üzerinde yürüdüğüm zemin, nesiller boyunca buradan geçen öğrencilerin ayakları altında eskimiş, parlayıp oyulmuştu. O an kendime söz verdim. Kapıdaki görevliye titrek ve tedirgin bir sesle mülakat için geldiğimi anlatıp ter içindeki ellerimi bozuk para gibi kokutan metal anahtarlığı almakla kalmayacak, bu koridorlarda yürüyen o öğrencilerden biri olacaktım.

Garden Binası'nda, nehre bakan kocaman pencereleri olan bir odada kalıyordum. İçeride boş bir kitaplık ve hemen önüne yerleştirilmiş bir yatak vardı. Yatağın kenarına oturup Angel ve Greyhound ovalarındaki yaprakları dökülmüş çıplak ağaçlara ve hepsine tepeden bakan, ışıklandırmayla bembeyaz olmuş Magdalen Kulesine baktım. Koridorlardan sesler geliyor, diğer adaylar gayet kendinden emin bir sesle bağrışarak en yakın bara gidip şanslarını denemekle ilgili planlar yapıyorlardı. Ben kimseyle konuşamayacak kadar utangaç olduğum için odamda kaldım. Zaten çıkıp onlarla bara gitmek istemiyordum da. Olduğum yeri en ince detayına kadar özümsemek, bir daha böyle bir deneyim yaşama fırsatı bulamazsam diye bu mekânın kokusunu, sesini ve burada olma hissini sonuna kadar yaşamak istiyordum. Buranın benim odam olabileceğini ya da burada yaşamanın nasıl bir his olacağını hayal etmeye cesaret bile edemiyordum. Yarı yıl boyunca odada kalan öğrenci çıkarken arkasında hiçbir iz bırakmamaya çalışmış, ondan geriye sadece ışıkları kapatınca şaşkınlıkla keşfettiğim bütün tavana yayılmış minik fosforlu yıldızlar kalmıştı. İlk mülakatım ertesi sabah saat ondaydı. Bana kalsa kahvaltı etmezdim ama yan odada kalan kız, sabahın sekizinde kapımı çalıp onunla birlikte yemekhaneye gelmek isteyip istemediğimi sordu. Biraz moral desteğine ihtiyacı olduğunu söyledi ve yol boyunca, sanki çok tanıdık bir yerdeymiş ve her gün oradan onlarca kez geçiyormuş gibi hiç susmadan konuşup durdu. Tarih bölümüne başvurmuştu, yüzü çillerle doluydu ama adını şu anda hatırlayamıyorum. Bütün bu kendine güvenli haline rağmen okula kabul edilmemişti. Garden Binası'ndan yemekhaneye gidene kadar, etraftaki hiçbir şeyi kaçırmamak için onunla konuşmadan yürüdüm. Sonunda yemekhaneye vardığımızda ise meşe duvar kaplamalarına, duvarlardaki kocaman altın kaplama çerçevelere ve dev gibi uzun masalara bakmaktan onunla konuşacak halim kalmamıştı. Yüzlerce insan masalarda oturmuş, en yüksek sesleriyle bağırarak konuşuyorlardı ama gergin bir sessizlik içinde öylece duranların oranı da azımsanamayacak kadar çoktu. Ağzıma birkaç parça ekmek atıp biraz ılık çay içtim ve... adını bir türlü hatırlayamıyorum...Joan diyelim...evet Joan'un arkadaşları ve hobileri ve çok çalışmak gerekeceği için aslında Oxford'a gelmeyi istememiş olması ve bütün arkadaşlarının buraya başvurduğu için onunla dalga geçmesiyle ilgili anlattıklarını dinledim.

 Kahvaltıdan sonra mülakat için hazırlanmam gerektiğini söyleyip Joan'u başımdan atmayı başardım. Dışarı çıkıp, ikinci avludaki kapıların üstüne kazınmış kürek müsabaka sonuçlarından, şapelin dışındaki pirinç cilasının kokusuna kadar her şeyi aklımda tutmaya çalışarak bahçede dolaştım. Güneşli ama soğuk bir gündü. Masmavi berrak gökyüzü tepede uzanıyor, renkler her zamankinden daha canlı görünüyordu. Bu yere aşık olmuştum. Mülakata eskisinden daha da gergin bir ruh haliyle girdim. Beni buraya davet edip, cennetin nasıl bir yer olduğunu bana gösterdikten sonra, hepsini öylece geri alamazlardı... Şimdi o gün olanları tekrar düşünüyorum da, aslında mülakatta beni fazla zorlamamışlar. Bana bazı adaylara yöneltildiğini

5. KURBAN

sonradan öğrendiğim "aklı tanımlayınız" gibi insanın ağzını kupkuru eden sorulardan sormadılar. Çıkmama izin vermeden önce hukuk eğitmenlerinin öğrenmek istediği tek konu, neden Latimer'de okumak istediğimdi. Bölmeli pencereden dışarıya, masmavi gökyüzünün üzerinde kâğıttan kesilmiş gibi görünen altın rengi bacalara baktım. İkna edici, alışılmışın dışında ve kulağa yalvarıyormuşum gibi gelmeyecek bir cevap bulmalıydım. Sonunda onlara doğruyu söylemeye karar verdim.

"Böyle bir yerin gerçekten var olduğunu bilmiyordum ama burası hep hayallerini kurduğum yer."

Hukuk eğitmenlerinin odalarının olduğu kısımdan çıkıp benden sonraki adayın yanından geçtim ve küçük tahta merdivenlerden aşağı indim. Takım elbiseli çocuğun yanından geçerken yüzüne bakıp gülümsemeye çalıştım ama mülakatta okula kabul edilecek kadar iyi bir iş çıkartamadığımın farkındaydım. Sonraki mülakatlar boyunca robot gibiydim. Söylenenleri sürekli başımla onaylayıp yanaklarım ağrıyana kadar gülümsüyor ve sorulan sorulara alçak bir sesle cevap veriyordum. Sesim o kadar cılız çıkıyordu ki eğitmenler söylediklerimi duyabilmek için öne eğilip, cevabımı bir kez daha tekrarlamamı istemek zorunda kalıyorlardı.

Hiç şansım yok. Hiç şansım yok. Hiç şansım yok. Üçüncü günün sonunda eşyalarımı toplayıp odadan çıkarken aklımda bu üç kelime yankılanıp duruyordu. Arkamı dönüp küçük odaya son bir kez baktım ve kapıdan çıktım.

Döndüğümde evim eskisinden daha gri, daha çirkin ve daha dayanılmaz görünüyordu.

Sonra ne olduğunu biliyorsun: bütün tersliklere rağmen, büyük ihtimalle aradıkları özellikleri taşıdığım için okula kabul edildim. Mektup geldiğinde yalnız kalmak için kendimi banyoya kilitledim ve bir süre elimdeki zarfa öylece baktım. İçinde yazanları okuduğumda ya sevinçten deliye dönecek ya da üzüntüden perişan olacaktım. Kaderim belirlenmişti ama ben sonucun ne olduğunu henüz bilmiyordum. Zarfı açıp içindeki kâğıdı çıkarırken kalbimin heyecanla çarptığını, gözlerimin karardığını hatırlıyorum. Aslında kabul edilmemiş olsam ve hayatım boyunca Co-op süpermarketinde bulduğum part time işte çalışmak zorunda kalsam daha iyi olurdu belki de ama kabul edildim. Bununla da kalmadım ve oldukça cömert bir giriş bursu kazandım. Ne harçları ve kitaplara vereceğim paraları, ne alacağım cüppeyle kepi, ne de diğer ufak tefek Oxford kılık kıyafetlerini düşünmem gerekecekti. Yine de, göze batmamı engelleyecek kıyafetler gibi diğer şeylere harcamak için biriktirdiğimden daha fazla paraya ihtiyacım olacağını fark etmem fazla uzun sürmedi. Mülakatlar için gittiğimde öğrencilerin nasıl giyindiğini görmüştüm. Tamam, Oxford dünyadaki en şık yer değildi belki ama yine de benden farklı görünüyorlardı.

Nana'dan fazla para istememiştim. Parası olduğunu biliyordum; hesap tuttuğu defterini görmüştüm. Nedenini söylemeden biraz borç para istedim ve o hiçbir şey sormaya bile gerek duymadan hayır dedi.

"Paramı ancak ben ölürsem alabilirsin."

Fikri aklıma kendi soktu, yani aslında olanlar onun suçuydu. Sence de öyle değil mi?"

Merak etme, sadece şaka yapıyorum. Yani, olanların sadece onun suçu olduğu konusunda. Bunu kendime, onun her zaman büyük acılar içinde olması ve steroitlerden sonra yüzünün, evin içinde söylenerek dolaşan kır saçlı küçük bir trolinki gibi şişmesiyle açıkladım. Karar vermem uzun sürmedi.

Parayı bulmak için önümde hâlâ birkaç ayım vardı. Ta-

5. KURBAN

mamen ilaç depolama işine yoğunlaştım. Aldıklarımın tamamını Steve'e vermekten vazgeçip onu ufak tefek miktarlarla oyalamaya başladım. Biraz harçlığa ihtiyacım olduğunda bu depo çok işime yarayabilirdi. Ayrıca insanların, birkaç keyif verici madde bulmalarına yardımcı olabileceğimi öğrendiklerinde, bana daha iyi davranmaya başladıklarını fark etmiştim. Oxford'a giderken de yanımda bu ilaçlardan bir miktar götürmemin iyi olacağını düşünüyordum. Nana, Tramadol'ünü aspirinle değiştirdiğimde bile hiçbir şeyden şüphelenmedi. Kendini kötü hissettiğini söylediği zamanlarda onu doktora gitmesi için teşvik ediyordum. Her hafta düzenli olarak iki üç pratisyen hekimi görüyordu ve ilaçlar gelmeye devam ediyordu.

İlk dönemin başlamasına iki ay kala, uyku saatinden hemen önce Nana'ya, benden istediği gibi güzel bir fincan çay hazırladım ve ağrı kesicilerini getirdim. Sadece bu sefer ona ilaçların dozlarında değişiklik yapıldığını ve artık daha önce içtiğinin üç katını içmesi gerekeceğini söyledim. Ah ve tabii bunları da. Eczacı etkilerini artırmak için diğerleriyle birlikte bunlardan da alman gerektiğini söyledi. Fondip.

Bunun yeterli olacağından tam olarak emin olamıyordum. Odamızın kapısının önünde dikilip her titrek nefes alış verişin sonuncusu olmasını dileyerek nefesini dinledim. Ama yaşlı cadının sesi kesilmedi. Ona, onu saatler önce öbür tarafa göndermeye yetecek miktarda yüksek doz vermiştim ve o hâlâ hırıldaya hırıldaya nefes alıp vermeye devam ediyordu. Sonunda içeri girdim, yatağımdan bir yastık alıp yüzüne bastırdım ve beklemeye başladım. İçimden Madonna'nın İngiltere listelerinde bir numaraya yükselmiş şarkılarını piyasaya çıkış sırasına göre saymaya çalışıyordum. Böyle zamanlarda insanın aklına gerçekten çok tuhaf şeyler geliyor. Ben Madonna sevmem bile. Ölüm belgesini imzalamak için gelen doktor Nana'nın durumundan biraz şüphelendi. Otopsi yapmanın daha doğru olacağını düşünüyordu. Doktor Considine çok şüpheci bir adamdı. Ona Nana'nın ilaçlarını karıştırmış olabileceğini düşündüğümü söyledim. Ona içeriden getirdiğim boş ilaç şişelerini gösterdim. Belki de doktorlar yıllar içinde ona çok fazla ilaç yazmıştı. Doktor bey bu konuda ne düşünüyordu?

Tuhaf ama belgeyi imzalayabileceğini düşünüyordu.

Nana'nın vasiyeti üzerine annem parayı aldı ve ben de hiçbir zaman istemediğim yaka iğnesini. Ama bu benim için sorun değildi çünkü ben zaten Nana'nın trajik ölümünden önce banka kartını ele geçirmiş ve aradan geçen birkaç haftada, birikiminin hatırı sayılır bir bölümünü yavaş yavaş cebe indirmeyi başarmıştım. Zavallı Nana'nın, verdiğim fazladan sakinleştiriciler yüzünden aklı başından gitmişti. Onu kazıkladığımı anlayamayacak kadar kafası karışmış haldeydi. Ben evden ayrılır ayrılmaz sis dağılacak, Nana eski haline gelecekti ve ne yaptığımı hemen anlayacaktı. Ondan kurtulmaktan başka çarem yoktu. Aslında onu tuhaf bir şekilde özlüyordum da. Kendimi bazen gecenin bir yarısı uyanmış, onun horlamasını duymaya çalışırken buluyordum. Annem paramparça olmuştu. Onu biraz "dinlenmesi" için tımarhaneye götürmek zorunda kaldılar ve ben de bu arada toplanıp evden ayrılma fırsatı yakalamış oldum. Ona neden evden ayrıldığımı ya da nereye gittiğimi söylemedim. Sadece bir not bırakıp ona iyi olduğumu haber verdim. Aslında aramak aklına gelse, beni okuldan bulabilirdi ama sanırım bunu düşünemedi. Sonuç olarak onu o günden sonra bir daha hiç görmedim. Hayatta olup olmadığını bile bilmiyorum ve bu saatten sonra da bunu öğrenmek istemiyorum. Aslında çok tuhaf. Bugüne kadar ondan hep utandım. Şimdi ise

5. KURBAN

korkarım o benden utanacak. Okulun ilk günleri çok güzeldi. Gündüzler ılık ve güneşli geçiyor, hava sadece geceleri serinliyordu. Oraya gittiğim tarih, Eylül'ün sonlarına denk geliyor olmalıydı ama o yıl şu yazdan kalma Eylüllerden biri yaşanıyordu. Bahçedeki bütün yeşil alanlar, çimlerde tembel tembel oturmuş birbirlerine seslenen, uzun tatil boyunca yaptıkları gezileri anlatan öğrencilerle doluydu. Aralarından sersemlemiş halde geçip gittim. Gerçekten orada olduğuma, alacağım derslerin yazılı olduğu ders programıyla hazırlamam gereken ilk ödevi aldığıma ve herkes gibi nehrin kıyısında oturabileceğime hâlâ inanamıyordum. Okuma listesinin elime ulaşmasına daha birkaç gün vardı. Bu süreyi okulu ve şehri tanıyarak, odama yerleşerek, insanlarla pek konuşmadan geçiriyordum. Gidip kendimi tanıtmak bana göre değildi. Herkes hayattaki tek öncelikleri buymuş gibi dışarıda arkadaş edinmeye çalışıyordu. Üniversite etkinliklerinin çoğundan uzak durdum. İçki partilerine, JCR'nin organize ettiği bar gezmesine, toplantı ve buluşmalara katılmadım. Tek başıma olmayı seviyordum. Sessizliği seviyordum. Konuşmamak ve zamanın aynı dışarıdaki nehir gibi yavaşça ellerimin arasından akıp gitmesini izlemek hoşuma gidiyordu.

Ve beni rahatsız eden tek konu da buydu. Hayal ettiğim gibi Garden Binası'ndaki daracık ve küçük hücre odalardan birinde kalmıyordum. Üçüncü avluda, üniversitenin en eski kısımlarından birinde, iki yatak odası, büyük bir oturma odası ve hepsinden de ilginci, sadece kendine ait bir banyosu olan bir odadaydım. Bu odaların çok meraklısı vardı. Nerede yaşadığımı duyan herkes hemen ne kadar şanslı olduğumdan söz etmeye başlıyordu. Ama ben bu durumdan hiç hoşlanmamıştım. Odada birlikte kalacağım diğer kişi daha gelmemişti ama ya geldiğinde onunla anlaşamasaydım. Ya çok gürültü yapan biri olsaydı? Ya da yüksek sesle müzik dinlemekten hoşlanan, hatta seks yaparken çok ses çıkaran biri? Ya hiç ortak noktamız olmasaydı? Ya benden hoşlanmasaydı?

    Günler geçmiş ve diğer odanın sahibi hâlâ gelmemişti. Artık onun gelmeyeceği konusunda heveslenmeye başlamıştım. Bir sorun olmuş olmalı diye düşünüyordum. Belki de kız hastalanmıştı. Ya da belki, Oxford'un ona göre bir yer olmadığına karar vermişti. Cuma günü olduğunda artık onun gelmeyeceğine ve bütün yılı bu mutlu yalnızlık içinde geçireceğime ikna olmuştum.

    Diğer öğrencilerin, eşyalarıyla odalarını değiştirdiklerini gördükten sonra gidip aldığım kenarı pöti kareli, pembe yastıkla, Klimt'in Öpücük (değişik zevklerim olduğu söylenemezdi) tablosunu yatak odamdan çıkarıp, bej renkli oturma odasını biraz renklendirmeye çalıştım. Denemek için koltuklardan birine oturdum. Televizyonum ya da müzik setim yoktu ama bunlara ihtiyaç duymuyordum. Aşağıdaki avludan gelen konuşmaları, saatimin tiktaklarını ve kendi nefesimin sesini duyabiliyordum. Bir anda içim huzurla dolmuştu. Ve sonra, merdivenlerden gelen ayak seslerini duydum. Birkaç kişi, duvarlara sürtünen ağır şeyler taşıyarak, kararlı adımlarla hızla odama doğru yaklaşıyordu. Önce bir erkek sesi ve ardından heyecanlı bir haykırış duyuldu.

    "Burası!"

    Hemen ayağa kalktım ve nereye gideceğimi bilemeden orada öylece kaldım. Kaçsa mıydım? Odama mı saklansaydım? Banyo? Artık çok geçti... Rebecca'yla ilk karşılaşmamız böyle oldu. Altın gibi parlayan yanık teni, pırıl pırıl parlayan dağınık kıvırcık saçlarıyla gülerek kapıdan içeri daldı. Odaya girer gir-

5. KURBAN

mez beni görünce birden ciddileşti. Ellerimi önümde kavuşturmuş, onu bekliyormuş gibi ayakta öylece dikiliyordum.

"Pardon. Kendimi tanıtmadım. Ben Rebecca."

"Louise." Tek elimi kaldırıp tuhaf bir şekilde el salladım ve sallar sallamaz bunun için pişman oldum. Günlerce düşünsem daha beceriksizce bir hareket bulamazdım. Daha kendime gelememiştim ki, içeri önce elinde kocaman bir kutu olan Rebecca'nın babası ve hemen ardından da kolunda elbise poşetleriyle annesi girdi.

"Ne kadar güzel bir yer, öyle değil mi? Rebecca odan gerçekten çok güzel. Peki ya bu kim?" Daha sonraları, yakından tanıma fırsatı buldukça, onun çok tatlı ve hoş sohbet biri olduğunu öğrenecektim. Daha önce hiç böyle biriyle karşılaşmamıştım ve itiraf etmem gerekirse Rebecca'nın, çizgili Breton t-shirt'ü ve beyaz kot pantolonuyla incecik görünen, göz kamaştırıcı annesi beni biraz korkutmuştu. Sanki şimdi yattan inip buraya gelmiş gibi görünüyordu. Sonradan öğrendiğim kadarıyla bu gerçekten de doğruydu. Yunan adalarına gerçekleştirdikleri bir gemi yolculuğundan yeni dönmüşlerdi ve Rebecca'nın okula geç başlamasının nedeni de buydu.

"Bu Louise," dedi Rebecca, cevap vermem için bir an bekledikten sonra. Dilim tutulmuştu.

"Louise. Rebecca'ya nasıl dayanacaksın? Zavallı kız. Sen de yeni mi geldin?"

Etrafıma bakınca bunu neden sorduğunu anlayabiliyordum. Odada bana ait hiçbir şey yoktu. Rebecca ise çoktan mobilyaların yerini değiştirmeye başlamış, halılardan birini toplayıp kaldırmış, çalışma masalarından birinin üzerindeki bitkiyi atmış, odaya benim yapmayı beceremediğim canlılığı katmaya başlamıştı. "Geleli biraz oldu," dedim en sonunda. Bir haftadır burada yalnız olduğumu itiraf etmek istememiştim. Sesim çatlak çatlak ve donuk çıkmıştı.

"Tanrım, sen de şu üniversite mobilyalarından nefret etmiyor musun?" Rebecca pembe yastığı eline aldı. "Şuna bir bak. Atalım mı, ne dersin?"

Bana soruyordu. Birlikte vereceğimiz ilk karar buydu. O an, hiçbir tepki vermemeye ve yastığı benim aldığımı ve aslında güzel bulduğumu ona söylememeye karar verdim.

"Kesinlikle, at gitsin."

"Harika." Yastık havada süzülüp köşede duran çöp kutusunun hemen yanına düştü. Dönüp bakmadım bile. Artık benimle bir ilgisi kalmamıştı.

"Senin için çok üzülüyorum." Avril kolunu kızının omzuna attı. "Onunla yaşamak kolay değildir. Her şey istediği gibi olsun ister."

"Eminim Louise de öyledir," dedi Rebecca yüzüme bakıp gülümseyerek. Kalbim heyecandan küt küt atarken gülümsemesine karşılık vermeyi başardım. Beni sevmesi mümkün değildi. Okuldaki herkesle tanışır tanışmaz beni kesinlikle bir kenara atacaktı. Kesinlikle herkesle arkadaş olacak, onları da kendine çekecek, onları da beni büyülediği gibi büyüleyecekti. Haworth'lar bitmek tükenmek bilmez bir enerji ve neşeyle merdivenleri inip çıkarak Rebecca'nın eşyalarını taşımaya devam ediyorlardı. Ben de Avril'in elime tutuşturduğu birkaç poşet ve kutuyu taşıyarak onlara katıldım.

"Ailen eşyalarını taşımana yardım etti mi?" Gerald son getirdiği birkaç parça eşyayı odaya bırakmış, biraz dinlenmek için merdivenlerin başındaki pencerenin önündeki boşluğa oturmuştu.

"Hayır. Ama fazla eşyam yoktu zaten."

5. KURBAN

"Seni arabayla mı bıraktılar?" Beni ve hayatımı merak etmişti ama bu ona her şeyi anlatacağım anlamına gelmezdi. Gerçeği anlatmam ise zaten söz konusu bile değildi.

"Otobüsle geldim." Kapıdan içeri girip tanınmaz haldeki odaya bir göz attım. "Aman Tanrım."

"Daha iyi oldu, öyle değil mi?" Rebecca elleri belinde durmuş gözleriyle odayı tarıyordu. Saçlarını toplamıştı. Farkında değildi ama upuzun hatları, yanık teni, üzerine yapışan açık mavi t-shirt'ü ve kısacık kot eteğiyle tek kelimeyle olağaüstü görünüyordu. "Odama daha yakın olduğu için bu masayı aldım. Senin için de uygun mu?"

"Benim için fark etmez."

Bu arada bir dizi yakın çekim mimari fotoğrafı duvara asmış, kitaplarını masasının yanındaki küçük kitaplığa çoktan dizmişti. Masasının üzerindeki minyatür gülün yanında pırıl pırıl bir dizüstü bilgisayar ve üst üste yığılmış renkli defterler duruyordu. İnsanın gözünü korkutacak kadar düzenliydi masası ama bir yandan da garip bir şekilde güzel görünüyordu. Benim masamın da böyle olmasını istiyordum. Ayrıca kendilerini bana adamış, benimle gurur duyan ve yaptığım her şeyi destekleyen güzel ve varlıklı bir aile de istiyordum.

Gerald Rebecca'yı kendine doğru çekip sıkıca kucakladı ve ben, kendimi nasıl hissettiğimi anlamalarından korkarak onlara arkamı döndüm. Gerald saatine baktı. "Gitmeden önce seni yemeğe götüreceğiz. Sağlıksız yiyeceklere ve çok fazla içkiye başlamadan önce adam gibi bir şeyler yediğinden emin olmalıyız."

Rebecca babasının omzuna sevgiyle vurdu. "Öyle yapmayacağımı biliyorsun. En azından sürekli yapmam."

Bir sessizlik oldu. Ağzımın içinde geveleyerek bir şeye

bakmam gerektiğini söyleyip odama gittim. Dolabımın üst çekmecesini açtım ve boş boş içine bakarak gitmelerini bekledim.

"Sen de bizimle gelmek ister misin, Louise?" Avril arkamda, kapının ağzında duruyordu. "Yemekte bize katılırsan çok seviniriz."

Olduğum yerden, annesinin arkasında durmuş, içeriye bakmadan konuşmayı dinleyen Rebecca'yı görebiliyordum. Ona duymak isteyeceğini düşündüğüm şeyi söyledim. "Ah, çok teşekkür ederim. Ama gelemem. Bu sizin birlikte geçireceğiniz son gece."

"Saçmalama. Onlarla her zaman konuşuyorum." Rebecca at kuyruğu yaptığı saçını açıp, saçlarını sağa sola salladı ve sonra tekrar arkadan toplayıp sıcak ve içten bir gülümsemeyle yüzüme baktı. "Lütfen gel. Bir süredir burada olduğuna göre, yemek için gidebileceğimiz güzel bir yer de bulmuşsundur belki?"

Yüzümde üzgün bir ifadeyle başımı iki yana salladım. Yine başarısız olmuştum.

"Kapıdaki görevliye sorarız," dedi babası kendinden emin bir sesle. "Browns'ı zaten biliyoruz. Daha doğrusu benim zamanımda oraya gidilirdi. Ama ben şehrin o yakasındaydım, tabii."

Haworth'ların peşinden merdivenleri indim. Gerald'ın anılarını dinleyerek üçüncü avlunun içinde ilerledik. Onlara resmen aşık olmuştum ve elimden Rebecca'nın onun arkadaşı olmama izin vermesini ummaktan başka hiçbir şey gelmiyordu. Belki çok çalışır, onu ön planda tutar, bunu hak edersem beni kabul ederdi. Bununla uğraşmama değerdi de çünkü bu benim yararımaydı. Rebecca'dan ve ailesinden bir şeyler öğre-

5. KURBAN

nebilirdim. Önümde onun gibi bir örnek olunca başka bir insan olabilirdim.

Rebecca'nın insanlardan ilgi bekleyen bir tip olmadığını benim kadar sen de biliyorsun. Benimle ona yağ çektiğim için arkadaşlık etmiyordu. Onunla ilgilenip ilgilenmemem umurunda değildi. Hayatı boyunca ilgi görmüştü ama bunu insanlardan ne bekliyor ne de istiyordu. Beni hayatının bir parçası olarak, olduğum gibi kabul etmişti ve orada kalmaya devam etmek için hiçbir şey yapmam gerekmiyordu. Ama eski alışkanlıklar zor terk edilir. Ve tabii eski düşünceler de. Onu taparcasına sevmeye devam etmezsem bunu yapacak bir başkasını bulacağı düşüncesini kafamdan bir türlü tam olarak atamıyordum. Belki de böyle düşünmemin nedeni, onun sahip olduklarına sahip olsam ve onun gibi olsam, benim de öyle davranacak olmamdı. Sanırım bunu söylememe hiç gerek yok ama Rebecca benden çok daha iyi bir insandı.

Onunla arkadaş olmak harika bir deneyimdi. Biraz zaman aldı ama sonunda ona güvenmeye başladım. Yeni kıyafetler almak yerine çoğunlukla giyeceklerimi seçme işini ona bırakıyor ve onun gardırobundan giyiniyordum. Biraz zorlanarak da olsa ona alışverişe çıkamayacak kadar yoksul olduğumu söylemiştim ve Rebecca bana bu konuda kendimi bir an için bile kötü hissettirmemişti. Nana'nın parası gittikçe azalıyordu ve ben, kıyafetleri, ayakkabıları, her şeyi yanlış aldığımı yeni yeni fark ediyordum. Sonunda bazı masraflarımı karşılayabilmek için üniversite barında bir iş buldum ve daha sonra da Paskalya ve yaz tatili dönemlerinde şehirde tur rehberi olarak çalışmaya başladım. Her zamanki sahipleri seyahate çıktığında tatilleri boyunca kirasını ödemek istemedikleri evlerine ben yerleşiyordum. Bunlara ek olarak, Nana'nın ilaçlarından da biraz para kazanmaya devam ediyordum. Neredeyse hiç konuşmayan çekingen bir hukuk öğrencisinden hiç şüphesiz ki kimse uyuşturucu satmasını beklemezdi. Birkaç özgür yaşayan öğrenciye elimde ne olduğunu söylemiştim ve dağıtım için onları kullanıyordum. Daha önce de yaptığım gibi, gerek yokken kendimi tehlikeye atmıyordum. Rebecca'nın hiçbir şeyden haberi yoktu. Beni süsleyip püsleyip yanında üniversite barlarına, öğrenci partilerine ve Oxford'un en iyisi sayılabilecek kasvetli gece kulüplerine sürüklüyordu. Onun dinleyicisi, vestiyeri, ayak işlerine bakan hizmetçisiydim. Ve Rebecca her Noel'de, beni Noel'i onlarla birlikte geçirmem için, ailesinin evine götürürdü. Şöminenin üzerine dizilmiş biblolar, kapının girişine asılmış ökseotu, devasa yılbaşı ağacı ve her yere yayılmış mumlarla, sağda solda bulabileceğiniz birkaç ev dışında, gerçekte var olmayan büyük İngiliz Noel'i. Kulağa kötü bir taklit gibi geldiğini biliyorum ama Haworth'lar rol yapmıyordu. Onlar tamamen gerçekti ve onlara bir türlü doyamıyordum.

Rebecca'nın her şeyi toplu ve düzenli tutma saplantısına alışmamla birlikte ilk yılımızı büyük bir uyum içinde geçirdik. İkinci yılımızda birlikte bir evde kaldık ve üçüncü yılımızda tekrar okula döndüğümüzde ise ayrı odalarımız vardı. Odama gelip elinde çayıyla yatağıma kıvrılır, gözleri parlayarak saatlerce başına gelenleri anlatırdı. Beni öne çıkarmaya çalıştığı zamanlarda bile her zaman onun gölgesinde kalmayı tercih ettim. Hem zaten izlemek yapmaktan daha çok hoşuma gidiyordu. İstemeden de olsa insanları kırdığı zamanlar olurdu ama herkes onu çok severdi. Böyle anlatınca kulağa sanki Polyanna'ya benziyormuş gibi geliyor ama o aslında hiç öyle değildi. Zeki, eğlenceli ve biraz deliydi o. Savunmasız, masum bir tarafı da vardı. Neredeyse çocukça bir arzuyla her zaman sevilmek

5. KURBAN

isterdi. Onu gerçekten etkilemeyi, kendine olan güvenini sarsmayı başarabilen tek kişi, aynı zamanda ondan etkilenmeyen tek kişiydi. Rebecca'yı dize getirmenin en iyi yolunun ondan hoşlanmıyormuş gibi davranmak olduğunun farkına varmıştı ve bu yolla Rebecca'yı şaşırtıp oyuna getirmiş ve onun kendisini takıntı haline getirmesini sağlamıştı. Adam Rowley'nin başarılı olduğu tek bir konu varsa o da kadınları çılgına çevirmekti ve Rebecca'nın da bu konuda diğerlerinden bir farkı yoktu. Ben bu konularda pek deneyimli olmayabilirdim ama şüpheci bir karakterim vardı. Rebecca'ya böyle hissetmesinin Adam'ın ona oynadığı oyunun sonucu olduğunu anlatmaya çalıştım ama beni dinlemedi. Ya da belki anlamadı. Okuldaki son yılımıza girdiğimizde ona karşı olan hislerini artık hiç çekinmeden, tam bir açıklıkla göstermeye başlamıştı.

Sen Adam'ı hiç tanımadın ve Rebecca'nın sana ondan söz ettiğini de hiç sanmıyorum ama aslında ikinizin çok ortak noktanız var. Adam, dışarıdan bakınca çok güzel bir adamdı ama içinde adi pisliğin tekiydi. Üniversite onun peşine düşüp birlikte olduğu ve onlardan istediğini alır almaz bıraktığı, artık istemediği kızlarla doluydu. İstediği seks değildi; gücün peşindeydi o. Sınırlarını öğrenir ve sonra kendini bu sınırları zorlamaya adardı. Tam bir kadın düşmanıydı ve zorbanın tekiydi. Karizmatik, hatta neredeyse bir tarikat lideri kadar ikna edici ve etkileyici olmasaydı pek arkadaşı olacağını sanmıyordum. İnsanların en iyi parçasını onlardan alır ve onları bomboş bırakırdı. Okulda onun hepatit olduğuna ve hastalığı birkaç kıza geçirdiği için artık daha dikkatli davranması gerektiğine dair bir dedikodu dolaşıyordu ama kimse bu konuda tam olarak bir şey bilmiyordu. Sanırım kurbanların hiçbiri bunun gerçek olduğunu kabul etmek istemiyordu.

Rebecca'da bulduğu şey, onun masumiyeti ve iyiliğe olan inancı olmuştu ve bana kalırsa bunu ondan almak istemesinin tek nedeni bunu yapabileceğini kendine kanıtlamaktı. Rebecca sessizleşmiş, tedirginleşmişti. Onun yanındayken gerginleşiyor, hareketlerine dikkat ediyor, onu etkilemeye çalışıyordu. Onun bu halini görmek benim için gerçekten acı vericiydi ama onun için daha da beter olmalıydı çünkü kendisine ne yaptığını bir türlü anlayamıyordu. Ben ise biliyordum. Böyle insanları görür görmez tanırım. İnsan kendine benzeyenleri daha kolay tanıyor belki de. Ben de Rebecca'dan istediğimi almıştım ama sonunda, onu bir bütün olarak bırakmıştım. Adam ise, onun ruhunu almıştı.

Büyük olasılıkla abarttığımı düşünüyorsundur ama Rebecca'nın ondan önceki halini hiç görmedin sen. Onu öldürmemden önceki halini. Ona yaptıklarından önceki halini. Biliyor musun, aslında ona teşekkür etmelisin çünkü o Rebecca'yı sana hazırladı. Rebecca senden Adam'a aşık olduğu ve ona en azından fiziksel olarak Adam'ı hatırlattığın için hoşlanıyordu. İlk olmadığını bilmek üzücü mü? Rebecca'nın seni eski kötü günlere geri dönmek için kullandığını öğrenmek. Yardımı olur mu bilmiyorum ama Adam Rowley senden çok daha kötü biriydi. Her şeyden önce acımasızlık ve kabalık konusunda yaratıcıydı. Rebecca, iş işten geçene kadar tehlikenin farkında bile varmamıştı.

Finallerden önceki son dönemdi, Oxford'daki son günlerimizi yaşıyorduk ve artık her şey gözümüze biraz buruk görünüyordu. Ya da en azından kafamı kitaplardan kaldırmaya fırsat bulabildiğim zamanlarda benim hissettiğim buydu. Hukuk öğrencileri kütüphaneden zaten pek çıkmazdı ve ben de iyi bir ortalamayla mezun olmak için deli gibi çalışıyordum. İyi

5. KURBAN

bir ortalama benim için eski hayatımdan çıkış bileti demekti. Dört yıldır ilk defa, Rebecca'nın hayatına olan ilgimi kaybetmiştim. Onu her gün görüyordum ve genellikle en azından günün bir öğününü mutlaka birlikte yiyorduk ama yine de onun gün geçtikçe Adam'a doğru sürüklendiğinden ya da ona olan duygularını kanıtlamak için, onun kendisinden istediği her şeyi yapmaya hazır olduğundan haberim yoktu.

Bir Cumartesi gecesiydi. Adam üniversitede kalıyordu ama bir alt sınıftan arkadaşlarının, daha doğrusu müritlerinin Jericho'da ufak bir evleri vardı. Yapmayı planladığı şey için tek başına olması gerekiyordu ve bunu sağlamayı başarmıştı. Arkadaşları o gece onun isteği üzerine dışarı çıkmış ve o da Rebecca'yı akşam yemeğine davet etmişti. Rebecca hayallerinin gerçek olduğunu düşünmüş olmalıydı. Bana oraya gitmesini onaylamayacağımı bildiği için haber vermediğinden hiç şüphem yok. Olanlardan, sabahın erken saatlerinde kapımdan gelen belli belirsiz gürültü ve cılız inleme sesiyle haberim oldu. Daha önce hiç böyle bir ses çıkardığını duymamıştım ama bir şekilde onun Rebecca olduğunu anladım. Kapıyı açtım ve o kontrolsüzce titreyerek kollarıma yığıldı. Hıçkıra hıçkıra ağlıyordu. Başta ne söylediğini bile anlayamadım ama sonunda neler olduğunu öğrenmeyi başardım. Akşam yemeğine geçememişlerdi bile. Rebecca eve gelir gelmez, Adam onun bardağını viskiyle doldurmuş ve bütün bardağı heyecanla içip bitirdiğini görünce bardağını doldurmaya devam etmişti. Ve Rebecca pek içki içmezdi. Sonra bardağı elinden almış ve ona oturma odasında, yerde tecevüz etmişti. Daha sonra ona yukarıdaki yatak odalarından birinde bir kez daha tecavüz etmişti. Ona tecavüz etmiş ve bunu onun istediğini söylemişti. Rebecca'ya, ona kimsenin inanmayacağını söylemişti. Çok uzun süredir peşinde olduğunu herkesin bildiğini, sarhoş olduğunu, ne olduğunu soranlara birlikte olmayı kabul edip, onunla ilişki yaşamak istemediğini öğrenince buna pişman olduğunu anlatabileceğini söylemişti. Ona çok çirkin olduğunu, üzerindeyken çok zavallı göründüğü için onu becermenin de hiçbir şeye benzemediğini ve gerçekte nasıl olduğunu bilseler kimsenin onu istemeyeceğini söylemişti.

Rebecca, Adam duş almak için banyoya girdiği sırada evden kaçmayı başarmış ama bana kalırsa evden gidip gitmediği onun zaten umurunda değilmiş. Adam sadece ona istediğini yaptıracak kadar güç kullanmaya dikkat etmişti. Evet, cildinde bazı morluklar vardı ve kanaması da vardı ama hepsi anlaşmalı sert seks sınırları dahilindeydi; Rebecca bunu kabul etmiş olabilirdi. Gerçekten de iyi ayarlamıştı. Bunu daha önce de yaptığından emindim çünkü neyi nasıl yapması gerektiğini biliyordu.

Ama Rebecca cesur bir kızdı. Polise ya da en azından doktora gitmek ve ondan resmen şikayetçi olmak istemişti. Onun üniversiteden atılmasını istiyordu. Onun cezalandırılmasını istiyordu. Ona, eğer olanları polise anlatırsa ve iş dava açılmasına kadar giderse, karşısına dünyadaki en kibar savunma avukatı bile çıksa, mutlaka saldırıya uğrayacağını anlattım. Adam söylediği gibi bu işten paçayı sıyıracaktı. Rebecca Adam'a kafayı taktığını herkese anlatmıştı. Oraya kendi rızasıyla gitmişti. Oldukça fazla içmişti. Adam ikna edici, yakışıklı, çekici ve güvenilirdi. Rebecca işi mahkemeye götürmeyi başarabilse bile onu mahkûm ettirme şansı çok düşüktü. Bu olay en azından yıllarca onun hayatını mahvedecekti.

"Unut gitsin," dedim ona. "Bunu kendi kendine aşmaya çalış ve bundan ders çıkar. Onu kanunen cezalandırabilmek için

5. KURBAN

yapabileceğin hiçbir şey yok. O çok zeki."

"Ama bu haksızlık." Sürekli bunu tekrarlayıp duruyordu Rebecca. "Bu haksızlık." Ve gerçekten de öyleydi. Şaşkına dönmüştü. Adam'ın ona yaptığı şey, küçük bir kedi yavrusuna tekme atmak gibiydi. Rebecca bunu beklemiyor, bundan korkması gerektiğini bilmiyordu ve şimdi korkudan donup kalmıştı. Prezervatif kullanmadığı için, cinsel yolla bulaşan hastalıklar için test yaptırmak ve ardından bu hastalıklar için tedavi olmak zorunda kaldı. Doğum kontrol hapı kullanıyordu ki bu da hiç yoktan iyiydi; bir de hamile kalsa üzüntüden ölürdü. Artık Adam'ı görmeye, onunla aynı odada olmaya bile dayanamıyordu. Adam arkadaşlarını bunun komik olduğuna inandırmıştı. Kısık sesle ama Rebecca'nın duyabileceği şekilde, onun ne kadar kötü seviştiği ya da aptal kaltağın teki olduğuyla ilgili şakalar yapıyorlardı. Onun bundan zevk aldığını görebiliyordum. Onun acısından besleniyor, üzerinde sahip olduğu gücü gördükçe büyük bir heyecan duyuyordu.

Ve bana kalırsa da bu işten paçayı kurtarmayı hak etmiyordu.

Şansıma Adam heyecan arayan, farklı deneyimler yaşamaktan, kanunsuz işler yaptığını hissetmekten ve cesaretini sergilemekten hoşlanan şu tiplerdendi. Satışla ilgili kuralımı bu seferlik bir kenara bıraktım. Doğruca yanına gittim ve Bahar Bayramı'nı biraz hareketlendirecek bir şeyler satın almak isteyip istemediğini sordum. Ondan başka uyuşturucu kullanacak kadar marjinal birini tanımıyormuşum gibi davrandım. Ona komik bir fiyat söyleyip sattığım şeyin gerçekte değerini bilmediğimi düşünmesini sağladım. Ona uyarıcı satacağımı sanıyordu. Kendini iyi hissettirecek bir şeyler almayı bekliyordu. Onunla barın kapanışından sonra nehrin kıyısında buluşmak üzere sözleştim ama bana bunu kimseye söylemeyeceğine dair söz verecekti. Aslında bu riskli bir durumdu. Benimle buluşacağını ve buluşmamızın nedenini birilerine söyleyebilirdi. Ama neyse ki gizlilikten çok hoşlanıyordu. Ayrıca Rebecca'nın en iyi arkadaşının ona iyilik yapmayı geçtim, onunla neden konuşuyor olabileceğini bile bir kez daha düşünmeyecek kadar kendini beğenmiş ve kibirliydi.

İçkileri birer birer devirirken bütün gece barın arkasından onu izledim. Kızlarla bir flört ediyor, bir donuklaşıyor, kendisini etkilemek için daha fazla çalışmalarını sağlamak için onlara hoşlanmayacakları sözler söylüyordu. Beni etkileyemiyor olabilirdi ama Adam Rowley o gece bardaki kızların çoğunu parmağını şıklatır gibi, tek bir hareketiyle elde edebilirdi. Bunu yapmak için uğraşmamasının nedeni de buydu sanırım. Bu çok kolaydı. İstediği şeyi ona istemeye istemeye vermelerini sağlamak, Adam için daha eğlenceliydi.

Yapmasını istediğim gibi, her zaman peşinde dolaşan arkadaşlarını atlattı ve benimle buluşmak için nehre geldi. Ona verdiğim hapları ne olduklarına bile bakmadan alıp içti ve ilaçların etkisini göstermesini beklerken, ona can havliyle anlattıklarımı dinledi. Planlarıma göre konuşarak onu etkilemeye çalıştığımı düşünecek ve bu kendini bilmez davranışım hoşuna gittiği için beni hemen bırakıp gitmeyecekti. Doğru tahmin etmiştim. Bir ara Rebecca'yı sordum; arkadaş olduğumuzu bildiğini biliyordum. Yüzüme bakıp bir kahkaha patlattı. Onun bunu hak ettiğini söyledi. Ruhunun derinliklerinde yaşayan kötü kızın bundan hoşlandığını söyledi. Hatta zaman zaman bunun biraz fazla hoşuna gittiğini düşünmüştü ve bu durum onun için işin neredeyse bütün tadını kaçırmıştı.

Sözcükleri ağzında gevelemeye ve aynı şeyleri anlatma-

5. KURBAN

ya başlamıştı. Diazepam ve alkol karışımının tepkilerini de yavaşlatmış olacağını umuyordum. Yanımdan birkaç adım uzaklaşmasını bekledim ve barın arkasındaki geri dönüşüm kutusundan aldığım şampanya şişesiyle başının arkasına sertçe vurdum. Şişe güçlendirilmiş camdan yapıldığı için kırılmamıştı ve bu iş işin yeteri kadar ağırdı. Adam birden yere yığıldı. Onu nehre kadar yuvarlamak bebek işiydi. Tek korkum, soğuk suya çarptığından ayılabilecek olmasıydı ama neyse ki sakinleştiriciler bu işin de icabına bakmıştı. Nehrin içine girer girmez gözden kayboldu ve sular onu sessizce alıp oradan götürdü. Orada durup ölmesini izlemedim, onu lanetlemekle, bunu başardığım için kendimle gurur duymakla ya da katiller her ne yapıyorsa ondan yapmakla uğraşmadım. Onunla zaman kaybetmedim. On dakika sonra çoktan odama dönmüş, nehrin kıyısında ayak izi bırakmamak için ayakkabılarımın üzerine geçirdiğim çorapları çıkarıyordum. Fazlasıyla sarhoş olan Adam'ın karanlıkta çorapları fark etmeyeceğini düşünerek risk almış ve neyse ki bu konuda da yanılmamıştım. Kullandığım şişeyi iyice temizleyip geri dönüşüm kutusuna geri koymuştum; bildiğim kadarıyla ertesi gün gelip kutudakileri alacaklardı. Adam'ın bana verdiği parayı çıkarıp yaktım ve küllerini odamın uzağındaki bir tuvalete atıp sifonu çektim.

Sonra yatıp güzel bir uyku çektim. Kurbanı olmayan bir suçtu bu. Bir çok kadını, Rebecca'nın kaderini paylaşmaktan kurtarmıştım ve ayrıca, Adam ölmeyi hak ediyordu da.

Yaptığım tek hata -bugün burada olmamın nedeni olan, yaptığım tek lanet olasıca hata- yaptığım şeyi Rebecca'ya anlatmak olmuştu. Bunun aptalca olduğunu biliyordum. Ona hiçbir şey söylememem gerektiğini biliyordum. Ama ne olduğuyla ilgili tahminler yürütüp durmasından sıkılmıştım. Belki düşüp boğulmuştu. Belki olanlar yüzünden suçluluk duymuştu. Belki ölmemiş olsa bir gün gelip ondan özür dilerdi. Belki belki belki.

Saçma bir şekilde bunun onu sevindireceğini düşünmüştüm. Bana teşekkür edeceğini sanmıştım. Ama ona ne yaptığımı ve ne kadar akıllıca davrandığımı anlattığımda bana hiç tanımadığı bir yabancıya bakarmış gibi baktı. Adam Thames'in dibinde yüzükoyun yatarken bile benden öcünü almayı başarmıştı; Rebecca'nın gözlerindeki ışık ancak ona yaptıklarımı anlattıktan sonra gerçekten sönmüştü. Gözleri donuk ve çamur gibi mat görünüyor bir türlü eski haline dönmüyordu. (Seninle tanıştığı güne kadar gözlerinin bir daha hiçbir zaman ışıldadığını görmedim; ki bu da dersini hâlâ almadığını gösteriyor.)

Adam yüzünden Rebecca'yla aramız bozuldu. Ben onun için yaptıklarımı takdir etmediği için kızmıştım. O ise sanırım onu öldürmeme bozulmuştu. Ona verebileceğim en güzel hediyeyi vermiştim ama o bunu elinin tersiyle itmişti. Neyse, sonuçta bir süre konuşmadık. Rebecca şu küçük sinir krizini geçirmiş, sınavlarını erteletmişti. Ben ise kendiminkilerle uğraşıyordum.

Ertesi yıl Gerald'la Avril bizi Londra'da tekrar buluşmaya ikna ettiler. Kaldığımız yerden devam ediyor gibiydik. Hiçbir şey eskiden olduğu gibi değildi -nasıl olabilirdi?- ama aramız iyiydi. Ortalamasının düşmesi yüzünden morali bozulmuştu ama bu sorun değildi.

Puanı halkla ilişkilere başlamak için oldukça yeterliydi ve bu alan tam ona göreydi. Heyecan, organizasyon, ikna kabiliyeti ve cazibe; bu rol tam Rebecca'ya göreydi. Son derece enerjik ve her zaman neşeli olan Rebecca'ya göre. Baştan aşağı düzmeceydi ama kimse farkına bile varmayacaktı. Her zaman

5. KURBAN

oynuyor, mutluymuş gibi davranıyor, hayatı bomboşken hayattan zevk alıyormuş gibi rol yapıyordu.

Staj sırasında hangi alanda uzmanlaşmak istediğime karar verip, doğru insanları etkilemeyi başarmış ve sonuç olarak PG'deki işimde yavaş yavaş yükselmeye başlamıştım. Anlaşmaların geceleri yapıldığı, yüksek enerji gerektiren, eğlenceli, şirket alım ve birleşmeleri alanını tercih etmiştim. İş bütün zamanımı alıyordu. Rebecca'yı ayda iki kereden fazla göremiyordum. Birbirimize e-postalar gönderiyorduk. Arada bir ona telefon ediyordum. Rebecca çoğu gece, işi dolayısıyla dışarıda oluyordu. Kendine gelmeye başlıyor gibi görünüyordu. Ama bir süre sonra yaşadıkları onu yordu ve birileri kendini toplaması için ona kokain verdi.

Kokaini sevmişti. Kokaini biraz fazla sevmişti. Görüyorsun işte, zayıftı o.

Ayrıca benimle ilgili çok fazla şey biliyordu.

Daha önce de söylediğim gibi, Rebecca'nın cinayetini senin üstüne atmak gerçekten çok iyi bir fikirdi çünkü yeteri kadar geriye gidersen sen de göreceksin ki, olanlar aslında senin hatandı. Ondan o şekilde ayrılmasaydın kalbi kırılmayacaktı. Belki de reddedilmek ona Adam'ı hatırlatmıştı. Belki senin özel biri olduğunu falan düşünmüştü. Ben olsam bir dakikamı bile senin için ağlayarak harcamazdım ama Rebecca farklıydı. Ona kendini bok gibi hissettirmeseydin, küçük kokain alışkanlığı kontrolden çıkmayacaktı. İşini kaybetmemiş olacaktı. Kirasını ve faturalarını ödemekte zorlanmayacaktı. Ailesi ve arkadaşlarının, beş parasız kaldığını öğrenmesini engellemek için para bulmak zorunda kalmayacaktı. Başlarda, içinde bulunduğu durumu tek bilen bendim. Ama aslında bunu en son söylemesi gereken kişi bendim çünkü ben zaten onun için endişeleniyordum. Ben başarı basamaklarını tırmanırken o bir kaydıraktan aşağı hızla kayıyordu sanki. Kötü yanım bu duruma biraz sevinmişti. Bu olanlar onun her şeye rağmen mükemmel olmadığının kanıtıydı benim için. Ama aslında daha çok, onun için endişeleniyordum.

Sonra Caspian Faraday'den para almayı başardı. Anlattığına göre, genç ve güzel sevgilisi tarafından şantaja maruz kalmak onu gerçekten derinden etkilemişti. Birden kafamda alarm zilleri çalmaya başladı. Rebecca geçmişi, Oxford'taki günlerimizi düşünmeye başlamıştı ve Adam'ın ailesini bulup onlarla konuşmayı düşündüğünden söz etmeye başlamıştı. Ne ima ettiğini anlayabiliyordum. Rebecca ne yaptığımı biliyor ve ben de yeni bir kanıt bulunursa Adam'ın ölümüyle ilgili dosyanın kolaylıkla yeniden açılabileceğini düşünüyordum. Çaresizdi; er ya da geç benden de para istemek zorunda kalacağı kesindi. Ve ben ona para vermek istemiyordum. O benim paramdı ve Rebecca ne yaptığımı birilerine anlatarak hayatımı berbat edebilirdi. Bunu izin veremezdim.

Uyuşturucu kullanmayan biri olarak illegal ilaçlarla ilgili oldukça fazla bilgim vardı. Bir internet eczanesinden sekreterimin kredi kartını kullanarak Rohypnol ısmarladım. Ayrıca suyu biraz daha bulandırmak için aynı kartla Lagos'a uçak biletleriyle düz ekran bir televizyon da satın aldım. Endişelenecek bir şey yoktu; kart şirketi harcamaların şüpheli olduğunu fark edince, hiçbirinin parasını ödemesi gerekmedi. Rebecca'yı Çarşamba akşamı yemeğe davet ettim. Hiçbir şeyden şüphelenmemişti; karnını doyuracağım için bana nasıl teşekkür edeceğini bilemiyordu. Çok zayıflamıştı. Kürek kemikleri yün kazağının altından sivri sivri çıkmıştı. Açık söylemek gerekirse, pek iyi görünmüyordu.

5. KURBAN

Plan basitti. İçkisine Rohypnol kattım ve o da küçük, güzel bir kurban olarak hemen bayıldı. Sonraki yirmi dört saat boyunca onu kullanmadığım yatak odamda sakladım. Ne zaman kendine gelir gibi olsa ona bir içki daha verip tekrar bayıltıyordum. Nerede olduğu ya da orada ne yaptığı hakkında hiçbir fikri yoktu. İşim bittikten sonra odadaki her şeyi çıkarıp attım. Odanın dekorasyonuna bir türlü dönmediğimi hatılıyor musun? Asıl amaç dekorasyonu değiştirmek değildi. Beni endişelendiren, arkamda bırakmış olabileceğim delillerdi. İplikçikler. Saç. Deri parçaları. Parmak izleri. Odayı temizlemiştim ama yeterli değildi. İz bırakmadığım konusunda emin olamıyordum. Ve ben emin olmaktan hoşlanırım.

Perşembe akşamı, geç saatte odaya gittim. Kendinde olmadığından emin oldum. Neler olduğu hakkında en ufak bir fikri bile yoktu. Yüzüne makyaj yaptım ve seninle buluşacağında giyeceği tarzda pahalı kıyafetler giydirdim ona. Onu süsleyip püsledim ve sonra -yaptım işte.

Onu nasıl öldürdüğümden söz etmek istemiyorum. Korkunçtu. Büyük bir dikkatle seri katilin yaptıklarını tekrarlıyordum. Benim zevkime göre biraz fazla vahşi, fazla güce dayalı bir işti bu. Araştırmamı yapmıştım ve yangın yapacağım hataları gizleyecekti ama yine de bir şekilde, bir şeyleri yanlış yapacağımı biliyordum. Ama bu sorun değildi çünkü seni çoktan şüpheliler listemin ilk numarasına yerleştirmiştim.

Ertesi gün Rebecca'nın dairesine gittim. Bunu planlamamıştım. Ama yatakta yatarken, birden onun yaptığı her şeyi yazdığını hatırladım. Louise'le akşam yemeği. Büyük olasılıkla ajandanın birine böyle yazmış olmalıydı. Ya da bir Post-it not kâğıdına. Ya da belki günlüğüne. Onun orada kalmasını istemiyordum. Evinde, son günlerde görüştüğümüzü gösteren hiçbir şey kalmasın istiyordum. Sonunda evine gidip aramaya başladım. Bir yandan da, senin orada olmadığını kanıtlayan herhangi bir kanıt bırakmamak için bütün evde temizlik yapıyordum. Üzerinde adının baş harfleri olan kalemi bulup aldım. Rebecca onu siz ayrılmadan önce almış ama sana vermeye fırsat bulamamıştı. Neden sakladığını hiç bilmiyorum. Belki de ona geri döneceğini hayal ediyordu. Bunu hatırlamıyor olabilirsin ama bu kalemi sana cenaze töreninden sonra göstermiş, incelemen için sana verip parmak izlerinin üzerinde olmasını sağlamıştım. Bir noktada yüzümde telaşlı bir ifadeyle onu polise gösterip Rebecca'nın dairesinde bulduğumu ama o sırada bir anlamı olabileceğini düşünemediğimi söylemeyi planlıyordum. Hey, baksanıza. Gil'i araştırın. Benim üstümde yoğunlaşmayın. Ben önemli değilim. Sonunda bu numarayı yaptığım ama ne yazık ki çok geç kalmıştım.

 Polisin, eve ben daha işimi bitirmeden gelmesi çok can sıkıcıydı. Aslında evden çıkmama çok az zaman kalmıştı. Birden onları karşımda görünce, Rebecca'nın ne kadar dağınık biri olduğuyla ilgili bir hikâye uydurmak zorunda kaldım; halbuki bu Rebecca için söylenebilecek en son şeydi. Ardından evi aranmaya devam edebilmek için gözyaşlarıma hakim olamıyormuş gibi davranarak içeri gittim ve Rebecca'nın nerede olduğunu ele verecek herhangi bir ipucu olup olmadığını kontrol etmeye devam ettim. Son dakikada uydurulmuş bir yalan için oldukça ikna edici olduğumu sanıyordum. Belki de yeteri kadar ikna edici olamamıştım. Belki obsesif kompülsif bozukluğum ya da öyle bir hastalığım varmış gibi davransam daha iyi olurdu. Ama arkadaşlarının Rebecca'nın kölesi olduğumu bildiklerini biliyordum. Büyük olasılıkla bunu polislere anlatacaklardı. Bu yalanla paçayı kurtarabileceğimi sandım.

5. KURBAN

Rebecca'nın benimle yemek yerken giydiği kıyafetleri attım. O evimdeyken ve tabii onu öldürürken üzerimde olan her şeyden kurtuldum. Arabama da aynı şeyi yaptım. Hoşça kal içinde kumaş iplikçikleri ve DNA kalıntıları olan ve polisleri bana getirebilecek olan eski araba. Hoş geldin içinde hiçbir kanıt olmayan, tertemiz ve yepyeni spor araba. Araba ne kadar üzüldüğümü ve acı çektiğimi göstermek açısından da iyi bir hareketti. Ayrıca Rebecca'nın gidişinden sonra kendimi hayatımı yaşamaya vermiş olmam da oldukça anlaşılır bir durumdu.

Ama bütün bu süreçte bir sürü hata yaptım. Yanlış insanlara çok fazla şey anlattım. Çok akıllıymış gibi davranmaya çalıştım. Asında bu hatayı her zaman yapıyorum. Oxford'a girmeyi ve sonunda mezun olmayı başarmış olabilirim ama 2.1 ortalamayla ve sınıfın sonuncusu olarak yapabildim bunu. Ve gerçekten çok fazla çalıştım. Tanrım, ne kadar da çok çalıştım. Daha sonra PG'ye girdim ve orada da her zaman herkesten daha fazla çalıştım. Hiç kimsenin çalışmaması gerektiği kadar çok çalıştım. İnsanların elinde benden kurtulmak için bir bahaneleri olmasın istedim. Acı ama bu olaylar olmasa, asla bir ilişki yaşamazdım. Şimdi olsa kesinlikle bunu yapmazdım.

Ama tabii şimdi olsa yapmayacağım bir sürü şey var. Uğruna savaştığım her şeyi kaybettim. Sahip olmak istediğim her şeyi. Hepsi Rebecca yüzünden gitti. Yani aslında bunu hak ettiğimi söyleyebilirsin.

Anlatacaklarım bu kadar, Gil. İstediklerimin hepsini söyledim. Suçlarımı itiraf ettiğime göre cezamı vermek de bana kalmış. Devletin beni rehabilite etmek için yapabileceği hiçbir şey yok. Ve hapishane bana göre bir yer değil. Bütün o insanlar ve hiçbir zaman huzur bulamayacağını bilmek. Buradaki kadınların çoğu ya uyuşturucu bağımlısı, ya fahişe, ya da akıl hastası.

Hepsi farklı şekillerde de olsa dengesiz insanlar. Bu uzaklaşmak için büyük acılar çektiğim dünya ama şimdi fark ediyorum ki aslında hiçbir zaman bu dünyadan tam olarak uzaklaşmayı başaramamışım. Görüntünü, konuşma şeklini, davranışlarını, her şeyini değiştirebilirsin -ama gerçekte ne olduğundan hiçbir zaman kaçamazsın.

Planım işe yaramadığı için üzgünüm. Sana, yaptıklarının bedelini ödetmek için bir şansım daha olamayacağı için üzgünüm.

Seni özlemeyeceğim ve nedense, senin de beni özleyeceğini sanmıyorum.

Artık gitme vakti geldi.

L.

5. KURBAN

MAEVE

Telefon çaldığında uyuyordum ve saate bakılırsa bu yaptığımda bir tuhaflık yoktu. Yatağımın yanındaki saate göre dördü on geçiyordu. Zaten kimse beni makul bir saate aramaz ki diye düşünerek telefona uzandım ve telesekretere geçmeden önce tam zamanında açmayı başardım.

"Maeve?"

"Efendim." Başkomiser Godley'nin sesini duyar duymaz uyanmıştım.

"Seni uyandırdığım için özür dilerim. Biraz önce Holloway'in müdürüyle konuştum. Son birkaç saattir ikimize ulaşmaya çalışıyorlarmış. Konu Louise North'la ilgili. Şimdi tekrar cezaevi revirine getirilmiş ama gece hastaneye zor yetiştirmişler." Ne söyleyeceğini şimdiden tahmin edebiliyordum. "Yüksek doz almış."

"Tanrım. Davadan kurtulmak için bir şeyler deneyeceğini biliyordum ama intihar hiç aklıma gelmemişti. Durumu nasılmış?"

"Henüz öğrenemedim." Bir an durdu. "Sana bir not bırakmış, Maeve. Ve görünüşe bakılırsa, bir de itiraf."

Yataktan fırlamış odanın içinde dolaşarak aceleyle giyecek bir şeyler bulmaya çalışıyordum. "Cezaevine geliyorum."

"Bizi bekliyorlar. Orada görüşürüz."

Kahvaltı yapmadan hızlıca hazırlandım ve perişan bir halde kapıdan çıktım. Tek başına yaşamak bana göre değildi. Hayatımı düzene sokmak için evimi biriyle paylaşıyor olmanın getirdiği disipline ihtiyacım vardı. Rob'un yanımda olup kolunu omzuma dolamasını ve olanların benim hatam olmadığını söylemesini istiyordum içten içe. Bu konuyu bir kenara bırakıp dikkatimi cezaevinde olacaklara vermeye çalıştım. Orada beni nelerin beklediğini merak ediyordum. Soğuk ve karanlık sabahın içinde ilerledim; kuşlar da benim gibi kederliydi bu sabah. Godley cezaevine çoktan varmış, müdürün odasında önünde bir yığın kâğıtla oturmuş bir şeyler okuyordu. Bana üzerinde adım yazan bir zarf uzattı. Louise North'un düzgün yazısını görür görmez tanıdım.

"Önce bununla başlamak istersin belki. Açmadım."

Zarfı içindekine zarar vermemeye özellikle dikkat ederek bir kenarından yırtıp açtım ve mektupta yazanlara hızlıca göz gezdirdim.

"Büyük zarftaki mektubun, Gil'in eline ulaştığından emin olmamı istiyormuş." Başımı kaldırıp etrafa bakındım. Başkomiserin önünde duran A4 zarftan söz ediyordu. "Ne yazmış? İlginç bir şeyler var mı?"

"Kesinlikle." Godley sayfalardan oluşan tomarı eline alıp tükenmez kalemle yazıldığı için lekelenmeye başlamış çizgili kâğıtların bir kısmını bana uzattı. Louise birer satır atlayarak yazdığı için, mektup lekelenmiş olmasına rağmen oldukça kolay okunuyordu. "Ben bitirmek üzereyim. Elindekileri bitirince haber ver."

Gözlerimi kâğıttan ayırmadan başımla onayladım. Kendimi çoktan Louise'in mektubuna kaptırmıştım. Yazdıklarını hiç konuşmadan, sessizce okuduk. Başkomiser elindeki sayfaları bitirdikçe bana veriyor, ben de kaldığım yerden devam ediyordum. Sonunda mektubun sonuna geldiğimde başımı kaldırıp yüzüne baktım. Godley, parmaklarını gözlerinin önünde birleştirmiş, yüzünde durgun bir ifadeyle öylece oturuyordu.

5. KURBAN

"Hepsi bu kadar, o halde. O yapmış. Hepsini o yapmış."

"Öyle yazmış."

"Ve Gil hakkında da haklıymışım. Onda bir terslik olduğunu biliyordum."

Godley yüzünü buruşturdu. "Bunu biliyor olmamız bu konuda bir şey yapabileceğimiz anlamına gelmez."

"Ama ona tecavüz etmiş."

"Louise'in iyi bir tanık olacağını pek sanmıyorum, sence de öyle değil mi? İkisi birden olmaz, Maeve. Rebecca'yı öldürmesiyle ilgili yalan üstüne yalan söyledi. Tecavüz iddiasına kimsenin inanacağını sanmıyorum. Hem inansalar bile, bunu kanıtlamamız neredeyse imkânsız."

"Yazdıklarına inanmıyor musun?"

Godley gülümsedi. "Ben olsam 'merhaba' dahil onun ağzından çıkan hiçbir sözün doğruluğundan o kadar emin olmazdım."

"Size katılmıyorum. Bu şartlar altında yalan söylemiş olacağını hiç sanmıyorum."

"Sen onu tanıyorsun. Ben ise tanımıyorum."

Yüzümü buruşturdum. "Aslında onu tanıdığımı söyleyemem. Onu sizden daha çok gördüm, o kadar."

"Peki ya şimdi görmek istiyor musun?"

İstemiyordum. Tek istediğim hayır demekti. Ama evet der gibi başımı salladım ve başkomiserin peşinden odadan çıkıp, bizi bekleyen gardiyana doğru ilerledim. Adam bizi havasız koridorlardan geçirip cezaevi revirine götürdü. Önce doktordan Louise'in durumuyla ilgili kısa bir bilgi aldık. Godley birkaç soru daha sormak için doktorun yanında kaldı ve bana gidebilirsin der gibi başıyla işaret etti. Odanın sonuna kadar ilerledim. Beyaz çarşafların altında küçük ve zayıf bir beden hareketsizce yatıyordu. Bir katile benzemiyordu. Gözleri kapalıydı, kirden tel tel olmuş saçları yastığın üzerine dağılmıştı. Doktor, midesinde hâlâ ilaç kalmış olma ihtimaline karşı, kalıntıları emmesi için ona kömür içirdiklerini söylemişti. Louise'in kurumuş dudakları simsiyah olmuştu. Yüzü tamamen renksizdi. Ona bakınca içimi hüzne benzer bir duygu kapladı.

Ve Louise birden gözlerini açıp, doğrudan gözlerimin içine baktı. Hiçbir şey söylemedim. Beni tanıması için bekliyordum. Bu biraz zaman aldı ama sonunda Louise zayıf ve titrek bir sesle konuştu.

"Size bir mektup yazdım."

"Okudum."

"Gil'e de bir tane yazdım."

"Onu da okudum." Tepkisini görmek için yüzüne baktım. Neler bildiğimi, mektupta neler anlattığını düşünürken gözlerini kırpıştırdı. "Bunu yazdığına pişman olacaksın sanırım."

Yüzünü buruşturup beni görmek istemiyormuş gibi gözlerini kapattı. Gözünden bir damla yaş süzülüp saçına doğru aktı. Başına gelenleri, Gil'in ona yaptıklarını düşünüp onun için üzülmeye çalıştım ama kendi yaptıkları, bunu benim için iyice zorlaştırıyordu. Tekrar kendine geldiğinde derin bir nefes aldı.

"İlaçların işe yarayacağını düşünmüştüm. Neden yaramamışlar?"

"Yandaki hücrede bir boru su sızdırıyormuş. Gardiyan seninkinde de bir sorun olup olmadığına bakmak için geldiğinde seni bulmuş."

Başını anladım der gibi sallayıp bakışlarını başka yöne

çevirdi. "Keşke işe yaramış olsaydı. Otuz yılımı hapiste geçirmek istemiyorum."

"Bunu kim ister ki." Söylediklerimi başka kimsenin duymaması için ona doğru eğildim. "Ölmediğine sevindim."

Louise yüzünde şaşkın bir ifadeyle bana baktı. Bunu duyduğuna sevinmediği belliydi. Biraz daha yaklaştım.

"Kendininkini korumak uğruna, Rebecca'nın hayatını aldın sen. Geride bıraktıklarını karıştırıp içinden kendine uygun bulduklarını aldın. Sevdiği adamı aldın. Ailesinin hayatında tuttuğu yeri aldın. Onun gibi giyindin. Konuşmasını, saç şeklini, makyajını, kullandığı mücevherleri bile taklit ettin."

Louise gözlerini ayırmadan bana bakıyordu. Gözbebekleri genişlemiş, gözleri simsiyah görünüyordu. Telaşla dudaklarını ıslattı; dili de siyahtı. Sanki kötülük onu içten dışa doğru çürütüyor, yok ediyordu.

"Uzun bir hayat yaşamanı dilerim, Louise. Ve umarım öleceğin güne kadar bir daha tek bir huzurlu an bile geçirmezsin. Sen Rebecca'nın hayatını aldın," dedim son olarak. "Hadi şimdi bunu yaşa bakalım."

Dışarı çıkıp Godley'nin arabasının yanına gittim.

"Demek buraya kadar, ha? Her şeye rağmen Maddick'in peşine düşmeyecek miyiz?"

O işi de Soctland Yard'daki cinsel suçlar birimine bırak istersen. Olayı eski kız arkadaşları üzerinden araştırıp şikayetçi olmak isteyen başka biri olup olmadığına bir baksınlar. Ama bana sorarsan bu işin peşini bırakman gerekecek, Maeve."

"Ama bu doğru olmaz. Eğer bu işin peşini bırakırsak adaleti sağladığımızdan emin olamayız."

"İşimizin adaleti sağlamak olduğunu düşünmüyorsun

herhalde, öyle değil mi?" Kaşlarımı çattım. "Değil mi?"

"Biz sadece işleri kontrol altında tutmaya çalışıyoruz, Maeve. Yakaladığımız her katile karşılık yakalayamadığımız bir tane daha var. Kendilerine fazla göz önünde olmayan kurbanlar bulacak kadar zeki katiller. Her suçlamadan kurtulabilecek kadar ikna edici tecavüzcüler. Yaptıklarını on yıllarca saklamayı başarabilen suçlular. Biz sadece bilebildiğimiz suçlar hakkında bir şeyler yapabiliyoruz ve işin sonunda mahkemeden bir mahkûmiyet kararı çıkartmayı başardığımız zamanlarda bile, verilen cezanın adil olduğunu söylemek pek doğru olmaz."

Başımı iki yana salladım. Afallamıştım. "Eğer bu konuya bu kadar şüpheyle yaklaşıyorsanız neden bu işi yapıyorsunuz ki?"

"Çünkü bu, her şeye rağmen hiç bir şey yapmamaktan daha iyi." Godley sürücü koltuğuna yerleşip yüzüme baktı. "Maddick tekrar karşımıza çıkacak, Maeve. Onun gibiler böyledir. Ve o zaman-"

"Onu bekliyor olacağım," diye tamamladım cümlesini.

Dört genç kadının ölümünden sorumlu olan Razmig Selvaggi hayatının geri kalanını parmaklıklar ardında geçirecek.

Selvaggi, Nicola Fielding (27), Alice Fallon (19), Victoria Müller (26) ve Charity Beddoes'u (23) öldürmüş ve cesetlerini ateşe vermişti. Kurbanlarını Eylül ve Aralık 2009 tarihleri arasında Kennington bölgesinde ele geçiren Selvaggi, bölge sakinleri arasında büyük paniğe neden olmuştu.

Merkez Ceza Mahkeme-si'nden Bay Justice Cauldwell, 24 yaşındaki Selvaggi için en yüksek cezayı talep etti. Bay Cauldwell şöyle dedi: "Bu cinayetler hedef gözetilerek işlenmiş suçlardır. Ömrünüzün geri kalanını hapiste geçirecek ve

5. KURBAN

hiçbir zaman serbest bırakılmayacaksınız."

Selvaggi, Bay Justice Cauldwell'in, kendisi hakkında sarf ettiği, savunmasız genç kadınları hedef seçtiği yönündeki sözlerini, herhangi bir tepki vermeden izlemekle yetindi. "Gecenin geç bir saatinde dışarıdaydılar ve yürüyerek evlerine ulaşmaya çalışıyorlardı. Ama bu başlarına bir şey gelmesini gerektirmezdi. Onları bizzat öldürdünüz, yaktınız ve öylece bıraktınız çünkü bundan zevk alıyordunuz." Yargıç, cinayetlerin 'tasarlayarak adam öldürme' suçu kapsamına girmesi nedeniyle, davanın müebbet hapis cezası için gerekli hukuki şartlara sahip olduğunu belirtti. Sorgusu esnasında suçunu itiraf eden Selvaggi mahkeme tarafında suçlu bulundu. Selvaggi, Aralık 2009 yılında, sivil görevdeki bir kadın polis memuruna saldırmaya teşebbüs ettiği sırada yakalanmıştı. Olay yeri inceleme ekiplerinin yürüttüğü adli incelemede, evde bulunan çekicin üzerinde iki kurbanın DNA'larına rastlanmış, ayrıca evde dört kadına ait mücevher parçalarına ulaşılmıştı. Soruşturmayı yürüten Başkomiser Dedektif Charles Godley, Selvaggi'nin yaptıklarını tüm şehre korku salan 'alçakça şiddet olayları' olarak niteledi.

Mahkûmiyet kararının ardından Selvaggi'nin intihar riskine karşı gözetim altında tutulması ve rutin piskiyatrik tetkiklerden geçirilmesi bekleniyor. Selvaggi'nin savunma avukatları, tüm adli vakalarda olduğu gibi, müvekkillerinin temyiz şansının bulunup bulunmadığını araştıracaklarını belirttiler. Metropolitan Polisi şimdi de, Selvaggi'yle herhangi bir bağlantısı olup olmadığını tespit etmek için Londra ve çevresindeki kapanmamış dosyaları tekrar gözden geçirecek.

56 yaşındaki çağrı merkezi çalışanını "yanlışlıkla" yaralayan kadın iki yıla mahkûm edildi. Richmond, Surry'de ya-

şayan yirmi yaşındaki Kelly Staples'ın mahkemesi Kingston Mahkemesi'nde görüldü. Staples, Ocak ayında Victor Blackstaff'ı yaralamaktan suçlu bulunmuştu ancak avukatı ceza indirimi başvurusu yaparak olay anında müvekkilinin hayati tehlike altında olduğunu düşündüğünü söyledi.

"Olayın gerçekleştiği tarihte, Ateşçi olarak bilinen ve o dönemde hâlâ kaçak durumda bulunan seri katilin eylemleri nedeniyle bütün şehirde bir panik havası hakimdi. Müvekkilim hayatının tehlikede olduğunu düşünüyordu. Kendisi yoğun içki tüketilen bir akşamın ardından oldukça sarhoş olduğunu ve olay esnasında sağlıklı karar veremediğini kabul ediyor. Müvekkilim adamı yanlışlıkla yaralamıştır."

Yargıç Steven Delaware, iki yıllık cezanın, davalının suçunu itiraf etmesi ve önceden sabıkası bulunmaması nedeniyle yeterli görüldüğünü ancak kararın, bıçak taşıyan herkes tarafından bu konuda bir uyarı olarak kabul edilmesi gerektiğini belirtti. Kendisi ayrıca, saldırının kurban üzerindeki uzun dönemli etkilerine de dikkat çekti. Bay Blackstaff yaraları nedeniyle halen tedavi görmeye devam ediyor ve işine geri dönebilmiş değil. Northumber'daki HMP Mantham'da üçüncü bir mahkûm daha intihar etti. Yirmi dokuz yaşındaki Louise North, çarptırıldığı müebbet hapis cezasının ikinci yılının ortalarına gelmişti. North, önceki sabah kahvaltının ardından, cezaevinin üst merdivenlerinden geçerek hücresine döndüğü sırada parmaklıklardan atlayarak yirmi metreden yere çakıldı ve olay yerinde can verdi. Parmaklıkların altında bulunan intihar önleyici ağ, merdivenlerdeki çalışma nedeniyle kısa süreliğine kaldırılmıştı. Cezaevi yönetimi, North'un hücre cezası sırasında yanında gözetim memuru olmaksızın serbestçe dolaşabilmesi üzerine soruşturma başlattı. Bu, North'un ikin-

5. KURBAN

ci intihar teşebbüsüydü. Daha önce, en iyi arkadaşı Rebecca Haworth'ı öldürmek suçundan yargılanmayı beklediği sırada yüksek dozda antidepresan almış, olayın zamanında fark edilmesiyle tedavi altına alınarak kurtarılmıştı. Avukatın, müvekkilinin intihar mektubunda yazdıklarının depresyonda olması nedeniyle geçerli kanıt olarak kabul edilemeyeceği yönündeki itirazlarına rağmen, North'un mektubu, aleyhine açılan davanın kilit noktasını oluşturmuştu. North duruşmada, mektubu erkek arkadaşının kendisi için yas tutmasını engellemek amacıyla yazdığını ve birçok konuda doğru olmayan ya da abartılmış bilgiler verdiğini iddia etti. Dava, North'un olay gerçekleştiği dönemde hâlâ kaçak durumda olan cani seri katil Razmig Selvaggi'yi taklit etmeye çalışmış olması nedeniyle medyanın büyük ilgisiyle karşılaşmıştı. Geçmiş girişimine rağmen North, cezaevi yönetimi tarafından intihar riski taşıyan bir mahkûm olarak görülmediğinden gözlem altında tutulmuyordu. North cezaevinde örnek bir mahkûm olarak değerlendiriliyordu.

Yaşam koşullarının iyileştirilmesi için gösterilen bütün çabaya ve uygulamaya sokulan danışmanlık hizmetine rağmen HMP Mantham'da, 2009 yılından beri üç kadın hayatına son verdi. Cezaevi reform grubu Cell Out'un basın sözcüsü Sophie Chambers, Victorian cezaevinde aşırı kalabalık ve yetersiz imkânlar nedeniyle ciddi sorunlar yaşanmaya devam ettiğini açıkladı ve hükümetin acilen yeni cezaevi binalarının inşası için gereken finansmanı sağlaması gerektiğini belirtti.

Cezası geçen yıl Mayıs ayında kesinleşen North, cezaevinde kalacağı süre yirmi beş yıldan az olmamak koşuluyla ömür boyu hapis cezasına çarptırılmıştı. North, 2035 yılında şartlı tahlike hakkı kazanacaktı.

Teşekkür

Ebury'deki herkese, özellikle Gillian Green'e bana ilk satırlardan baskıya kadar her aşamada yol gösterdiği için teşekkür etmek istiyorum.

Simon Trewin ve Ariella Feiner'a ve United Agents'taki herkese de sonsuz teşekkürler. Simon ve Ariella, iyi düşünülmüş ve eğlenceli yorumları ile benim ilk ve en iyi okuyucularım oldular ve desteklerinin benim için önemi çok büyüktü.

Profesör Derrick J. Pounder, kitabından alıntı yapmamı büyük bir incelikle kabul etti. Cinayetler ve soruşturmalarla ilgili yaptığım araştırmalarda, onun kolay anlaşılır ve açıklayıcı yazılarından son derece yararlandım.

Janna Kenny, Chris Bowen ve Nick Sheppard'a, tıbbi konulardaki tavsiye ve rehberlikleri ve belirsiz kalmış birkaç noktadaki edebi yardımları ve düzeltmeleri için ayrıca minnettarım. Nick, hikâyenin ana öğelerini oluştururken bana gerçekten çok yardımcı oldu. Ona, tuhaf sorularıma, beklemeye hakkım olmadığı kadar ayrıntılı cevaplar vermekteki gayretleri nedeniyle ayrıca teşekkür etmek istiyorum.

Çeşitli hukuki kaynaklardan da destek aldım. Bu konuda özellikle Philippa Charles'a, bir avukatın hayatını daha iyi anlayabilmem için benimle paylaşımlarından dolayı teşekkür ediyorum. Sorularımın hepsine kapsamlı olarak cevaplar veren ancak adının burada anılmamasını rica eden polislere de ayrıca teşekkür etmek istiyorum. Hepsine minnettarım.

Okuyucular, Latimer'i okuduğum üniversiteden esinlenerek mi oluşturduğumu merak edebilirler. Latimer, Oxford'da ve gerçekte Botanik Bahçesi'ne ev sahipliği yapıyor ve içinde yaşayan karakterler gibi o da tamamen hayal ürünü.

Bu kitabı ailemin ve arkadaşlarımın desteği olmadan yazamazdım. RP'ye bir bardak suyla bir fincan çay arasındaki farka dikkatimi çektiği için teşekkür ediyorum. Bridget ve Michael Norman, bana kendimi Devon'da kendi evimde gibi hissettirdiler ve en zor zamanlarımda bana destek oldular. İlham perilerine yardımları için her zamanki gibi çok teşekkür ediyorum.

Son olarak çok az uyuduğu için Edward'a, geceler boyunca beni yalnız bırakmayan arkadaşlığı için Fred'e ve her şey için James'e bütün samimiyetimle çok teşekkür ediyorum.